Großmama packt aus

IRENE DISCHE

Großmama packt aus

Roman

Aus dem Amerikanischen
von Reinhard Kaiser

Weltbild

Besuchen Sie uns im Internet:
www.weltbild.de

Genehmigte Lizenzausgabe für Verlagsgruppe Weltbild GmbH,
Steinerne Furt, 86167 Augsburg
Copyright der Originalausgabe © 2005 by
Hoffmann und Campe Verlag, Hamburg
Übersetzung: Reinhard Kaiser
Umschlaggestaltung: Alexandra Dohse, www.grafikkiosk.de
Umschlagmotiv: Fotografie aus dem Archiv von Irene Dische
Gesamtherstellung: Clausen & Bosse GmbH, Leck
Printed in the EU

ISBN 978-3-8289-8942-9

2011   2010   2009   2008
Die letzte Jahreszahl gibt die aktuelle Lizenzausgabe an.

I

Daß meine Enkeltochter so schwierig ist, hängt vor allem mit Carls geringer Spermiendichte zusammen. Er hat seine kleinen Männer durch Heldenhaftigkeit ermordet. Darüber später mehr. Jedenfalls brachte er nur ein Kind zustande. Und dieses eine hatte das falsche Geschlecht. Wir versuchten es noch mal und noch mal. Er pflanzte sich bei mir ein und ackerte los, strengte sich an, schnaufte und schwitzte – er war kein Faulpelz. Nachher blieb ich auf dem Rücken liegen. Ich streckte die Beine in die Luft, legte die Sohlen aneinander und betete mit den Füßen.

Gott erhörte meine Gebete nicht. Als unsere Bemühungen fünf Jahre lang nichts gefruchtet hatten und unser Kind schon in die Schule ging, sagte ich: »Carl, nach den Geboten der Kirche tut man das, um Kinder zu kriegen. Und wenn es nicht ums Kinderkriegen geht, dann läßt man es bleiben.«

Er hatte alle möglichen Einwände in petto. Gott habe die Zeugung zusammen mit dem Gebet geschaffen, als eine Form mit Inhalt oder ohne, als Ritual, das man so oft wie möglich wiederholen soll. Carl war sehr gläubig, und ich liebte ihn. Ich glaubte ihm, was er sagte – obwohl, natürlich nicht ganz. Eines Tages, als ich nicht wollte, sagte er: »Bei den alten Juden gab es ein Gebot, sie sollten sich gerade am Sabbat zueinander legen, weil der Höhepunkt sie Gott am nächsten brächte.«

»Juden!« schnaubte ich.

»Nicht alles an den Juden ist schlecht«, entgegnete er. Doch dann wurde er kleinlaut, was selten vorkam. Es war ein Ausrutscher gewesen. Ich schmollte eine Zeitlang und ließ ihn dann wieder. Aber ich setzte immer mehr Fett an. Bald war so viel von mir da, daß man kaum noch sagen konnte, wo ich anfing und wo aufhörte. Das entmutigte ihn, und er ließ mich in Ruhe. Selbst einen Chirurgen kann der menschliche Körper manchmal noch überraschen.

Als wir uns kennenlernten, war ich jedenfalls bildschön. In meiner Familie galt ich immer als die Schönste weit und breit; nach mir ging es bergab. Das klingt vielleicht eitel – aber ich bin bloß objektiv. Zunächst einmal sagten immer alle, ich und mein Lieblingsbruder Otto seien entzückend. Daran änderte sich auch nichts, als wir in die Pubertät kamen. Und zweitens bin ich nicht blind: wir sahen wirklich aus wie germanische Götter, beide mit dichtem, kastanienbraunem Haar, feingeschnittener Nase, großen, blauen Augen, die wie Weltkugeln leuchteten, und fast vollkommen fleischlosen Lippen. Man konnte deutlich erkennen, daß unsere Familie Beziehungen zum Adel hatte.

Heutzutage gilt das ja nichts mehr, vor allem nicht in weniger zivilisierten Gegenden wie New Jersey. Aber es sollte zählen. Denn Adel, das sind Leute – eine Kette von Leuten, die ein Gefühl von Würde und Wert von einer Generation an die nächste weitergeben, und zwar behutsam, damit nichts verlorengeht. Mein Ururgroßonkel hieß Joseph von Görres. Ich will mich hier nicht mit Erklärungen darüber aufhalten, wer das war. Aber in meiner Jugend gehörte sein Name zur Allgemeinbildung, von den unzähligen Straßen und Plätzen, die ihn trugen, gar nicht zu reden. Und alle, die uns kannten, wußten, daß wir mit Görres verwandt waren. Zugegeben, nicht direkt: Er war mit einer entfernten Tante verheiratet, einer von Lasaulx, auch das ein vornehmer Name. Dann folgten Generationen von Ärzten, Anwälten, Ingenieuren, Prälaten. Nicht alle waren deutsch – manche auch holländisch, andere französische Hugenotten –, aber fast alle waren katholisch. Mit der Zeit gerieten die Gierlichs, meine Familie, immer mehr ins Bürgertum, aber tiefer sind wir nie gesunken. Zu verdanken hatten wir das natürlich den Frauen, die darauf achteten, daß die Männer keine Fisimatenten machten.

Es ist Frauensache, dafür zu sorgen, daß die Familie ihr Niveau hält. Männer sind nicht stark genug. Die Frauen müssen darauf achten, daß sie nicht aus der Reihe tanzen, auch nicht aus der Ahnenreihe. Das hat mir meine Großmutter beigebracht. Mein bloßes Auftreten müsse, sobald ich irgendwo erscheine, die Männer veranlassen, unwillkürlich an ihre Hose zu greifen und zu prüfen, ob sie auch zugeknöpft ist. Als sie mir das erklärte, war ich sieben.

Die Frauen wurden von klein auf zur Umsicht bei der Wahl ihrer Männer erzogen. Meine Großmutter zum Beispiel hat einen reichen Adeligen abgewiesen, weil er faul war. Er besaß ein Schloß, aber er hatte keinen Posten. Statt dessen heiratete sie einen tüchtigen Ingenieur, der sie ein paar Jahre später damit belohnte, daß er die Eisenbahnlinie von Berlin nach Sankt Petersburg baute. Zar Alexander war nämlich so dankbar, daß er meiner Großmutter eine ganze Schatulle mit Onyx- und Brillantschmuck schenkte – große Stücke, die man wirklich als »Familienjuwelen« bezeichnen kann. Das Wort Juwelen mag ich zwar nicht besonders – wegen der ersten Silbe –, aber das, was es bezeichnet, hat mir in meinem Leben immer viel Freude gemacht. Ich habe schließlich auch die von meiner Großmutter geerbt, habe sie gehegt und gehütet, und Jahrzehnte später habe ich mein Leben aufs Spiel gesetzt, das großzügige Geschenk Zar Alexanders an ein sicheres Ufer zu schmuggeln – bloß damit meine Enkeltochter Irene sie dann für einen Apfel und ein Ei bei Christie's versteigern läßt, unter derart unwürdigen Umständen, daß sich eine schlichte Vertreibung dagegen wie ein Sonntagsausflug nach Chadwick Beach ausnimmt. Darauf komme ich noch.

Denn diese schauderhafte kleine Geschichte betrifft meine Enkeltochter, das ganze Wie und Warum ihres Lebens, eine Art Beichte, die ich ihr aufschreiben will, weil auch sie in ihrem Leben einen Punkt erreicht hat, wo sie dringend in ihrem Gewissen aufräumen muß. Auf dem lastet nämlich so einiges. Aber daran ist sie nicht allein schuld. Sie hatte schlimme Vorbilder, ihre Mutter und ihren Vater. Und in Sachen Moral war sie schon von Natur aus nicht gut gerüstet. Es sieht tatsächlich so aus, als seien die schlechten Eigenschaften, die sich mit der Zeit in der Familie zusammengebraut und fortgepflanzt haben, am Ende allesamt bei ihr gelandet. Darauf komme ich noch, aber nicht, um sie zu entschuldigen. Denn man kann sehr wohl damit fertig werden. Es kommt nur darauf an, aus dem, was man hat, das beste zu machen. Trotzdem, ihr Hintergrund muß beschrieben werden, damit man den Vordergrund begreift. Wo war ich stehengeblieben?

Mein Aussehen.

Auf unserem Verlobungsphoto sehe ich aus wie eine Märtyrerin, die im nächsten Moment einem Löwen zum Fraß vorgeworfen werden soll. Mein künftiger Gemahl hält mich im Arm, und sein wildes Tier rempelt schon gegen die stofflichen und zeitlichen Hindernisse, die noch zwischen uns liegen: Hose und Hochzeitsfeier. Bald würde es losgelassen werden. Carls Augen waren noch größer als meine, aber schwarz. Auch seine Nase war groß und gebogen, und er hatte schwere Knochen. Sein Tier würde nicht klein sein.

Ich will damit nicht sagen, daß sich Carl jemals anders als vollkommen ehrenwert benommen hätte. Bei unserer

Hochzeit trug er Uniform. Mit seinen Heldenorden und dem Säbel am Gürtel sah er aus wie der deutsche Edelmann par excellence. Seine moralischen Referenzen waren untadelig. Trotzdem war es natürlich ein Fehler, ihn zu heiraten. Ich zog die Familie damit nach unten, bescherte ihr eine regelrechte Bruchlandung. Liebe macht leichtsinnig. Ich stritt mich mit den Eltern. Er sei zu unserem Glauben übergetreten und überhaupt doppelt so gütig wie ich – zu ihm komme die Güte wie von selbst, während ich mich ihretwegen immer anstrengen müsse (darauf heftiges Nicken meiner Eltern) –, und deshalb sei er als Ehemann eine vollkommen respektable Wahl. Wenn nicht er, dann keiner – wie ich es mir immer geschworen hatte, bis ich ihn kennenlernte, den Herrn Doktor Rother.

Es war in einem Feldlazarett gewesen, während einer Beinamputation. Ich war eine der Schwestern im keimfreien Kittel, das Haar unter einem spitzen Häubchen verborgen. Er war noch tiefer vermummt. Er trug eine Maske. Wie groß seine Nase war, sah ich erst später. Ich sah seine schwarzen Augen. Und die regsamen, anmutigen Hände, die die Säge mit solcher Vertrautheit führten. Er schnitt und schnippelte und nähte, alles sehr flink. Seine Hände waren breit und muskulös, und die langen Finger liefen in schmalen Spitzen mit gepflegten Nägeln aus. Als der Stumpf gründlich gesäubert war und wie eine riesige Salami auf dem Operationstisch lag, stieß er einen Seufzer aus, trat einen Schritt zurück und sah mich an.

Eine Zeitlang wollte ich nichts von ihm wissen. Im Rheinland, wo ich herkam, hatte ich schon alle in Frage kommenden Jungen abgewiesen. Aber dann ließ ich mich doch von ihm küssen. Es war gar nicht so übel. Er war sehr sauber. Er schenkte mir einen Ring. Ich gab ihn zurück. Er schenkte mir noch einen.

Sein Vater besaß eine Eisenwarenhandlung in einer oberschlesischen Kleinstadt. Die Männer in der Familie trugen

Käppchen, die Frauen Perücken. Ich nahm den Ring an. Ich sagte es meinen Eltern und Geschwistern. Mein Bruder Otto sagte nichts. Wirklich – keinen Ton. Er sprach nicht mehr mit mir. Peter, mein jüngster Bruder, verkündete, er mache sich Sorgen. Bis dahin war immer er das schwarze Schaf in der Familie gewesen, hatte nicht mal das Abitur geschafft, und es sah so aus, als würde er sich als Handwerker oder Arbeiter durchschlagen müssen. Doch jetzt war er im Vergleich zu mir plötzlich ein großes Licht. Er genoß es, daß nun zur Abwechslung einmal ich in der Klemme steckte, und als ich nach Hause kam, um mit den Eltern über die Hochzeit zu sprechen, tat er so, als wolle er mir meine »dumme Idee« ausreden. Es amüsierte mich, wie er mir bei einem eilig angesetzten Abendessen einen Vortrag hielt, und mein Lächeln brachte ihn in Rage. Seine Schreie – »Du kleine Idiotin!« – spritzten in die Vorspeise, eine köstliche Milchkaltschale. Es war Hochsommer. Kalte Suppe, auf der kleine Eisberge aus Eierschnee schwammen. Meine Schwestern sahen mich nur an, und ihre Seelen bekamen Falten vor lauter Kummer: Verrat. Gemeinsam waren wir durch das rheinische Bürgerleben getanzt, hatten Bälle besucht und unsere ersten Bouquets getrocknet, hatten mit Offizieren und Akademikern und anderen Vertretern der höheren Männlichkeit geschäkert, wenn sie denn dazu einluden, und hatten gleichzeitig immer wieder den Schwur aus frühen Kindertagen bekräftigt, daß wir unsere Unschuld bewahren und dafür ein interessantes Leben führen würden. Meine Schwestern waren über meinen Entschluß so erschüttert, daß sie nichts dagegen sagten. Und ich bekam meinen Willen. Eine Woche nach Carls Taufe heiratete ich ihn und folgte ihm in die abgelegene Ecke des Reiches, in der er aufgewachsen war.

Was er mir zur Entschädigung anbot, ließ ich mir gefallen – einen Boxer, einen Dackel und die größte Villa im Ort. Sie war größer als das Haus der Gierlichs in Boppard mit seinem Blick über das Rheintal, hatte hohe Stuckdecken, schöne Parkettböden, eine riesige Küche, einen Dienstbotentrakt, ein Kinderzimmer und drei Toiletten, zwei für die Herrschaft, eine für das Personal. Noch eine Entschädigung – ich bekam ein hübsches Zimmer mit einem Kanapee. Für jede Jahreszeit hatte ich andere Überzüge. Pastellfarben im Frühling und Sommer, feierliches Braun und Grau im Herbst und dunkle Rot- und Grüntöne im Winter. Auf einem kleinen Tisch lagen meine Bücher und die Plätzchen, die ebenfalls mit den Jahreszeiten wechselten. Wenn ich mich auf den Frühling freute, blumige Anisplätzchen; im Sommer luftige Waffeln und Löffelbiskuit; im Herbst Russisch Brot; im Winter Lebkuchen und Spekulatius. Durchs Fenster sah ich die Gartenanlagen oder die Schneewehen hinter dem Haus. Den Vorgarten begrenzte eine hohe Ziegelmauer, so daß die Leute, die vorübergingen, nicht hereinsehen konnten. Aber die meisten Passanten waren freundlich, und viele waren mit uns verwandt. Ich akzeptierte Carls Verwandtschaft und nannte sie gern meine Familie, auch wenn sie gesellschaftlich nicht unser Niveau hatten – vier liebenswerte Schwestern, die ohne Haushaltshilfe auskamen, die ganz allein saubermachten und alle möglichen Torten und Kuchen backten; und drei Brüder – der eine Friseur, der zweite Kantor in der Synagoge und der jüngste, genau wie Peter Gierlich, das schwarze Schaf der Familie, schlimmer – ein Dieb.

Die Jüngsten sind meistens die schwarzen Schafe, wie es sich dann auch bei Irene herausstellte. Ich habe hier mal herumgefragt, woran das liegt, habe aber keine befriedigende Antwort bekommen. Als ich Carl kennenlernte, war Alfred Rother gerade mal fünfzehn, aber bis ins Gefängnis hatte er es mit seiner Unternehmungslust schon gebracht. Kein Schwerverbrechen. Er hatte auf dem Müll eine kaputte Kamera gefunden und sie wieder hergerichtet.

Mit ihr zog er dann über Land – angeblich, um Porträtaufnahmen der Bauern mit ihren Familien zu machen. Sie zahlten im voraus, machten sich fein und bauten sich vor der Kamera auf. Dann drückte er feierlich den Auslöser, und das war das letzte, was sie von ihm sahen. Als der kleine Alfred aus dem Gefängnis freikam, behauptete er, es tue ihm leid, schockierte uns mit seinen Geschichten und war bald mit irgendeiner anderen Masche wieder verschwunden. Obwohl er der einzige Mann in der Familie war, der ebenfalls ohne Käppchen herumlief, konnte Carl ihn nicht ausstehen. »Ich habe genug Geschwister hier in der Gegend, dich brauche ich nicht auch noch, Alfred«, sagte er und verbot ihm, uns zu besuchen.

Ich ließ Alfred durch die Hintertür herein, wenn Carl nicht zu Hause war, gab ihm was Anständiges zu essen und erzählte ihm so viel von Jesus, daß die Einladung zu rechtfertigen war. Ich wußte, ich säte auf unfruchtbarem Boden, aber ich fühlte mich wohl in der Gesellschaft dieser jugendlichen Variante meines Carl. Alfred war genauso dunkelhäutig und muskulös wie er und fast so klug. Nachher schickte ich ihn unter allerlei Ermahnungen weg, auf die er nie hörte, und trotzdem war mir leicht ums Herz. Mir gefielen auch die zahllosen kleinen Nichten und Neffen, die in der Stadt lebten und immer so brav waren. Sie machten aus Leobschütz, diesem trostlosen Provinznest, einen warmen Schoß.

Die größte Entschädigung: in unserer Kleinstadt war Carl ein großer Mann, und obendrein war er ein ziemlich großer Mann in einer richtigen Großstadt. Bei uns leitete er das Städtische Krankenhaus, und in Breslau lehrte er an der Universität. Man sprach ihn nicht einfach mit Herr Doktor an, sondern mit Herr Professor Doktor. Ich als seine Frau war also nun Frau Professor Doktor, und dieses Stückchen Anerkennung – eigentlich eine Kleinigkeit – machte viel von dem Kleinkarierten wett, mit dem eine weltläufige

Rheinländerin wie ich, die es nach Oberschlesien verschlagen hatte, fertig werden mußte. Aber davon abgesehen, bewunderte ich Carl so sehr, wie ich keinen Menschen je bewundert habe – ausgenommen meinen großen Bruder Otto. Mein Mann war genauso intelligent und genauso charaktervoll. In gewisser Weise war er sogar noch besser, denn er hatte diese außergewöhnlichen, ruhigen, verantwortungsbewußten Hände; sie waren seine Heilwerkzeuge. Unser Kind machte ihn ganz traurig, denn bald zeigte sich, daß es schwere Fehler hatte.

Fehler Nummer eins: es ähnelte mir nicht in dem, worauf es ankam. Es hatte Carls riesige dunkle Augen, seine Nase und außerdem ganz von allein – ich weiß nicht, woher sie kamen – rote, wulstige Lippen. Anders als wir hatte unser Kind auch ein auffällig schwach ausgeprägtes Kinn, und Carl meinte, das bedeute, es habe auch kein Rückgrat. Gleich nach der Geburt konnte man das alles natürlich noch nicht erkennen. Da erkennt man ja überhaupt noch nichts. Sie sehen alle gleich aus, und um ganz ehrlich zu sein, ich finde sie ein bißchen abstoßend. Aber das wußte ich vorher, und es war nicht das, was mich enttäuschte, sondern etwas anderes. Fehler Nummer zwei. Ein Schock. Darauf war ich nicht gefaßt: ein Mädchen.

Es war schlimm genug, daß ich ein Mädchen war und kein Offizier und Kriegsheld werden konnte. Otto badete immer nackt, aber ich sollte die Unterhose anbehalten, damit man nichts sah. Ich zog sie trotzdem aus, und mein Kindermädchen gab mir eins hinter die Ohren dafür. Vater, ich war unkeusch. Andauernd. Alle anderen um mich herum waren leuchtende Vorbilder. Meine Schwestern waren immer schon nach fünf Minuten wieder aus dem Beichtstuhl. Ich nicht. Vater, ich war zornig, neidisch, habgierig.

Es blieb nicht unbemerkt. Ich tunkte die Zöpfe des Mädchens, das vor mir in der Bank saß, in mein Tintenfaß, weil sie dicker waren als meine, und flog von der Klosterschule. Ein Mädchen sprach im Beichtstuhl zu laut – ich lauschte, kicherte und flog von der Schule. Als einmal unsere Lehrerin von ihrem Stuhl fiel, behauptete ich, wir Kinder hätten ihre Unterhose gesehen und deshalb könne sie uns nicht mehr unterrichten. Ich flog von der Schule. Zuletzt hatte ich nur noch Hauslehrer. Eine Frau, die zu Besuch kam, schenkte jedem Kind ein schweres Glasei mit einer Figur aus dem Neuen Testament darin. Nur in meinem war ein Huhn. Ein Huhn! Ich warf es aus dem Fenster. Mein Schutzengel lenkte das Ei einen winzigen Zentimeter von seiner Flugbahn ab, so daß es den Filzhut eines Herrn nur an der Krempe streifte und ihm den Hut vom Kopf schlug, ihn aber nicht umbrachte. Totschlag um ein Haar, eine Sünde! Alle redeten auf mich ein, alle schimpften mit mir, in zahllosen Streitereien im Wohnzimmer, im Kinderzimmer, beim Abendessen – widerspenstig sei ich und unbelehrbar, und nie im Leben würde ein guter Mensch aus mir werden. Ich fürchte, meine Enkeltochter Irene hat meinen Charakter geerbt. Der Unterschied zwischen uns besteht nur darin, daß ich mich mein Leben lang bessern wollte, während sie dafür überhaupt keinen Grund sah. Dazu später mehr.

Ich muß noch etwas zu Otto sagen. Mein Bruder Otto war fromm, gottesfürchtig und still. Er war zehn Monate älter, aber genauso groß wie ich, bis zum Alter von dreizehn oder vierzehn Jahren. Man hat uns oft verwechselt. Dann schoß er in die Höhe und bekam eine brummige Stimme, während ich meine dünne, piepsige behielt. Er fing an, mich von oben herab zu behandeln. Er mochte Mädchen genausowenig wie ich, auch als Erwachsener. Zufällig weiß ich, daß ihm Jungs lieber waren. Auch das war eine Tragödie für mich: daß ich kein Junge war, den er gern haben und ins Vertrauen ziehen konnte.

Also wünschte ich mir einen Sohn, aus dem mal ein prächtiger Mann werden würde, so blond und gutaussehend wie Otto, aber statt dessen bekam ich ein Mädchen mit dunklem Haar. Zu Anfang freute sich Carl. Er sagte, unsere Tochter sehe aus wie die Heilige Jungfrau, und wollte sie deshalb Maria nennen. Ich war für Renate, weil mir dieser Name immer – und heute mehr denn je – so voller Hoffnung zu sein schien: wiedergeboren, alles ist möglich. Wir einigten uns auf Maria Renate. Aber als dann wenig später ihre wahre Natur zum Vorschein kam und jeden Gedanken an die Muttergottes grotesk erscheinen ließ, nannten wir sie nur noch Renate.

Es stellte sich heraus, daß sie noch viel schlimmer war als ich – wegen all der tollen Talente, die sie besaß. Aber was zuviel ist, ist zuviel. Sie war kaum fünf, da blendete sie uns schon mit ihrer Intelligenz – wie sie zeichnen konnte und wie sie jedes Lied nachsingen konnte, wenn sie es nur einmal gehört hatte. War es nicht viel bezeichnender, daß sie ständig irgendwas im Schilde führte? Ich verpaßte zahllose Gelegenheiten, ihrem Charakter die richtige Richtung zu geben. Noch heute habe ich im Ohr, wie sie von draußen ins Haus geschlichen kommt. Ich konnte hören, wenn eine Tür zu langsam und zu leise geschlossen wurde und wenn jemand auf leisen Sohlen unterwegs war. Ich sprang von meinem Kanapee auf und wollte sehen, was los war. Sie versuchte, ins Badezimmer zu schleichen. Ich stellte den Fuß in die Tür und rief: »Renate, zeig mal!« Sie brach in Tränen aus und sagte, sie sei hingefallen und habe sich weh getan. Mund und Hände waren rot verschmiert. Ohne zu zögern, nahm ich ihre Hand und leckte daran. »Mein Blut ist zuckersüß!« rief sie. »Süßer als deines!« Und kreischte vor Lachen. Ich wußte, sie hatte wieder Himbeeren geklaut. Natürlich hätte ich mitlachen können. Aber diesmal besann ich mich. Ich nahm eine Schüssel mit in den Garten und sammelte unter den Sträuchern die alten, verwurmten Himbeeren vom Boden auf, und dann zwang ich sie, alles zu essen. Sie behauptete, sie würden köstlich schmecken. »Danke, Mama, vielen Dank!« Und dann erbrach sie alles auf meinen schönsten Teppich.

Ich sperrte sie auf dem Speicher ein. Es wurde dunkel. Ich wartete auf das Abendessen, hatte Kopfschmerzen, glaubte, ich würde vor lauter Unglücklichsein eine Gehirnblutung bekommen. Würde 1927 mein Todesjahr sein?

»Ihr Starrsinn muß gebrochen werden«, sagte Carl.

Da nahm ich sie in Schutz. »Mit der Zeit wird es sich geben, genau wie bei mir.«

Ich ging nach oben, um sie zu holen. Sie kam mit, still, Zufriedenheit verströmend. Sogar Triumphgefühle. Erst Jahre später erfuhr ich, warum. Sie hatte für solche Zeiten der Verbannung ihre Vorbereitungen getroffen, hatte auf dem Speicher Pralinenschachteln versteckt, Saftfläschchen, ein paar Bücher, Kissen und Opferkerzen. Das Abendessen rührte sie nicht an, so sehr hatte sie sich mit Süßigkeiten vollgestopft. Wir glaubten damals, sie sei ein bißchen durcheinander und verstockt.

»Das ist mehr als Starrsinn«, sagte Carl, als wir im Bett lagen und über unseren Sprößling sprachen. »Das ist Wille zur Macht. Sie will über uns herrschen.«

Und dann rief er: »Aber das lassen wir uns nicht gefallen!«

Vor allem wollte sie den Willen ihres Vaters brechen. Was er auch tat, sie wollte es besser machen, um ihm eins auszuwischen. Ihr fehlte ein älterer Bruder, der ihr gezeigt hätte, wo ihr Platz war. Carl spielte Klavier. In seiner Familie spielte sonst keiner. Er war auch der erste, der je über die achte Klasse hinaus zur Schule gegangen war. Notenlesen und Klavierspielen brachte er sich selbst bei, und nachdem wir geheiratet hatten, kaufte er sich ein schönes, großes, glänzendes Instrument. Sein ganzes Gefühl floß in die Art, wie er spielte, wobei er die lauten romantischen Stücke bevorzugte, besonders Wagner. Es sah seltsam aus, wenn er spielte. Er schnitt furchtbare Grimassen, schloß die Augen, warf den Kopf nach hinten und wiegte den Oberkörper im Takt. Ich mochte nicht hinsehen, aber ich hörte gern zu – mit geschlossenen Augen.

Mit acht Jahren spielte Renate dieselben Stücke wie er, und selbst ich konnte erkennen, daß sie sie besser spielte. Inzwischen bekam sie Unterricht, aber sie brauchte sich kaum anzustrengen, setzte sich einfach ans Klavier und spielte, als sei es das Natürlichste von der Welt. Ihre Lehrerin sagte, sie habe »Klavierhände« – es waren Carls Hände.

Ich bewunderte sie natürlich. Aber ich ließ es sie nie merken. Es ist nicht gut für Kinder, wenn man sie bewundert. Sie bilden sich dann zuviel ein, und das untergräbt ihren Charakter. Deshalb versuchte ich genau wie Carl, ihr klar zu machen, was uns an ihr nicht gefiel. Doch wenn ich ihre kleinen Hände in meine nahm und spürte, wie stark sie schon waren, wie beweglich, ganz anders als meine, dann überlief mich ein heimlicher Schauer, und ich dachte, sie wird Chirurgin werden wie ihr Vater. Dann seufzte ich und sagte: »Warum hast du bloß immer so schmutzige Finger?«

Carl und ich gaben uns große Mühe, unseren Sprößling zu formen, mit einem eisernen Tagesablauf zu kneten. Wir gingen früh zu Bett und standen früh auf. Um fünf beteten wir den Rosenkranz. Dann ein Bad und unser bescheidenes Frühstück – mit einem Spiegelei, das auf einem Bett aus Toast und Butter seinem Ende entgegenbibberte. Um halb sieben stand Carls Chauffeur wie aus dem Ei gepellt neben der Hintertür des blitzblanken Wagens. Er kam dann noch mal zurück und holte auch mich und Renate. Sie setzte er bei der Schule ab, und mich brachte er rechtzeitig zur ersten Operation um acht ins Krankenhaus.

Am wohlsten fühlte sich Carl immer im Operationssaal. Er glaubte an seine Hände, an altmodische, gediegene

Handarbeit. Aber Neuerungen faszinierten ihn. Und so verliebte er sich in den Röntgenapparat. Er ließ niemand sonst an ihn heran, behauptete, die anderen hätten kein Gefühl für das neue Gerät, sie hampelten zuviel herum und hielten die Platte nicht still. Bei Röntgenbildern vertraute er niemandem außer sich selbst, hielt die Platte fest umklammert und krümmte einen Daumen um die Kante, so daß jede Aufnahme auch ein Röntgenbild seines kräftigen Fingers zeigte – und Carl wurde nicht müde, ihn sich immer wieder anzusehen. Aber Gott mag keine eitlen Männer! In dem geröntgten Daumen wuchs der Krebs, wanderte den Arm hinauf und dann hinunter in seine Hoden.

Die Kollegen rieten ihm, er solle sich die ganze Hand abnehmen lassen. Er dachte darüber nach und kam zu dem Schluß, daß er lieber sterben würde. Mit dem Verlust des Daumens fand er sich ab. Aber er verlor mehr. Nachdem wir uns mehrere Jahre an einem zweiten Kind versucht hatten, sagte ich ihm, er solle sich seine kleinen Männer mal unter dem Mikroskop ansehen. Ich saß zu Hause und wartete, daß in dieser Instanz die Schuldfrage nun endlich ein für allemal geklärt werden würde. Ich konnte den Gesichtsausdruck nicht ergründen, als er zurückkam – seine Miene, seine Haltung, alles war steif, erstarrt. Noch in der Diele erklärte er: »Wir sind einfruchtig«, und schon dabei ertrank seine Stimme in Bitterkeit.

Zum ersten und einzigen Mal in meinem Leben hatte er ein Wort benutzt, das ich nicht kannte. Sonst bemühte er sich immer darum, mich nicht zu beschämen. Ich verstand trotzdem, was er sagen wollte: Keine weiteren Kinder! Eine Last weniger in unserem Tagesablauf. Der mittags mit dem Mittagessen seinen Fortgang nahm. Dazu kamen wir nach Hause.

Der Tisch war für drei gedeckt, mit Serviettenringen und Messerbänkchen für das Silberbesteck. Kurz vor eins setzten wir uns. Renate sprach das Tischgebet. Wir verharrten in gespanntem Schweigen. Die Uhr tickte. Wenn dann der große Zeiger auf die Zwölf glitt, versank das Ticken im Geräusch von Schritten. Die Köchin schob den Servierwagen herein. Der Höhepunkt des Tages begann mit Suppe – dicker, dampfender Fleisch- und Kartoffeleintopf im Winter, köstliche Brühen im Frühling und Herbst, kalte Suppen im Sommer. Die Spannung ließ nicht nach. Viele Gänge folgten. Ich will hier nicht in die Einzelheiten gehen, denn bis heute weckt die Erinnerung daran in mir die Sehnsucht, mich noch einmal an diesen Tisch zu setzen. Aber Carl war nie so recht einverstanden. Er hatte etwas gegen meine Freude. Er versuchte mich abzulenken und in ein Gespräch über die morgendlichen Abenteuer im Krankenhaus zu verwickeln. Kaum hatte ich den Löffel an den Mund gehoben, da wollte er von mir wissen, wie ich über diesen Patienten oder jene Entscheidung dachte. Ich war immer ein wenig traurig, wenn das Essen vorbei war.

Carl kehrte gleich nachher ins Krankenhaus zurück, kümmerte sich um die frisch operierten Patienten und die laufenden Angelegenheiten. Ich dagegen – es stimmt, ich machte mir oft einen gemütlichen Nachmittag. Ich spielte mit den Hunden im Garten. Renate und ich, wir ließen es uns gutgehen. Ich brachte ihr ein paar Fertigkeiten bei, die einem im Leben nützlich sein können – zum Beispiel blöd kucken. Wenn man nicht wirklich strohdumm ist, erfordert es einige Phantasie und Übung. Leicht schielen, so daß es kaum auffällt, funktioniert ganz gut. Ich erklärte ihr auch, wie man jemandem klarmacht, daß man über ihm steht: dem Quälgeist in die Magengrube starren – die meisten Leute finden das ziemlich beunruhigend. Und ich zeigte ihr das Wichtigste: wie man vollkommen ernst bleibt, wenn man am liebsten loslachen würde. Man muß sein Gesicht entspannen, vom Mund aus anfangen und dann aufwärts – einfach entspannen. Entspannung signalisiert Anstand, und es ist komisch, wie schnell die eigene Stimmung dem

Gesicht gehorcht. Wenn wir das geübt hatten, lachten wir uns jedesmal halb tot und mußten dann in meinem Zimmer Kekse essen, um meinen Blutdruck wieder ins Lot zu bringen.

Die Kekse. Ich wurde immer dicker. Ich weiß, daß sich meine Tochter meinetwegen schämte. Einmal stand ich am Fenster und sah, wie sie im Garten hockte und mit einem Stöckchen nach einer großen Wegschnecke stocherte. Dabei murmelte sie etwas. Ich öffnete das Fenster und lauschte. Sie hatte der Schnecke einen Namen gegeben – »Mutti«. Ein paar Wochen später, an Silvester, zahlte ich es ihr heim. Der Weihnachtsbaum stand in einer Ecke des Wohnzimmers. Wir waren allein. Carl war nach oben gegangen. Plötzlich ließ ich den Kopf zur Seite hängen, riß den Mund auf und rollte die Augen. Ich machte ein Gesicht, als wäre ich plötzlich verrückt geworden. »Mutti«, flüsterte Renate, und nun klang es ängstlich und respektvoll. »Mutti, was ist denn?« Ich sagte nichts. Sie begann zu wimmern. »Bitte – Mutti.«

Ich sagte: »Mutti hat sich in eine Schnecke verwandelt.« Sie starrte mich an, und dann heulte sie. Ich nahm sie in den Arm. Ich verzieh ihr. Sie hatte ja recht, ich war dick. Aber je dicker ein Gesicht ist, desto schöner wird es. Ich finde, auf das Gesicht kommt es mehr an als auf die Figur.

Aber wo war ich stehengeblieben? Mein Alltag. Nach dem Mittagessen.

Ich kümmerte mich um den Haushalt, und das bedeutete: ich mußte das Personal in Schach halten. Auch die Verwandtschaft mußte ich in Schach halten. Ich schrieb Briefe und bekam Briefe. Und wenn ich sonst nichts zu tun hatte, besuchte ich Helga.

Helga Weltecke war mir als Assistenzschwester zugeteilt, und Joseph Weltecke, ihr Mann, war am Krankenhaus der zweite Chirurg. So gab es viele Gemeinsamkeiten. Sie und ihr Mann konnten von Glück sagen, daß sie sich mit ihren

Vorgesetzten so gutstanden. Sie waren fröhliche Kirchgänger, wie ich sie mochte, und wir gingen immer zusammen zur Messe. Dr. Weltecke und Dr. Rother hatten beide ein Faible für gute Zigarren und Briefmarken, während Helga und mich das lebhafte Interesse an Obstschnäpsen verband. Wir experimentierten und stellten sie selbst her, aus Frühobst in großen Krügen, die bei ihr im Keller standen. Ein Jahr später füllten wir unsere Schnäpse in silberne Flachmänner, die man bei Spaziergängen in der Tasche mitnehmen konnte, oder in hübsche Glasflaschen mit verschiedenfarbigen Stöpseln. Bald fanden wir heraus, daß Himbeergeist einen näher zu Gott bringt.

Am späteren Nachmittag ging ich wieder nach Hause. Ich wollte da sein, wenn Carl um Punkt vier Uhr zur Tür hereinkam. Er zog nicht mal den Mantel aus, sondern rief mit einem langen, leisen Pfiff die Hunde herbei. Egal, ob es regnete oder die Sonne schien – er ging gleich wieder los und machte mit ihnen einen flotten Spaziergang. Er war ein großer, energischer Mann. Das Geräusch an der Tür, der Pfiff, das aufgeregte Jaulen der Hunde und das Geräusch beim Schließen der Tür riefen mich ans Fenster, und dann sah ich ihm nach, wie er mit großen Schritten die Straße zum Leobschützer Wäldchen hinunterging. Wenn er dann schwitzend und beschwingt zurückkam, machten wir ein Nickerchen. Renate übte um diese Zeit Klavier. Wir dösten und lauschten ihrem Spiel. Die Haushälterin deckte den Kaffeetisch. Nachher zog sich Carl zum Lesen oder um an seiner Briefmarkensammlung zu arbeiten, ins Herrenzimmer zurück, und jeden Abend vor dem Essen übte er eine Stunde Klavier. Das Abendessen fand um sieben statt, eine leichte Mahlzeit, kaum der Rede wert, Schnittchen auf dünnem, saftigem Schwarzbrot mit dicker, süßer Butter und Cervelatwurst oder Käse, danach ein Riegel Schokolade und vielleicht ein Schluck Obstschnaps, dann das Abendgebet, eine Formsache, rasch erledigt und doch tief empfunden, und nachher gingen wir zu Bett, immer um neun.

Sonntags arbeitete Carl nur, wenn es einen Notfall gab. Wir standen spät auf, ganz nach Lust und Laune, aber selbstverständlich rechtzeitig, um auf nüchternen Magen in die Kirche zu gehen. Sonntags gab es ein großes Mittagessen, fast immer mit den Welteckes und ihren vier wohlerzogenen kleinen Jungen. Die Sonntagnachmittage waren Ausflügen mit Renate vorbehalten, entweder ein langer Spaziergang oder eine Fahrt zu einer Sehenswürdigkeit in der Nähe, und abends waren dann regelmäßig einige von Carls Verwandten zum Essen bei uns.

Die Rothers aus Leobschütz waren nicht wie die Gierlichs. Die Rothers waren gemächliche kleine Leute, die nichts aus der Ruhe brachte, die nie aus ihrem Nest herausgekommen waren und trotzdem gutmütig auf mich, den christlichen Neuzugang, und auf den Rest des Universums herablächelten. Selbst über Alfred, den Dieb in der Familie, dachten sie nicht schlecht, sondern wunderten sich bloß. Wirklich, sie waren so gut, daß sie das Schlechte einfach nicht wahrnahmen. Zum Beispiel Carls Schwester Else. Sie sah aus wie eine schöne, sanfte Milchkuh mit hellbraunen Augen und prächtigem schwarzen Haar, das sie unter ihrer prächtigen schwarzen Perücke verborgen trug. Du liebe Zeit, war sie hübsch! Die Schönste in der ganzen Stadt, bis ich kam. Nie sagte sie über irgend jemanden etwas Unfreundliches, war immer für andere da, und oft schämte ich mich in ihrer Gegenwart; sie hätte eine mustergültige Christin abgegeben.

Die Rothers überhäuften sich gegenseitig mit Freundlichkeiten – und Renate ebenfalls. Meine Tochter hatte zwölf Tanten und Onkel, eine Oma und einundzwanzig Cousins und Cousinen, die sie alle »eine von uns« nannten. Dadurch entstand in Renates Kopf natürlich ein großes Fragezeichen hinsichtlich ihrer Stellung in der Gesellschaft.

Aber noch schlimmer war etwas anderes – indem ich Liesel einstellte, verschaffte ich der Geringsten unter den Geringen einen Platz in Renates Herz.

Liesel war sechzehn, als Renate geboren wurde. Sie hatte schon eine Zeitlang für mich gearbeitet, so daß ich sie inzwischen gut kannte und ihr auch beim Silberzeug traute. Sie kam aus Niederschlesien. Ihr Deutsch war mit polnischen Wörtern und Wendungen durchsetzt, und sie stotterte so entsetzlich, daß es wie Wiehern klang, wenn sie den Mund aufmachte. Als ich sie einstellte, hatte ich nicht damit gerechnet, daß ich sie viel würde reden hören. Und abgesehen von ihrem Gestotter, machte sie einen ordentlichen, sauberen Eindruck. Sie besaß zwei vollkommen gleiche hellblaue Baumwollkleider mit weißem Gürtel und weißem, rundem Kragen, die sie sorgsam pflegte, immer wieder flickte und stärkte, und darüber band sie noch eine Schürze, so daß die Kleider ewig hielten. Wenn es kalt war, zog sie außerdem eine weiße Wolljacke und Wollstrümpfe an. Ich akzeptierte diesen Aufzug an Stelle der üblichen Dienstmädchentracht. Ihr drahtiges, schwarzes Haar hatte sie zu einem festen Knoten gebunden. Sie war eigentlich ziemlich hübsch, bis auf die schlecht vernähte Hasenscharte. Die buschigen Brauen hingen ihr tief in die Augen, und auf den starren Gesichtszügen zeigten sich keine Gefühle. Nie habe ich Liesel fröhlich oder traurig dreinblicken sehen. Gefühle und Stimmungen äußerten sich in ihrer Körperhaltung und in der Art, wie sie sich bewegte. Beim Beten in der Kirche hielt sie die Augen geschlossen und drückte die gefalteten Hände wie ein kleines Mädchen an die Nase. Ich glaube, sie verausgabte ihre Gefühle in ihrer Beziehung zu Gott. Sie war winzig und trotzdem sehr stark. Sie tat ihre Arbeit gern und konnte gar nicht genug davon bekommen. Nach einem regulären Arbeitstag von zehn Stunden, wenn andere Hausangestellte zu Abend essen und dann ins Bett wollen, fragte sie, ob sie noch den Keller fegen oder die Kerzenhalter putzen könne. Und nie sprach sie über Geld, bat nie um eine Lohnerhöhung. Gesellschaftliches Ressentiment, das in ihren Kreisen so verbreitet ist, kannte sie nicht – dabei kam sie aus einer Familie von lauter Sozialdemokraten. Aber sie selbst hatte Gott sei Dank kein Verlangen nach Gleichheit. »Hier herrscht Ordnung«, pflegte sie zu sagen. Erst später erkannte ich, daß ihre Ordnung ein ganz besonderer Herrscher war.

Außerdem hatte ich Anna, ein gelerntes Kindermädchen, das sich nach der Geburt um Renate kümmerte. Anna war tüchtig. Das Kind sah immer aus wie gestärkt und gebügelt. Eines Tages, nachdem ich meinen Nachmittagsbesuch beim Baby gemacht hatte, gab ich es ihr zurück. Sobald es spürte, wie Annas gelernte Hände nach ihm griffen, fing es an zu schreien. Ich verstand nicht viel von kleinen Kindern, aber ich zahlte dem Kindermädchen noch einen Wochenlohn aus und sagte ihr, sie solle ihre Sachen packen und gehen. Ich hatte noch den ganzen Nachmittag, um einen Ersatz für sie zu finden. In der Stadt wimmelte es von arbeitslosen Dienstboten. Ich setzte mich auf Annas Stuhl im Kinderzimmer und schmuste mit dem Baby, das teilnahmslos in meinen Armen lag.

Während ich das Kindermädchen entlassen hatte, war Liesel kurz in der Tür erschienen und hatte ein empörtes Schnaufen von sich geben. Nachher hörte ich sie auf dem Speicher, wo sie Mottenkugeln in den Truhen mit den Sommersachen verteilte. Daran, wie sie auf den Dielen herumstampfte, erkannte ich, daß sich etwas zusammenbraute. Wenig später erschien sie wieder, baute sich vor mir auf (eine Frechheit – ich hatte sie nicht mal hereingebeten) und stotterte: »Die Frau Doktor Rother kann die Anna nicht einfach entlassen. Die Kinderchen schreien nun mal, wenn man sie hochnimmt, es hat nichts damit zu tun, wer sie hochnimmt.« Der lange Satz kostete sie große Mühe.

Sie wollte mir sagen, wie ich mit meinen Angestellten umzugehen hätte. Vor lauter Zorn stand sie wie angewurzelt da, in ihrer weißblauen Kluft, die Hände wie ein Polizist in die Hüften gestemmt, und wiederholte: »Wie können Frau Doktor Rother Anna die Schuld geben, daß das Kindchen schreit! Die Kinderchen schreien immer!« Na ja, sie hatte nicht ganz unrecht. Mit einem Ruck stand ich auf und drückte ihr das Mädchen in die Arme. Liesel hatte die Ärmel ihrer Jacke hochgestreift und schwitzte ein bißchen. Ich sah die Muskeln an den kurzen weißen Unterarmen, die sich mir reflexartig entgegenstreckten und das kleine Paket übernahmen. Nun lag das Baby in dieser aufrührerischen Krippe und schaute still zu Liesels ausdruckslosen Augen auf, zu den Strähnen ihres schwarzen Eselshaars, die ihr in die Stirn hingen, und zu der Narbe auf ihrer gespaltenen Lippe. Ich sah, wie ruhig mein Kind dalag und wie es diese neue Physiognomie studierte. Und dann – zum erstenmal in ihrem Leben – lächelte Renate.

Von nun an kümmerte sich Liesel um unsere Tochter. Sie machte ihr auch zu essen und nähte für sie, aber wenn das Kind schlief, half sie natürlich den anderen Angestellten bei der Hausarbeit und beim Kochen. Bald ruhte der ganze Haushalt auf ihren Schultern, und wenn sie ihre Familie besuchen wollte, versuchte ich es ihr auszureden. Liesel war ein Segen. Sie hatte keinen Mann und keine Kinder. Einmal, mit einundzwanzig, wollte sie unbedingt heiraten – Josef, unseren Chauffeur. Ich hatte es kommen sehen. Ich war darauf vorbereitet. Ich verbot es ihr einfach.

Ich hatte Josef einmal zu oft zu ihr in die Küche gehen sehen. Von da an nannte ich ihn nur noch »den Buckel«. Mit aller Macht drückte ich diesen Spitznamen durch – »Buckel Josef«. In Wirklichkeit hatte er gar keinen Buckel, aber eines Tages würde er einen bekommen, das sah man, denn er war sehr groß und von Natur aus sehr bescheiden, so daß er sich immer bückte, wenn er mit jemandem sprach, und es war klar, daß er in ein paar Jahrzehnten nur noch gebückt gehen würde.

»Liesel, das kommt nicht in Frage. Nicht so einen häßlichen Buckel«, sagte ich. »Du wirfst dein Leben weg. Das kann ich nicht zulassen.«

»Er ist so ein braver Mann«, entgegnete Liesel. »Er arbeitet sehr schwer.«

»Arbeitet? Er hat seinen Spaß. Jeder junge Mann will einen schönen, großen Wagen fahren. Aber vernünftig ist er, das muß man ihm lassen. Weil er jemanden wie dich zur Frau nehmen will. Aber es kommt nicht in Frage. Renate kommt ohne dich nicht aus. Sie ist doch erst fünf!«

Schließlich sagte sie Josef, sie wolle nicht heiraten, und damit war die Sache erledigt. Er war so enttäuscht, daß er den Dienst bei uns quittierte. Was mir nur recht war. Denn Liesel blieb. Ein Chauffeur ist leicht zu bekommen. Ich sorgte dafür, daß wir nie mehr einen alleinstehenden Mann nahmen.

Ich kenne Gruselgeschichten von Dienstmädchen, die weglaufen, um sich zu verheiraten. Bei den Keils zum Beispiel. Die hatten ein Kindermädchen für ihren Jungen, das Fräulein Strecker. Als der Junge groß war, blieb sie bei ihnen und kümmerte sich zusammen mit dem Dienstmädchen um den Haushalt. Ihre Butterplätzchen waren ein Gedicht, und sie konnte sehr gut nähen. Fräulein Strecker hatte ein schönes Zimmer im zweiten Stock, mit eigenem Waschbecken. Als sie sechzig war, kam Herr Keil einmal zu spät nach Hause. Ausgerechnet an diesem Tag hatte er einen Kollegen zum Essen eingeladen, einen steinreichen, aber einsamen Bankier. Der Gast mußte warten, und Fräulein Strecker brachte ihm etwas zu trinken und eine Zeitung. Irgendwie verliebte sich der vornehme Herr in das alte Mädchen. Die Keils mußten zusehen, wie er sie ihnen einfach unter der Nase wegheiratete, und dann wohnte sie für den Rest ihres Lebens als eine Frau Doktor

Edelmann in ihrer eigenen Villa, die viel größer war als die Villa der Keils, mit einem viel größeren Garten und mehr Personal. Plätzchen backte sie noch immer und schickte auch den Keils welche, und wenn sich die Figur von jemandem änderte, dann wollte sie unbedingt, daß man ihr die Sachen zum Ändern brachte. Aber es war ein Schock für den ganzen Ort.

Carl warnte mich, bei Liesel bestehe eine ganz andere Gefahr. Er fand, ich sei zu abhängig von ihr und sie könnte das ausnutzen.

»Gib auf diese Liesel acht«, sagte er. »Wenn du nicht aufpaßt, schwingt sie hier eines Tages das Zepter.«

»Ihre Führung ist tadellos«, sagte ich. »Immer findet sie etwas zu tun. Renate ist sauber und gut genährt und fühlt sich wohl bei ihr. Wir müssen bloß aufpassen, daß das Kind nicht anfängt, Schlesisch zu sprechen. Schon bei dem Gedanken wird mir ganz übel.«

Das Kind wuchs heran, und bald sprach es Liesels Schlesisch fließend. Auf Wasserpolnisch »tut« man alles mögliche – »Ich tu jetzt spazierengehen«, »Ich tu jetzt putzen« –, und das geht natürlich nicht. Aber mit mir sprach Renate immer perfektes Hochdeutsch, so daß ich mich nicht beschweren konnte. Im Umgang mit Menschen war sie ein Chamäleon. Sie behandelte Liesel nicht als das Dienstmädchen ihrer Mutter. Wenn sie sich das Knie aufschürfte, dann lief sie zu Liesel, obwohl ich die gelernte Krankenschwester war. Wenn sie traurig war, dann weinte sie sich auf Liesels Schoß aus. Das vermute ich zumindest. Beweise hatte ich nie. Auf meinem Schoß hat sie jedenfalls nie geweint. Vielleicht hat sie ja überhaupt nie geweint. Auch in der Schule verstand sie, sich anzupassen, indem sie ihre wahre Person versteckte. Ihre dunklen, glänzenden Augen täuschten selbst den Lehrer, der die Theatergruppe leitete; jedes Jahr beim Krippenspiel spielte sie ihre Namensschwester, Maria.

Ich biß mir auf die Zunge und hoffte, sie werde in die Rolle hineinwachsen. Aber nach drei Jahren verlor ich die Hoffnung. »Wenn die wüßten, wie du in Wirklichkeit bist!« sagte ich zu ihr.

»Das weiß nicht mal der liebe Gott!« erwiderte sie.

»Bist du wohl still!« fuhr ich sie an.

Diesmal blickte sie beim Krippenspiel tief ergriffen und voller Hingabe zum Himmel und preßte die Hände an die Brust. Aber als sie die Augen wieder sinken ließ, suchte sie meinen Blick und zwinkerte mir fast unmerklich zu. Lachen stieg in mir hoch. Die Mundwinkel wollten nicht stillhalten. Ich vergrub das Gesicht in den Händen, bat den Herrn inständig um etwas mehr Ernst. Er erhörte mein Gebet nicht. Ich lachte in die Hände und sah zu, daß es so klang, als müßte ich husten. Tränen traten mir in die Augen. Carl klopfte mir liebevoll auf den Rücken.

Der Lehrer und die anderen Zuschauer ahnten nicht, was sich wirklich abspielte. Natürlich schimpfte ich mit Renate. »Du blamierst mich vor allen Leuten!« sagte ich. »Wie kann man so rücksichtslos sein!« Sie entschuldigte sich, was selten vorkam. Ich empfahl ihr einen Besuch bei unserem Beichtvater. Mit ihm sollte sie sich beraten. Aber meine Tochter holte sich keine Hilfe bei anderen. Sie brauchte keine.

In allem, wo Geschicklichkeit gefordert war, kam sie nach ihrem Vater und glänzte sogar in Sport – sie hatte Carls breite Schultern und seine Körperbeherrschung geerbt, auch seinen Kampfgeist. Sie liebte Wettkämpfe. Und wie Carl war sie nicht nur musikalisch, sondern auch klug. Sie übersprang das erste Schuljahr und später auch das vierte, war schon mit vierzehn Jahren in der Oberstufe und hatte nur noch zwei Jahre bis zum Abitur. Das war 1935. Jetzt bekam ich die Quittung für meinen Eigensinn und meine Torheit.

Wenn ich auf Renates Kinderjahre zurückblicke, finde ich nichts, was schon irgendwie auf meine Enkeltochter Irene hindeutet. Man macht sich natürlich Gedanken über die Zukunft. Eines nicht allzu fernen Tages würde Carl irgendwo im Rheinland Professor werden, am liebsten in Koblenz, aber Köln war mir auch recht, und wir würden dorthin ziehen. Ich wußte immer, wußte einfach, daß ich mich eines Tages mit meinem Bruder Otto wieder vertragen würde, er wurde mir verzeihen, daß ich Carl geheiratet habe, er würde verstehen, worum es mir ging, und sich sogar bei mir entschuldigen. Seine Kinder würden sich mit Renate prächtig verstehen. Sie würden zusammen studieren, zusammen auf Bälle gehen und im Freundeskreis heiraten. Renate würde einen guten Katholiken heiraten, vielleicht einen Arzt oder einen Rechtsanwalt wie Otto, und Kinder bekommen, mehrere. Sie würden in meiner Nähe leben. Ich würde eine Enkeltochter haben, die, wenn es nach mir ginge, und es würde nach mir gehen, so hieß wie ich – Elisabeth. Diese Enkeltochter würde mir nachschlagen, und alles in ihrem Gesicht würde klein und zierlich sein.

Ich wußte auch, daß ich nicht besonders alt werden würde, knapp über fünfzig vielleicht. Ich gab mir bis 1945. Man hat ein Gespür für sein Schicksal, und mein Schicksal, das war eine schwere Krankheit in verhältnismäßig jungen Jahren. Ich würde einen Mann und eine Tochter und Enkelkinder hinterlassen, die mich allesamt noch jahrzehntelang betrauern würden. Auch Otto würde trauern.

Otto genoß die Früchte seiner Rechtschaffenheit in Koblenz. Er war Staatsanwalt. Manchmal las ich seinen Namen sogar in der Zeitung. Er war fabelhaft in seinem Beruf, in dem man ja mit felsenfester Gewißheit wissen muß, was Recht und was Unrecht ist. Meine ältere Schwester Maria war Nonne geworden und nach Südamerika gegangen, in einen Orden, der sich der Errettung der Seelen von Indios widmete. Was das Abenteuerleben anging, war sie mir voraus – so kam es mir damals zumindest vor. Peterchen war noch immer das Familienproblem, war in die Arbeiterklasse abgerutscht – Elektriker in einer kleinen Firma. Er und Otto hatten Frau und Kinder, die ich kaum kannte, weil sie uns nie besuchten. Na ja, wir lebten auch zu weit vom Schuß. Kein halbwegs normaler Mensch kommt freiwillig nach Oberschlesien zu Besuch. Nur meine Mutter, die inzwischen Witwe war, kam. Die letzte Krankheit meines Vaters hatte ihr schwer zugesetzt. Er war schwach gewesen, hatte sich seinen Schmerzen überlassen, hatte gestöhnt und geklagt. Wie ein Kind hatte er sie mit seinen Forderungen überhäuft, und sie hatte ihn wie einen Säugling gepflegt, und als er dann von uns gegangen war, trug sie ihr Schwarz mit der Würde einer Königin, aber ihr Schritt war merklich leichter, und ihr Blick wurde wieder klar und fest, wie vor seiner letzten, langen Säuglingszeit. Sie hatte Carl zuletzt doch in ihr Herz geschlossen, und nun versuchte sie, Renate beizubringen, vornehm zu sein.

Leider schlugen ihre Lehren bei meiner Tochter überhaupt nicht an. In ihrer Art, sich zu geben, ähnelte Renate den Frauen der Rothers, die ein Zimmer nur betraten, wenn sie denen, die drinnen waren, etwas zu essen brachten. Die Bescheidenheit der Rother-Frauen war geradezu krankhaft, und bei Renate nahm diese Krankheit eine besonders gräßliche Form an, denn sie war bloßes Getue, und darunter verbargen sich Ungestüm, Aufsässigkeit und eine Überheblichkeit der schlimmsten Sorte. Als sie dreizehn war, konnten andere das noch nicht erkennen. Meine Freundin Helga Weltecke sagte mal über Renate: »Was hat deine Tochter für ein Glück. Carl und du, ihr habt ihr soviel Talent mitgegeben. Euer Erbgut und eure Erziehung sind einfach vorbildlich.«

»Helga, du hast vier glückliche Söhne, wie ich sie mir immer gewünscht habe. Blonde Knaben.« Ich seufzte. Und dann fielen wir einander in die Arme und lachten nach all den Komplimenten, die wir einander gemacht hatten, bis uns die Knöpfe von den Röcken platzten und wir Liesel rufen mußten, damit sie sie uns wieder annähte.

Helga war nicht so hübsch wie ich – sehr bleich, mit einer tiefen Falte, die ihr waagerecht über die Stirn lief. Darunter blitzten kleine, muntere Augen und eine niedliche Nase, aber bei den vielen Schwangerschaften waren ihre blonden Locken zu traurigen Strähnen verkümmert, die sie nun unter kleinen Hüten versteckte, und ihre Knochen waren wie Fischgräten. Sie war meine beste Freundin und ich die ihre. Sie war kultiviert, liebenswürdig und kam aus einer guten Familie. Ihr Vater arbeitete bei Siemens in Berlin. Sie war in Lichterfelde aufgewachsen und fühlte sich nur in großen Häusern mit interessanten Gärten und umherhuschenden Dienstmädchen wohl. Genau wie ich liebte sie Hunde, hatte Krankenpflege studiert und einen Arzt geheiratet, und selbstverständlich war sie katholisch. Geschlechtsverkehr haßte sie sogar noch mehr als ich, weil sie ihn viel länger über sich ergehen lassen mußte, jahrein, jahraus. Am Tag danach, wenn sie sich ihrem Mann hingegeben hatte, sah ich ihr die Quälerei immer an – wie sie vorsichtig einen Fuß vor den anderen setzte, als wollte sie einen Bogen um ihren Abscheu machen. Er war ein kleiner Mann mit runden Schultern und sehr glatten Wangen, aber sie sagte, er zöge die Prozedur gern in die Länge. Einmal gestand sie mir, er habe eine Vorliebe für die seltsamsten Stellungen. Zum Beispiel zwinge er sie, sich auf sein Tier zu setzen, während er bequem auf dem Rücken liege, und wiege sie dann vor und zurück wie ein Kind auf einem Schaukelpferd. Nachdem sie mir das erzählt hatte, konnte ich ihm wochenlang sonntags beim Mittagessen nicht mehr ins Gesicht sehen. Er war ein tüchtiger Chirurg, aber plötzlich ekelte ich mich vor ihm. Schließlich vergaß ich es zum Glück wieder. Es ging mich ja letzten Endes nichts an, was sie ihn mit ihrem Körper tun ließ, auch wenn sie meine beste Freundin war.

Habe ich unser Familienleben mit seinen Problemen einigermaßen anschaulich geschildert? Wirkliche Probleme waren eher selten. Im Rückblick – und inzwischen kann ich das beurteilen – würde ich sagen: Näher als wir kann man dem Paradies auf Erden gar nicht kommen.

Es war Helga, die mir die Neuigkeit mitteilte. An einem Nachmittag im Herbst kam sie vorbei und sagte: »Sie haben ein Gesetz erlassen.«

Liesel hatte etwas mitbekommen und tanzte vor lauter Zorn auf den Dielen herum. Ihr Gepolter wurde so laut, daß ich mich bei Helga entschuldigen und in die Küche gehen mußte.

»Liesel, würden Sie sich bitte zusammenreißen.«

»Herr im Himmel«, sagte ich, als ich ins Wohnzimmer zurückkam. »Ich weiß nicht, was in sie gefahren ist. Ich sage dir, sie tyrannisiert mich. Also – was für ein Gesetz?«

Wie sich herausstellte, hatte die Regierung ein Gesetz erlassen, das meine Ehe mit Carl verbot.

Es war natürlich zu spät. Was geschehen war, war geschehen. Auflösen wollten sie schon geschlossene Ehen nicht. Aber sie würden Carl das Leben schwer machen. Er gehörte, trotz seiner Konfession, nicht zur edlen Rasse. Ich brauchte mir nur die rund vierzig verwandten Gesichter in der Stadt anzusehen, um mir klar zu machen, wie das gemeint war.

Und Helga sagte: »Du solltest dich von ihm scheiden lassen.«

Aber eine Scheidung kam überhaupt nicht in Frage. Die Kirche hat Scheidungen sowieso verboten. Und dann – mein geliebter Mann! Mit seinen schwarzen Augen und dem versonnenen Blick, der mich so leicht aus der Fassung brachte, und seiner großen Nase! Ich versuchte, ihm durch die Nasenlöcher in den Kopf zu sehen und herauszufinden, was er dachte. Es gelang mir nie. Er blieb mir immer ein Rätsel. Genau wie seine Reinlichkeit. Er hatte überhaupt keinen Körpergeruch. Da war bloß ein Hauch von Eau de Cologne, das er wegen Köln am Rhein so schätzte, also wegen mir. Im Krankenhaus roch er natürlich nach Desinfektionsmittel. Aber selbst wenn wir uns ganz nah waren, konnte ich immer nur mich riechen, ein Gestank, der ihn offenbar nicht störte oder über den er sich nicht beklagte, um meine Gefühle zu schonen. Über Politik sprachen wir nie. Wir warteten ab, daß der Sturm abflauen würde. Juden waren im Augenblick nicht sonderlich beliebt. Gesellschaftlich waren sie es nie gewesen. Und jetzt versuchte man, das in Gesetze zu fassen.

Ein paar Wochen später, im Oktober, platzte meine Schwiegermutter kurz vor dem Mittagessen bei uns herein, völlig außer Atem vor Erschöpfung oder Aufregung. Aber alles der Reihe nach. Erst mal ließ ich ein zusätzliches Gedeck für sie auflegen. Sie wehrte ab. Sie könne nichts essen. Also setzte ich sie auf mein Kanapee. Es hatte einen Überzug mit gelben Blättern auf einem beigen und dunkelbraunen Hintergrund, und so seltsam es in diesem Augenblick war, während sie an ihrem weißen Haarknoten herumdrückte und nach Luft schnappte – mir fiel auf, wie gut sie zu dem Muster paßte. Als Renate in der Tür erschien, sah die alte Frau sie an und brach in Tränen aus. Carl kauerte sich neben sie wie ein kleiner Junge und hielt ihre Knie umschlungen. Seine Hände zitterten. Ich sagte in freundlichem Ton zu Renate, sie solle auf ihr Zimmer gehen.

Wie sich herausstellte, hatten städtische Beamte alle Männer der Familie über sechzehn verhaftet und mitgenommen. Wohin, das wußte niemand. Es gab nur Gerüchte. Meine Schwiegermutter wollte, daß Carl herausfand, was los war. Er solle anrufen und sich erkundigen. Er habe Protektion, er sei der Chef des Krankenhauses. Schließlich sei ihm eben erst »im Namen des Führers« das Ehrenkreuz für Frontkämpfer des Weltkriegs verliehen worden. Carl sagte nichts. Er blieb neben ihr knien, und ich sah, daß seine Hände immer noch zitterten. Ich erschrak. Und dann besann ich mich. Ich sagte ihnen, die ganze Sache müsse ein Versehen sein. Schließlich sei mein Bruder Otto jetzt ein hochrangiges Parteimitglied. Und selbst mein anderer Bruder, Peterchen, der ewige Verlierer, gehörte inzwischen zu den Gewinnern. Er war der Partei beigetreten, wo sich niemand darum scherte, daß er keine akademische Laufbahn vorweisen konnte, und hatte bald einen Büroposten bei der SS bekommen. Meine beiden Brüder würden niemals zulassen, daß sich jemand an Carl vergriff.

Politik interessierte mich nicht. Ich hörte kein Radio. Hitler mochte ich nicht, weil mir seine Stimme zuwider war. Ein Schreihals. Wenn wir das Radio einschalteten und er hielt gerade eine Rede, sagte ich immer: »Da ist er ja wieder, kreischt herum wie eine Frau in den Wechseljahren!« Erst gestern hatte ich es wieder gesagt, während Liesel den Kaffee servierte, und sie hatte beim Einschenken innegehalten und gesagt: »Die Frau Doktor Rother kreischt aber nicht so.« Ich hatte ihr dafür einen Rüffel erteilt: »Liesel, was Sie über mich denken, ist vollkommen uninteressant.«

Plötzlich verschmolzen all die halblauten, albernen Beleidigungen der vergangenen Jahre zu einer zentnerschweren Gewißheit – man demütigte mich auf die schlimmste Weise, die man sich vorstellen konnte: der Staat belästigte meinen Mann. Aber dank meiner Verbindungen waren wir der Lage gewachsen. Ich sagte: »Entschuldige, Carl, aber ich kann diese Sache ganz leicht in Ordnung bringen. Du bleibst hier bei deiner Mutter. Und Renate laßt ihr nicht vor die Tür! Keine Besuche heute. Ich gehe aus. Wenn nötig, rufe ich Otto oder Peter an.«

Und mit Liesels Beistand – denn die Haushälterin gab mir zu verstehen, daß ich genau das Richtige tat, und erwartete mich schon mit Mantel, Hut und Schal in der Diele – stürmte ich in den kalten Nachmittag hinaus. Ich hatte nicht mal Zeit, sie dafür zu tadeln, daß sie sich schon wieder erdreistet hatte, mir ihre Meinung kundzutun.

Meine unmögliche Enkeltochter hat von alldem nie etwas begriffen. Dafür ist sie viel zu sehr verwöhnt worden – von einer Mutter, die sie vergötterte, von einem Vater, zu dem alle Welt ehrfurchtsvoll aufblickte, obwohl er jüdisch war und furchtbare Manieren hatte. Und getrübt haben ihre Kindheit einzig und allein die Fehler, die Renate machte. Zuerst wiederholte sie meinen eigenen und heiratete einen Juden, und dann machte sie weitere Fehler, vor allem den, daß sie noch einen Juden heiratete und, als wäre es immer noch nicht genug, schließlich auch noch einen dritten Juden. Aber dazu später mehr, viel mehr.

Wo war ich stehengeblieben? Mein Aussehen. Mit Ende Vierzig sah ich gut aus – man muß an sich arbeiten. Schick angezogen, ordentlich frisiert, dichtes kastanienbraunes Haar, blasser Teint, blaue Augen und vor allem: Klasse. So betrat ich das Polizeirevier in Leobschütz, und sofort setzte sich der diensthabende Beamte gerade hin, während eine Hand abwärts glitt und die Knöpfe seiner Hose abtastete. Alle zu.

»Ja, bitte, gnädige Frau.«

Das Revier war wie geleckt. Ein Schreibtisch, ein Wachhabender, dahinter die Fahne und das Führerbild.

»Ich bin Deutsche. Ich stamme aus einer angesehenen Familie. Mein Bruder ist Erster Staatsanwalt im Rheinland und Mitglied der NSDAP, Otto Gierlich. Ich möchte wissen, was Sie mit den Verwandten meines Mannes gemacht haben. Den Rothers. Sie sind verhaftet worden. Sie haben sich nichts zuschulden kommen lassen. Sagen Sie mir, was das zu bedeuten hat. Ich will eine Antwort, auf der Stelle.«

Ich sprach, ohne die Stimme zu heben. Kalt und unerbittlich wie eine Stahlklinge ließ ich sie in ihn eindringen.

Das Blut schoß ihm ins Gesicht.

»Ich habe nicht die leiseste Ahnung, wovon Sie sprechen, gnädige Frau.«

»Dann veranlassen Sie eine polizeiliche Untersuchung. Sofort. Man hat meine Verwandten entführt. Heute morgen um sechs wurden sie aus ihren Häusern geholt, mußten zum Bahnhof marschieren und wurden in einen wartenden Zug gesteckt. Stellen Sie fest, wo sie jetzt sind.«

Er stürzte aus dem Raum.

Ich nahm Platz. Langes Stehen bekam mir nicht. Es ist schlecht für die Krampfadern. Und ich will auch nicht bestreiten, daß ich aufgeregt war und mir Sorgen machte. Ich mußte immerzu an den armen Onkel Simon mit seiner Herzschwäche denken und an seine vier strammen Jungs, alle mit Käppchen auf dem Kopf. Und an Elses Mann, Onkel Leon, der Renate demnächst wieder die Haare schneiden sollte, und an seine fünf prächtigen Söhne. Und an Onkel Alfred, den jugendlichen Dieb, den es wieder einmal erwischt hatte.

Ich hörte aufgeregte Männerstimmen in einem Hinterzimmer, dann Schritte. Ein SS-Mann. Wie mein jüngerer Bruder. Er blickte auf mich herab. Das Lametta auf seiner Uniform schimmerte im Lampenlicht. Ich erhob mich.

»Gnädige Frau«, sagte der hochdekorierte Herr. »Ihre Verwandten...«

»Blutsverwandte sind sie nicht«, unterbrach ich ihn.

»Ich nehme an, Sie sind die Gattin von Doktor Carl Rother«, fuhr er fort, ohne meinen Einwurf zu beachten.

»Ihn hat man zu diesem Ausflug nicht eingeladen, weil er meiner Frau letztes Jahr die Eierstöcke entfernt hat, eine bedauerliche Notwendigkeit, aber er hat seine Sache gut gemacht. Ein sehr gefragter Mann. Ein ausgezeichneter Chirurg.«

»Danke«, sagte ich automatisch. Dann besann ich mich. »Sind Sie nicht selbst katholisch? Ich weiß, Sie kommen nicht von hier, aber ich habe Sie in der Messe gesehen.«

Er überhörte meine Frage.

»Die Stadt Leobschütz muß dringend ihren Steinbruch in Ordnung bringen. Einige ihrer Verwandten schienen für diese kleine Aufgabe bestens geeignet. Sie befinden sich zur Zeit in der Obhut der städtischen Müllabfuhr unter Leitung von Obersturmführer Wolf. Sobald sie ihre Arbeit getan haben, werden sie wieder ihren Familien überstellt. Vielleicht schon heute abend. Sonst morgen.«

»Ich möchte eine Beschwerde gegen diese Behandlung einreichen.«

»Vielleicht warten Sie lieber ihre Rückkehr ab. Soviel ich weiß, sind alle freiwillig mitgegangen. Sie werden nämlich ordentlich bezahlt. Und Geld besitzt für diese Leute große Anziehungskraft.«

Irene wuchs in New York auf, in einem Stadtteil voller Krimineller, meistens Farbige, Neger, Puertoricaner, und natürlich auch Juden. Deutsche wohnten da nicht. Warum mußte Renate ihren Kindern das antun? Sie hätte mit ihnen genausogut in Germantown wohnen können, wo es sauber ist und wo ihre Kinder dann auch in den Religionsunterricht gingen. Aber für die Schwestern der Unbefleckten Empfängnis war Irenes Seele praktisch unerreichbar, solange das Kind ständig zwischen ihrer stillen, vernünftigen Welt des Glaubens und dem verwahrlosten Uptown mit seinen Juden und seinen schmuddeligen *darkies* unterwegs war. Renate versprach immer wieder, sie würde mit ihrer Familie nach Downtown ziehen. Aber das sagte sie nur, weil sie genauso nett und freundlich wie Carls Mutter sein wollte – immer »ja, ja, natürlich, du hast ja so recht« sagen und dann das Gegenteil tun. Auf kritische Bemerkungen reagierte sie mit einem breiten, falschen Lächeln oder mit einem Geschenk – sie verteilte ständig Geschenke – und damit, daß sie zugab, natürlich sei alles ein großer Fehler, den sie sofort abstellen werde. Später fand ich heraus, daß Renate nach den beiden Religionsstunden mit Irene immer bei einem jüdischen Metzger vorbeifuhr und für sich und sie koschere Hotdogs kaufte, die die beiden auf dem Nachhauseweg aßen – »als Gegengift«. Als Gegengift wogegen, möchte ich mal wissen! Aber davon später mehr.

Carls Verwandte kamen nach drei Tagen zurück. Die Schläfenlocken hatte man ihnen abgeschnitten und die Köpfe geschoren. Sie hatten ohne Mantel in der bitteren Kälte arbeiten müssen und waren übersät mit Kratzern und blauen Flecken. Onkel Simon war so dumm gewesen, seine Taschenbibel mitzunehmen. Man hatte sie entdeckt, eine Ausbeulung an seiner Hose. Der ganze Trupp hatte sich im Kreis aufstellen und zusehen müssen, wie die Bibel zerrissen wurde, Blatt für Blatt, bis nichts mehr von ihr übrig war. Das Schlimmste: ihr Bedürfnis mußten sie über einem Graben verrichten. Vor aller Augen mußten sie sich in der Kälte hinhocken. Waschen durften sie sich nicht, und Sachen zum Wechseln hatten sie nicht dabei.

Nachher kamen sie nicht zu uns, um sich verarzten zu lassen, wie es vernünftig gewesen wäre. So sehr schämten sie sich für ihre kahlen Köpfe und die nackten Wangen. Wahrscheinlich war auch der Geruch abstoßend. Statt dessen kamen ihre Frauen und erzählten uns unter Tränen, was geschehen war. Ich regte mich furchtbar darüber auf, daß sie nicht die Kraft hatten, dafür zu sorgen, daß ihre Männer sich wuschen und dann die paar Straßen zu uns herüberkamen. Was sind das für Frauen, die ihren Männern nicht sagen können, was sie tun sollen? An diesem Abend nahm ich Carl beiseite und sagte: »Wir gehen weg aus Deutschland. Wir können hier nicht bleiben. Du sollst dich nicht vor allen anderen auf eine Latrine hocken müssen, weil sie es befehlen. Und weißt du was? Das ist noch nicht alles. Es wird noch schlimmer.«

Er ärgerte sich. Er sagte: »Sei still. Du bist nicht gescheit, du bist hysterisch. Ich will von diesem Unsinn nichts mehr hören. Nie wieder.«

Ich kam trotzdem darauf zurück, obwohl mich sein Urteil über meine Intelligenz tief verletzt hatte. »Nein, Carl. Wir gehen hier weg. Renate soll nicht in solchen Verhältnissen aufwachsen.«

»Kommt nicht in Frage. Fang nicht noch einmal davon an.«

Diesen Abend bestritt Renate mit Erzählungen aus der Schule. Durch ihr Grinsen versuchte sie, uns zum Lächeln zu bringen, und wollte einfach nicht wahrhaben, daß ihre Eltern nicht mehr miteinander sprachen. Es schlug mir aufs Herz, wie Carl sein vorwurfsvolles Schweigen in die Länge zog. Ich litt an Lungenödem, und schon am zweiten Tag war der Tod nicht mehr fern. Ich blieb im Bett. Abends legte sich Carl zu mir, kehrte mir aber den Rücken zu. Ich konnte nicht schlafen, nicht im Dunklen. Aber tagsüber döste ich und wollte nichts essen. Liesel brachte mir Mandelbutterkekse, und ich aß sie im Bett. Am dritten Tag dieser Behandlung zog ich sie ins Vertrauen: 1935 würde mein Todesjahr sein. Nach dem Mittagessen ging sie zu Doktor Rother und teilte ihm mit, seiner Frau gehe es nicht gut. Er kam ins Schlafzimmer hoch und starrte mich an, wie ich dalag: flach ausgestreckt, die Augen geschlossen, in den Händen über der Bettdecke ein Kruzifix. Ich spürte seinen prüfenden Blick auf mir. Er war ein guter Diagnostiker. Plötzlich beugte er sich herunter, nahm mir das Kreuz aus den Händen, küßte Jesu Füße und legte es auf den Nachttisch. Dann nahm er meine Hand und küßte auch die. Die Süße von Jesu Füßen war noch an seinem Schnurrbart. Er sagte: »Komm, Zeit zum Aufstehen.« Und ich stand auf. Man kann sich vorstellen, wie erleichtert ich war, als er mir verzieh, daß ich ihm hatte sagen wollen, was er tun und lassen soll.

Carl durfte weiterarbeiten. Er galt als »Ehrenarier« und trug jetzt beim Operieren eine Hakenkreuzbinde. Er beklagte sich nicht. Ich assistierte ihm nicht mehr. Ich fühlte mich bedrückt. Ich hatte keine Macht über ihn. Meine beste Freundin Helga wollte ich nicht sehen. Sie besuchte mich nicht mehr, und deshalb ging auch ich nicht zu ihr. Nie mehr. Sonntags bei der Messe sahen wir uns. Mein Mund bog sich zu einem Lächeln, und ihrer machte es meinem nach. Ich war wütend auf sie und konnte nichts dagegen tun, so sehr ich mich anstrengte. Letztlich war ihr Vorschlag vernünftig gewesen. Auch auf Carl war ich wütend. So behielt sie doppelt recht.

Der Kontakt zu meinen Brüdern brach ebenfalls ab. Ihnen war die schwierige Lage, in der ich mich befand, gleichgültig. Sogar den Leuten aus Carls Familie ging ich aus dem Weg, denn ich ärgerte mich auch über sie. Ohne sie wäre ich niemals in diesen Schlamassel geraten.

Vergib mir, Vater, ich war wütend auf meine Nächsten.

Warum denn, mein Kind?

Ach, Vater, gib mir Absolution und laß es gut sein.

Carl ließ sich treiben, ohne nach rechts und links zu schauen. Er nahm an einem Kongreß in Berlin teil, und nachher berichtete er, ein befreundeter Arzt, halbjüdisch und ebenfalls Ehrenarier, habe sich in seinem Vortrag für die Sterilisation von Geisteskranken und Behinderten ausgesprochen. Carl hatte kein gutes Gefühl dabei. Er sagte, es sei ein klarer Verstoß gegen die Gebote der Kirche. Er spielte nicht mehr Klavier, er ging mit den Hunden nicht mehr spazieren, und in der Stadt wurde er nicht mehr so ehrerbietig gegrüßt wie früher. Er beschäftigte sich auch nicht mehr mit seiner Briefmarkensammlung. Wenn er aus dem Krankenhaus zurück war, setzte er sich in sein Herrenzimmer, und das Knarren des Sessels unter seinem schweren Körper drang durch zwei Stockwerke bis in die Wäschekammer, wo Liesel es hörte. Sie kam eine Treppe höher, wo ich in meinem Zimmer saß und Plätzchen aß, klopfte an, trat ein und sah mich mit undurchdringlicher Miene an, bis der Sessel wieder knarrte. Dann schüttelte sie den Kopf und ging wortlos wieder nach unten.

Aber Carl war beschäftigt. Er schrieb Briefe an die Erzbischöfe und Kardinäle im Reich. Er schrieb als gläubiger Katholik, Doktor Carl Rother, und drängte sie, etwas gegen das Sterilisieren zu unternehmen. Es verstoße eindeutig gegen die Gebote der Kirche. Man müsse sofort etwas dagegen tun.

Die Welteckes, die früher so stolz auf die Bekanntschaft mit uns waren, schämten sich unser nun ganz unverhohlen. Ich brauchte immer eine beste Freundin und hielt mich an Carls Schwester Else. Ihr dunkles Haar wurde schon weiß, obwohl sie erst fünfunddreißig war. Selbst ihre Augenbrauen waren schon weiß. Nun wollte sie sich eine passende weiße Perücke anschaffen, aber ich verbot es ihr. Ich gestand ihr, daß ich mir das Haar färbte. Wir unterhielten uns über Kochrezepte. Wir unterhielten uns darüber, wie man Teppiche und Tapeten reinigt. Von mir selbst gab ich nichts preis, machte mich nicht über andere lustig und äffte auch niemanden nach. Es war langweilig. Aber es gab sonst niemanden, mit dem ich reden konnte. Sollte ich etwa anfangen, mit Liesel zu plaudern? Eines Tages erzählte ich Else von Jesus, und sie hörte aufmerksam zu, fragte mich alles mögliche. Ich sah, daß sie Talent hatte, daß sie glauben konnte. Endlich hatten wir ein Gesprächsthema, das uns beide interessierte. Bald gewann ich sie lieb, und sie besuchte mich nun jeden Nachmittag. Manchmal kam Liesel mit frischen Plätzchen herein, blieb, ohne mich um Erlaubnis zu fragen, einfach da und hörte zu, wie wir uns über Jesus und die Gottesmutter unterhielten, darüber, wie sie Elses Seele retten könnten, und über die Kraft und die Reichtümer der katholischen Kirche.

Die Kirche ließ sich Zeit mit Carls Appellen. Auf all seine Briefe bekam er nur eine einzige Antwort. Kardinal Bertram, der Erzbischof von Breslau, schrieb, die Kirche sei, wenn auch widerstrebend, zu der Ansicht gelangt, daß sie sich in die Angelegenheiten des Staates nicht einmischen könne. Unterschrieben hatte den Brief in Abwesenheit des Kardinals ein Sekretär.

Von nun an ging Carl morgens ins Krankenhaus und sterilisierte Patienten. Am laufenden Band. Nachmittags kam er nach Hause und schrieb weitere Briefe. Er sterilisierte geistig Zurückgebliebene und Kleinkriminelle.

Unsere Tochter bekam von alldem nichts mit. Sie hatte eine glückliche Zeit. Sie war sehr hübsch geworden, ihr Gesicht war jetzt runder, so daß die krumme Nase weniger auffiel. Für Ablenkung sorgten auch die Augen, nicht nur weil sie sehr groß und dunkel waren, sondern auch wegen ihres fesselnden Ausdrucks. Niemand hätte sie jetzt noch die Jungfrau Maria spielen lassen. Ein gefährliches Glitzern in ihren Augen machte es schwierig, das übrige Gesicht in Ruhe zu betrachten. Auch ihr Haar war etwas Besonderes, sehr dicht, und es hatte meine Farbe, kastanienbraun. Ich glaube, das war einer der Gründe, warum sie so viele Freundinnen hatte. Aber sie glänzte natürlich auch in der Schule. Ich freute mich über ihre Munterkeit, und gleichzeitig ärgerte ich mich darüber. Einerseits war ich froh, daß sie unter ihrem Erbgut nicht litt, andererseits hätte ich mir auch von ihr ein bißchen Mitgefühl gewünscht. Ich sollte vielleicht erwähnen, daß damals die ganze Stadt von ihr sprach. Am ersten Weihnachtstag sollte sie mit dem städtischen Orchester das Erste Klavierkonzert von Chopin spielen. Sie übte fleißig und, wie es aussah, ohne die geringste Anspannung. Ich will ihr nicht zu sehr schmeicheln, aber energisch war sie immer. Ihre Schulfreundinnen waren stolz auf sie, weil sie so gut spielte, und suchten den Umgang mit ihr. Aber mir fiel auf, daß sie lieber mit ihren Vettern und Cousinen zusammen war. Da sie keine Geschwister hatte, füllten die Kinder der Rothers diese Lücke, und sie war ständig bei ihnen zu Besuch.

Ich hielt einen Tapetenwechsel für ratsam. Ich schrieb meinem Bruder Peter und fragte ihn, ob Renate ein Schuljahr bei ihm wohnen und in Koblenz eine gute katholische Schule besuchen könne. Die Antwort war ein verquältes Nein. Er habe einen Posten, er könne das Risiko nicht eingehen, ein rassisch belastetes Mädchen bei sich aufzunehmen. Ich verstand. Otto zu fragen war zwecklos. Er hatte sich gerade einen Namen gemacht, indem er auf eigene Faust einen ganzen Mönchsorden einsperrte, der ein Behindertenheim geleitet hatte. Darüber später mehr. Ich dachte an ein Internat. Ich fürchtete, Renate werde sehr traurig sein, wenn sie nicht mehr bei uns wäre, und sagte ihr nichts von meiner Sucherei. Und dann kam das traurigste Weihnachten meines Lebens.

Liesel hatte unser Haus verlassen. Ich hatte sie entlassen. Ich hatte sie entlassen müssen, weil sie sonst nicht gegangen wäre. So eigensinnig war sie. Arier durften nicht mehr für Juden arbeiten. An dem Tag, als das Gesetz in Kraft trat, hatte ich bis nach dem Abendessen gewartet, dann hatte ich sie zu uns ins Wohnzimmer gerufen. Sie hatte die Schürze umgebunden, die Hände naß vom Spülwasser, und sagte: »Was kann ich für die Herrschaften tun?« Ich drückte ihr ein Kuvert in die Hand und sagte: »Liesel, Sie müssen Ihre Sachen packen und gehen. Hier haben Sie den Lohn für den nächsten Monat im voraus.«

Sie seufzte, und auf ihrem Gesicht zeigte sich ein Anflug von Gefühl. Ihre Hände sagten mehr. Sie sackten nach unten, hingen neben ihr, und Seifenwasser tropfte auf meinen schönen Teppich. Plötzlich sagte sie sehr laut: »Von dem Gesetz habe ich gehört.«

Dann machte sie kehrt und zischte: »Gesetz!« Es dauerte ein paar Minuten, bis sie ihre Habseligkeiten gepackt hatte. Sie ging, ohne sich zu verabschieden. Das Kuvert mit ihrem Lohn ließ sie liegen, und auch die blaue Schürze blieb an ihrem Nagel in der Küche hängen. Erst dachte ich, sie sei zu ihren Eltern zurückgekehrt. Aber dann flüsterte mir auf dem Markt jemand zu, sie arbeite jetzt als Haushälterin und Köchin für einen älteren katholischen Priester in einem Nachbarort, Pfarrer Hanssler. Ich war ungeheuer eifersüchtig. Ich stellte mir vor, daß sie ihn für etwas Besseres hielt. Ein echter Geistlicher. Ich schrieb ihr einen unfreundlichen Brief, in dem ich ihr alles Gute in ihrer neuen Stellung bei einem Katholiken von so untadeligem Glauben wünschte. Sie schrieb nicht zurück. Schreiben war nicht ihre Stärke.

Am Tag vor Weihnachten stand sie morgens vor unserer Tür. »Ich habe einen Tag frei«, erklärte sie und kam hereinmarschiert. Es war ihre zweite Lüge an diesem Tag. Eine Petit-mal-Lüge. Ein paar Stunden vorher hatte sie ihrem geliebten Pfarrer Hanssler gesagt, ihre Mutter sei krank geworden. Renate sprang ihr in die Arme und schlang die Beine um ihre Hüften, obwohl sie inzwischen viel größer und schwerer war als Liesel. Tatsächlich hatte Renate einen hübschen, fraulichen Busen. Ich versuchte, ihn nicht zu sehen, aus Angst, meine Blicke würden erst recht beweisen, wie sehr er auffiel. Ein Busen sollte nicht zu sehr auffallen. Jedenfalls war es riskant, Liesel in die Arme zu springen, wenn man oben herum gut ausgestattet war. Liesel setzte sie ab, stieß sie sacht zurück und sagte: »Renate! Sei nicht so wild!« Und dann wendete sie sich uns zu, die wir dastanden und uns freuten: »Verzeihung, die Herrschaften!« Und schon machte sie sich auf den Weg in die Küche, zog ihre Schürze an, sah sich um und mißbilligte, was sie sah. Die Haushaltshilfe, die wir für sie eingestellt hatten, hatte ihre Ordnung durcheinandergebracht, und nun war sie ungehörigerweise an Weihnachten nicht mal erschienen, obwohl ich ihr nicht freigegeben hatte. Alles, was ich zum Essen eingekauft hatte, drohte zu verderben.

Ein paar Stunden später folgte ich den verlockenden Düften von meinem Kanapee bis an ihre Quelle, doch Liesel trat mir in den Weg und rief: »Hinaus aus meiner Küche!« Widerspruchslos zog ich mich zurück. Sie bereitete unser traditionelles Weihnachtsessen vor. Karpfen und rote Bete. Renate durfte in der Küche bleiben und helfen. Das Mädchen ging uns mit seiner Ausgelassenheit auf die Nerven.

Sie war fünfzehn und sollte am nächsten Tag, dem ersten Weihnachtstag, ihr erstes öffentliches Konzert geben. Über meine Bewunderung machte sie sich genauso lustig wie über meine Besorgnis. Sie sagte: »Hör mal, Leobschütz ist nicht Berlin. Was hier passiert, interessiert doch keinen.« Zwei Wochen lang hatte sie jeden Nachmittag mit dem städtischen Orchester geprobt. Einmal hatte ich sie dorthin begleitet, aber dann war ich so nervös geworden, daß ich schon glaubte, ich würde es nicht überstehen. »Das hält mein Herz nicht aus«, hatte ich gesagt, und sie hatte erwidert: »Dann bleib zu Haus.« Jetzt, am Abend vor dem Konzert, konnte ich an nichts anderes denken, während sie so tat, als wäre alles wie immer. Bevor wir uns zu Tisch setzten, spielte sie Weihnachtslieder, und sogar Liesel mit ihrem hohen, wackligen Sopran sang mit. Ich lud sie ein, mitzuessen, löste aber nur Entrüstung aus: sie wollte nicht, es käme ihr nicht zu, bei der Herrschaft am Tisch zu sitzen – womit sie natürlich recht hatte. Renate war so aufgekratzt, daß sie nicht dazu kam, sich einzumischen. Ihre Energie war schon damals wie ein reißender Fluß. An diesem Abend weigerte sie sich, zeitig ins Bett zu gehen. Viel später tollte sie noch immer mit den Hunden im Haus herum. Carl arbeitete zum erstenmal seit Monaten wieder an seiner Briefmarkensammlung. Er träumte davon, die Deutschen Kolonien zu komplettieren. Seine kräftige Faust traf den Tisch im Herrenzimmer. Er rief: »Ein Haus ist keine Wiese!« Renate erschrak und verzog sich auf ihr Zimmer.

An diesem Abend hatte Carl ziemlich viel Rotwein getrunken und wollte mich partout haben. Ich ließ ihn. Ich will mich nicht beklagen. Immerhin blieb er dort, wo er sein sollte, nicht so wie Helgas schauderhafter Mann. Ich muß sogar sagen, daß ich ihn in den folgenden Monaten bisweilen dazu ermuntert habe, denn es brachte ihn offensichtlich auf andere Gedanken. Ich freute mich, wenn ich ihn danach lächeln sah. Er bedankte sich jedesmal bei mir. An diesem Abend bedankte er sich allerdings nicht, denn er schlief sofort ein. Ich stand im Dunkeln wieder auf und wusch mich lange. Uns stand ein großer Tag bevor. Ich hoffte, unsere Tochter werde ihr Bestes geben und uns nicht blamieren. Das war Heiligabend 1935.

Niemand liebte Weihnachten mehr als Carl. Die Geburt unseres Erlösers – sie bedeutete ihm wirklich viel. Ich bekenne mich schuldig der Sünde des Neids – ich beneidete Maria, wegen der jungfräulichen Geburt, die ihr beschieden war. Inzwischen kenne ich die Wahrheit und kann alle Zweifler beruhigen – ja, eine jungfräuliche Geburt. Es stimmt. Aber es bedeutet eben auch, daß das Jesuskind beim Herauskommen seine eigene Mutter defloriert hat.

Über dieses technische Detail habe ich viel nachgedacht, aber nie mit Carl darüber gesprochen, weil ich ihm die Freude an seinem Glauben nicht verderben wollte.

Der Weihnachtsmorgen war hell und klar. Ich weiß noch, daß ich unter den Klängen von Renates Etüden aufwachte. Carl war schon unten. Das Konzert sollte um elf anfangen. Vorher wollten wir noch in die Messe. Liesel war schon auf und kümmerte sich um das Essen. Sie fand, Renate müsse ordentlich frühstücken und dürfe nicht fasten – das Konzert sei wichtiger als die Kommunion. Sie war von dieser zweifelhaften Entscheidung so felsenfest überzeugt, daß ich keinen Einspruch erhob. Sie sagte, sie werde nicht mit ins Konzert kommen, sie verstehe nichts von Musik, und es wäre schade um die gute Karte. Ich war einverstanden, sie war ja bloß die Haushälterin.

In der Kirche saßen wir neben den Welteckes. Ich faßte mir ein Herz und fragte sie, ob sie zu Renates Konzert kommen würden, worauf sie beide lächelten und sagten: Selbstverständlich. Das Lächeln auf ihren Gesichtern ist mir wie ein Schnappschuß in Erinnerung geblieben.

Später, viel später wollten Carl und Renate nie, daß ich in unseren Gesprächen den folgenden Vorfall erwähnte. Beide fielen sie über mich her, es sei unerträglich albern, sich bei einer solchen Lappalie aufzuhalten, es sei völlig belanglos. Aber jetzt werden sie mich nicht daran hindern, zu erzählen, was damals geschah.

Auf dem Weg zur Stadthalle am Morgen ihres ersten großen öffentlichen Auftritts war Renate ziemlich aufgedreht, während mir ganz schlecht war vor Aufregung. Der lange Weg machte mich noch unruhiger. Man braucht Ruhe zum Atmen. Aber ich begann zu keuchen. An diesem Tag war die schlesische Luft so bitterkalt, daß ich Angst hatte, ich würde mir den Tod holen, wenn ich zuviel davon einatmete. Ich sagte zu Carl: »Ich werde es nur bis Neujahr machen, du wirst sehen.« Keiner von beiden reagierte, deshalb fügte ich hinzu: »1936 wird mein Todesjahr!« Noch immer keine Reaktion. Ich regte mich über ihre Hartherzigkeit so auf, daß ich an einer vereisten Stelle ausrutschte. Es tat sehr weh. Carl und Renate mußten mich wieder hochziehen. Renate lachte mich aus dabei. »Mama«, sagte sie, »wie du da liegst, kommst du mir vor wie ein Mops.« – »Wenn ich mir die Hüfte gebrochen habe, gibt es nichts mehr zu lachen«, schimpfte ich. Aber sie tanzte kichernd weiter. »Dem Mops geht die Hüfte hops!« Und schon war sie außer Sicht. Als wir den Platz in der Mitte der Stadt erreichten, stand sie vor der Stadthalle. Der Eingang war geschlossen. Das Konzert war abgesagt. Sie machte ein seltsames Gesicht. Ich bekomme es noch zusammen.

Die Augen hatte sie zusammengekniffen, die Lippen zu einem steifen Lächeln verzogen. Einem Lächeln. In dieser Haltung kamen mir ihre Lippen fast wie Negerlippen vor, und beinahe hätte ich es auch gesagt. Ihre Wangen waren knallrot, entweder von der Kälte oder vor Erregung. Sie starrte auf das Plakat, das neben dem Eingang hing. Jemand hatte es dick durchgestrichen und darüber geschrieben: »Jüdin«.

Wortlos kehrten wir um, und Renate mit einem Lächeln auf dem Gesicht hüpfte – hüpfte! – den ganzen Weg nach Hause vor uns her, wo uns Liesel empfing und einen Wutanfall bekam, als sie hörte, was geschehen war. Ich sagte ihr, sie solle ihre Ansichten für sich behalten, sie seien uninteressant und ohne Bedeutung. Ich hörte, wie sie in der Küche auf die Nazis schimpfte. Aber bei dem Z in Nazi geriet in ihrem Mund jedesmal etwas ins Stocken, sie mußte mehrere Anläufe nehmen, um über die erste Silbe hinwegzukommen. Dann bat sie Renate, ihr das Konzert vorzuspielen, sie wolle es hören. Sie nahm ihren Küchenhocker mit ins Wohnzimmer, stellte ihn in eine Ecke, zog sich die Schürze aus und hörte sich das ganze Stück an – genau wie ich, und voller Bewunderung, weil Renate mit ganzem Herzen bei der Sache war. Ich finde, Klavierkonzerte ohne Orchester klingen nicht besonders gut, aber sie spielte mit Feuer und sang mit lauter Stimme den Orchesterpart dazu. Nachher klatschten wir, obwohl Klatschen eine alberne Art von Beifall ist. Sie verbeugte sich, und dann sagte sie: »Ich bin wirklich froh, daß es abgesagt wurde. Ihr habt all die Fehler gar nicht mitbekommen, die ich gemacht habe, stimmt's?«

Carl sagte: »Ich schon! Es ist besser so, du hast recht.«

Sie machte ein trauriges Gesicht. Liesel erhob sich von ihrem Hocker in der Ecke und sagte sehr laut: »Renate, du hast sehr gut gespielt, genauso gut wie alle anderen, die dieses Lied ... dieses Stück gespielt haben.« Carl und ich sahen uns an, und jeder wollte etwas dagegen sagen. Aber Liesel trompetete weiter. »Das Christkind liebt dich.« Sie war schlau. Dagegen konnten wir nichts mehr sagen.

»Carl«, begann ich von neuem, als wir an diesem Abend im Bett lagen. »Die lassen deine Tochter kein normales Leben führen, verstehst du? Wir müssen hier weg.«

Er hatte schon darauf gewartet.

»Konzertegeben gehört nicht zum normalen Leben«, fuhr er mich an und überließ sich der Sünde des Zorns. Ich wechselte das Thema. Es sollte lange dauern, bis ich darauf zurückkam.

Ordnung im Haushalt ist wie eine Schwimmweste für einen Ertrinkenden. Irene wuchs ohne auf. Für Ordnung sorgte allenfalls das Kindermädchen, das wir für sie besorgt hatten. Besser gesagt: *die* Kindermädchen – im Plural. Wie soll man denn auch von einem Kindermädchen erwarten, daß es in einem Haushalt bleibt, in dem es nicht mal einen Anschein von Ordnung gibt? Noch schlimmer: wo alles bloß verrückt und unappetitlich ist. Nie ist jemand zu Hause, die Mutter, Renate – »was für eine

Mutter!« –, verdient ihr Geld damit, daß sie tote Leute zerschnippelt, und der Vater, Dische, spielt das verrückte Genie. Das Dienstmädchen weiß natürlich, was los ist, nämlich, daß er Verdauungsprobleme hat. Seit er sich mit ernährungswissenschaftlichen Selbstversuchen den Darm kaputtgemacht hat, sitzt er ständig auf dem Klo. Das Genie sitzt auf dem Klo. Und wenn es nicht auf dem Klo sitzt, hält es einen Plastiklöffel in der Hand und dreht ihn hin und her, denkt über chemische Reaktionen nach und bekommt von menschlichen Reaktionen nichts, aber auch gar nichts mit. Dische als Vater zu bezeichnen ist ein Unding. Den ganzen Nachmittag spielt er mit seinen Plastiklöffeln herum, die ein ganz bestimmtes Gewicht haben und aus einem bestimmten billigen Material sein müssen, sonst rutschen sie ihm vom Daumen, und er kann nicht nachdenken. Aber Nachdenken ist sein Sport, deshalb spielt er den ganzen Tag mit diesen Löffeln, tigert in der Wohnung herum und geht aufs Klo, aber abends dann, nachts – die Nächte sind noch schlimmer, denn die Mutter beziehungsweise Frau schläft auf der Couch im Wohnzimmer, während ihr Mann, dessen Finger endlich zur Ruhe gekommen sind, im Eßzimmer schläft. Welches Kindermädchen soll sich in diesem Irrenhaus um die beiden Kinder kümmern? Sie haben jedes ein eigenes Zimmer. Die Oma, also ich, hat dafür gesorgt, daß Möbel drin stehen. Ein Bett. Ein Tisch. Ein Schrank. Dische verwahrte seine Hüte und Anzüge im Wandschrank neben der Diele. Sein Bett mit den zusätzlichen Kopfkissen und mehreren Decken stand direkt neben dem Eßtisch. Renate verwahrte das Bettuch für ihre Couch in einem anderen Schrank. Es war nicht mal eine Ausziehcouch, bloß ein kleines, hartes, billiges Sofa ohne Kissen. Spät abends kam sie nach Hause, breitete das Bettuch aus und legte sich hin. Krimskrams und Andenken gab es in ihrer Wohnung nicht. Nur einen Plattenspieler. Und ein Dienstmädchenzimmer mit separater Toilette.

Renate und Dische zogen in dieses jüdische Viertel, als sie fast platzte mit ihrem dicken Bauch. An dem Tag, als das Baby zur Welt kam, stellte sie ein Kindermädchen ein. Carlchen wurde nach seinem Großvater benannt, aber er war ein echter Dische. Sosehr ich mich nach einem Enkelsohn gesehnt hatte – ich war tief enttäuscht. Er war häßlich, dünn und dunkelhaarig, ganz der Vater. Ich sagte: »Renate, er sieht aus wie ein Affe!« Und Renate engagierte einen schönen Gorilla, der sich um ihn kümmern sollte, eine Negerin namens Hazel. Für solche Sachen hatte Renate einfach keinen Sinn. Zunächst einmal spricht eine Negerin kein Deutsch, konnte sich mit dem Kind also nicht verständigen. Außerdem fällt so eine hübsche Frau irgendwann auch den Männern auf, und es dauerte nicht lange, da verdiente Hazel ihr Geld hauptsächlich als Nacktmodell. Aber sie liebte Carlchen sehr. Das muß man ihr lassen. Und der Junge liebte sie. Er hatte Renates große braune Augen. Aber sonst hatte er so wenig, daß sein Gesicht nur aus Augen bestand. Renate verschwendete nicht einen Tag auf Carlchen, sie brauchte dringend ein Kindermädchen. Aber als ich dann eines Tages hörte, Hazel sei so hübsch, daß sie ihre Brüste in einem Männermagazin vorführte, bin ich hin und hab sie entlassen.

Das geschah 1950. Liesel war dann unsere Rettung. Irgendwie war sie das immer. Aber ich greife vor.

Ohne Liesel hätte ich schon das Jahr 1936 nicht überlebt. Gott hatte mir eine schwere Prüfung auferlegt. Am Neujahrstag kam Liesel noch einmal vorbei, und ich lud sie zu einer Tasse Tee ins Wohnzimmer ein. Es war eine Ehre. Sie lehnte ab. Sie blieb in der Diele stehen und wollte mir etwas sagen. Schließlich rückte sie mit der Sprache heraus. »Renate muß hier weg«, sagte sie. Dann drehte sie sich um und ging zurück zu Pfarrer Hanssler.

Ich sage es nicht gern – aber Liesels Einmischung gab mir die Kraft, etwas zu unternehmen. Wenig später schrieb ich ein paar Briefe, führte ein paar Telefongespräche, und dann packte ich Renates Tasche. Wir verabschiedeten uns von ihrem Vater und stiegen in den Zug nach München. Wir sagten niemandem, wohin wir fuhren. Es war eine der glücklichsten Reisen meines Lebens – und eine der traurigsten. Wir hatten ein schönes Abteil erster Klasse und vorzügliche Verpflegung, und jeder Kilometer, den wir uns von Oberschlesien entfernten, schien uns ein Gewinn – ein Kilometer mehr zwischen der häßlichen Zeit in Leobschütz und der fröhlichen Zeit, die in Bayern vor ihr lag. Eine Klosterschule, die über die familiären Verhältnisse nichts wußte, war bereit gewesen, Renate als Interne aufzunehmen.

Als wir dort waren, nahm ich die Schwester Oberin beiseite und erklärte ihr, in was für einer Zwickmühle wir steckten. Ich behandelte sie sehr von oben herab. Ich sagte: »Schwester, katholisch ist katholisch, und deshalb werden Sie nichts dagegen haben, nicht wahr?« Sie sagte, selbstverständlich, katholisch sei katholisch, und Renate sei herzlich willkommen. Sie gab mir einen Aufnahmeantrag für den BDM. Renate solle ihn ausfüllen. Ich warf einen Blick darauf. Sie sollte den rassischen Hintergrund ihrer Eltern und Voreltern während der letzten drei Generationen angeben. Sie würde lügen müssen. »Sie darf nicht lügen«, sagte ich. Liesel durfte vielleicht lügen, sie war bloß die Haushälterin, aber meine Tochter durfte nicht. »Sie kann das Formular ja auf ihrem Tisch liegen lassen, als wolle sie es demnächst ausfüllen«, erklärte die Schwester Oberin.

Ein paar Monate später bedankte sich Renate für die Freundlichkeit der Oberin damit, daß sie obszöne Zeichnungen in der Klasse herumgehen ließ. Eine wachsame Nonne bemerkte eine in der Lateinstunde unangebrachte

Heiterkeit in den hinteren Reihen und stürzte sich auf die Blätter. Sie zeigten Männer im Stadtbad. Besondere Aufmerksamkeit hatte Renate ihren behaarten Beinen und dem albernen Knubbel an ihren Badehosen gewidmet.

Wieder mußte ich den Zug nach München nehmen und dann auch noch meine Freude über das Wiedersehen mit meiner Tochter nach dieser unendlich langen Zeit verbergen. Und schließlich sollte ich zu Kreuze kriechen. Das tat ich aber nicht. Ich sagte der Schwester Oberin, ich wisse ihre Hilfe zu schätzen und auch Gott werde sie zu schätzen wissen. Aber das Kind habe offenbar zeichnerisches Talent, und dieses Talent sollte man fördern, nicht entmutigen. Ich spendete ein hübsches Sümmchen für das Kloster, und am Ende war die Schwester Oberin einverstanden. Renate durfte ihre Arbeiten bei der Kunstakademie einreichen und bekam im Herbst tatsächlich die Zulassung für einen Kurs in Zeichnen und Malen. Dann nahm ich mir Renate vor und sagte ihr, ich hätte mich mein Lebtag wegen ihr noch nicht so geschämt. Ich trug so dick auf, daß sie in Tränen ausbrach und sagte, sie würde mich hassen.

Ich antwortete: »Macht nichts!«

Da warf sie mir die Arme um den Hals und sagte: »Oh, Mops, das stimmt doch gar nicht.«

Siegreich, aber schweren Herzens kehrte ich zu dem schweren Herzen meines Mannes in die schlesische Trübsal zurück. Ich glaubte, Renate sei in besten Händen. Ich hatte ja keine Ahnung.

Die Frauen in der Familie waren immer stark, die Männer schwach. Mein Vater tat, was meine Mutter ihm sagte – meistens jedenfalls. Wenn ich ungezogen war, sagte sie ihm, er solle mir eine Tracht Prügel geben. Er packte mich am Kragen, schleppte mich in sein Herrenzimmer und knurrte, jetzt werde er mir eine Lektion erteilen, die ich so bald nicht vergessen würde. Er zog den Gürtel so geräuschvoll aus dem Hosenbund, daß die anderen Kinder, die an der Tür lauschten, es hören konnten. Dann schrie er »Eins!« und schlug auf das Sofa, »zwei!« und schlug noch einmal. Ich schrie auf, wenn der Gürtel das Polster traf, und jammerte: »Ich bin wieder brav, bitte hör auf!«

Zweimal genügte meistens. Dann wischte er mir mit dem Taschentuch die Tränen ab und brummte: »Na, komm schon, hör auf zu weinen. Meinst du vielleicht, es macht mir Spaß, dich zu schlagen, du schreckliches Kind?« Er schob mich aus dem Zimmer und blieb seufzend zurück. Oft genehmigte er sich danach einen Sherry. Er war schwach.

Mein Mann war ebenfalls schwach. Nie schlug er Renate oder mich. Statt dessen schmollte er, und der Tag verfinsterte sich. Keine Zärtlichkeit und keine Aufmunterung durchdrang die Tristesse, die er verströmte. Er schaffte es nicht, die Hand gegen jemanden zu erheben, deshalb litt er. Schwach!

Aber der schwächste Mann, der mir je begegnet ist, war Dische, mein erster Schwiegersohn. Nachdem er geschworen hatte, er werde seiner Tochter eine Lehre erteilen und sie ordentlich verhauen – sein Sohn mußte nie bestraft werden –, brauchte er zehn Minuten, bis er den Gürtel aus den Laschen seiner Hose gezogen hatte, so daß Irene reichlich Zeit hatte, sich in einem Wandschrank oder unter einem Bett zu verkriechen, und obwohl Dische doch ein allseits bewundertes Genie war, reichte seine Phantasie nicht aus, ihr Versteck zu finden. Renate, das muß man ihr lassen, war in dieser Hinsicht mehr auf Draht. Sie nahm ein Stethoskop und versohlte ihrer ungezogenen Tochter damit den Hintern, bis es blutete. Irene hatte Kampfgeist, und sie schrie, das sei gegen den Hippokratischen Eid. Am nächsten Tag in der Schule petzte sie bei der Schulkrankenschwester, sie könne nicht sitzen, weil ihre Mutter sie verhauen habe. Die Rektorin rief Renate in der Leichenhalle an, störte sie bei einer Autopsie und stellte sie zur Rede. Ich hielt meiner Tochter eine Gardinenpredigt. »Renate, kannst du dir ausmalen, was für einen Eindruck das auf die Lehrerinnen macht? Eine Mutter, die auf der Couch schläft, die Leichen zerschnippelt und ihre Tochter mit dem Stethoskop versohlt?« Ein Lachen gluckerte in meiner Brust. Ich war machtlos dagegen. Ich fand das Bild so komisch. Renate ging es genauso. Wir lachten beide. Aber was dann später geschah, war nicht mehr lustig.

Ich komme noch darauf.

Schon mit sechzehn und dann ihr Leben lang fehlten Renate gewisse Hemmungen, die den weiblichen Teil der Menschheit vor Selbstzerstörung schützen sollen. Das zeigte sich in ihrem Münchner Unterschlupf. Unsere größte Sorge war natürlich, jemand könnte herausbekommen, was mit ihr los war. Nicht reinrassig. Jede Mitschülerin, die davon erfuhr, würde es vor lauter Schreck sofort weitererzählen. Nur die Schulleiterin wußte Bescheid, und nachdem sie einmal beschlossen hatte, Renate aufzunehmen, konnte sie die Wahrheit nicht mehr preisgeben, sonst würde sie ihre Stelle verlieren. Deshalb hatte Renate im Unterschied zu den anderen Schülerinnen ein Zimmer für sich allein. Erklären ließ sich das mit ihrer Unordentlichkeit. Denn kaum hatte Renate ein neues Kleid angezogen, da verwandelte es sich in ein Knäuel aus Falten und Knittern. Einen Tag, nachdem sie ein Zimmer bezogen hatte, sah es dort aus wie auf einem Schlachtfeld. Ihr Haar sträubte sich gegen Einzäunungen jeder Art. Ihr Bett blieb ungemacht. Das Durcheinander war ihr Element. Andererseits besaß sie einen klaren, methodischen Verstand – und den brauchte sie auch, um den Überblick über ihre Lügen nicht zu verlieren. Ich setzte darauf, daß die Gewieftheit, die sie von Natur aus hatte, sie vor Unannehmlichkeiten in der Schule bewahren würde. Sie würde keine Geschichten über sich in die Welt setzen.

In Wirklichkeit jedoch überstieg ihr Leichtsinn, wie sich dann herausstellte, jede Vorstellung. Dabei war ihr Leben genau geregelt. Sie bewegte sich in einer Gruppe von Mädchen, braven Mädchen, die sie wie ein Schutzwall umgaben. Frühmesse, Unterricht bis zum Mittag, Essen, nachmittags Sport, dann Vespergottesdienst, Abendessen, Schlafengehen. An zwei Nachmittagen in der Woche fuhr sie mit der Straßenbahn zur Kunstakademie, wo sie an einem Zeichenkursus teilnahm. Die anderen Studenten waren älter als sie. Ich dachte, das würde ihr guttun, sie würde sich ein Beispiel an ihnen nehmen. Und ganz bestimmt würde sie Distanz wahren und nichts von sich verraten. So stellte ich mir das vor.

Professor Schunter von der Akademie interessierte sich ganz besonders für Renate. Er leistete sich ein Ferngespräch, um mir zu sagen, Renate habe seiner Meinung nach das Temperament und das Talent zur Malerin. Ich freute mich, meinte aber, meine Tochter würde vielleicht lieber Musikerin werden wollen. Er war sehr überrascht. Sie hatte nicht erwähnt, daß sie auch ernsthaft Klavier spielte. Ich sagte ihm, das wichtigste sei jetzt erst einmal, daß sie die Schule zu Ende brächte und ein ordentliches Abitur machte. Ihre Kunststudien seien in erster Linie ein Mittel, um ihr Disziplin beizubringen. Er lachte und meinte: »Ja, eine gute Allgemeinbildung muß sein, wenn man als Künstler Großes leisten will.«

»Carl«, sagte ich an diesem Abend beim Essen, »wenn ich mich nicht sehr täusche, hält Professor Schunter Renate für eine große Künstlerin.«

Carl hatte lange auf dem Fleisch herumgekaut, das unsere neue polnische Köchin zubereitet hatte, um uns zu quälen. Jetzt hielt er inne, und sein Blick wanderte zum Fenster.

Ein paar Wochen vorher waren wir nach Breslau gezogen. Ich hatte gedacht, die Sieben in 1937 würde uns ein bißchen Glück und Schutz bringen. Aber so war es nicht. Es hatte keinen Zweck, in Leobschütz zu bleiben, nachdem zwei SS-Männer vor Doktor Rothers Praxis Stellung bezogen hatten und alle arischen Patienten abwiesen. In Leobschütz gab es noch einen zweiten ausgezeichneten jüdischen Arzt, der sich um die wenigen Juden, die noch dort waren, kümmern konnte. In Breslau hatte Carl eine Professur und durch die Universitätsklinik viele Patienten. Außerdem besaßen wir hier mitten in der Stadt ein großes Haus mit zehn Wohnungen. Als eine von ihnen frei wurde, nahmen wir die Gelegenheit beim Schopf und zogen um. Die Wohnung war ziemlich klein, bloß drei Zimmer, deshalb ließ ich die meisten Möbel verpacken und in Leobschütz einlagern. Das Haus in Breslau erwies sich als gute Geldanlage. Ein paar Monate lang hatte ich mir die Zeit damit vertrieben, unsere Ersparnisse in einer Immobilie anzulegen. Carl wollte nichts damit zu tun haben. Er sagte, Geldanlegen sei etwas für Juden. Wenn ich mir damit die Finger schmutzig machen wolle, sei das meine Angelegenheit. Ich ließ mich nicht aus der Fassung bringen, ich kaufte das Haus, und nachher hatte er allen Grund, froh zu sein, daß wir irgendwohin konnten. Das vordere Zimmer wurde die Praxis, wo er seine Patienten empfing. Die neue Köchin war allerdings eine Niete. Mit der Nachricht von Renates Erfolg an der Kunstakademie, die ich mir für das Abendessen aufgehoben hatte, wollte ich Carl aufmuntern. Nachdem ich es ihm gesagt hatte, sah ich, wie er einen ganzen Mundvoll unzerkautes Schweinefleisch herunterzuschlucken versuchte.

Einmal hatte ich mir eine Zahnkrone, die mir Professor Waisberg, der beste Zahnarzt von Berlin, eingesetzt hatte, an einem Stück Braten dieser polnischen Haushälterin ausgebissen – sie kochte tatsächlich nach Schema F, wie für eine Kantine. Wenn ich mich mal beklagte, wurde Carl wütend – dabei hatten wir Liesel seinetwegen verloren. Jedenfalls wurde über das, was bei uns auf den Tisch kam, nie gesprochen. Ich gab Professor Waisberg die Schuld, als der Zahn in zwei Stücken klirrend auf meinen Teller fiel. Ich sagte, er habe mich als Versuchskaninchen für seine neumodischen Zahnkronen benutzt. Inzwischen war er arbeitslos. Er hatte einen arbeitslosen Kollegen in Breslau, der froh war, etwas zu tun zu haben, und mir eine neue Krone verpaßte. Ich besuchte ihn nur abends bei sich zu Hause, damit sich niemand beschweren konnte, daß er eine arische Patientin empfing. »Carl«, sagte ich noch einmal, »Professor Schunter hält Renate für ein Talent. Er sprach sogar von Genialität.«

Wir hatten noch nie einen Künstler in der Familie. Deshalb klang das alles ziemlich unwahrscheinlich. Aber Carl war mit seinen Gedanken woanders.

»Sieh mal, da draußen«, sagte er. Es war schon dunkel, sieben Uhr. Aber ich konnte die beiden Herren am Tor erkennen. SS-Männer.

»Wenn ich jetzt aus dem Haus gehe, verhaften sie mich«, sagte Carl.

Genau in diesem Augenblick traf sich Renate, die unter irgendeinem Vorwand nicht zum Abendessen erschienen war, mit Professor Schunter am Tor der Schule, schlüpfte hinaus, in seine wartenden Arme. Er wußte alles von ihr. Er kannte sie in- und auswendig, traf sich in seinem Atelier mit ihr, in seinem Garten und an diesem speziellen Abend in seinem Auto. Es machte ihr nichts aus. Sie kam sich gern unentbehrlich vor. Gott verschonte mich. Er ließ mich von diesen Umtrieben nichts wissen, solange ich noch imstande gewesen wäre, etwas dagegen zu tun. Renate war in dieser Beziehung nämlich hochgradig abnorm. Ihre Stunden an der Münchner Kunstakademie endeten spät – später als die der anderen Studenten. Aber zur Messe und zur heiligen Kommunion war sie immer rechtzeitig daheim. Mit besudeltem Körper empfing sie die Hostie in den Mund. Sünde türmte sich auf Sünde. Verworfenheit – anders kann ich es nicht nennen.

Inzwischen hatte ich das Vergnügen, seine Bekanntschaft zu machen. Ein schlichter, unkomplizierter Mann. Ziemlich klein, untersetzt, aber er sah gut aus, mit großen Malerhänden. Er lachte über seinen Professorentitel, aber er war einer, und er hatte meine Tochter gern, das war alles. Er tat, was Tiere tun. Und sie war nur zu gern einverstanden damit. Auf seine freundliche Art kommandierte er sie herum, und sie gehorchte ihm. Zeichne dies. Ja, natürlich, Herr Professor. Nimm diese Farben. Gut. Zieh dich aus, ich will dich malen. Ja, ja, Herr Professor. Ich möchte – darf ich? Ja, Peter. Er wußte, was mit ihr war, und es störte ihn nicht im geringsten. Ihm fehlte der gesunde Sinn für Konventionen. Nachdem sie verschwunden war, wurde er traurig, machte sich Sorgen und unternahm alles mögliche, um sie wiederzufinden. Zehn Jahre später, als er nur noch fünf Mark in der Tasche hatte, als seine Akademie in Trümmern lag und seine früheren Auftraggeber entweder tot oder mittellos waren, fragte ihn ein Soldat mit bloß einem Bein nach ein bißchen Kleingeld, und er schenkte ihm sein ganzes Vermögen, die fünf Mark. Er dachte sich nichts bei seiner Großzügigkeit, und auf Erden belohnte ihn Gott nicht dafür. Kurze Zeit später kam er ums Leben, immer noch jung – bei einem Zwischenfall in einem Gemüsegarten, wo er ein paar Kartoffeln zu stehlen versuchte, die der Besitzer mit einer heimlich einbehaltenen Pistole verteidigte. Er liegt immer noch dort, wo der Mörder ihn verscharrt hat – inzwischen unter einer Betonplatte, auf der die Mülltonnen eines Heims für ledige Mütter stehen.

»Sie passen bloß auf, daß du keine arischen Patienten empfängst«, sagte ich zu Carl. »Bitte, iß zu Ende. Der Rotkohl ist ganz gut. Sie hat viele Äpfel reingetan. Und keine Butter, wie du es gewollt hast.«

»Mit den Patienten – das ist schon eine Zeit her. Und sie sind nicht wieder gekommen seit damals.«

Zweimal hatte der *Stürmer* Artikel mit den Namen arischer Patienten gebracht, die zu Dr. Carl Israel Rother in die Behandlung gekommen waren.

»Carl, iß! Ich jedenfalls esse zu Ende. Die Klöße sind locker und leicht. Und ohne Butter.« Er hatte die Butter aus unserem Haushalt verbannt – weil ich so dick war. »Ohne Butter! Aber köstlich«, wiederholte ich.

»Sie haben die Sache mit dem jüdischen Patienten in Leobschütz herausbekommen.«

Auch das ein Grund, warum wir nach Breslau gezogen waren. Carl hatte einen jungen Schizophrenen sterilisieren sollen. Vor einer Operation besucht der Chirurg seinen Patienten, und dieser war jung und kräftig – ein Bauer mit einer großen Nase. Er griff nach Carls Hand und sagte: »Tun Sie es nicht. Ich bin nicht krank. Ich bin jüdisch. Die sagen, ich hätte zu viele Kinder. Sechs inzwischen. Tun Sie es nicht. Denken Sie daran, wer Sie sind. Einer von uns.«

Carl begann zu operieren. Er öffnete den Unterleib und machte sich darin zu schaffen. Dann schloß er ihn wieder. Helga Weltecke assistierte ihm. Vorwurfsvoll funkelten ihn ihre blauen Augen über die Maske hinweg an, aber sie traute sich nicht, etwas zu sagen und eine Rüge wegen Störung der Operation zu riskieren. Doch nachher im Waschraum zischte sie: »Ich habe gesehen, was Sie gemacht haben.«

Oder vielmehr, was er nicht gemacht hatte.

Sie tat ihre Pflicht und erzählte es ihrem Mann, Dr. Weltecke, der einst Carls bester Freund war und nun über ihn plauderte. Noch am gleichen Tag verlor Dr. Rother seine Stelle als Chef der Klinik. Und jetzt waren sie gekommen, um ihn zu verhaften. Mir verging der Appetit.

Carl sagte immer: Was auf den Teller kommt, wird gegessen. Essen wirft man nicht weg. Mein Enkelsohn aß beim Essen immer alles auf. Irene aß meistens nach dem Essen, in der Ecke. Der Teller wurde auf den Fußboden gestellt, und sie durfte erst aus dem Zimmer, wenn er leer war. Nach vielen Versuchen und vielen Fehlschlägen hatte sich eine bestimmte Ecke als besonders geeignet erwiesen – kein Fenster in der Nähe, durch das sie ihre Mahlzeit hätte nach draußen befördern können, und auch keine Möbel, um irgendwo Vorräte zu horten. Ich hatte schon Stampfkartoffeln hinter den Sofakissen gefunden. Und Möhren unter dem Teppich. Praktischerweise endete der Teppich einen Meter vor der Ecke, so daß sie auf dem Holzboden sitzen konnte, und wenn sie heulte oder kotzte, blieb zumindest der Teppich verschont. Oft bekam sie schon prophylaktische Bauchschmerzen, bevor sie sonntags zu uns kam. Dann brauchte sie nichts zu essen. Sie war aber dumm und gierig und leicht zu überlisten. Ich ließ immer ein paar Süßigkeiten in der Küche liegen, und wenn sie von denen nahm, wußte ich, daß ihr Magen in Ordnung war. Sie wiederum wußte, daß die Süßigkeiten ein Köder waren, sie konnte aber trotzdem nicht widerstehen. In unserem Haus türmte sich das Essen auf den Tellern, und wenn man nicht alles aufaß, beleidigte man Jesus und Carl ebenfalls, der alles bezahlte und sich die Hände mit Geld schmutzig machte und natürlich wollte, daß seine Familie dieses Opfer würdigte.

Ich sorgte dafür, daß Carl von dem Tisch, wo er den Vorgarten und die beiden wartenden Herrn sehen konnte, aufstand, und bugsierte ihn ins Schlafzimmer. Er setzte sich ans Fußende des Bettes und sah wieder aus dem Fenster. Ich zog die Vorhänge zu. Ich holte den großen, mit lauter Aufklebern von Wintersportorten übersäten Lederkoffer, der uns oft zum Ski-Urlaub ins Sudentenland begleitet hatte, und legte ihn aufs Bett. »Sag mir, was du mitnehmen willst.« Er ließ bloß den Kopf hängen. Schwach. Ich packte seinen besten Anzug und zwei mittelmäßige ein, dazu mehrere Paar Schuhe und Unterwäsche. Ich packte einen Hut in eine Schachtel und holte seinen Wintermantel vom Speicher. Als ich zurückkam, lag der Hut wieder im Schrank, und die Hutschachtel enthielt etwas anderes. Es war keine Zeit, um nachzusehen oder Einwände zu erheben. Wir mußten uns beeilen. Ich schloß den Koffer. Wir nahmen die Hintertreppe, die zum Dienstboteneingang und in den Garten hinter dem Haus führte. Die anderen Leute im Haus saßen beim Abendessen. Lauter gute Mieter, die ihre Miete pünktlich zahlten, so daß wir unsere Ausgaben bestreiten konnten, seit Carl nichts mehr verdiente. Was ist bloß so schlimm am Geldanlegen, Carl? Ich wußte, daß es an der Rückseite des Grundstücks hinter einem Gebüsch ein Tor gab. Wir gingen rasch, aber ohne zu hasten. Wir erreichten den Bahnhof, und er bestieg den ersten Zug, der abfuhr – nach Köln. Ich schob ihm das Geld, das ich heimlich gespart hatte, in die Tasche. »Ich werde Otto anrufen, er soll dich morgen früh am Bahnhof abholen.«

Ich küßte ihn auf die Wange und wartete nicht, bis der Zug abgefahren war. Ich lief nach Hause. Die beiden SS-Männer standen immer noch vor der Tür. Um zwei Uhr morgens kamen sie schließlich nach oben und klopften.

Da hatte ich meinen Bruder Otto schon erreicht und ihm gesagt, ich würde ihm eine Flasche erstklassiges Karlsbader Kurwasser schicken – durch unsere Freundin aus alten Kindertagen. Sie würde ein Schild mit seinem Namen in der Hand halten. Er solle die Flasche am Bahnhof entgegennehmen. Otto sagte mir, er sei gerade zum Richter am Reichsgericht ernannt worden. Er brauche kein Gesundheitswasser. Er sei gesund. Außerdem sei er zu müde, zum

Bahnhof zu marschieren, das komme überhaupt nicht in Frage, und ich sollte ihm auch keine Geschenke schicken. Er habe schon verstanden, sagte er. Genau das Geschenk, das er sich immer gewünscht habe.

Ich rief meine Mutter an. Sie ging um sieben Uhr morgens an die Bahn und holte Carl ab. Zwei Stunden später stand die Gestapo bei ihr vor der Tür. Sie ließ sie nicht herein. Niemand konnte seine gesellschaftliche Überlegenheit so ausspielen wie meine Mutter. Sie sagte den Männern, sie seien im Begriff, eine Dame zu belästigen, eine arische Dame. Und dann fügte sie hinzu:»Übrigens, mein Schwiegersohn, Dr. Rother, ist ein vornehmer Mann, ein guter Katholik und ein guter Deutscher und außerdem ein ausgezeichneter Arzt. Er ist nicht hier, aber ich wollte, er wäre es, dann könnte er sich um mein Rheuma kümmern.«

Die Gestapo entschuldigte sich.

Statt dessen störte sie dann meine Abendruhe. Ich wurde zum Verhör auf die Dienststelle mitgenommen, wo man mir nicht glauben wollte, daß Dr. Rother zur Kur nach Karlsbad gefahren sei. Ich log. Wolken der Sündhaftigkeit sammelten sich um mein Haupt, und ich log wieder. Die Wolken zerstreuten sich. Gott verzieh mir. Er hatte auch keinen besseren Vorschlag. Sie boten mir nicht mal einen Stuhl an. Ich mußte die ganze Nacht stehen. Meine Fußgelenke schwollen im Nu. Es waren Banditen, mehrere, die mir nacheinander mit ihren Fragen zusetzten. Sie aßen Kuchen und tranken Kaffee, leckten sich die Lippen und seufzten genüßlich, aber mir boten sie nichts an. Die hatten gar kein Gefühl dafür, ob jemand aus einer vornehmen Familie stammte. Proletenpack. Deshalb versuchte ich ihnen auch nicht zu erklären, wer ich war. Aus lauter Stolz sagte ich ihnen nicht mal, daß mein Bruder Otto demnächst Richter am Reichsgericht werden würde. Vielleicht auch aus Vorsicht. Otto hätte ihnen womöglich alles verraten. Als es langsam hell wurde, fingen sie an zu gähnen, und ich wußte, ich hatte es überstanden. Sie ließen mich laufen, und ich erleichterte mich hinter dem Haus, hockte mich zwischen zwei parkende Autos. Ich bin noch heute stolz darauf, wie ich meinen Urin gegen die Fundamente dieses Gebäudes lenkte. Ich weiß, es war nur ein Tropfen. Aber er bedeutete einen Sturzbach. Dann ging ich direkt zum Amtssitz des Kardinals von Breslau.

An zwei Assistenten und drei Sekretären vorbei drang ich in seine Privatgemächer vor. Er hielt sich versteckt. Schwach! Sein Adjutant hastete mir entgegen. Ich sagte ihm, jemand müsse einem aufrechten Katholiken Beistand leisten. Ich erzählte ihm die ganze Geschichte und erinnerte ihn an die Briefe zur Sterilisationspraxis und daran, daß der Kardinal leider beschlossen hatte, nichts dagegen zu tun. Daß Carl als Jude geboren war, ließ ich weg. Ich bat um ein Glas Wasser. Jemand brachte frischen Kaffee und Vanillehörnchen. Schließlich erschien der Kardinal selbst in bescheidenem Weiß, gab mir seine feuchte Hand, bot seine Hilfe an und verschwand wieder. Ich sah zu, wie man ein Fernschreiben nach New York schickte.

Ich ging nach Hause. Zwei SS-Männer vor der Tür. Sie ließen mich durch. Unsere polnische Köchin schickten sie weg. Ich würde von nun an allein zurechtkommen müssen. Immerhin funktionierte der Apparat der Kirche, und zwar schnell. Nach einer Woche rief meine Mutter an und sagte: »Onkel Berti in Paris leidet so furchtbar unter Gicht. Ich habe ihm dein wunderbares Kurwasser aus Karlsbad geschickt – meine Freundin Luise Müller macht Urlaub dort und nimmt es für ihn mit.« Carl war also über die Grenze und nach Frankreich gelangt. Keine Woche später bestieg er ein Schiff nach der Neuen Welt. Sein Koffer war wegen der Briefmarkensammlung so schwer. Er hatte sie hineingepackt, als ich aus dem Zimmer gegangen war. Und in die Hutschachtel hatte er seinen Helm und die Orden aus dem Ersten Weltkrieg gestopft.

Breslau ist eine meiner Lieblingsstädte. Ich bin viel gereist und habe wahrscheinlich mehr von der Welt gesehen, als ich je sehen wollte. Weehawken in New Jersey zum Beispiel habe ich aus jedem erdenklichen Blickwinkel gesehen, auch aus der Gosse, und Weehawken war eine Zeitlang eigentlich fast nur Gosse, zumindest gesellschaftlich und auch moralisch. Darauf komme ich noch. Breslau hatte schöne Plätze, romantische Kanäle, eine gute Universität, Konzerte, Geschäfte jeder Art. Es war der ideale Ort, wo eine intelligente, auf sich selbst gestellte Frau das Leben genießen konnte. Wenn ich gewollt hätte, hätte ich mir jeden Tag neue Sachen kaufen können. Aber ich wollte nur weiße Lederhandschuhe. Eine Zeitlang habe ich mir jede Woche ein Paar gekauft. Als meine Enkeltochter sie eines Tages fand, rief sie: »Gott!« (Sie führte den Namen des Herrn oft vergeblich im Munde.) »Die sind ja alle gleich!« Aber für mich waren diese Handschuhe lauter Einzelwesen, und ich konnte mich wegen einer bestimmten Naht oder einer leichten Farbvariante an einem der Finger mal für dieses und mal für jenes Paar entscheiden.

Ich hatte in diesem Breslauer Jahr Geld wie Heu. Sparen schien zwecklos.

Und jetzt, wo Carl nicht mehr da war, bekam ich Liesel zurück. Kaum hatte sie gehört, daß er weg war, da ließ sie ihren Pfarrer Hanssler sitzen und quartierte sich in unserer Wohnung ein. Sie kochte und putzte, sie sortierte meine weißen Lederhandschuhe und meine Hüte, meine Portemonnaies, meine Halstücher. Ich hatte mein Kanapee und bekam die Plätzchen wieder auf dem Bunzlauer Teller. Es kam auch wieder Butter auf den Tisch.

Mein Tagesablauf hatte sich ein wenig verändert. Jeden Morgen nach dem Frühstück ging ich bei der Gestapo vorbei und fragte, ob sie mich heute sehen wollten. So ersparte ich ihnen, daß sie zur Unzeit bei mir anklopfen mußten. Meistens sagten sie: Nein, nein, alles in Ordnung.

Aber manchmal hieß es auch, ich käme gerade recht. Dann ließ ich mich von ihnen zu einem Anwalt führen, den sie eigens zu diesem Zweck hatten: Er sah mir tief in die Augen und überreichte mir ein Blatt, das ich unterschreiben sollte. Meine Scheidungspapiere. Ich versuchte, ein ganz normales Gesicht, ein Allerweltsgesicht zu machen – nicht schlau und nicht vornehm. Das hätte mir in diesem Fall nur geschadet. Und dann schüttelte ich den Kopf und sagte: »Nein, das geht wirklich nicht. Ich bin eine gute Katholikin. Ich glaube nicht an die Scheidung.«

Von Zeit zu Zeit, wahrscheinlich weil er mit vielen Fällen wie mir zu tun hatte, vergaß der Gestapo-Anwalt, wie blöd ich war, und fing an, mit mir zu diskutieren. Er war eben ein bißchen zerstreut. Er sagte: »Sie haben eine Tochter, wie ich sehe. Die wird es viel leichter haben, wenn Sie erst geschieden sind.«

Worauf ich erwiderte: »Ach, nein, wissen Sie, Renate ist auch eine gute Katholikin. Die will nicht, daß ich in die Hölle komme!«

Meistens gaben sie danach Ruhe, zumindest für ein paar Wochen. Und ich ließ es mir wieder gutgehen in der Stadt. Um Renate machte ich mir keine Sorgen, sie war in München gut versteckt. Ich hatte dafür gesorgt, daß niemand, nicht mal die Verwandtschaft, genau wußte, wo sie war. Rother ist ein ziemlich unauffälliger Name, der in jeder Konfession vorkommt. Selbst in Oberschlesien gab es evangelische und katholische Rothers. Niemand hätte je etwas herausbekommen. Wenn nicht dieses verflixte Spiel mit dem Händeklatschen gewesen wäre.

Man hätte es für kindisch und albern halten können, aber in Wirklichkeit war es eine raffinierte, todsichere Methode, um die Wahrheit herauszufinden. Der Gestapo hätte es einiges gebracht. Die Mädchen bildeten einen Kreis, eines stellte sich in die Mitte, die anderen klatschten in die Hände und bombardierten das Mädchen in der Mitte mit Fragen. Eins, zwei, klatsch, klatsch, dann eine Frage. Zuerst leichte Fragen, immer schneller und schneller, dann schließlich eine schwere, unangenehme Frage: Wen hast du am liebsten? Wen verabscheust du am meisten? Welchen Mann hast du geliebt? Diese simple Prozedur lockte immer ehrliche Antworten hervor oder eben quälende, unter Tränen gestotterte Lügen. Deshalb war das Spiel so beliebt. Aber bei Renate war es eine der alltäglichen Fragen, durch die sie in Verruf geriet. Zum Aufwärmen wurde sie gefragt, wie ihr Hund hieß, wie viele Geschwister sie habe, und dann, wie viele Generationen in ihrer Familie reinrassig seien.

Das Mädchen, das die Frage stellte, meinte es nicht böse und erwartete keine Überraschung.

Im nachhinein hätte ich von meiner sonst so gewieften Tochter mehr Geistesgegenwart erwartet. Aber es traf sie so unvorbereitet, daß sie in eine für sie ganz untypische Hysterie verfiel und einfach rief: »Rein keine!« – wobei sie bestimmt mit einem großen Gelächter rechnete, und damit, daß das Spiel einfach weitergehen würde. Aber das Klatschen geriet aus dem Takt. Unsichere Blicke trafen das arme Mädchen mit der großen Nase und den dunklen Augen, das nun eilig hinzufügte: »Ich wollte sagen: Neune, ihr Dummis.«

Sie glaubten ihr nicht. Plötzlich sahen sie sie in einem anderen Licht. Und ihre Begabung, ihre Raffinesse und daß sie zur Vesper immer zu spät kam, weil sie sich so lange in der Akademie herumtrieb – das kam alles noch hinzu.

Ein Abend und ein Morgen vergingen, ehe sie auf die Heimreise geschickt wurde. Die Schwester Oberin hatte keine Ahnung von dem wirklichen Ausmaß ihrer Sündhaftigkeit und machte ihr trotzdem keine Hoffnung auf Vergebung. Ich war froh, Renate wieder bei mir zu haben, obwohl sie widerspenstig war und an allem herumnörgelte, so daß ich es für angebracht hielt, sie an mein schwaches

Herz und meinen baldigen Tod zu erinnern, und daran, daß es ihr noch leid tun würde, in welchem Ton sie mit mir gesprochen hatte – 1938, das Jahr meines Todes! Ihren Vater vermißte sie offenbar nicht und machte sich seinetwegen auch keine Sorgen. Sie nahm alles ruhig und gelassen hin. Anscheinend hatte ich ein Ungeheuer an Courage großgezogen.

Ich muß zugeben, trotz meiner ausgezeichneten Beobachtungsgabe erkannte ich nicht, daß sie kein Mädchen mehr war, sondern eine richtige Frau. Ich sah natürlich nicht so genau hin, weil es für mich damals einfach unvorstellbar war, und selbst heute, da ich für alles Verständnis aufzubringen vermag, raubt es mir den letzten Rest, der von meinem Atem noch übrig ist. Ich meldete sie in einer katholischen Oberschule in Breslau an, ohne den Nonnen dort irgendwas zu erklären und ohne daß jemand mir Fragen stellte. Unter meinen und Liesels wachsamen Augen wandelte Renate auf dem Pfad der Tugend. Im Nu hatte sie eine beste Freundin, ein Mädchen aus einer Adelsfamilie namens Angelika. Sie kam oft zu uns. Die beiden machten zusammen Hausaufgaben, und es kam mir vor, als hätte ich eine zweite Tochter.

Angelika war ein bißchen sonderbar. Sie bewunderte kluge Leute. Und deshalb bewunderte sie auch die Juden. Als sie Renate zum erstenmal sah, hüpfte ihr das Herz im Leib, und sie kam zu dem Schluß, Renate müsse jüdisch sein. Als sich dann herausstellte, daß es nicht ganz so schlimm war, war sie enttäuscht. Angelika war hochintelligent, mit einem boshaften Witz, der zu uns paßte, und einem goldenen Herzen. Ihre Mutter war schon tot, deshalb schloß sie sich eng an mich an. Die eigenen Verwandten, die noch da waren, mochte sie nicht besonders. Bald hielt sie sich fast ständig bei uns auf. Wir hatten eine schöne Zeit. Ich liebte sie heiß und innig. Manchmal sagte ich zu Renate, Angelika sei genau die Tochter, die ich mir immer gewünscht hätte. Sie hatte ein winziges Näschen und blondes Haar. Sie paßte sehr gut zu mir. Und sie war nicht gewieft, sondern diskret.

Tatsächlich war 1938 für uns ein seltsam glückliches Jahr. Unser Haushalt bestand aus vier Frauen, wobei ich die Chefin war und Liesel die Aufsicht führte. Das einzige männliche Wesen war Mister, der übriggebliebene Dackel, der wußte, wo er hingehörte, nämlich nach unten. Liesel hatte jetzt mehr Macht, weil sie sie nicht mehr mit anderen Angestellten zu teilen brauchte. Sie sah nach den beiden jungen Damen und hielt den Haushalt von morgens bis abends auf Trab. Sie schlief im Dienstmädchenzimmer, einem Kabuff am Ende des Flurs, und benutzte das Gästeklo, und einmal in der Woche durfte sie unser Bad benutzen, weil wir in der engen neuen Wohnung nur noch eines hatten. Aber mich störte das überhaupt nicht, weil sie sehr auf Sauberkeit hielt und nie einen Mann gehabt hatte. Die Hingabe, die sie uns entgegenbrachte, war tief bis zum Leichtsinn. Eines Tages fand in Breslau ein Aufmarsch mit Hitler statt, der direkt an unserem Haus vorbeiführte. Wir saßen nach dem Mittagsschlaf gerade bei Kaffee und Kuchen. Die Mädchen waren da. Liesel servierte. Wir lauschten dem Dröhnen marschierender Stiefel. Am Anschwellen der Stimmen, die den Namen des Führers riefen, konnten wir erkennen, wie sich Hitler in seinem offenen Wagen näherte. Als er direkt unter unserem Fenster war, setzte Liesel plötzlich das Tablett ab, stürzte ans Fenster, beugte sich hinaus und schrie: »Heil Moskau!«

Ich zerrte sie nach drinnen. Sie fiel hin, und während ich über ihr stand, muß ich ausgesehen haben, als wollte ich sie schlagen. Aber ihr Gesicht blieb ausdruckslos. Renate und Angelika fingen an zu gackern, daß die Wände wackelten. Es war ansteckend. Ich lachte auch. Allen anderen verstopfte Gott die Ohren. Es war unsere Rettung, daß uns niemand hörte. Ich sagte zu den Mädchen, jemand müsse seine schützende Hand über uns halten, worauf Liesel, immer noch am Boden liegend, erwiderte: »Jawohl – ich!« Dann raffte sie sich auf und ging mit einem häßlichen Schnauben aus dem Zimmer.

Im Juni machten Angelika und Renate Abitur. Ein hochrangiger Nazi-Pädagoge prüfte sie mündlich in Geschichte. Die Antworten, die er erwartete, hatten mit der historischen Wahrheit wenig, mit seiner Vorstellung von deutscher Größe und Überlegenheit dagegen sehr viel zu tun. Zum Glück war ihre Geschichtslehrerin, eine Nonne, die Schwester des Prüfers. Sie kannte ihren Bruder und hatte keine Angst vor ihm. Sie suchte sich einen geeigneten Platz im Raum, von wo aus sie die Mädchen scharf ansah oder wild mit den Augenlidern klapperte und sie auf diese Weise durch die politisch gefärbten Fragen leitete. So kam es, daß meine beiden Töchter in diesem Jahr die besten Abiturnoten von ganz Breslau bekamen. Angelika meldete sich zum Medizinstudium an, und ich ermunterte sie, in ein Studentenheim zu ziehen. Renate versprach ich, sie könne im Herbst auch in dieses Heim ziehen. In Wirklichkeit wollte ich nicht, daß Angelika zu sehr von uns abhängig würde. Tatsächlich wurde dann wenig später publik, daß Renate nicht reinrassig war, und der Bruder der freundlichen Geschichtslehrerin, der Nazi-Pädagoge, der meiner Tochter so gute Noten gegeben und damit seine höheren Pflichten vernachlässigt hatte, bekam, was er verdiente. Er verlor seinen Posten. Seine Schwester dagegen blieb, wo sie war. Renate durfte nicht studieren. Es hatte keinen Sinn, Angelika in diese Sache hineinzuziehen.

O*h heavens to Betsy.*« – Das war Carls Lieblingsspruch während seines ersten Jahrs in Amerika. Er benutzte ihn oft, aber danach wurde er jedesmal verlegen, weil er nicht beurteilen konnte, ob er in jeder Situation passend war. Wenn er mir auf englisch schrieb, benutzte er ihn, weil er in seinem Heim groß in Mode war. Carl schrieb mir einmal in der Woche auf englisch. Und sechsmal in deutsch. Er erzählte mir alles, wie in einem Gespräch unter vier Augen, oder vielmehr, wie ich später herausfand: fast alles.

Er wohnte mit einigen katholischen Junggesellen zusammen. Es waren Proletarier, Taxifahrer, Fabrikarbeiter. Sie hatten nicht mal das Niveau der Rothers, aber alle waren Kirchgänger. Sein einziger wirklicher Freund war Father Joe. Father Joe kümmerte sich um die katholischen Flüchtlinge aus Deutschland. Als studierter Theologe konnte er mit Sinn und Verstand und mit großer Leidenschaft über die Heilige Schrift sprechen. Er hatte Carl im Hafen von New York begrüßt, hatte ihn zu seiner neuen Unterkunft gebracht, und nun gab er ihm einmal in der Woche einen Scheck. Und einmal in der Woche, wenn er ihm den Scheck brachte, lud er Carl auch zum Essen ein. Sie aßen Hamburger und Hotdogs, und Father Joe ermahnte ihn, er solle die linke Hand in den Schoß legen und nicht, wie man es in Deutschland tat, neben den Teller. Manchmal, wenn Father Joe in Spendierlaune war, nahm er ihn auch mit in ein italienisches Lokal, das gerade in Fort Lee aufgemacht hatte, wo offenbar viele wohlhabende Katholiken, hauptsächlich Italiener, wohnten, und sie aßen Spaghetti. Carl meinte, Fort Lee sei vielleicht eine gute Gegend für eine Privatpraxis, aber Father Joe, dessen Familie aus Irland stammte, erklärte ihm ziemlich verbittert, einen deutschen Arzt würden die Leute hier nicht akzeptieren – genausowenig wie einen irischen Priester. Father Joe hatte rotes Haar und ein bleiches Gesicht. Er war gern mit Carl zusammen. Es schmeichelte ihm, mit einem wirklichen Arzt, einem Chirurgen, befreundet zu sein, auch wenn Carl jetzt keiner mehr war, sondern bloß Flüchtling.

Father Joe half ihm, wo er konnte – *right, left and center,* wie sich Carl ausdrückte. Er hatte dafür gesorgt, daß Carl schon kurz nach seiner Ankunft in New York die für seine Zulassung in Amerika nötige Prüfung ablegen konnte. Professor Dr. Rother kam in allen Fächern mit knapper Not durch, außer in Pathologie, wo er glatt durchfiel. Wegen seiner schlechten Ergebnisse beschloß der Prüfungsausschuß, daß er das letzte Jahr in Medizin wiederholen müsse. Dabei haperte es bei ihm hauptsächlich am Englischen. Die einzige medizinische Hochschule, die bereit war, ihn so kurzfristig und in seinem vorgerückten Alter – sechsundfünfzig – zu nehmen, war eine kleine katholische Anstalt in New Jersey. So begannen Carl Rothers enge Beziehungen zum »Garden State«, und so begann sein Martyrium. Denn der Absturz meines Mannes ging weiter, ein neuer Aufschwung blieb aus. Alles in allem hatte er zehn Jahre lang ein unbeschwertes Leben geführt, er war etwas Besseres gewesen. Damit war jetzt Schluß. Er bemühte sich zwar, so wie ein Kranker darum kämpft, wieder gesund zu werden. Er gab die Hoffnung nie auf. Doch das Schicksal ignorierte seine Bemühungen nicht bloß – es trommelte mit den Fäusten auf ihn ein.

Er beklagte sich nie. Er wußte, daß vielen anderen das gleiche Los beschieden war wie ihm. Durch Anstrengung oder eine glückliche Fügung kommen sie nach oben. Viele werden unbescheiden und halten ihre Stellung irgendwann für etwas Selbstverständliches. Doch wenn sie dann in die mittleren Jahre kommen, geschieht es, daß das Schicksal ihrer müde wird, oder sie machen eine Reihe von Fehlern, an denen sie selbst schuld sind, aus Stolz, aus Mangel an Urteilskraft, oder die Eitelkeit holt sie ein, und langsam sinken sie dahin zurück, wo sie hingehören. Im allgemeinen erlangen sie ihre frühere Stellung nie zurück, so wie eine Frau die Schönheit ihrer Jugend nicht zurückerlangen kann. Der Ladenbesitzer muß seinen Laden aufgeben und sich bei jemandem verdingen. Der Schriftsteller, dem nach dem ersten kein zweites Buch geglückt ist, gibt den Anspruch, Künstler zu sein, am Ende auf und wird wieder Taxifahrer. Der Zahnarzt, der eine gutgehende Praxis hatte, verliert seine Patienten an einen jungen, tüchtigen Rivalen und muß sich schließlich zur Ruhe setzen.

Als Carl nach Amerika kam, wußte er, daß er sich auf rutschigem Boden bewegte, aber er zweifelte nie daran, daß es ihm gelingen werde, sich aufrecht zu halten. Es gefiel ihm nicht, daß er noch einmal studieren und in einem Männerheim wohnen mußte und auf Almosen angewiesen war, um sich Toastbrot und Margarine zu kaufen, aber er sah darin nur einen zeitweiligen Rückschlag.

Er freute sich auf die Zukunft. Es war Sommer, als er ankam. Er kleidete sich sorgfältig, lief nie in Hemdsärmeln herum, auch nicht bei brütender Hitze. Jeden Morgen fuhr er mit verschwitztem Gesicht im Bus zur Hochschule. In den Vorlesungen saß er neben jungen Leuten, von denen die meisten einen zusätzlichen Sommerkurs machten, um die schlechten Zensuren aus ihrem regulären Studienjahr auszugleichen. Mittags aß er einen Hotdog, besuchte dann weitere Vorlesungen und fuhr schließlich mit dem Bus nach Hause, wo er sich ein großes Essen mit Toast und Margarine und manchmal ein Bier gönnte und in voller Montur – dunkler Anzug, Krawatte, Sonntagsschuhe – mit den anderen zusammen am Resopaltisch in der Küche saß. Die Küche sei sehr luxuriös, schrieb er ironisch – mit einem Kühlschrank. »He, Doc, wa'm ziehsse nichma wenstens deine Jacke aus? Du bis hier doch zu Haus«, hänselten sie ihn. Er lächelte stumm, er versuchte, sie vom Slang abzubringen, indem er nicht reagierte. Der Anzug hing schlaff an seinem Rippengestell herunter und sah aus, als wäre er das einzige, was ihn noch zusammenhielt. Er hörte zu, wie sie über ihre Jobs schimpften und endlos über Geld redeten, wobei er anfangs jedesmal zusammenzuckte, weil es ihm so vulgär vorkam, aber mit der Zeit gewöhnte er sich daran. Und wenn ihnen gesundheitlich etwas fehlte, dann half er mit Rat und Tat. Bald wußte die ganze Gegend von dem Doc im Männerheim, der seinen Arztkoffer unter dem Bett stehen hatte und einen wieder zusammenflickte, wenn man sich verletzt hatte, und der sich auch bei Bauchschmerzen auskannte. Sie kamen zu ihm, und er kurierte alle mit Vergnügen. Er genoß seine Fähigkeiten. Bald verging kein Abend mehr und kaum eine Nacht, ohne daß ihn jemand um Hilfe bat, und er fühlte sich besser.

Abends saß er in seinem Kämmerchen mit dem Einzelbett, der alten Matratze, dem wackligen Tisch, dem Fenster, aus dem man über ein paar Straßen hinweg in der Ferne den Hudson sehen konnte, und schrieb mir. Seine Sehnsucht nach mir und Renate versteckte er nicht, aber er beklagte sich auch nie. Er pries die Aussicht auf den Fluß und munterte sich auf, indem er mir seine Pläne auseinandersetzte. Sobald er die Zulassung als Arzt hatte, würde er sich eine Stelle besorgen. Sobald er die Stelle hatte, würde er ein paar Dollar zusätzlich verdienen – *greenbacks*. Sobald er die *greenbacks* – die *bucks* – hatte, würde er aus dem Heim in ein richtiges Haus ziehen, und sobald er mit dem *pullukah,* das er verdient hatte, in einem richtigen Haus wohnte, würde er seine Familie nachkommen lassen. Er stellte sich vor, er werde für das alles ein Jahr brauchen. Das Jahr 1938 war sein Ziel. Langsam bewegte er sich darauf zu. Und wenn er es erreicht hatte, würde das Leben auf der Erfolgsschiene weitergehen.

Freitag abends und Sonntag morgens ging er in diesem Jahr 1937 mit seinen Freunden aus dem Heim zur Messe in die Erlöserkirche, einen häßlichen Backsteinkoloß, der ein paar Blocks weiter an der Main Street lag. Und nachher war er zu Kaffee und Kuchen im Gemeindesaal neben der Kirche und schloß Bekanntschaft mit anderen Leuten aus der Pfarrei. Alle waren sehr nett zu ihm, aber er konnte sich an ihr Äußeres nicht gewöhnen, so schlecht waren sie angezogen. Die Frauen trugen zur Messe Kleider in schreienden Farben, viel zuviel Schmuck und monströse Hüte, und die Männer kamen in einfachen, schlecht sitzenden Anzügen. Bald kannte jeder Dr. Rother mit Namen, und alle suchten seine Nähe. Sie sahen, daß er für einen alleinstehenden Mann in einem fremden Land ziemlich alt war und daß er offensichtlich ein besseres Leben gewohnt war.

Das Herbstsemester begann. Sein Englisch machte Fortschritte. Die Namen der meisten Krankheiten hatte er gelernt und konnte inzwischen auch über medizinische Fragen sprechen, ohne sich mit Latein zu behelfen. Er nahm wieder zu, und sein Anzug saß jetzt besser. Er hielt sein Haar kurz geschnitten und blieb bei seinem unter der Nase zu einem grauen Rechteck gestutzten Schnurrbart – auch nachdem ein paar Jungs, die seinen deutschen Akzent gehört hatten, ihn fragten, ob er Hitler auf Besuch in Amerika sei. Er habe den Schnurrbart schon gehabt, lange bevor es einen Hitler gab, erklärte er den Jungen so würdevoll, daß sie nachher den Mund hielten. In seinen Briefen nach Deutschland schilderte er diese Episode nicht, weil er befürchtete, ich würde ihm raten, sein Äußeres zu verändern. Aber das konnte er nicht. Auch ohne Anerkennung, ohne Geld, ohne Patienten, die ihn verehrten, blieb er ein Professor mit großen, geschickten Händen, einem teuren Anzug und einem gepflegten Schnurrbart.

Father Joe besuchte ihn nun öfter. Wie Carl berichtete, beeindruckten Father Joe sein Fleiß und sein Ernst. Father Joe sah in ihm eine willkommene Bereicherung der katholischen Gemeinde. Er fing an, sich Gedanken darüber zu machen, welchen Posten Carl übernehmen sollte, wenn er seine Prüfung vor dem Ausschuß abgelegt hatte. Bald kam man zu dem Schluß, das St. Mary's Hospital in Weehawken sei genau das richtige. Es war ein kleines Krankenhaus, aber mit einem großen Patientenkreis, und ein Chirurg wurde dort gerade gebraucht. Carl sah sich das Krankenhaus an und war zufrieden. In vielem ähnelte es dem Krankenhaus in Leobschütz. Es war sauber und wurde von würdevoll aussehenden Nonnen geführt. Über jedem Bett und im Operationssaal hing ein Kruzifix. Carl machte einen Witz: »Lieber operiere ich unter dem Heiligen Kreuz als unter dem Hakenkreuz.« Father Joe fand das unglaublich komisch und tiefsinnig zugleich und erzählte es den Kollegen aus der Flüchtlingsliga in Manhattan. Ihm gefiel es, daß er den interessantesten Flüchtling von allen in seiner Obhut hatte. Er lud ihn zu einem teuren Steak-Essen ein und sagte, er erwarte von Carl, daß er sich eines Tages dafür revanchiere. Und Carl versprach ihm hoch und heilig, sobald er einen Job habe, werde das seine erste Investition sein – ein Steak-Essen für Father Joe.

Inzwischen blickte Carl wieder mit solcher Zuversicht in die Zukunft, daß er mir in einem Brief nach Breslau den Auftrag erteilte, die dort eingelagerten Möbel nach Amerika zu schicken. In New York hatte er ein Depot gefunden, wo sie fürs erste bleiben konnten. Irgend etwas veranlaßte ihn, Father Joe nichts davon zu sagen. Vielleicht wollte er ein letztes Eckchen seiner materiellen Angelegenheiten für sich behalten. Ansonsten hatte Father Joe Einblick in seine sämtlichen Finanzen. Ohne den wöchentlichen Scheck hätte Carl gehungert.

Die Prüfung vor dem ärztlichen Zulassungsausschuß fand kurz vor Weihnachten statt. Über Weihnachten fuhren die meisten Männer aus dem Heim zu ihren Verwandten. Father Joe verbrachte die Feiertage bei Mutter und Schwester im nördlichen Teil des Staates New York. Die Erlöserkirche regte ihre Gemeindemitglieder an, während der Weihnachtstage einsame Menschen zum Essen einzuladen, und Carl bekam ein rundes Dutzend Einladungen. Er kaufte sich einen Terminkalender, ein mickriges Heftchen, um den Überblick über seine Verabredungen nicht zu verlieren. Außerdem kaufte er Briefpapier, das mit einem Bildchen bedruckt war: betende Hände, zwischen denen ein Rosenkranz prangte. Feierlich nahm er alle Einladungen an und erklärte, wann er kommen werde. Es war ihm eine große Freude, jeden Abend einer anderen Gruppe von »Freunden« aus der Gemeinde zu widmen.

Für den Heiligen Abend selbst hatte er allerdings nur eine Einladung bekommen. Sie stammte von Margie, einer Witwe, die von sich schrieb, sie habe »viel Geld in der Tasche und viel Leid im Herzen«. Sie hatte angeboten, Carl in seinem Männerheim abzuholen, aber auf dem Weg dorthin hielt sie immer wieder an und ließ alle Obdachlosen, die mitkommen wollten, einsteigen. Als sie bei Carl ankam, war ihr Cadillac voll, bis auf den Platz vorn neben ihr. Zwei Tage lang hatte sie das Fest »mit allem Drum und Dran« vorbereitet. Sie wohnte in einem Reihenhaus in Fort Lee, obwohl sie nicht italienisch war, und fühlte sich dort sehr wohl. Ihr Mann war ein paar Jahre zuvor gestorben, sie hatten keine Kinder gehabt, und nun war sie ganz allein. Die Zweige des Weihnachtsbaums in der Ecke ihres Wohnzimmers bogen sich unter der Last der blinkenden Elektrokerzen.

Sie setzte Carl an das eine Ende des Tisches, die Obdachlosen an die Längsseiten, und sie selbst nahm am anderen Ende Platz. Die Obdachlosen rissen sich zusammen, während sie sich Bier, Milch oder Wasser, die Margie als Cocktail servierte, hinter die Binde gossen. Das Essen trug sie selbst auf, ohne sich zu schämen, und erklärte, auch ihr Hausmädchen habe Weihnachten daheim feiern wollen. Als alle Teller mit dampfendem Essen beladen waren und die Obdachlosen schon mit den Gabeln klapperten und sich untereinander Blicke zuwarfen, bat sie Carl, ein Tischgebet zu sprechen. Sein Akzent machte die Obdachlosen noch zappeliger, worauf Margie sie freundlich, aber bestimmt zur Ordnung rief. Sie legten die Gabeln wieder hin und senkten die Köpfe, während Carl langsam und mit klarer Stimme, den Blick auf Margie gerichtet, sein Gebet sprach. Wie er sie ansah, darüber schrieb er nichts – aber ich habe richtig geraten. Sie war schlank und trug ein rosa Wollkleid. Ihre Knöchel waren schmal, die Füße klein, und sie steckten in glänzenden Pumps. Margies Haar war sehr blond und im amerikanischen Stil gebauscht. Sie hatte so viel Make-up aufgelegt, daß er nicht erkennen konnte, ob ihre Haut gut war, aber Margie sah gesund aus. Er schätzte sie auf Anfang Fünfzig. Sie aß nicht übermäßig viel, und ihr Wasser brachte sie aus der Küche mit, statt sich am Tisch zu bedienen, und er vermutete, sie trinke etwas anderes. Aber er sah keine geplatzten Äderchen im Gesicht, vielleicht hatte er sich also doch geirrt. Für ihn war es das schönste Weihnachten seit langem. Er schilderte es mir in all diesen Einzelheiten.

Das Ende der Feiertage wurde von der Nachricht überschattet, daß er die Zulassungsprüfung in Pathologie wieder nicht geschafft hatte. Mir standen die Haare zu Berge, als ich das las. Es sei bloß eine kleine Schlappe, schrieb er. So würde sich die erste Hälfte des Jahres 1938 etwas anders gestalten, als er sich vorgestellt hatte. Father Joe nahm die schlechte Nachricht persönlich und erklärte, viel länger könne das St. Mary's Hospital nicht mehr auf einen neuen Chirurgen warten. Nach mehreren schwierigen Besprechungen mit dem Direktor des Krankenhauses einigte man sich darauf, Carl noch ein Semester zu bezahlen; wenn er seine Prüfung dann wieder nicht bestand, würde sich St. Mary's jemand anderen suchen. Von nun an kam Father Joe bei jedem Besuch mindestens einmal darauf zu sprechen, daß Carl durchgefallen war und nun hoffentlich fleißig genug arbeitete. Er wolle doch so bald wie möglich sein Steak-Dinner haben. Father Joe lud Carl jetzt nur noch zu einer Suppe im Stehen ein, statt zu einem richtigen Essen, oder sie gingen zu einer Hotdog-Bude. Schließlich war es auch damit vorbei – er brachte seinen Scheck, ließ einige bittere Worte der Ermutigung fallen und verschwand wieder.

Ohne daß ich etwas davon erfuhr, füllte Margie, Carls neue Freundin, die Lücke. Sie behauptete, sein Englisch sei zwar ganz entzückend, aber leider eben doch der Grund für sein schlechtes Abschneiden bei der Prüfung. Er solle sich darauf konzentrieren, es zu verbessern. Einmal in der Woche holte sie ihn in seinem Heim ab und nahm ihn mit in ihr Reihenhaus, wo eine Mahlzeit wartete. Dann fragte sie ihn Vokabeln ab und lobte ihn für jeden Fortschritt.

Soviel bekam ich immerhin mit, daß ihm die Zeit sehr schnell verging, weil er jetzt so eifrig studierte. Bald bemerkte er die Fehler, die er bisher gemacht hatte, selbst und verbesserte sie. Die Zuversicht wuchs, daß er die Prüfung diesmal leicht bestehen würde. Der April war herrlich. Er versuchte, nicht an den Frühling in Oberschlesien zu denken, der vielleicht etwas bescheidener, aber doch auch sehr schön war. Er wünschte sich, wir wären bei ihm und könnten all die Blumen sehen. Mehr erfuhr ich nicht. Denn seit Margie seine Naturbegeisterung entdeckt hatte, machte sie mit ihm lange Spaziergänge am Hudson. Carl erzählte ihr von mir und seiner Tochter. Er versuchte, nicht darauf zu achten, wie attraktiv Margie war. Er erkundigte sich nach ihrem Mann. Margie trug einen dicken Diamantklunker an der Hand. Sie sagte, es sei ihr Verlobungsring. Den Ehering hatte sie verloren, weil sie, nachdem ihr Harold gestorben war, so stark abgenommen hatte (der Kummer hatte ihr den Appetit geraubt), daß ihr der Ring irgendwo vom Finger gerutscht war – vielleicht beim Tanzen, als sie im Sommer nach seinem Tod eines Abends in ein Nachtlokal gegangen war, um sich ein bißchen aufzumuntern, aber wahrscheinlich doch eher beim Schwimmen im Hudson, an einem heißen Tag. Es hatte keinen Zweck, nach dem Ring zu suchen. Sie stellte sich vor, er müsse irgendwo tief im schlammigen Flußbett vergraben liegen. Carl sagte ihr, sie solle ihm die Stelle am Ufer zeigen, wo sie den Ring zuletzt getragen habe, er würde danach tauchen und ihn heraufholen. Sie müsse ihn zurückbekommen.

Inzwischen waren unsere Möbel angekommen und warteten in einem Lager auf ein neues, geräumigeres Zuhause. Carl mußte fast ein Viertel von seinem wöchentlichen Scheck für die Lagermiete hergeben und hätte wohl die Margarine von seinem Speisezettel streichen müssen, wäre nicht Marjie gewesen, die ihm bei jedem Besuch ein paar von den wichtigsten Dingen, diskret in einer Tüte verpackt, mit auf den Nachhauseweg gab.

Im Mai machte er die Zulassungsprüfung noch einmal, und diesmal bestand er mit Bravour.

Nachdem er die Mitteilung bekommen hatte, lächelte er nur noch vor sich hin und wartete auf Father Joe, um ihm die frohe Kunde zu übermitteln. Als er dann schließlich seine Schritte auf der Treppe hörte, stürzte Carl vor die Tür und erwartete ihn auf dem Treppenabsatz. Es war ein sonniger, warmer Tag mit tiefblauem Himmel. Aber Father Joes Miene ermunterte Carl nicht zu der herzlichen Umarmung, mit der er ihn hatte begrüßen wollen, und so rief er einfach: »Endlich gute Nachrichten!«

Father Joe blieb auf der Treppe stehen und blickte nach oben, aber statt die letzten Stufen hinaufzusteigen, sagte er nur: »Wir müssen reden, Carl. Warum kommst du nicht runter, und wir machen eine kleine Fahrt.«

Ohne viel zu sagen, fuhr er mit ihm zum Gebäude der Katholischen Wohlfahrt in Manhattan und bat ihn, mit hinauf ins Büro zu kommen. Dort warteten zwei andere Priester. Sie hatten die Sache mit den eingelagerten Möbeln herausgefunden. Genug, um drei Häuser damit zu füllen. Sie hatten die Aufstellung gelesen. Sie hatten Carl, seit er da war, insgesamt 245 Dollar gezahlt, dabei hätte er bloß ein paar Möbel zu verkaufen brauchen, um sich das Geld selbst zu beschaffen. Er hatte sie betrogen.

Aber die Angelegenheit ließe sich bereinigen. Carl würde die Möbel verkaufen und der Kirche jeden Penny, den er bekommen hatte, zurückzahlen.

Carl sagte, er sei einverstanden, aber er log. Er dachte nicht im Traum daran, die Möbel zu verkaufen. Wahrscheinlich war er noch nie im Leben so durcheinander gewesen wie in diesem Augenblick. Als Father Joe ihn nach unten begleitete, um ihn zurück nach Weehawken zu fahren, sagte Carl: »Wissen Sie, Father Joe, diese Möbel gehören eigentlich der Familie meiner Frau. Die sind gar nicht von mir. Und ich weiß nicht, wie ich sie verkaufen soll, ohne vorher meine Frau zu fragen.«

Father Joes Gesicht verzerrte sich vor lauter Enttäuschung, und er sagte: »Carl, du bist einfach ein gemeiner Dieb.«

Kaum hatte das Wort »Dieb« den Mund des Priesters verlassen, da machte sich Carls Faust zum Herrn der Lage. Sie fuhr mit hohem Tempo genau dorthin, wo die Beleidigung hergekommen war, und legte dabei mehrere Zähne um.

Ich hatte damals natürlich keine Ahnung von alldem. Ich brauchte mir das alles zum Glück nicht auszumalen – einen Father Joe, der blutend auf dem Bürgersteig lag. Und daneben Carl, den Arzt, der sich ohne ein Wort der Entschuldigung über ihn beugte, um ihm zu helfen. Aber Father Joe schrie, er solle seine schmutzigen Hände wegnehmen. Sekunden später stürzten andere Priester aus dem Büro nach draußen. Um Carl kümmerten sie sich nicht, sie bemühten sich um Father Joe und achteten auch nicht auf den Tumult. Sie setzten ihn aufrecht hin, aber er schob sie sanft beiseite und wandte sich an Carl. Das Blut lief ihm zwischen den ausgeschlagenen Schneidezähnen aus dem Mund, aber seine Stimme tönte so klar wie eine Kirchenglocke, als er sagte: »Du hast keinen Job. Du hast gar nichts. Hau ab.«

Von alldem wußte ich nichts.

Ich beantragte Ausreisevisa für uns. Danach ging es bei meinen Unterredungen mit der Gestapo ruppiger zu. Selten bekam ich zweimal dasselbe Gesicht zu sehen, als wollten sie mich damit beeindrucken, wie viele sie waren – so viele gegen eine. Sie waren aggressiv oder resigniert oder betrübt, aber immer verbissen. Ich sollte mich von Carl Israel Rother scheiden lassen und ein normales Leben führen. Dies eine Mal erwies sich meine vornehme Herkunft als Nachteil. Der neu ernannte Richter beim Reichsgericht, Dr. Otto Gierlich, hatte sie offenbar wissen lassen, wie sehr es ihm mißfiel, daß seine geliebte Schwester das Vaterland verlassen wollte.

Als mir Carl schrieb, daß aus der Stelle an dem katholischen Krankenhaus nichts geworden sei, daß er nun völlig mittellos dastehe und sich Geld von Bekannten aus der Kirchengemeinde, einem Ehepaar, geliehen habe, da wußte ich sofort, daß er log. Ich dachte: Bestimmt hat er diese lustige Witwe angepumpt. Es machte mich wütend. Ohne die Einzelheiten zu kennen, hatte ich den Verdacht, er verplempere seine Zeit und amüsiere sich bloß.

Ich zog unseren Ausreiseantrag zurück. Zu Renate sagte ich, ihr Vater in den Vereinigten Staaten sei in Schwierigkeiten geraten, und bevor sie auch nur einen Muckser machen konnte, schickte ich sie zusammen mit meiner jüngeren Schwester Clementine auf eine Kreuzfahrt nach Norwegen. Clemie hatte ihre Jungfräulichkeit ein Leben lang erfolgreich verteidigt – trotz zahlreicher Attacken – und freute sich darüber. Oft erzählte sie die folgende Schauergeschichte. Eines schönen Sonntags im Frühling war sie am Rhein spazierengegangen. Da hatte sich irgendein Strolch mit einem freundlichen Lächeln an sie herangemacht und ihr plötzlich an den Busen gegriffen. Als sie angefangen hatte zu schreien, war er weggelaufen. Es war gerade noch mal gutgegangen. Tante Clemie arbeitete als Sekretärin beim Internationalen Roten Kreuz. Sie war mit diesem Verein praktisch verheiratet. Die Nazis konnte sie nicht leiden. Carl dagegen war ihr lieb und teuer. Sie fand es entsetzlich, daß unsere Brüder der Partei beitraten, und redete deshalb nicht mehr mit ihnen. Sie gönnte sich fast nie etwas, deshalb lud ich sie doppelt gern zu dieser Schiffsreise erster Klasse nach den norwegischen Fjorden ein. Leider wurde es dann jedoch ziemlich schrecklich für sie. Renate, so schrieb sie mir, machte sich nicht das geringste aus der schlimmen Lage ihrer Eltern – daß sie nun für immer getrennt sein würden, weil ihr innig geliebter Herr Papa seine Chancen in der Neuen Welt verpatzt hatte und nun ein Leben in solcher Armut fristete, daß er sich kaum noch ein Ei leisten konnte. Renate ging an Bord, aber statt bei Tante Clemie zu sitzen und mit ihr über »die Lage« zu grübeln, schäkerte sie schon nach zehn Minuten mit den norwegischen Seeleuten herum. Tante Clemie bekam sie den ganzen Tag über kaum zu sehen, bis sie dann spät abends wonnevoll erschöpft in die Kabine taumelte. Clemie schickte mir zwei Telegramme. Im ersten stand: »Renate unmöglich. Kommen zurück«, und im zweiten: »Renate immer noch unmöglich. Kommen zurück.« Aber dann stand sie die Reise doch durch. Sie dauerte ja auch nur zehn Tage.

Renate strahlte vor Gesundheit und Seligkeit, als sie zur Tür hereinkam. Bevor ich ihr Vorwürfe machen konnte, warf sie sich mir in die Arme und rief: »Es war so herrlich!« Obwohl ich ihr Benehmen während der Reise unmöglich fand und immer wieder darauf zurückkam, schimpfte ich nicht mit ihr. Eine Unterlassungssünde. Ich freute mich, daß sie es genossen hatte, und mochte Tante Clemies Verdächtigungen auch nicht so recht glauben. Ich kannte meine Tochter eben nicht gut genug. Mit einer einzigen vertraulichen Mitteilung hatte sie mich entwaffnet – sie habe einen Bewunderer, und auch sie habe ihn sehr gern. Er war mit seinen Eltern auf dem Schiff gewesen. Er hieß Hans. Das klang nach einem ganz passablen jungen Mann –

aus einer alten Bremer Familie. Er wollte in Berlin Klavier studieren. Er hatte volles blondes Haar und eine sportliche Figur. Sein Onkel war Professor an der Musikhochschule, selbst Pianist und Leiter der Klavierklasse. Er hatte angeboten, sein Neffe könne in Berlin bei ihm wohnen. Der Aufnahme an der angesehenen Hochschule stand nichts im Wege. Ich fand, das paßte alles sehr gut.

Carl schrieb mir immer noch jeden Tag und berichtete über seine Nöte in der Neuen Welt. Wegen der Geschichte mit den Möbeln wurde er jetzt von allen katholischen Krankenhäusern boykottiert. Ihm blieb nur die Hoffnung, sich bei einer Universitätsklinik zu bewerben oder eine Privatpraxis aufzumachen. Er entschied sich für letzteres. Mit dem Geld, das er sich von seinen neuen Freunden geliehen hatte, wollte er sich in Hoboken niederlassen, gleich neben dem St. Mary's Hospital. Außerdem prozessierte die Kirche wegen des geliehenen Geldes gegen ihn. Aber dagegen wollte er sich wehren. Ich fand diese Nachrichten bedrückend und antwortete kurz und knapp.

Es gab auch andere Post.

Hans schrieb an Renate. Sie zeigte mir den Brief. Es war der leidenschaftliche, unbekümmerte Brief eines jungen Mannes, der zum erstenmal verliebt ist. Er wolle sie unbedingt heiraten, schrieb er, obwohl seine Familie dagegen sei. Seine Mutter sei gegen die Verbindung und habe gesagt, Renate sei eine schöne Schlange. Hans schrieb: »In Wirklichkeit machen sie sich Sorgen, weil Du eine J bist, aber das kümmert mich überhaupt nicht. Wir werden trotzdem glücklich sein.« Am Schluß des Briefes schrieb er, sein Onkel, der Berliner Professor, dürfe nicht erfahren, daß sie eine J sei. Er sei in der Partei und würde seinen Neffen unter diesen Voraussetzungen wahrscheinlich nicht auf die Musikhochschule lassen. Hans hatte ein Bild beigelegt, das ihn und Renate zusammen zeigt: Sie standen nebeneinander, sahen einander an, und was sie da sahen, gefiel ihnen offensichtlich. Renate hatte sich die Zöpfe um den Kopf gewunden – in meinen Augen das deutsche Mädel par excellence.

Ich war viel wütender als sie. Ich sagte ihr, sie solle ihm schreiben, sie sei eine K und keine J und ob er nicht buchstabieren könne! »Worüber regst du dich so auf?« fragte mich Renate, und darüber regte ich mich noch mehr auf. »Werd bloß nicht frech!« fuhr ich sie an, verzweifelt über ihre ganze Art, ihre Frechheit und die Respektlosigkeit mir gegenüber. Sie schrieb an Hans, sie habe es sich anders überlegt und wolle ihn sowieso nicht heiraten, weil sie nach Amerika gehen werde. Sie zeigte mir den Brief, und ich las ihn, ohne etwas zu sagen. Seine weiteren Briefe, in denen er sie anflehte, sie solle es sich noch einmal überlegen, öffnete sie gar nicht. Ich fischte sie aus der Mülltonne und öffnete sie. Dabei fand ich auch einen Brief, in dem ihre alte Freundin Susanne sie bat, ihr nicht mehr zu schreiben, ein Briefwechsel zwischen ihnen sei jetzt unmöglich, und einen zerknüllten Zettel, den sie selbst geschrieben hatte – ein Gebet: »Muttergottes, bitte, führ mich auf den rechten Weg. Ich bin Dein Kind und brauche Deine Hilfe. Ich habe schon Hans, Maria und Schwester Bertha verloren und nun auch noch Susanne.« Da stellte ich einen neuen Ausreiseantrag.

Dr. jur. Otto Gierlich hatte schon immer Probleme mit dem Magen gehabt. Aber diesmal war es schlimmer. Erst vor kurzem war er zum Richter am Reichsgericht in Leipzig ernannt worden – die höchste Ehre, die einem Juristen zuteil werden konnte. Er wußte, es war der Lohn für treue Dienste. Er hatte eine Widerstandszelle unschädlich gemacht, eine Gruppe von Klosterbrüdern, die gegen die Partei agitierten. Sie wegen Homosexualität zu belangen war seine Idee gewesen, und die Beweise waren leicht erbracht. Seiner Ansicht nach wimmelte es in der Kirche von Päderasten und Perversen, und selbst wenn es im Einzelfall einmal nicht zutraf, so stimmte es doch im großen und ganzen, und deshalb hatte er keine Skrupel. Die ganze Bagage war jetzt dort, wo sie hingehörte, im KZ.

Er konnte sein Essen nicht bei sich halten.

Nach ein paar Tagen sah sein Gesicht ganz verquält aus. Die blauen Augen wurden immer größer, aber sie konnten nicht sehen, was da auf ihn zukam. Seine Frau hatte ihn verlassen. Als ihr eine Freundin am Telefon sagte, Otto komme nicht mehr allein zurecht, muß sie ein ungutes Gefühl bekommen haben, denn zum erstenmal seit Monaten rief sie ihn an und sagte ihm, sie mache sich Sorgen, er solle unbedingt zum Arzt gehen. Erst hörte er wortlos zu, dann sagte er, seine Gesundheit gehe sie nichts an, und legte auf. Der Arzt kam nach der regulären Sprechstunde zu ihm. Er wollte Dr. Gierlich, diesen vielbeschäftigten, wichtigen Mann, nicht in seinem Wartezimmer schmachten lassen. Er erkannte den Ernst der Lage und machte einige Anrufe. Ein Facharzt überwies den unwilligen Patienten so rasch und bestimmt in ein Krankenhaus, daß er sich nicht dagegen wehren konnte. Der Körper war immer sein Gegenspieler gewesen. Als Kind hatte Otto Pilot werden wollen, und dann hatte er mit zehn Jahren bei einem Unfall einen Fuß verloren. Ich habe vergessen, diese Geschichte zu erzählen. Eine Dreschmaschine war ihm über den Fuß gefahren und hatte ihn glatt abgeschnitten. Wir beide spielten auf einem Bauernhof in der Nachbarschaft. Ich nahm den Fuß in die Hand und schrie, und er riß ihn an sich und sagte, ich solle mich nicht so anstellen. Er hielt den eigenen Fuß gepackt, und sein Blut spritzte überall herum, und dann schlief er ein. Ich war losgerannt, Hilfe holen. Als er im Krankenhaus aufwachte, beugte sich unser Vater über sein Bett. Otto stieß ihn weg und sagte: »Jetzt kann ich kein Pilot mehr werden.« Die Fehlbarkeit seines Körpers war seinen Wünschen immer wieder in die Quere gekommen. Ein paar Jahre später, als er vierzehn oder fünfzehn war, hatte sich ein Priester in seinem Internat seines Körpers angenommen. Er hatte ihm gezeigt, was man mit einem Jungenkörper so alles anstellen kann, und nachher waren Ottos Gefühle wie in einen Käfig gesperrt. Er hatte sich um mich, seine Lieblingsschwester, nicht mehr gekümmert, und jetzt lag er eingesperrt in einem Bett im Krankenhaus.

Der Schmerz war unerträglich.

Ich rief ihn aus Breslau an und wollte ihn besuchen, aber er sagte, er wolle niemanden sehen.

Tags darauf traf ich mit Renate ein. Er machte aus seinen Gefühlen keinen Hehl – einen Moment lang starrte er sie an, und man sah, wie es ihn anekelte, daß sie siebzehn war und voller Saft und Kraft, mit einer riesigen Hakennase und ihren dunklen Augen.

Nachher wollte er die Augen nicht wieder aufmachen, solange sie im Zimmer war. Unter einem Vorwand schickte ich Renate hinaus: »Bitte, geh und hol etwas Karlsbader Kurwasser.« Er öffnete die Augen. Unsere Blicke begegneten sich. Clemie, unsere andere Schwester, erschien – schleppte Blumen herbei und eine riesige Tasche. Wieder stellte er sich tot. Und wollte nicht damit aufhören. Er spürte, daß wir da waren, daß wir in seinem Zimmer hantierten, Blumen in Vasen stellten. Clemie zog etwas aus ihrer Tasche, sah zu mir herüber, und wir hängten es über seinem Bett an die Wand. Er spürte, wie unsere erhitzten Oberkörper sich über ihn beugten und über ihm streckten. Dann überlegten wir es uns anders und machten uns an der Wand gegenüber zu schaffen. Er hörte, wie Renate mit einigen klirrenden Flaschen im Arm zurückkam. Schließlich tauchten zu seiner Erleichterung die Kollegen vom Gericht auf, und das Weibervolk mußte vor diesem wichtigen

Besuch natürlich das Feld räumen. Eine nach der anderen küßten wir ihn auf die Stirn, drei Küsse. Er tat, als würde er nichts merken. Dann gingen wir hinaus. Nun konnte er sich seinen Kollegen widmen. Er freute sich über ihren Besuch, nahm die anerkennenden Worte über die schönen Blumen auf seinem Nachttisch entgegen, trank das Wasser, das Renate gebracht hatte, und vergaß seine Schmerzen. Als auch sie gegangen waren, fühlte er sich erschöpft und schlief ein. Erst viel später, als er wieder aufwachte, sah er, was wir getan hatten. Wir hatten ein Kruzifix an die Wand gegenüber seinem Bett gehängt – dorthin, wo er es sehen mußte, wenn er die Augen öffnete.

Er traute sich nicht, den Schwestern etwas zu sagen, und so blieb es hängen. Er glaubte, wir würden noch einmal kommen und dann könnte er uns befehlen, es herunterzunehmen. Aber wir kamen nicht wieder, und so wurde er es nicht mehr los.

Ich und Renate fuhren nach Breslau zurück, aber Clemie lebte in seiner Nähe. Als sie ihn schließlich wieder besuchte, war er schon im Delirium. Sie berichtete, wie er das Kruzifix mit wildem Blick angestarrt und die Lippen bewegt habe. Sie sagte, er habe den Herrn für seine Übeltaten um Verzeihung gebeten.

In dieser Fassung ging sein Tod in die Familiengeschichte ein – die Augen auf das Kreuz geheftet, erflehte er vom Herrn Vergebung, während er in eine bessere Welt einging.

In diesem Jahr begann die Weihnachtszeit mit der Kristallnacht. Als die Feierlichkeiten losgingen, schickte ich alle ins Bett. »Du legst dich jetzt sofort hin«, sagte ich zu Renate und ärgerte mich dann, als sie es wirklich tat und auch sofort einschlief. Ich wanderte in der Wohnung herum, lauschte auf den Radau, mit dem die deutsche Seele sich erhob, und wußte, daß ich nichts tun konnte –

außer schlafen. Ich legte mich unausgezogen aufs Bett und stopfte mir die Finger in die Ohren. Doch dann spürte ich, wie der Druck in meinem Kopf zunahm und mir die Augen aus den Höhlen preßte. Bald würden die ersten Blutgefäße in meinem Hirn platzen. Ich stand auf und betrachtete mich im Kommodenspiegel. Das Gesicht sah normal aus. Der Tod hielt sich noch versteckt. Trotzdem – was ich sah, gefiel mir nicht. Die Augen sahen kleiner aus, weniger eindrucksvoll als in meiner Jugend. Bald würden sie sich schließen, und ihre Schönheit würde für immer verlaufen. Die blasse Haut hatte kein einziges Fältchen. Dabei war ich fast fünfzig. Meine letzte Nacht. Ich stellte mir vor, wie mich Renate finden würde – in ruhigem, ewigem Schlaf, auf dem Bett ausgestreckt, den Rosenkranz zwischen den Fingern. Aber wo war er überhaupt, mein Rosenkranz? Laute Gesänge auf der Straße, Poltern, Krachen, splitterndes Glas. Es ging hoch her da draußen. Ich fand meinen Rosenkranz dort, wo ich ihn liegengelassen hatte – auf der Spiegelkommode. Da gehörte er nicht hin. Am Morgen war ich wohl zerstreut gewesen. Eine Vorahnung des kommenden Unheils. Der Mord in Paris würde mehr Mord zur Folge haben. Ohne mich auszuziehen, legte ich mich wieder hin, in der Position einer Heiligen. Ich war ordentlich frisiert, die Fingernägel tipptopp. Ich freute mich darauf, im Himmel zu erwachen.

Renate rüttelte an meiner Schulter. Es war neun. Die Sonne schien. Ein schöner Tag. Sie war schon draußen gewesen und sehr aufgeregt. Ich solle aufstehen und einen Spaziergang mit ihr machen. Die Straßen seien jetzt ruhig, aber voller Glaskonfetti. Liesel war außer sich wegen der Unordnung. Sie erklärte sich bereit, mit dem Zug nach Leobschütz zu fahren und nachzusehen, was mit Carls Verwandtschaft sei.

Ich hätte selbst fahren sollen. Sünde der Trägheit. Vielleicht auch Hochmut. Sehr wahrscheinlich Hochmut. Es ist schwer, in die eigenen Abgründe zu blicken. Jedenfalls wollte ich nicht fahren. Ich bedankte mich bei Liesel, obwohl Carl es mißbilligt hätte. Ich dankte ihr aus ganzem Herzen. Allein schon der Gedanke, einen Zug zu nehmen und in Leobschütz herumzuschleichen, wo ich früher hofgehalten hatte! Ein langer Tag des Wartens begann.

Stunden um Stunden saß ich am Fenster, hielt Ausschau nach Liesel und hoffte, ich würde im nächsten Augenblick ihre resolute, kleine Gestalt sehen, wie sie mit guten Nachrichten den Bürgersteig heraufmarschiert kam. Den ganzen Tag saß ich da, während Renate draußen die Zerstörungen auskundschaftete, anscheinend geradezu hingerissen von dem, was sie sah. Beim Mittag- und später beim Abendessen hatte sie einen gesunden Appetit. Von Liesel immer noch nichts. Wir mußten uns selbst etwas zu essen machen. Renate und ich deckten den Tisch mit Frühstückssachen, das war am einfachsten. Ich eröffnete ihr, daß mein Blutdruck viel zu hoch sei, daß ich die Nacht wahrscheinlich nicht überstehen würde, und sie ging auf ihr Zimmer, und wieder schlief sie sofort ein. Um Mitternacht saß ich immer noch am Fenster. Ich hatte es einen Spaltbreit geöffnet, so daß ich Liesels Schritte schon würde hören können, wenn ich sie selbst noch lange nicht sah. Ich kannte ihre raschen, knallenden Schritte. Kurz vor dem Morgengrauen näherten sie sich. Als Liesel zur Tür hereinkam, war ihr Haarknoten aufgegangen, und sie hatte es gerade bemerkt. Im Kommandoton sagte sie: »Einen Moment« – und ließ mich warten, ging auf ihr Zimmer, um sich zu kämmen und herzurichten, bevor sie mir sagte, was los war. Aber da ahnte ich es schon. Alle Männer der Rothers waren verhaftet und mit einem Zug abtransportiert worden. Oma Rother hatte sich ins Bett gelegt und war nicht wieder aufgestanden. Die übrigen Frauen waren genauso kraftlos. Sie saßen da und jammerten. Liesel war von Haus zu Haus gegangen, hatte den Kindern etwas zu essen gemacht und dafür gesorgt, daß auch wirklich alle etwas aßen. Auf ihrer Runde hatte sie die Welteckes gesehen, die ganze Familie im Sonntagsstaat, wie sie an einer Straßenecke gegenüber den schwelenden Trümmern der kleinen Synagoge standen. Die Eltern zeigten mit den Fingern nach der Brandstätte und erklärten ihren kleinen Jungen etwas.

Am nächsten Tag mußte ich wieder zur Gestapo. Es war einer meiner normalen Termine und wie jedesmal mit viel Warterei verbunden. Für mich war das immer eine stille Zeit mit Gott. Ich setzte mich im Flur auf einen Stuhl und begann ein langes Zwiegespräch mit ihm. Oft dachte ich, er stecke mit der Gestapo unter einer Decke. Wenn ich bei ihnen war, hatte er meine ungeteilte Aufmerksamkeit, und an der war ihm offenbar gelegen. Das Warten dauerte viel länger als die Gespräche selbst, bei denen sie mich jedesmal drängten, als anständige deutsche Frau solle ich meinen Ausreiseantrag zurückziehen und mich von meinem Mann scheiden lassen. Ich entgegnete, das würde ich nicht tun, und fragte, wann ich mit meinen Visa rechnen könne, und dann hieß es, sie seien in Arbeit. Ich dankte ihnen immer für ihre »Hilfe«. Das machte sie anscheinend nervös. Ich sagte es gern. Ich wartete immer auf den Augenblick, wo ich »Ihre Hilfe« sagen und zusehen konnte, wie sie sich wanden.

Kurz darauf hörten wir von Carls Brüdern. Sie waren in einer Art Gefangenenlager in der Nähe von Berlin, und wenn ein Angehöriger sie abholen kam, würden sie entlassen werden. Die jüngeren Rothers wurden in einer Munitionsfabrik »verwendet«, aber die älteren sollten freikommen. Ich überzeugte ihre Frauen davon, daß dies eine Aufgabe für ein junges, energisches Fräulein sei, und schickte Renate nach Berlin. Auf diese Weise hatte sie etwas zu tun, und ein Ausflug in die Hauptstadt ist ja immer ein Abenteuer. Außerdem war Renate zäh wie Leder.

Auch Angelika, meine Wahltochter, wollte Deutschland verlassen. Und sie wollte, daß wir sie mitnahmen. Ich sagte nein. Sie habe keinen Grund wegzugehen, könne einen Deutschen heiraten und in ihrer Heimat bleiben. Ich habe gesündigt. Sünde der Dummheit, der Besserwisserei. Ich wußte es besser und tat dem lieben Kind Leids an. Eines Tages riß Angelika aus und ging nach England. Dort wollte sie Englisch lernen. Dann würde sie auf eigene Faust nach Amerika kommen können. In London fand sie Arbeit als Au-pair-Mädchen. Sie kümmerte sich um irgendeinen Knirps, die Eltern behandelten sie mit Herablassung, und niemand interessierte sich für ihre Vorgeschichte. Aus der Ferne flehte sie mich an, ich sollte es mir anders überlegen. Ihre Briefe nach Breslau waren mit Tränen verschmiert. Auch Renate verlor langsam die Geduld mit ihren ständigen Klagen. Wir waren wieder unter uns – eine Familie von drei Frauen.

Die beiden älteren Rothers wurden dann eines Nachmittags aus ihrem Lager entlassen, nachdem man sie noch einmal in die Latrine getunkt hatte, auch mit dem Gesicht. Sie stolperten in die Freiheit, wo ihre junge Nichte Renate mit Wintermänteln und einer Thermosflasche Wasser auf sie wartete. Ihre Miene ließ von Abscheu nichts erkennen. Sie küßte sie auf die Wangen und rieb sich dann rasch den Mund mit dem Ärmel ab. Die beiden konnten jedoch vor Schwäche nicht gehen. Sie hatten gräßliche Bauchschmerzen, und hinten lief ihnen der Durchfall heraus. Sie schleppten sich vorwärts – schwach, die Schwäche selbst –, bis ein junger Geistlicher, der vor dem Lagertor wartete, auf sie zutrat. Renate hat sich seinen Namen nicht notiert, aber ich möchte alle auf diesen jungen Mann aufmerksam machen. Er wartete da in der Kälte, an dieser Straßenecke, einzig und allein, um fremden Menschen, die aus dem Lager entlassen wurden, zu helfen. Er führte sie durch eine Nebenstraße in ein nahe gelegenes Gebäude, das sich als Priesterseminar entpuppte. Drinnen hielten die Priester Essen und heißes Wasser zum Waschen bereit. Jedem ins Stammbuch, der je daran gezweifelt hat, daß der Mensch den Tieren überlegen ist! Welches Tier würde so weit vorausdenken und den eigenen Hals riskieren, um einem Fremden eine Duschgelegenheit zu verschaffen? Onkel Leon brach unter der Dusche zusammen, und die Priester steckten ihn auf ihrer Krankenstation in ein Bett. Sie wollten in Breslau anrufen, wenn er sich so weit erholt hatte, daß er reisen konnte. Diese Priester waren sehr freundlich, obwohl sie Protestanten waren.

Renate machte sich mit dem frisch gewaschenen Onkel Simon auf den Heimweg. Man hatte ihn in das Gewand eines anglikanischen Geistlichen und einen der Wintermäntel gehüllt, die Renate mitgebracht hatte. Die Priester hatten alte Schuhe beigesteuert, die ihm viel zu groß waren. In ihnen konnte er nur schlurfen. Renate versicherte ihm, er sehe in diesem Aufzug sehr gut aus. Aber er sagte, er schäme sich. »Du weißt nicht, was dir steht«, antwortete sie. Er kniff die Augen zusammen und blinzelte sie wortlos über seine gebogene Nase an. »Du warst immer mein lustiger Onkel«, sagte sie. »Laß uns ein bißchen lustig sein.« Sie kaufte ihm einen Apfel, den er aß und bei sich behielt. Er wollte ihr nicht erzählen, was passiert war, wegen der vielen Leute, die zuhörten. Er hielt ihre Hand. Seine Hand war knorrig und kalt, ihre war weich und warm. Sie nahmen die Straßenbahn zurück nach Berlin und dann zum Anhalter Bahnhof und hielten sich die ganze Zeit bei der Hand. Sie bestiegen den Zug. Er wollte keine Witze erzählen. Er hatte hohes Fieber, obwohl seine Hände eiskalt waren. Aber seine Augen brannten, und die anderen Leute hatten Angst, sich anzustecken, so daß die beiden ein Abteil für sich allein hatten. Renate flößte ihm immer wieder Wasser aus der Thermosflasche ein. Sie kamen spät abends in

Breslau an. Liesel und ich erwarteten sie am Bahnhof. Wir stützten ihn auf dem Weg zu unserem Haus, mußten ihn fast tragen. Seine Hände waren jetzt heiß. Zu Hause legten wir ihn ins Bett. Er starb im Laufe der Nacht. Sein Bruder war ein paar Stunden vor ihm auf der Krankenstation des Priesterseminars gestorben.

In dieser Nacht schmierten wir uns ein Viertelpfund Butter auf unsere Brote. Ich nannte sie Kummerbutter, und nur Liesel fand das nicht komisch.

Die Lage der Rothers in Leobschütz besserte sich nicht mehr. Ich hörte auf, mein Geld zu verplempern, und schickte es den Witwen der beiden Brüder, die jetzt völlig ohne Einkommen waren. Ihre Söhne konnten ihnen nicht helfen. Zwangsarbeit wurde nicht besonders gut bezahlt, und zu Besuch durften sie auch nicht kommen. Alfred, der Jüngste aus der Familie, der Dieb, war nach seinen entnervenden Erfahrungen als unbezahlter Steinbrucharbeiter aus Leobschütz verschwunden und hatte sich bis nach Australien durchgeschlagen. Von dort schrieb er und versprach jedem aus der Familie, der sich auf die Reise machen wollte, Visum und Unterkunft. Er brüstete sich mit dem Photoatelier, das er in Melbourne aufgemacht hatte, und behauptete, er würde für jeden Arbeit finden. Aber keiner traute ihm, und keiner wollte so weit weg.

Es war höchste Zeit. Und so packt man, wenn einem zwei Männer mit geladenen Pistolen dabei zusehen. Kalten Obstsaft hatten sie abgelehnt. »Wir lassen uns nicht bestechen, verstanden?«

Es war Mai. So warm, daß Renate ein Kleid mit kurzen Ärmeln tragen konnte. Sie war im letzten Jahr etwas rundlich geworden, weil sie keinen Sport mehr trieb. Ihre Arme waren mollig. »Zeig deine Arme«, sagte ich. Auch Liesel hätte ein kurzärmliges Kleid tragen sollen, obwohl sie nicht besonders attraktiv war. Sie sah aus wie eine Irre. Das schwarze Haar, das langsam grau wurde, hing ihr wie ein Drahtknäuel in die Stirn. Ihre Augen schossen wütende Blicke in alle Richtungen, und ihre Füße klangen, als hämmerte jemand mit den Fäusten auf einen Tisch. Sie konnte ihren Mund nicht halten. »Bitte, die Herren, Sie stehen im Weg, machen Sie Platz«, sagte sie, die Arme voller Kleider, und schob die beiden mit den Ellbogen noch ein bißchen mehr zur Seite. Denn unter den Kleidern versteckt hielt sie eine Leica in der Hand oder einen Ring oder eine Armbanduhr oder ein paar Geldscheine. Die Koffer lagen offen auf dem Bett, damit die Herrn das Packen überwachen und darauf achten konnten, daß wir außer Kleidern nichts mitnahmen. Liesel hatte in letzter Zeit schwer gearbeitet, hatte kleine Diamanten, die ich eigens zu diesem Zweck gekauft hatte, unter die großen Knöpfe der Wintermäntel genäht.

Schmuckstücke sind entweder Abzeichen der Zugehörigkeit oder eine Versicherung. Schmuck verkauft man nicht einfach, weil man Geld braucht, um irgendeinen Luxusartikel anzuschaffen, oder weil der Kontostand nicht unter eine bestimmte Marke sinken soll. Schmuck verkauft man, wenn man wirklich nichts mehr zu beißen hat und alle anderen Methoden, sich etwas zu beschaffen, ausprobiert hat, wenn man keinen Groschen mehr in der Tasche hat und die Kinder anfangen, Gras zu essen. Dann, erst dann darf man daran denken, Schmuck zu verkaufen. Irene versteht das nicht. Sie geht lässig damit um. Und selbst jetzt, wo ich mich eigentlich über nichts mehr ärgern sollte und den Zorn hinter mir habe, macht mich dieser Gedanke wütend. Mein Leben und Liesels Leben und das Leben meiner Tochter habe ich für diesen Schmuck aufs Spiel gesetzt. Wir haben Pläne ausgeheckt, wie wir ihn verstecken könnten. Bis in unsere Träume hat er uns verfolgt. Aber ist es uns gelungen, ihn zu retten? Nein. Und warum nicht?

Wegen Irene. Sie hat ihn verkauft. Davon später mehr. Viel mehr. So weit bin ich noch nicht.

Vor dem Einpacken mußten wir die Sachen, die wir mitnehmen wollten, stapeln. Die Herren kontrollierten jeden einzelnen Zipfel, sogar Gürtel und Büstenhalter. Für Renates Unterwäsche interessierten sie sich natürlich ganz besonders. Da kontrollierten sie jede Naht. Ich warf Renate einen bedeutungsvollen Blick zu, denn ich fand, das war ein gutes Zeichen. Sie konzentrierten sich auf Nebensächlichkeiten. Es würde nicht schwer sein, sie abzulenken. Wie gut, daß ich entschieden hatte: »Renate, das blaue Seidenkleid ist genau richtig heute.«

»Es ist mir ein bißchen eng geworden.«

»Genau richtig.«

Ich trug ein Dirndl. Ich besaß eines, und sie sollten sehen, mit wem sie es zu tun hatten. Mit einer deutschen Frau. Mein Haar flocht ich auf die herkömmliche Art in zwei Zöpfen um den Kopf. Und zuletzt setzte ich ein dummes, trauriges Gesicht auf. Arme deutsche Frau. Aber das war gar nicht nötig. Sie hatten nur Augen für Renate, weil sie jung war, und außerdem für Liesel, weil sie ihren Haß spürten und keinen Beweis brauchten, um zu erkennen, daß sie eine Feindin war.

Als die gestapelten Sachen kontrolliert waren und die Koffer prall gefüllt, warf ich Renate einen Blick zu, und sie beugte sich direkt vor den beiden Herren von der SS so weit nach vorn über die Koffer, daß ihr Kleid am Rücken fast aufgeplatzt wäre, und dann fragte ich: »Können wir die Koffer jetzt zumachen?«

»Ja, natürlich.«

Liesel und ich drückten sie zu, und die beiden versiegelten sie mit Klebestreifen und Stempelmarken zum Zeichen dafür, daß alles gründlich kontrolliert sei. Renate lächelte sie an und fragte, ob sie jetzt etwas trinken wollten. Nach getaner Arbeit waren sie einverstanden. Rasch holte ich fünf Gläser und die Flasche Birnensaft, die ich für einen besonderen Anlaß aufgehoben hatte. Feierlich prosteten wir uns zu. Liesel trank nicht. Sie wollte nicht mit SS-Männern anstoßen. Dann schleppten sie die Koffer nach unten zu ihrem Wagen. Wir wurden regelrecht außer Landes eskortiert.

Tags darauf gingen wir in Hamburg an Bord unseres Schiffs. Liesel kam den Pier entlang bis zum Fallreep mit. Im allerletzten Moment drückte sie mir eine schlanke Flasche Himbeergeist in die Hand, den ich aus den Himbeeren in unserem Garten in Leobschütz selbst gemacht hatte, als Helga und ich schon nicht mehr miteinander sprachen. Ich preßte die Flasche an meine Brust. »Frau Doktor Rother wird ihn aber nicht jetzt trinken. Sie wird ihn für eine besondere Gelegenheit aufheben«, befahl Liesel und stotterte kaum dabei. Als ich sie vielleicht ein bißchen zu traurig ansah, weil mir einfiel, daß ich sie nie wiedersehen würde, sagte sie: »Frau Doktor Rother sollten das Stirnrunzeln sein lassen, das macht Falten.« Renate mußte lachen und übersetzte: »Frau Doktor Rother denkt gerade: Warum sollen wir uns überhaupt von ihr verabschieden, wo sie doch sowieso bald nach New York kommt?«

»Ich – nach New York kommen?« fragte Liesel. »Ich gehe wieder zu Pfarrer Hanssler. Ich bleibe hier. Er braucht mich genauso, wie ihr mich gebraucht habt. Und jetzt beeilt euch. Seht zu, daß ihr auf dieses Schiff kommt. Wie riesig es aussieht. Niemals werde ich einen Fuß auf so was setzen. Hoffentlich bleibt es die ganze Strecke über Wasser.« Sie schauderte und gab Renate nicht mal einen Abschiedskuß.

Statt dessen winkte sie uns zu, abwehrend, wie sie es immer tat, und ging dann rasch davon. Wir begannen die Treppe hinaufzusteigen, aber als ich mich noch einmal umdrehte, sah ich, daß sie nicht weit gegangen war. Sie stand auf dem Pier und drückte ein Taschentuch an die Augen.

Der Himmel über New York, als wir dort ankamen, war tiefblau, und die Sonne goß blendendes Licht in den Fluß. Ich mußte die Augen zusammenkneifen und bekam wahrscheinlich schon bei der Ankunft viele neue Fältchen. Aber wegsehen wollte ich auf keinen Fall. Es war, als würde man zwischen den Bankreihen hindurch zum Altar schreiten, um einen Mann zu heiraten, den man noch nie gesehen, von dem man aber sein Leben lang geträumt hat – ein gewaltiger Einschnitt im eigenen Leben, und im Stammbaum der Familie eine komplizierte Fraktur.

Renate nahm es leicht. Sie verschlang ihr großes amerikanisches Frühstück mit Ei und Schinken. Ich bekam keinen Bissen hinunter. »Ich werde verhungern, bevor das Jahr um ist«, sagte ich zu ihr. »New York wird mein Grabstein.« Aber ihrer Freßlust konnte diese Mitteilung nichts anhaben. Der Kapitän verkündete, in ein paar Minuten würden wir Land sehen. Fast wären wir zu spät gekommen. Wir mischten uns unter die Menge auf dem Erster-Klasse-Deck. Viele reisten so kümmerlich wie wir – erster Klasse, aber kaum zwei Dollar in der Tasche. Lieber hätte ich es mir in einem Liegestuhl bequem gemacht und mir die Rücken der Leute angesehen, ohne die Augen zusammenzukneifen, aber Renate nahm mich an der Hand, zog mich hinter sich her und drängte sich mit mir in ungehöriger Weise bis an die Reling vor. Sie zwang mich dazu. Normalerweise hätte ich mich von meinem Kind zu nichts zwingen lassen. Aber unter diesen Umständen ließ ich es zu, und es bekam einen tieferen Sinn, daß sie bei unserer Ankunft in Amerika das Kommando übernahm.

Wir lehnten uns über die Reling, während sich das Schiff den drei Landzungen näherte, die ein symbolisches Rund um die Freiheitsstatue bildeten. Das Schiff zielte mit seinem Bug auf die mittlere Zunge, die so mit Gebäuden überladen war, daß es aussah, als müsse sie im nächsten Moment versinken. Eine Frau neben Renate brach in Tränen aus und wimmerte: »Da, die Bronx, unsere neue Heimat«, und deutete nach rechts auf einen Küstenstreifen, der mit kleinen Häusern gesprenkelt war. Renate fuhr sie an: »Das ist doch Brooklyn.« Sie hatte die Karte studiert.

Und zu mir sagte sie: »Bevor du dich auch aufregst, Mops – das da drüben ist New Jersey. Dahin fahren wir nicht. Das ist Hoboken, häßlich, und das da Weehawken, noch schlimmer. Wir gehen in Midtown an Land, und da wollen wir auch wohnen. Obwohl ich ja an die Columbia University möchte, die ist ein bißchen weiter *uptown*.«

»*Uptown* – was heißt das?« wollte ich wissen, und das war doch eine vollkommen normale Frage.

»*Uptown* – du weißt nicht, was *uptown* bedeutet?« lachte sie mich aus. »Mops, *uptown* bedeutet nach Norden. Ist doch klar.«

»Wie sollen wir in diesem Gewühl bloß deinen Vater finden?«

»Er wird nach uns pfeifen – wie er immer nach den Hunden gepfiffen hat. Und dann finden wir ihn. Wetten? Du wirst sehen.«

Sie war vollkommen ruhig.

Aber ich achtete nicht mehr auf sie, während wir langsam den glitzernden Fluß hinaufglitten. Ein Nebelschleier hob sich über den festlich leuchtenden Wassern, und die Morgensonne breitete einen roten Teppich vor dem Schiff aus. Nach langen Jahren der Erwartung rückte die Stunde der Erfüllung näher. Die Statue schien uns ihren Segen zu spenden, die Möwen jubilierten, die Schiffsglocke läutete wie zu einer Hochzeit, und unter dem heiseren Orgelton der Schiffssirenen wurden die Landungsbrücken festgemacht.

II

Einer der entscheidenden Punkte, wo Irene vom rechten Pfad abkam, liegt weit vor ihrer Geburt, und genau darin bestand das Problem. Wir hatten etwas erlebt, das sie nie erleben würde, und sobald ihr das klar wurde, ärgerte sie sich furchtbar darüber, daß sie zu kurz oder zu spät gekommen war, und machte die schrecklichsten Fehler – darüber später mehr. Ich würde es mit der Situation von jemandem vergleichen, der in einer großen Familie als einziger nicht geheiratet hat oder kein Kind bekommen konnte und diesen Mangel sein Leben lang als Makel empfindet.

All das geht zurück auf unsere komplizierte Verheiratung mit Amerika. Bei Renate war es Liebe auf den ersten Blick. Ich war skeptischer. Sie war wie geblendet: allein schon, wie sie herumlief – als würde sie bei jedem Schritt den Bürgersteig mit den Füßen abknutschen. Wenn dann die Straße, von der Sonne erregt, statt Blumenduft ihren Gestank absonderte, verschlug es Renate vor prickelnder Begeisterung den Atem, während ich normaler reagierte – ich würgte. Sie ließ sich durch nichts abschrecken. Ein Matrose fragte sie mal an einer Ampel, einfach an den neben ihr stehenden Eltern vorbei: »He, Süße, wo kommst du denn her?« – worauf auch sie uns kurzerhand ausblendete und lässig antwortete: »Ich wohne in New York.« So war sie – kaum an Land, erstickte sie schon fast an der eigenen Zunge vor lauter Stolz.

Selbstverständlich ist diese grauenhafte Erniedrigung eine Erfahrung, die nur den *unhappy few* beschieden war. Aber Irene beneidete uns darum. Sie fühlte sich ausgeschlossen. Sie träumte davon, selbst in der Lage zu sein, in der wir gewesen waren. Sie fragte uns Löcher in den Bauch, so wie andere Kinder ihre Eltern nach deren Schulzeit oder Hochzeit ausfragen. Sie hatte Glück, ich erzählte gern Geschichten und ließ mich immer breitschlagen, wenn sie darum bettelte – Wahrheit kann keine Sünde sein. Unermüdlich erzählte ich von unseren ersten Tagen in Amerika, während mein besonnener Enkelsohn sich die Ohren zuhielt und Canasta spielen wollte.

Ich habe es nie verheimlicht – Amerika war für mich nur die zweite Wahl. Oder die dritte. Am liebsten wäre ich an die Front gegangen und hätte wieder als Sanitäterin gedient. 1917 waren meine Eltern dagegen gewesen. Sie wollten mich davon abbringen. Eines Tages nach dem Abendessen kam das Dienstmädchen auf mein Zimmer und sagte, ich würde im Herrenzimmer erwartet. Dort ließ mich mein Vater auf jenem Sofa Platz nehmen, auf dem er mich als kleines Mädchen nicht geschlagen hatte – ein Wink, daß ich ihm für seine konspirative Freundlichkeit von damals noch etwas schuldig sei. Meine Mutter weinte still vor sich hin, auf diese besondere Weise, die ich sehr bewunderte, nämlich so, daß ihr Gesicht dabei nicht aus der Fasson geriet. Sie mußte es vor einem Spiegel geübt haben. Die Front sei nichts für eine Frau, sagten sie, vor allem nichts für eine junge Frau, und erst recht nichts für eine halsstarrige, leichtsinnige junge Frau. Ich war ihnen nicht gern ungehorsam, aber ich war es, und sie waren nicht die einzige Autorität, der ich nicht gehorchte. Ich habe festgestellt, daß man sich am lebendigsten fühlt, wenn man sein Leben aufs Spiel setzt, und mit zwanzig habe ich es aufs Spiel gesetzt, weil ich wußte, daß Gott nicht zulassen würde, daß mir etwas passierte – Sünde des Übermuts, aber er ließ sie mir durchgehen.

In einer Frühlingsnacht schleppte sich ein russischer Soldat auf das Gelände unseres Lazaretts. In einem Gebüsch gleich hinter dem Tor blieb er liegen, so schwach, daß er nicht weiter konnte. Bei einem kleinen Abendspaziergang stolperte ich über ihn. Er wäre auch sonst bald gefunden worden. Sein Gestank hätte ihn verraten – so roch kein Deutscher. Ich wußte, er mußte schwer krank sein. Ich wußte auch, er würde erschossen werden, wenn ich es jemandem sagte. Ganz langsam brachte ich ihn von der Stelle, packte ihn bei seiner Jacke, schleifte ihn weiter und hielt an, wenn ich jemanden kommen hörte. Durch den Hintereingang bugsierte ich ihn ins Krankenrevier. Dort stellte ich ihn auf die Füße. Er war ziemlich klein und gedrungen, wie sich zeigte, und ich brachte ihn dazu, sich die eine Treppe zu meinem Zimmer hochzuschleppen. Dort stellte ich ihn so hin, daß er, wenn er zusammenbrach, auf mein Bett fallen mußte. Er war der erste Mann, den ich je mit auf mein Zimmer nahm. Ich untersuchte ihn. Am ganzen Leib hatte er schwarze Flecken, und die Lymphknoten waren stark geschwollen. Pest. Er war noch sehr jung. Ich zog ihn aus und wusch ihn mit einem Schwamm. Ich kämmte ihm das verfilzte Haar. Ich sprach mit ihm. Ich betete für ihn. Nach ein paar Stunden starb er. Er starb in zivilisierten Verhältnissen, so wie Gott es, glaube ich, für ihn bestimmt hatte. Der Morgen dämmerte herauf. Ich rief den diensthabenden Arzt. Sie evakuierten das ganze Revier, um es zu desinfizieren.

Der Stabsarzt ließ mich in sein Büro kommen. Dr. Rother war ebenfalls anwesend. Damals kannte ich ihn noch kaum. Mir fiel auf, daß er die gleiche Haar- und Augenfarbe hatte wie der tote Russe. Der Stabsarzt sagte, Dr. Rother habe sich für mich verwendet. Er, der Stabsarzt, habe mich entlassen wollen, während Dr. Rother der Meinung sei, ich hätte mich nur besonders streng an den hippokratischen Eid gehalten, was er selbst jedoch für ein höchst fragwürdiges Argument halte, schließlich hätte ich das Wohlergehen des ganzen Krankenhauses gefährdet. Außerdem sei ich wahrscheinlich hochgradig infektiös, müsse untersucht und behandelt werden, wozu im übrigen nur Dr. Rother bereit sei. Der Stabsarzt hielt sich von mir fern – Dr. Rother nicht. Er nahm mich mit in sein Büro, ließ seine schönen, langen Finger um meinen Hals gleiten und verkündete, ich sei tipptopp. Er war nicht der einzige Bewunderer, den ich hatte. Der Aufenthalt an der Front war die glücklichste Zeit meines Lebens: Ich war schön, ich wurde allseits heftig verehrt und ich durfte allein schlafen. Selbstverständlich träumte ich oft davon, wieder dorthin zurückzukehren – sogar 1937, als die Front mitten durch unser Haus ging und selbst ich fliehen wollte.

Meine zweite Wahl war Brasilien, wo Marie, meine älteste Schwester, als Oberin eines Benediktinerinnenklosters arbeitete. Bei ihr hätten wir unterkommen können. Spanisch wäre einfacher zu schreiben gewesen. Mangelhafte Rechtschreibung ist unverzeihlich, und ich hatte eine Vision: Ich sah mich mit einem zentnerschweren Englischwörterbuch jeden Brief an eine Freundin durchforsten und jedes einzelne Wort nachschlagen. Carl und Renate hätten gut nach Brasilien gepaßt, niemand hätte nach unserer Religion gefragt, wenn wir im Kloster gewohnt hätten.

Aber nachdem ich mich für Carl eingesetzt hatte, bekam der Erzbischof von Breslau einen Anfall von Mitgefühl für einen gut katholischen Doktor in Not. Gegen die Sterilisationen hatte er nichts unternommen, aber jetzt nahm er Verbindung zu einem Untergebenen in New York auf, und bevor wir noch auf andere Ideen kommen konnten, streckte uns die katholische Kirche von Amerika schon ihre Hand zum Gruß entgegen: ein hübsches Heim, wenn Carl in New York ankäme, Englischstunden und Unterstützung bei der Anerkennung seiner Zeugnisse. Carl, der sich im Haus meiner Mutter in Boppard versteckt hielt, konnte gar nicht anders, er mußte dieses Angebot annehmen, und ich wollte nicht enttäuscht sein.

Wie sollte ich denn ahnen, daß wir allein schon durch unsere Landung in Amerika, dadurch, daß wir unsere Füße auf diesen Boden setzten, dem Schicksal die Möglichkeit gaben, Dische in die Familie hereinzulassen – mit all seinen unappetitlichen Genen, aus denen dann diese seltsame Enkeltochter hervorging, die sich eines Tages an meinen Erinnerungen an das Gedränge auf dem Kai weiden würde, an unserer Angst, als wir Carl nicht fanden, an unserer Erleichterung, als wir schließlich den langen, leisen Pfiff hörten, mit dem er immer die Hunde gerufen hatte. Irgendwo in dieser Menschenmenge mußte er sein. Fremde Männer hielten Blumensträuße in die Höhe. Ich freute mich schon auf Carls Strauß. Ich war neugierig, ob er schöner sein würde als andere, und überlegte mir, wie ich die Blumen der Neuen Welt loben könnte. Es würde uns bestimmt helfen, die ersten Worte zu finden. Ich übte: »*What beautiful flowers you have brought!*« Wir schoben uns durch die Menge auf das Pfeifen zu.

Schließlich sah ich ihn, eingekeilt zwischen aufgeregt gestikulierenden Fremden. Er stand da, in einer Wolke von Einsamkeit, ein ziemlich kleiner, älterer Herr mit weißem Haar und weißem Schnurrbart, in einem feinen Anzug, der mir vertrauter vorkam als sein Gesicht. Ich konnte gar nicht in dieses Gesicht sehen, denn sein Ausdruck machte mir angst – von ihm ging eine Gefühlsregung aus, die ich nicht erkannte.

Er hatte überhaupt keinen Blumenstrauß dabei, sondern eine braune Tüte. Neben ihm stand der Lederkoffer mit den vielen Aufklebern, den ich ihm vor anderthalb Jahren gepackt hatte. Als er uns sah, stellte er die Tüte auf den Koffer, aber sie drohte herunterzufallen, und er nahm sie wieder in die Hand, und als wir dann endlich so nah waren, daß wir uns berühren konnten, da griff er, statt mich zu umarmen oder zu küssen, in die Tüte und holte zwei Grapefruits heraus. Jedem von uns drückte er eine unansehnliche, gelbe Grapefruit in die Hand und wurde dabei knallrot im Gesicht. Plötzlich liefen ihm Tränen über die Backen. Er weinte ganz offen – und das vor Renate. Die Lippen unter seinem Schnäuzer bogen sich unvorteilhaft nach unten. Er schluchzte. Schwach! – Man kann es nicht anders sagen. Wir waren baff. Wir hatten diese weite Reise nicht gemacht, um ihn zu trösten.

Wie sich herausstellte, hatten wir keine Bleibe. Im Männerheim hatten sie Carl gebeten auszuziehen, als er ihnen sagte, seine Frau und seine Tochter würden bald kommen. Auf dem Schiff hatte mir Renate das Zepter des Familienregiments aus der Hand gerissen. Jetzt übernahm ich es wieder und ordnete an: »Zuerst suchen wir uns eine Unterkunft.«

Wir griffen nach unseren Koffern und schleppten sie in dieses große Unbekannte. Bis jetzt war ihr Gewicht für uns eine Quelle der Zuversicht gewesen. Unsere Besitztümer. Jetzt wurden sie zum Fluch. Und die Grapefruits hatten uns gerade noch gefehlt. Aber wir hoben sie auf, für später – wir konnten sie ja nicht einfach irgendwo liegen lassen. Carl führte uns vom Hafen immer weiter bergauf in die Stadt. »*Uptown* eben«, sagte Renate. Ich segnete den Führer dafür, daß er uns nur einen Koffer pro Nase genehmigt hatte. Und dann die Hitze – als wären wir in den Tropen! Waren wir am Ende doch in Afrika gelandet? Überall Neger. Die trabten und trödelten da in der Gegend herum, sahen ganz ordentlich aus, aber doch auch merkwürdig.

Wenn man einen schwarzen Fleck auf der Haut hat, dann fackelt man nicht lange, sondern nimmt Wasser und Seife und schrubbt ihn weg. Die können das nicht. So sehe ich das. Ich habe später in Zeitschriften viel über dieses Thema gelesen, und dabei kam heraus, daß ich eine Rassistin bin. Also, ich glaube zwar nicht, daß ich eine bin. Ich fühle mich den Negern nämlich nicht überlegen. Alle Menschen sind vor Gott gleich, sogar die Russen. Und wenn ich es mir recht überlege, ist Braun eine viel schönere Farbe als Rosa. Ich konnte mich bloß nie an den Anblick gewöhnen, das ist alles. Allerdings hier, auf der ersten großen Avenue, die wir je zu Gesicht bekamen, war mir auch nicht nach Barmherzigkeit zumute. Außerdem ging es ihnen sichtlich besser als uns. Sie waren hier zu Hause. Wir wußten nicht, wohin. Während wir wie die Ackergäule unter der Peitsche der Angst die Straßen entlangstolperten, murmelte ich vor mich hin: »Wir haben kein Geld. Wir kennen hier keinen. Ich kann nicht mal mit jemandem reden.« Da sah mich Renate plötzlich wütend an und zischte: »Still, Mops!« Und als wir an der Ampel standen, festgenagelt vom Gesetz und von der Hitze, und ich sagte: »Der Sack mit meinem Wortschatz ist so gut wie leer, und in eurem ist auch nicht viel mehr drin! Ist euch eigentlich klar, daß, wenn aus dieser ... dieser Verbindung nichts wird, daß wir dann nichts haben, wo wir hingehören?« – da flüsterte Renate: »Mops, bitte! Sprich englisch. Wir sind da, falls du es noch nicht gemerkt hast.«

Die Rinnsteine waren Kloaken, aus denen der Müll bis aufs Trottoir schwappte; man mußte hindurchwaten. So viel Schmutz hatte ich mein Lebtag nicht gesehen, selbst an der Front nicht, als wir in irgendeinem französischen Nest stationiert waren, wo sich kein Mensch wusch. Auch wenn sich die Franzosen vielleicht nicht waschen – ihre Straßen halten sie sauber. In Amerika würde ich keine zwei Tage überleben. Kurz nach der Ankunft würde ich sterben.

Hitzschlag, Herzversagen und Schlaganfall – nachdem ich das alles hinter mir hatte, kamen wir schließlich in eine sauberere Gegend mit kleinen Häusern, die man hier, wie ich erfuhr, *brownstones* nennt. Bei manchen hingen Schilder im Fenster, auf denen *Lodging* oder *Rooms for Rent* stand.

Carl bat uns, unten an der Treppe zu warten. Er sagte nicht, wir sollten warten – er bat uns darum. Er zagte und zögerte bei allem und jedem. Er trug seinen Wintermantel mitten im Sommer. Das klingt vielleicht unvernünftiger, als es war – denn wenn er ihn herumgeschleppt hätte, dann hätte er genauso geschwitzt. Er marschierte also diese Treppe rauf, und sein heiler Daumen drückte den Klingelknopf. Die Tür ging kurz auf und dann wieder zu. Er sagte nichts, machte kehrt und kam wieder nach unten. »Sie nehmen keine Juden«, sagte er. Renate entzifferte das kleinere Schild, das auch im Fenster hing.

»*No Negroes. No Jews.*«

»Carl und Renate, jetzt laßt mich mal versuchen«, befahl ich.

Diesmal warteten sie unten an der Treppe, während ich auf die Tür losmarschierte. Ich versuchte, mich in meine Rolle hineinzufinden. Ich rief mir in Erinnerung, wie ich 1937 in Oberammergau ein Zimmer gefunden hatte, als Carl und ich zum letzten Mal bei den Passionsspielen gewesen waren. Wie war ich mit dem Hausmeister umgegangen? Ungefähr so: ihn spüren lassen, daß man Kinderstube hat, daß man wohlhabend ist, daß man aus einer vornehmen Familie stammt. Ich tat, als wäre ich wieder in Oberammergau. Ich klingelte.

Eine Frau öffnete. »*I am Catholic lady, I need a room*«, sagte ich laut. Jedes Wort war vollkommen korrektes Englisch.

Ihr Blick wanderte zum Fuß der Treppe, von wo die Verwandtschaft mit ängstlichen Gesichtern heraufsah. »Ich nehme keine Flüchtlinge«, sagte sie und zog dabei das

Wort *refugeeeees* furchtbar in die Länge. »*No. No way.*« Und drückte die Tür wieder zu.

Beim nächsten Mal, ein paar Häuser weiter, sagte ich zu Carl und Renate, sie sollten hinter einer Ecke warten. Die Vermieterin musterte mich von oben bis unten und sagte: »*Sorry.*« Ich verstand. Niemand will eine gutaussehende alleinstehende Frau in einer Pension haben.

Schließlich sagte ich zu Carl und Renate, sie sollten unten an der Treppe bleiben und wegsehen. »Zeigt eure Hinterköpfe, dann klappt es«, befahl ich.

Erfolg! Wir bekamen ein Zimmer mit einem Doppelbett und einer Campingliege. Es gab ein Waschbecken und einen kleinen Wandschrank. Ich hing Carls Anzüge hinein und unsere vier Kleider, zwei Stück pro Dame. Die Koffer nahmen den übrigen Platz ein. Das Rollo war heruntergezogen, wegen der Sonne. Unser neues Zuhause. Ich war so erleichtert, ein Bett zum Schlafen zu haben, daß ich sagte, ich fände es entzückend. Renate setzte noch eins drauf und meinte, sie würde in diesem und keinem anderen Bett gern alt werden wollen, und selbst Carl mußte zugeben, daß es jetzt, wo er uns wiederhatte, wie im Paradies war. Als es dunkel wurde, ließen wir das Rollo hoch, und die Hitze schwappte herein. Wir legten uns in unsere Betten, zogen die Laken bis unter die Schultern und lauschten auf New York: Fetzen von Gesprächen, die uns nicht betrafen, Autos, die auf dem Weg nach irgendwo vorbeirauschten, und dazwischen das leise Rascheln eines Baumes. Als es kühler wurde, füllte der süße, vertraute Duft von nassem Laub das Zimmer.

Ich sagte gute Nacht und fügte hinzu: »Was mich angeht, ich vermisse Deutschland nicht die Bohne.«

Und meine Familie antwortete: »Ich auch nicht. – Ich auch nicht.«

In der Nacht hörte ich durch die Wand das folgende Gespräch mit an – auf deutsch.
»Bitte, nicht.«
»Warum denn nicht?«
»Wir sind nicht allein.«
»Aber sie schläft wie ein Stein.«
»Ich bin zu alt dafür.«
»Liebste. Bitte. Ich bin aus Fleisch und Blut.«
»Ich auch. Und ich halte es nicht aus. Mir wird schlecht werden.«
»Dann wisch ich es auf.«
»Gegrüßet seist du, Maria, voll der Gnaden ...«
»Siehst du. Wie leicht das geht. Und dir geht es blendend. Entspann dich. Ich mach schnell.«

Ich hatte eine Seelenverwandte auf der anderen Seite der Wand. Gleich am nächsten Morgen wollte ich sie ausfindig machen.

Ich ging bei der Vermieterin vorbei und bat sie, mich mit unseren Nachbarn bekannt zu machen, aber sie sagte, wir hätten keine. Nur einen Nachbarn, einen alten, gelähmten Mann, um den sie sich kümmerte. »Sind Sie sicher, daß er kein Deutscher ist?« fragte ich.

Also hatte ich es geträumt.

»Ich glaube, ich verliere langsam den Verstand«, sagte ich beim Frühstück. Die Pension hatte grauen Porridge und braunes Wasser im Angebot, das die Vermieterin ganz keß als Kaffee bezeichnete.

»Warum denn, Mops?«
»Wegen der Hitze oder wegen der Reise, ich weiß nicht.«
»Ich meine, welche Symptome hast du?«
»Ach, laß nur. Es geht schon wieder.«

Dieses war das allerletzte Mal.

Vierter Juli. Unser Unabhängigkeitstag! Für uns jetzt ein wichtiges Ereignis. Wir wollten die Parade sehen. Wir gingen durch den Park, und das Schicksal tat uns die Ehre: Als wir der Fifth Avenue näher kamen, veranlaßte es eine andere Familie, ihre Parkbank aufzugeben, gerade als wir vorübergingen. Also gehörte die Bank jetzt uns. Fünf Minuten ließen wir Renate dort allein. Schon näherte sich ihr ein Mann, und sie begann sofort zu flirten.

Unsere Aussichten hatten sich gebessert. In einer Woche würden wir anfangen zu arbeiten, in einem Sommerlager für Kinder – Carl als Arzt, ich als seine Helferin, und Renate sollte sich als Betreuerin nützlich machen. Es würde ein kostenloser Urlaub für uns werden. Wir würden uns beim Rudern auf dem See photographieren. In einem amerikanischen Badeanzug würde ich furchtbar dick aussehen. Für einen großen Busen sind sie viel zu knapp geschnitten. Alles fällt heraus. Vor einer Wolke aus Mücken würde Carl in den Photoapparat lächeln. Nach und nach gewöhnt man sich an den Dschungel. Aus dem Lager schickten sie uns Geld für die Busfahrt. Wir fanden uns inzwischen auch besser im amerikanischen Alltag zurecht, und so kauften wir nicht drei Einzelfahrscheine, sondern eine Familienkarte und sparten drei Dollar. Mit Geldausgeben waren wir vorsichtig. Aber geizig war Carl nicht. Er kannte den Wert des Geldes: Es ist zum Ausgeben da, nicht zum Sparen. Juden sparen. Das ist ihre Krankheit. Kommt, wir kaufen uns jeder ein Eis. Renate blieb sitzen und hielt uns die Bank frei, während wir losgingen und aussuchten. Es gab viele Sorten. Ich wollte etwas Einfaches, nicht zu teuer – ein Hörnchen mit einer Kugel. Für uns Mädchen wählte ich Schokolade, Carl nahm Vanille.

Inzwischen wartete Renate auf der Bank. Da setzte sich plötzlich aus heiterem Himmel – eigentlich müßte man sagen: aus rotweißblauem Himmel, denn überall wehten Fahnen – ein amerikanischer Junge neben sie, lächelte so heftig, daß man auch noch den letzten Zahn sah, und fing an, mit ihr zu plaudern. Sie lächelte zurück. Ihre Zähne waren nicht so weiß wie seine, und ich hatte ihr immer gesagt: Reiß den Mund nicht so weit auf, wenn du lächelst. Aber sie war so froh, daß sie die Zähne vergaß, und ihr Lächeln spannte sich über das halbe Gesicht. Er erzählte ihr von seinem College. Er war ein *college boy.* Ein *college boy* unterhielt sich mit ihr und lächelte sie an. Sie erzählte ihm, sie sei *originally* aus Deutschland, und ab Herbst würde sie ebenfalls auf ein College gehen. Aus ihrem Plan, an der Columbia University zu studieren, war nichts geworden. Nur eine einzige Schule hatte sie nehmen wollen, das College of the Helpers of the Holy Souls – in einem Städtchen im Westen von Pennsylvania. Dieses College bot hauptsächlich Kurse in Haushaltsführung und Hauswirtschaft für Anfänger und Fortgeschrittene. Aber es war auch sehr stolz auf seinen naturwissenschaftlichen Zweig. Und das beste daran war das Stipendium für katholische Flüchtlinge, das ein Ehemaliger gestiftet hatte. Father Joe in seiner unermeßlichen Güte hatte es für Renate besorgt, und nachdem er sich mit Carl verkracht hatte, hatte er vergessen, auch das rückgängig zu machen. Also würde sich Renate am dritten September auf den Weg in den Westen von Pennsylvania machen. Es war eine gute Schule, denn sie war streng, und Renate konnte jeden Morgen zur Messe gehen. Sie nannte dem Jungen den Namen des Colleges, aber der verstand nur Pennsylvania. Das kenne er, sagte er: »Da hast du Glück. Da ist es wirklich schön.« In ihrem Kopf überstürzten sich die Gedanken. Vielleicht würde er ihr Freund werden? Vielleicht würde er sie besuchen kommen? Vielleicht hatte das Schicksal diese zufällige Begegnung arrangiert? Ihr fiel auf, daß er ständig mit den Füßen scharrte, und schloß daraus, daß er genauso aufgeregt war wie sie. Sie sah sogar, daß seine Füße vor lauter Unruhe ein kleines Päckchen unter der Parkbank hin- und herschoben.

Sie sah es, aber sie dachte nicht darüber nach. Er erzählte ihr vom Trinity College in Hartford. Dann sprang er plötzlich auf und sagte: »War nett, dich kennenzulernen. Aber jetzt muß ich los, meinen Kumpel abpassen. Wenn ich es schaffe, komme ich gleich noch mal.« Er stürmte davon. Sie war überrascht und enttäuscht, hatte aber die Hoffnung nicht aufgegeben. Sein Haar war blond.

Als wir in den Parkweg einbogen, sah ich sie von weitem auf der Bank sitzen – die dicken braunen Zöpfe, der volle Busen, die rundlichen Wangen gerötet, die Augen, die in die Ferne blinzelten. Meine Tochter. Da krachte eine Explosion in meine sentimentalen Betrachtungen. Ich sah, wie es Renate von der Parkbank riß, wie sie stolperte und nach vorn fiel. Alle kuckten. Sie kucken so, weil sie eine Ausländerin ist, dachte ich und begriff immer noch nicht, was los war. Sie versuchte aufzustehen, streifte ihren Rock herunter und hielt sich gleichzeitig den Oberschenkel. Blut lief ihr an den Fingern herunter. Wir rannten auf sie zu – aber vorsichtig, damit uns das Eis nicht hinfiel.

Zuschauer umringten uns. Sie stocherten auf dem Boden herum. Es war ein Knallfrosch gewesen – unter der Parkbank lag ein Knallfrosch. Der Junge mußte ihn dort hingelegt haben. Uns war das alles furchtbar peinlich. Carl preßte Renates Wunde mit der Papierserviette, die wir zu unserem Eis bekommen hatten, und stillte die Blutung ein bißchen. Wir sagten den Leuten, unserer Tochter gehe es gut. Und dann machten wir, daß wir wegkamen, weiter durch den Park bis zur Fifth Avenue. Carl wußte, da gab es ein Krankenhaus. Die Parade war in vollem Gange und sehr laut. Jede Nation hatte ihre Gruppen. Die deutschen Marschierer waren in Braun gekleidet. Sie trugen eine Fahne, die wir gut kannten, und dazu die passenden Armbinden. Carl blickte zu Boden. Ich sah nicht weg. Ich starrte sie an – eine echte deutsche Frau, die angewidert dreinblickt. Sie bekamen es nicht mit. Wir gingen weiter die Avenue hinauf. Renate war ganz ruhig und achtete überhaupt nicht auf die Parade. Ich dachte: Was sie nicht sehen will, das sieht sie auch nicht.

Ein chinesischer Arzt nähte sie wieder zusammen. Als er fertig war, sagte er: »*Happy Independance Day!*«

Unser Eis war weg. Irgendwie hatten wir es dann doch fallen lassen. Der Verlust kam uns damals schrecklicher vor, als er vielleicht war. Ich fand es schlimmer, als wenn ich alle Möbel und die ganze Verwandtschaft verloren hätte.

Wir lernten Margie kennen. Sie lud uns zum Abendessen in ihr Haus nach Fort Lee ein. Ich fand sie furchtbar häßlich. Ihre Frisur war lachhaft, und dazu trug sie eine enge Bluse, einen engen Rock und weiße Schuhe mit gefährlich hohen Absätzen. Diese Schuhe erforderten wirklich Mut, denn wenn sie mit denen stolperte, würde sie tief fallen, und ihre Krampfadern würden platzen. Sie begrüßte uns sehr herzlich. Sie drückte mir die Hand und sagte: »Was bin ich froh, dich endlich kennenzulernen!« Sie konnte nicht anders – sie mußte mich umarmen. Ihr Diamantring kratzte mich am Arm. »Das ist also Mops!« sagte sie. Als sie mich wieder losließ, warf ich Carl meinen strengsten Blick zu. Er sollte wissen, wie es mich anwiderte, daß er dieser Fremden meinen Kosenamen verraten hatte.

Von ihrem Haus sah ich nicht viel, weil ich nichts sehen wollte. Außerdem führte sie uns direkt ins Eßzimmer. Dort stand ein langer Bankettisch, obwohl sie allein lebte. Drumherum zehn Stühle, alle mit dem gleichen Babyblau bezogen. Dazu passende Vorhänge. Passendes Tischtuch. An der Wand ein Bild der Muttergottes mit passendem Schleier. »Dieses Blau ist so beruhigend für die Augen«, sagte ich großzügig. Sie stellte Braten und Kartoffeln und einen Krug frische Milch auf den Tisch. Selbst trank sie nur Wasser und verschwand von Zeit zu Zeit in der Küche, um ihr Glas nachzufüllen. Ich hatte sofort einen Verdacht, sagte aber nichts. Es war in diesem Zimmer viel zu heiß zum Essen. Der Schweiß lief mir über das Gesicht. Renate ließ mich im Stich und erlaubte unserer Gastgeberin, ihr den Teller vollzuladen. Da saß ich nun mit meinem Stolz. Ich schützte Bauchweh vor, und sie war so nett, mir von allem nur ganz winzige Portionen zu geben. Um meinen Appetit zu stillen, trank ich mehrere Gläser Milch. Margie hatte häßliches Geschirr, furchtbar schwer und schlicht weiß. Die amerikanische Milch schmeckte kalkig. Wir behielten die linke Hand im Schoß.

Wir sprachen über Deutschland. Margie hatte nicht viel Ahnung, aber sie wußte immerhin, daß Hitler schlecht war. »Schließlich hat er einen guten Katholiken wie Carl vertrieben«, sagte sie. Wir nickten zustimmend. Wie wahr.

»Was ist eigentlich mit den Juden?« fragte sie im Plauderton. »Was hat Hitler gegen sie? Sind sie in Deutschland anders?«

Wir nickten nicht. Schließlich sagte Carl: »Die Juden bekommen, was sie verdient haben.« Und als niemand etwas dazu sagte, fügte er hinzu: »Das Problem ist ihr Verhältnis zum Geld. Sie sind habgierig.«

»Tatsächlich?« fragte Margie und schien schockiert zu sein. »Also, hier sind sie nicht so.« Sie ließ das Fleisch herumgehen. Sie will das Thema wechseln, dachte ich. Vielleicht hat sie selbst jüdisches Blut. Oder das Gespräch langweilt sie. Ich kam gar nicht darauf, daß sie vielleicht einen Verdacht hatte. Während Renate aß wie ein Scheunendrescher, plauderten Margie und Carl wie die Schnellfeuergewehre über die Vorteile des Lebens in Fort Lee. Er schien sich auszukennen. Er kannte den Schokoladenkuchen, den man in der neuen Bäckerei in Fort Lee bekam, und wußte, welche Suppe sie dort abends servierten. Ich muß gestehen, ich gab mir keine Mühe, etwas beizutragen. Wie sich herausstellte, war das Sommerlager Margies Idee gewesen, und ein Cousin von ihr leitete es. Was konnte ich anderes tun, als ihr bescheiden für all die Mühe zu danken, die sie sich unseretwegen gemacht hatte? Auf der Rückfahrt im Bus sagte ich nichts. Wir fuhren am Westufer des Hudson entlang, auf der Seite von New Jersey. Auf der anderen Seite bot sich uns ein außerordentliches Bild: Die untergehende Sonne ließ die Fenster von Manhattan aufflammen, als würde es in allen Häusern lichterloh brennen. Sünde des Neids, der Eifersucht, des Mißtrauens. Ich rief mich zur Ordnung. Ich erklärte, Margie sei wohl die netteste Frau, die mir je begegnet sei, Gott selbst müsse sie uns gesandt haben. Carl sagte: »Ich wußte, du würdest sie gern haben.« Aber meine Freundin würde sie nie werden, und er zwang mich nicht, ihr Haus noch einmal zu betreten. Kurze Zeit später fuhren wir in unser Sommerlager. Es war so schön, wie wir gehofft hatten.

Nach dem Sommerlager zogen wir in eine Pension im nördlichen Manhattan, wo wir mehr Platz hatten und wo niemand danach fragte, ob wir jüdisch seien oder nicht, weil sie uns sowieso für jüdisch hielten, denn alle dort waren jüdisch. In diesem Viertel gefiel es mir nicht besonders, aber eigentlich waren die meisten Leute ziemlich freundlich und fast alle sprachen Deutsch. Man sah auch jede Menge Neger in der Gegend herumlaufen. Leute anstarren gehört sich nicht. Aber wir alle sündigten durch Unhöflichkeit, bis wir uns satt gesehen hatten und uns nach und nach an die dunklen Gesichter gewöhnten. In Europa begann der Krieg.

Wir kauften eine Kodak. Wir kauften ein Auto. Unser Auto war ein schwarzer Buick, bloß ein paar Jahre alt. Wir waren Buick-Bürger, ehrbare, solide Leute. Wir fuhren Renate in ihr College nach Pennsylvania und knipsten unterwegs Bilder von der Gegend. Es war eine gesittete

Schule, der Unterricht wurde von Nonnen erteilt, weit und breit kein Mann in Sicht. Die Mädchen waren so gepflegt wie der Rasen, und sie gingen jeden Tag zur Messe – sonst hätten sie sich dieses College gar nicht ausgesucht. Renate würde hier jede Menge Freundinnen finden.

Inzwischen hatten wir uns verbessert. Wir verließen die Pension und zogen nach Weehawken – im Haus nebenan ein Lebensmittelladen, im nächsten Block die katholische Kirche und zwei Blocks weiter Carls neue Praxis. Zentraler geht es nicht. Jetzt hatten wir unsere eigene Küche, unseren eigenen Kühlschrank, unser eigenes Badezimmer, und ich tapezierte und dekorierte mit Feuereifer. Renate half. Es stellte sich heraus, daß sie praktisch veranlagt war. Sie konnte einen Nagel sauber und gerade einschlagen und kannte sich auch mit Lichtschaltern aus. Als sie dann auf dem College war, mußten wir allein zurechtkommen. Zwei Tage lebten wir ohne Licht, warteten auf ihren nächsten Besuch, und dann kam sie und zeigte uns mit verächtlicher Miene, wie man eine durchgebrannte Sicherung auswechselt. Auch ohne sie waren wir eine Familie. Ich lernte kochen. Ich schmierte Brote. Mortadella und Schweizer Käse mit Senf mochte ich am liebsten. Wir besorgten uns eine neue technische Errungenschaft – einen Toaster. Wir toasteten. Sobald wir es uns leisten konnten, kauften wir wieder Butter. In Deutschland, hörte ich, wurde Butter jetzt rationiert. Wir hatten so viel, wie wir uns leisten konnten. Ich nahm zu. Wir holten unser Bett und ein paar andere Möbel aus dem Lager. Wir richteten uns ein. Ich kaufte mir ein Herbstkostüm in Dunkelbraun mit einem schmalen roten Saum am Hals und steckte Handzettel in die Briefkästen: Ein deutscher Arzt sei in der Gegend. Patienten kamen. Und wer einmal dagewesen war, der kam auch wieder. Ich arbeitete als Sprechstundenhilfe, und abends putzte ich die Praxis. Ich lernte, wie man auf Händen und Knien den Fußboden schrubbt. Manchmal kam Margie vorbei, und ich war immer sehr freundlich zu ihr. Carl gestand, daß sie ihm das Geld für die Eröffnung der Praxis geliehen hatte. Ich machte ihm keine Vorwürfe. Margie sprach nie darüber. Und er zahlte ihr jeden Monat einen Teil seiner Schulden zurück. Jeden Abend schrieb ich Renate einen Brief, redete ihr wegen ihrer Schwächen ins Gewissen und ermahnte sie, fleißig zu arbeiten. Jeden Abend schrieb sie mir einen Brief über ihre Freundinnen und zählte auf, was sie tagsüber alles gemacht hatte. Jeden Abend rauchte Carl eine kubanische Zigarre.

Renate sündigte durch übertriebene Bescheidenheit – eine Kapitalsünde. Die netten, frommen Mädchen an ihrem Kloster-College sahen, daß das Haar ihrer Klassenkameradin ein Pluspunkt war – so dicht und kastanienbraun und gewellt. Aber sie machte nichts daraus. Sie trug es in Zöpfen, wie eine blöde Pfadfinderin. Auch die Augen waren ein Plus – groß, mit dichten Wimpern –, aber auch aus denen machte sie nichts, hatte keine Ahnung vom Schminken. Dabei war ihre Haut unglaublich rein und glatt. Aber außer dem Haar, das nach nichts aussah, den großen Augen und der wunderbaren Haut hatte sie nur lauter Minuspunkte vorzuweisen. Jemand hätte es ihr sagen müssen, aber keiner raffte sich dazu auf. Sie war kräftig gebaut, eine stämmige Figur, sah aus, als könnte sie Fußball spielen. Die Schultern waren viel zu breit. Sie hätte sich auch besser anziehen können, auch wenn sie noch so arm war. Häßliche deutsche Kleider trug sie, mit Puffärmeln und vorn etwas, das wie eine Schürze aussah. Statt in Pumps lief sie in Schnürschuhen herum und trug Kniestrümpfe zu ihren Kleidern! Außerdem hatte sie einen starken deutschen Akzent. Und das schlimmste: sie war intelligent. Jemand hörte sie Klavier spielen und erzählte den anderen, sie spiele richtig gut – richtig schnell. Und

Schwester Mary Angela gab ihr in der ersten Chemiearbeit die beste Note – ein A. Aber dazu brauchte es natürlich nicht viel Englisch.

Ihre Zimmerkameradin tratschte überall herum, was Renate ihr anvertraut hatte – seit der Krieg angefangen habe, gelte sie als »feindliche Ausländerin«, »*Enemy Alien*«, und müsse sich alle zwei Monate in New York bei der Polizei melden. Die meisten Mädchen nannten sie »*Alien*«. Sie bezweifelten, daß sie wirklich an Gott glaubte. Der Beweis: Beim Beten machte sie die Augen nicht zu, und wenn man ihrem Blick begegnete, während sie betete, dann lächelte sie.

Renate fand sich mit der Verachtung ab, die sie zu spüren bekam. Wenn sie sich zum Essen an einen Tisch setzte, wurde es ringsum still, und jedesmal standen ein paar Mädchen auf, entschuldigten sich hastig und setzten sich anderswohin. Renate tat, als würde sie es nicht merken. Uns schrieb sie jeden Abend einen Brief, in dem sie ihren Tag in allen Einzelheiten schilderte und immer wieder beteuerte, wie ungeheuer glücklich sie sei. Von ihrem Spitznamen wußte sie nichts.

Ich an ihrer Stelle hätte all den Mädchen klargemacht, daß ich aus einer guten Familie stamme, daß ich phantastisch Klavier spiele und gut zeichnen kann und daß ich mehr Grips habe als alle anderen. Ich wäre ihnen mit Geringschätzung begegnet, und sie hätten mich respektiert. Aber Renate empfand keine Geringschätzung und fühlte sich ihnen auch nicht überlegen.

Inzwischen war sie drei Monate an der Schule. Es wurde Herbst. Eines Nachmittags wollte ihre Zimmerkameradin Audrey mit zwei anderen Mädchen einen Spaziergang machen. Renate fragte, ob sie mitkommen könne. Die anderen sagten: »Oh, wir wollen uns nur kurz die Füße vertreten, sind gleich wieder zurück.« Renate entgegnete: »Na gut, dann komm ich mit.« Sie wollten rüber auf das

Nachbargrundstück, sagten sie, aber das sei wahrscheinlich illegal, und ein Mädchen in ihrer Lage – eine Anspielung auf die »feindliche Ausländerin« – sollte das vielleicht besser nicht riskieren. Aber Renate winkte ab: ach, das geht schon – sie würde es riskieren, und ging mit.

Eigentlich hatten die Mädchen gar nichts mit diesem Nachbargrundstück im Sinn gehabt, und nun mußten sie sogar über eine Mauer klettern. Nachher schlichen sie ängstlich zwischen Bäumen und Büschen einen breiten Weg entlang, da hörten sie plötzlich Hundegebell. Das Bellen kam näher. Die Mädchen machten kehrt und liefen zur Mauer zurück, während Renate etwas zurückblieb. Sie waren erst ein paar Meter gelaufen, da tauchten von der Seite zwei wütende, geifernde Boxer auf. Die Mädchen rannten, sie rasten, aber sie konnten den Hunden nicht entkommen. Zähnefletschend, nach ihnen schnappend, brachten die Hunde sie zum Stehen. Die Mädchen drängten sich aneinander, sie beteten und schlugen sich die Hände vors Gesicht. Renate näherte sich ruhig von hinten, und als sie bis auf ein paar Meter herangekommen war, gab sie einen Pfiff von sich. Mit einem Ruck drehten sich die Hunde nach ihr um und hörten auf zu bellen. Die Mädchen lösten sich voneinander und glotzten. Reglos, mit verschränkten Armen stand Renate da und starrte die Hunde an. Die blickten zu Boden und wandten sich ab, als würden sie sich schämen. Sie fingen an zu winseln, und dann kamen sie zu Renate geschlichen, legten sich vor ihr hin und wälzten sich auf den Rücken. Renate bückte sich, und während sie ihnen die Bäuche kraulte, murmelte sie: »Was habt ihr Kerle euch bloß dabei gedacht, uns so einen Schreck einzujagen?«

Den Mädchen war klar, daß Renate ihnen das Leben gerettet hatte.

Sie besaß die Fähigkeit, wilde Hunde zu besänftigen.

Vielleicht eine Heilige in ihrer Mitte.

Auf dem Heimweg drängelten sich alle darum, neben Renate zu laufen. Zaghaft fragten sie: »Wie hast du das bloß gemacht?«

Ausnahmsweise war Renate einmal schlau. Sie behauptete, sie könne mit allen Tieren sprechen. Daß sie mit einem Boxer aufgewachsen war und diese Tiere genau kannte, sagte sie nicht. Von nun an wurde sie bewundert. Ihre Gesellschaft war begehrt, und wenn die Mädchen in der Kirche sahen, wie Renate ihnen über die gefalteten Hände hinweg zulächelte, dann lächelten sie zurück und fühlten sich geschmeichelt.

Nach diesem Vorfall schrieb sie uns weniger oft, und ich schalt sie in meinen Briefen heftig wegen ihres Mangels an Dankbarkeit.

Unser erstes Jahr in Amerika war schnell vorbei, und dann gleich das nächste. Wir hatten ständig zu tun und langweilten uns nie. Heimweh nach Europa kam nicht auf, wo der Tag so wenig Stunden hatte. Ende 1940 bekamen wir einen Brief von Carls Schwester Else. »Stellt euch vor, was ich für ein Glück habe.« Ein guter Anfang. Beim Abendessen las ich Carl den Brief vor.

»›Am 16. November konfirmiert die Kirche neue Konvertiten, und ich werde einer von ihnen sein!‹ Carl, ist das nicht großartig? Ich habe immer gewußt, daß Else eine echte Katholikin ist.«

Ich malte mir aus, wie sie kniete. Auf der Oberlippe hatte sie ein paar Fältchen, die eine Art Fächer bildeten. Ich stellte mir vor, wie sich dieser Fächer ein bißchen öffnete. Dann las ich weiter. »Letzte Woche hat Liesel mich besucht und mir ein Geschenk mitgebracht – ein Buch über die Wunder der Taufe. Ich kann nicht mehr ohne Jesus und meinen neuen Glauben leben. Denn mit Jesus ist es leichter, die Trennung von meinen Kindern zu ertragen.«

Wie sich herausstellte, waren die Jungen der Rothers inzwischen in verschiedene Arbeitslager verschickt worden. Aber dank ihrer inständigen Gebete hatte ihr Ältester die Erlaubnis bekommen, sie im Dezember in Leobschütz zu besuchen.

Elses blitzartiger Kirchenübertritt war natürlich Liesels Werk. Liesels Dienstherr, Pfarrer Hanssler, ließ Else schon nach drei Monaten Katechismusunterricht für die Kommunion zu. Andere Konvertiten mußten drei Jahre harte Schulung hinter sich bringen. Else schrieb: »Pfarrer Hanssler beeilt sich, weil er weiß, wie innig meine Liebe zu Jesus ist.« Und dann fügte sie hinzu: »Und liegt in ihr nicht überhaupt das größte Glück?«

Ich sagte zu Carl: »Ich werde ihr schreiben – ihre Bekehrung ist doch keine Frage des Glücks, sondern eine Frage des Talents. Nicht alle Menschen haben das Talent, an Gott zu glauben.«

Ich höre schon Irenes spöttisches Schniefen. Sie findet die Liebe zu Gott irgendwie einfältig. Aber hier muß ich für einen Moment die Kanzel besteigen und ihr dazu etwas sagen. »Irene, du selbst liebst die Musik. Ist die Liebe zur Musik begreiflich? Eigentlich nicht, oder? Und doch macht sie dir Freude und erfüllt dich mit Hochachtung und Staunen, ähnlich wie die Liebe. Aber auch wenn die Musik dir Freude macht, gibt es doch andere, denen sie überhaupt keine Freude macht, und trotzdem lachen dich diese Leute nicht aus. Und wenn du, Irene, jemandem begegnest, der deine Liebe zur Musik teilt, dann fühlst du dich verstanden und bist ganz aus dem Häuschen ... ist es dir etwa nicht schon so ergangen? Bis zum Äußersten?«

Genug gepredigt.

Ich legte mein Vergrößerungsglas und Elses Brief auf den Tisch und sagte zu Carl, eigentlich wäre es ein Anlaß, eine Flasche Sekt aufzumachen. Wenn wir bloß welchen gehabt hätten. Statt Sekt zu trinken, beteten Carl und ich am

Küchentisch. Wir dankten unserem Erlöser, daß er sich so gut um Else kümmerte.

Auch mir kam Gott zu Hilfe. Er half mir, mich damit abzufinden, daß ich meine Mutter nie wiedersehen und nie mehr einen strengen Brief von ihr bekommen würde. Sie war nicht mehr. Gott gewährte mir nicht die Zeit, darüber nachzudenken. Meine kleine Schwester Clemie war so nett, mir den Rosenkranz aus einfachen Glasperlen zu schicken, den Mama in den Händen gehalten hatte, als sie starb. Ich nahm mir vor, ihn auch in den Händen zu halten, wenn es bei mir soweit war, und hielt ihn deshalb eine Zeitlang im Küchenschrank bereit. Als mir klar wurde, daß ich ihn dort nicht brauchte, legte ich ihn in meinen Nachttisch für einen nächtlichen Notfall, und dann vergaß ich ihn, weil mir die Kraft fehlte, ständig darüber nachzudenken, wann ich sterben würde, und mich darüber zu grämen, daß Mama nicht mehr auf Erden weilte.

Noch ein Jahr verging. Die Unterhaltungen mit Else und den anderen aus der Familie hatten aufgehört. Wir schrieben und schrieben, als würden wir in die Nacht rufen. Es kam keine Antwort. Was ist das für ein Benehmen, schimpfte ich. Dabei wußte ich, daß sie schreiben würden, wenn sie schreiben könnten, und ging zur Beichte. Zu hohe Erwartungen, eine Sünde! Ich schickte ein paar Telegramme. Sie blieben unbeantwortet. Der Krieg breitete sich immer weiter aus. Ich fragte mich, ob die Vereinigten Staaten in ihn eintreten würden, und Carl meinte: »Das sollten wir lieber nicht tun.«

»Carl, laß uns doch heute mal eine Zeitung kaufen«, bat ich ihn am 7. Dezember 1941. Pearl Harbor. Er sagte nichts, aber sein Blick war wie eine Tür, die er mir vor der Nase zuschlug. Zu Hause schaltete ich das Radio ein, laut. Unser Präsident sprach. Wir saßen in unserer Küche, aßen unsere Käsebrote und hörten zu. »Jetzt müssen wir zurückschlagen«, sagte Carl. Er wolle sich als Freiwilliger melden.

Aber ich sagte: *Only over my dead body* – was doch eine hübsche Formulierung ist –, und er beglückwünschte mich zu meinem guten Englisch, warnte mich aber vor den Gefahren des Slangs.

Carls Englisch war ausgezeichnet, aber er war mir auch um zwei Jahre voraus. Ich gab mir Mühe. Ich kaufte mir Kriminalromane in Englisch und weigerte mich, etwas Deutsches zu lesen. Carl und ich hielten die Praxis in Weehawken zehn Stunden am Tag geöffnet. Wir kauften uns eine Cocktail-Garnitur mit einem Mixer und lernten, wie man Drinks herstellt. Ich wartete noch immer auf den richtigen Augenblick, um den Himbeergeist aus Leobschütz anzubrechen. Vielleicht wenn Renate heiratete.

Gelobst du, der Fahne treu zu sein?«
»Ich gelobe es.«

Auch Renate gelobte es. Aber man merkte ihr an, daß es ihr ein bißchen peinlich war. Dafür zeigte ich beim Gelöbnis um so mehr Stolz. Ich sprach laut und deutlich und hatte den ganzen Text auswendig gelernt, und mit jedem einzelnen Wort war es mir ernst. Ich wußte natürlich, daß ich mich lächerlich machte. Aber ich wollte es ja so. Es bedeutete mir so unendlich viel. Ich hatte mir zur Feier des Tages ein neues Kleid gekauft – himmelblau, mit einem roten Saum am Hals. Ich trug meinen besten Schmuck, den Wappenring der Lasaulx, die goldene Halskette meiner Urgroßmutter, und in der Hand hielt ich den Rosenkranz meiner Mutter. Ich legte die rechte Hand auf die linke Brust, wie es üblich ist, obwohl ich wußte, daß das Herz in der Mitte liegt. Renate mußte den Text von dem vorgedruckten Kärtchen ablesen, und an ihrem Benehmen merkte ich, daß auch ich ihr peinlich war. Die anderen im Saal sahen mich an, als sei ich nicht ganz bei Trost. Aber ich stürmte voran. Und Carl hob die Stimme und unterstützte mich. Der Beamte, der die Zeremonie leitete, sagte nachher, unser ganzes Auftreten habe ihn sehr ergriffen. Er hatte Tränen in den Augen. Beim Abendessen würde er seiner Frau davon erzählen.

Dieses Gelöbnis wurde später einer der vielen Punkte, über die ich mit meiner Enkeltochter immer wieder in Streit geriet. Dische, ihr Vater, verachtete die Flagge und meinte, Patriotismus sei etwas für die breite Masse. Renate hatte nicht das Rückgrat, ihm zu widersprechen. Als Irene dann ins Sommerlager fuhr, leisteten die Kinder dort jeden Morgen als erstes den Eid auf die Fahne. Mir gefiel das. Kaum aus den Federn, hißten sie die Fahne und gelobten ihr die Treue. Irene sah bloß zu, wie sie an ihrem Mast in die Höhe wanderte – ein riesiger Kopfkissenbezug, sonst nichts. Sie hielt es mit Dische und weigerte sich, den Text zu lernen.

Ihre Einstellung wurmte uns. Wir kamen oft darauf zu sprechen. Beim Abendessen. »Du bist deinem Land Treue schuldig, Irene – auch wenn du nicht so für es kämpfen kannst, wie Carlchen das kann und muß, wenn er groß ist.« Dische saß da, schon ein alter Herr, vollkommen unsportlich, bloß Kopf und Bauch, hielt Ausschau nach dem Sauerbraten und den Klößen und wartete auf die Portion Nummer drei. Aber plötzlich legte er los: »Carlchen soll nicht in der Army kämpfen. Wir werden eine Entschuldigung für ihn finden. Juden sind zu intelligent, die verschleudern ihr Leben nicht ohne guten Grund. Früher haben jüdische Mütter immer damit geprahlt, daß sich ihre Söhne vor dem Schlachtfeld drücken.« Und dann langte er nach dem Fleisch. Unser Enkelsohn war Dische wie aus dem Gesicht geschnitten, aber in diesem Augenblick wäre er wegen dieser Ähnlichkeit am liebsten im Boden versunken. Irene kicherte wieder. Sie fand ihren Vater komisch. Sie fand alles komisch. Ich ergriff das Wort, um die Situation zu retten. »Nicht alle Juden waren Feiglinge«, sagte ich und warf Carl einen bedeutungsvollen Blick zu, der sein Selbstgefühl aufrichten sollte. »Manche Juden waren viel mutiger als jeder Deutsche.«

Dische bekam solche spöttischen Bemerkungen gar nicht mit. Er war dermaßen selbstzufrieden, daß er Kritik, wenn sie zu zaghaft vorgetragen wurde, einfach nicht kapierte. Er verstand ja noch nicht mal, daß die Nazis etwas gegen ihn hatten.

In dieser Beziehung ähnelt ihm seine Tochter. Von mir hat sie den Hang, zu lachen, wenn Lachen fehl am Platze ist, aber von Dische hat sie die Unfähigkeit, Fehler einzusehen und abzustellen. Es paßt ihr zwar gar nicht, wenn man sie tadelt, aber der Inhalt der Kritik gleitet an ihr ab wie das Wasser am Waschbär. Sie braucht sich nicht mal zu schütteln. Sie gefällt sich einfach so, wie sie ist. Sie hält an ihren Unarten fest. Sie sagte sich, das Schicksal wollte nicht, daß ich das Gelöbnis kann, genauso wie ich auch die einfachsten Wörter nicht richtig schreiben kann – und machte nicht die geringste Anstrengung, es zu lernen.

Aber zurück zu unserem Gelöbnis.

Nachdem wir unsere Treue geschworen hatten, wurden wir amerikanische Staatsbürger. Wir kauften Kriegsanleihen. Bald kam mein siebtes Jahr in Amerika – aber es war kein verflixtes Jahr. Ich liebte mein Land mit jedem Tag mehr, und damit es stark blieb, würde ich republikanisch wählen. Nachdem wir unsere Pässe bekommen hatten, aßen wir zu Mittag in einem Restaurant, wo es Eistorte in der Form von Schlachtschiffen gab, mit einer amerikanischen Flagge am Mast. Ich nahm zwei davon.

Am Tag danach endete der Krieg in Europa. Die Nazis waren ihre Jobs los. Sobald wir uns die Überfahrt leisten konnten, wollten wir als Touristen zurückkehren und uns alles ansehen.

Noch immer keine Nachricht von unseren Verwandten. Der Blechbriefkasten mit den Löchern in Blümchenform, der zwischen einem Dutzend anderer, genauso aussehender Kästen im fensterlosen Flur hinter unserer Haustür hing, wurde die Schaltstelle für mein gesellschaftliches Leben. In ihm lagen die Briefe von Renate. Und Briefe von irgendwelchen anderen Leuten lagen nicht darin. Carl nannte diese Briefkästen »kleine Särge«, weil sie alle gleich aussahen. Aber auf seine Familie hätte das Bild besser gepaßt. Meistens sah er an den »Särgen« einfach vorbei, ließ mich die Post herausnehmen, wenn welche gekommen war, und fragte nicht danach.

Ich las den *Aufbau*. Ich war eines Tages mit dem Bus nach Manhattan gefahren, um ein paar deutsche Lebensmittel zu kaufen, und war auf das Blatt gestoßen. Ich las es nicht in der Öffentlichkeit, aus Angst, daß mich irgendein freundlich-lästiger Mensch ansprechen würde, dem ich dann umständlich erklären mußte, daß ich nicht jüdisch war, diese Zeitung aber trotzdem sehr interessant fand. Ich hatte darin zum Beispiel diese speziellen Baked Beans von Heinz entdeckt, koscher, aber köstlich. Sie waren in Gläsern mit einem rostroten Deckel abgefüllt. Und der Deckel roch ganz herrlich nach Schweinebraten. Dahinter steckte irgendein Trick. Ich glaube, der jüdische Fabrikant wollte damit seine eigenen nach Schweinefleisch lechzenden Leute anlocken. Falls es noch eines Beweises für den Einfallsreichtum dieser Rasse bedarf – hier ist er!

Der *Aufbau* war fast ganz in Deutsch, eine angenehme Abwechslung als Lektüre. Er brachte interessante Artikel darüber, was in Europa vor sich ging, aber es gab auch eine ausführliche Rubrik mit Anzeigen, in denen Leute nach Nachrichten über verschollene Angehörige suchten. Ich versteckte den *Aufbau* in meiner Handtasche und las ihn auf dem Klo, oder umgekehrt, im Zimmer, wenn Carl auf dem Klo war. Ich studierte die Suchanzeigen, und dabei kam mir eine Idee. Eine einfache Anzeige kostete einen Dollar. Eine Anzeige in einer würdigeren, größeren Schrift kostete 4 Dollar 50. Ich nahm die billigere. Ich bekam keine Antwort. Ich gab eine zweite auf. Monate vergingen. Wir kauften einen Staubsauger, den besten und teuersten, den man kriegen konnte. Er war blaßgrün und so groß wie ein Dackel. Er sah auch aus wie ein Dackel und rollte auf dem Fußboden immer hinter mir her.

Eines Abends im Winter, als wir von der Arbeit zurückkamen und vor unserem Briefkasten stehenblieben, sah ich durch die Blümchenlöcher einen Luftpostbrief. Hellblau. Darauf klebte eine der neuen deutschen Marken. Er stammte von Dr. Weltecke, Carls Assistent in Leobschütz, dem Mann meiner besten Freundin Helga, der uns an die Gestapo verraten hatte. Der Brief war an Carl allein adressiert, aber ich zeigte ihn ihm gar nicht. Ein paar Tage lang trug ich ihn mit mir herum, und zuletzt öffnete ich ihn in meiner »Bibliothek«, auf dem Klo.

Er begann so:

»Lieber Carl. Es ist mir immer ein Rätsel geblieben, warum unsere Freundschaft auseinandergegangen ist, ganz ohne ersichtlichen Grund. Jedenfalls stelle ich mir vor, daß Du Dich schon lange fragst, wie es den Welteckes wohl ergangen sein mag, seit Du Glücklicher das Vaterland verlassen hast. Denn ich kann Dich für Deinen klugen Entschluß nur loben, daß ihr weggegangen seid, bevor der Krieg ausbrach und uns die Existenz vernichtet hat. Du kannst Dir das Elend nicht vorstellen, dem Du entgangen bist.« In diesem Ton ging der Brief in der säuberlichen Handschrift des Arztes fünf eng beschriebene Seiten lang weiter. Er listete alles auf, was knapp war – von der Butter über das Papier bis hin zum Stolz –, und endete mit der Bitte, ihnen Geld zu schicken. Dazu Anweisungen, wie sich das mit Hilfe der Militärverwaltung bewerkstelligen lasse, und außerdem die Anschrift und die herzlichsten Grüße.

Ich dachte nicht lange nach. Ich ließ den Brief zwischen meinen Beinen hindurch in die Kloschüssel fallen.

Ein paar Tage später kam wieder ein Brief, diesmal von meiner Schwester Clemie. Ich nahm ihn mit nach oben. Ich war so aufgeregt, daß ich kaum die Treppe hochkam.

Es waren gute Nachrichten. Die Familie lebte. Alle waren wohlauf. Clemie wohnte zu Hause. Aber die Militärverwaltung hatte zwei unübersichtliche Flüchtlingsfamilien aus dem Osten in unserer Villa am Rhein einquartiert. Es sei nicht zu ertragen, schrieb Clemie. Sie hatte ihnen die besten Stockwerke überlassen müssen und war selbst in die kleinere zweite Etage gezogen. Auch die Freunde der Familie hätten alle überlebt. Lebensmittel und Medikamente seien knapp.

Ich blinzelte durch mein Vergrößerungsglas, während ich Carl den Brief beim Abendessen vorlas, nachdem er sein Sandwich und die Baked Beans gegessen hatte, und er hörte sich alles wortlos an, und dann knurrte er und fragte nach dem Nachtisch. Ich brachte das Apfelmus.

»Nun wissen wir jedenfalls, was mit meiner Familie ist«, sagte ich. »Ich bin ja so froh. Jetzt fehlt mir nur noch eines zu meinem Glück – deine Familie finden, damit wir endlich wieder ihre Briefe lesen können.« Und dann, ganz plötzlich, rückte ich mit der Sprache heraus und sagte ihm, ich hätte eine Suchanzeige aufgegeben.

Schwerfällig stand er vom Tisch auf, als hätte er vergessen, wie das geht: aufstehen, den Stuhl zurückschieben. Er stolperte fast aus der Küche. In dem engen Korridor machte er ein paar rasche Schritte vorwärts, blieb dann wieder stehen, als wollte er seinen Gegner – mich, ich hatte mich nicht von der Stelle gerührt – und die eigenen Kräfte abschätzen. Danach ging alles wieder methodisch vor sich: Er öffnete die Wohnungstür gerade so weit, daß er sich hindurchschieben konnte, und zog sie vorsichtig hinter sich zu. Seine Schritte im Treppenhaus waren nicht zu hören, er mußte auf Zehenspitzen hinuntergegangen sein. Er hatte seinen Mantel nicht angezogen.

Ich blieb in der warmen Küche sitzen und langte über den Tisch, um das Radio einzuschalten. Normalerweise war das Carls Aufgabe, denn er bestimmte gern, was wir hörten, deshalb stand das Radio auf seiner Seite. »Der Jahreszeit entsprechend kalt«, sagte der Sprecher. Ich sah aus dem Fenster. Die Straßenlaterne sah aus wie eine schwache Sonne in einer unbekannten, feindlichen Galaxie. Es fing an zu schneien. Ich wußte, die Straßen waren dunkel und spiegelglatt. Er würde Schwierigkeiten haben, das Gleichgewicht zu halten. Mitleid überkam mich und Verachtung.

Vielleicht stimmt es ja, daß Frauen im mittleren Alter leicht hysterisch werden und zuviel reden. Aber wenn ein Mann die Sechzig erreicht, bläht sich die Erinnerung an seine beste Zeit zu dem alles beherrschenden Verlangen auf, jene Tage mögen zurückkehren. Selbst der Verlust der Eltern schmerzt ihn vor allem deshalb, weil er ein Zeichen für seinen eigenen Niedergang ist, denn er will Jugend mit allem, was dazugehört – robuste Eltern, eine junge Frau und Kinder, die noch klein und formbar sind. Seine Rechthaberei und seine Geringschätzung gegenüber Frauen seines Alters nehmen zu. Seine Unruhe wird chronisch. Nur der Anblick von jungem Fleisch kann ihn besänftigen. Und so geschah es, daß Carl auf der Suche nach einer Zuflucht vor der eigenen Wut und dem Schnee in einem Diner Platz nahm und von einer jungen Kellnerin bedient wurde. Sie bemerkte die Spannung in ihm und vermutete, es gehe ihm wie ihrem eigenen Vater, wie allen älteren Männern, die sie kannte – miserabel. Sie wußte, Frauen bleiben durch ihren Realismus elastischer. Der Sinn für das Unvermeidliche hält sie aufrecht und läßt sie nicht in solche Tiefen der Verzweiflung sinken. Aber sie erkannte auch etwas anderes. Und war gerührt. Inzwischen weiß ich das alles. Damals wußte ich es nicht. Hätte ich es gewußt, wäre Irenes Leben völlig anders verlaufen. Aber heute bin ich in der Lage, Carl zu verzeihen. Sie hieß Hannah. Sie setzte sich zu ihm, nahm seine Hand und sprach ganz offen mit ihm. »Dir ist kalt und du hast Hunger, nicht wahr?« Ihr Handrücken war ein weicher Karamelbonbon, den er lutschen wollte. Plötzlich erlebte er einen Ausbruch von Wärme und eine Glückseligkeit, wie er sie noch nie im Leben gespürt hatte. Solange er jung war, hatte ihm Jugend nichts bedeutet. Nun wurde ihm klar, wie viel ihm an ihr lag. Er ließ den Kopf sinken und zwinkerte sich die Tränen aus den Augen. Sie liefen an der Nase vorbei nach unten.

Sie zog ihre Hand zurück. »Wie wäre es mit einer Hühnersuppe?« fragte sie. »Sie ist koscher, genau wie deine Ma sie immer gemacht hat.«

Er blieb sitzen, auch nachdem die Suppe längst gegessen war. Sie brachte ihm einen Kaffee, der aufs Haus ging. Er trank ihn und blieb sitzen. Sie brachte ihm ein Stück Apfelkuchen – süß, klebrig, mit einem Wort: ordinär. Aber er aß ihn beseelt auf, weil ihre Hand ihn geschnitten und auf den Teller gelegt hatte. Als die Zeit kam, wo sie zumachte, trat sie an seinen Tisch und sagte, er müsse jetzt gehen. Durch seine dicke Brille sah er zu ihr hoch, und seine Augen flehten sie an. Sie war allein. Ihr Mann und ihre Brüder waren bei der Marine. Ihre Eltern lebten in Florida. Sie nahm ihn mit nach oben in ihr kleines Zimmer und erlaubte ihm, mit ihr zu schlafen, in ihrem Ehebett. Sein Hemd hätte er ruhig anbehalten können, fand sie, um ihr den Anblick seines alten Bauches zu ersparen, aber er war so begeistert bei diesem So-tun-als-ob-Spiel, daß er es auszog und sich vorkam wie ein jugendlicher Liebhaber. Sie hatte ihren Spaß, indem sie sich vorstellte, sie sei mit Präsident Roosevelt zusammen – eine alte Phantasie von ihr. Am Morgen wachte er wie immer früh auf. Sie schlief neben ihm fest und tief. Er zog sich leise an, legte ihr einen Zehn-Dollar-Schein aufs Kopfkissen und kam zu mir nach

Hause. Ich war so klug, ihn nicht zu fragen, wo er die Nacht verbracht hatte. Ich war mir sicher, er sei beim YMCA weiter oben an der Straße gewesen.

Am Aschermittwoch 1946 machten wir die Praxis früher zu als sonst und fuhren nach Hause, um uns für die Messe am späten Nachmittag umzuziehen. Den ganzen Tag über fasteten wir im Gedenken an die Leiden unseres Erlösers. Erst abends würden wir eine leichte Mahlzeit einnehmen. Mir war ein bißchen schwindelig und unwohl, und ich freute mich darauf, in der Kirche zu sein und mich zu setzen. Als wir aufbrachen – in unserem Sonntagsstaat noch mehr als sonst »der deutsche Doktor mit Gemahlin« – und mit unseren Schritten die steile Holztreppe zum Klingen brachten, ging bei den Nachbarn im zweiten Stock die Tür auf, und Mrs. Demello, die Frau des Metzgers, kreischte uns in Gesicht: »Ihre Post war schon wieder in unserem Kasten!« Sie drückte mir einen Brief in die Hand.

Ich trug weiße Lederhandschuhe. Vielleicht hätte ich mir die Mühe machen und schwarze besorgen sollen. Ich hatte schon daran gedacht. Aber ich besaß mindestens zwei Dutzend Paar weiße, und nun war es ein Gebot der Sparsamkeit, sie zu tragen, bis sie verschlissen waren. Der Brief war ein Aerogramm – federleicht und tonnenschwer – aus Australien. Vielleicht enthielt er die Nachrichten, auf die wir die ganze Zeit warteten. Die Handschrift kannte ich nicht. Es war auch kein Absender vermerkt. Ich schob den Brief in die Tasche meines Frühjahrsmantels, und dann machten wir uns auf den kurzen Weg zur Kirche. Die Bäume waren noch kahl, aber das Wetter war schön. Carl sagte nichts. Wir nahmen unsere Plätze ein. Ich betete: Bitte, mach, daß es gute Nachrichten sind. Allmächtiger Gott, bitte schick mir gute Nachrichten. Ich verlangte zuviel. Maßlosigkeit, eine Sünde!

Beim Confiteor hielt ich es nicht mehr aus. Carl betete mit geschlossenen Augen. Ich zog den Brief aus der Tasche. Ich hielt ihn in meinem Schoß und riß ihn nach und nach mit dem Daumen auf. Er war mit der Maschine geschrieben, im Halbdunkel der Kirche leicht zu lesen, wenn das eigene Leben daran hängt.

Unterschrift: Euer Alfred. Carls jüngster Bruder, der soviel Schande über die Familie gebracht hatte. Da Alfred unterschrieben hatte, war zumindest er am Leben – an sich schon eine packende Neuigkeit.

»Liebe Rothers«, begann sein Brief. »Ich kann nicht länger warten. Ich muß Euch endlich benachrichtigen.« Er hatte Nachforschungen angestellt. Es gab Organisationen, die dabei behilflich waren. Und er hatte nach und nach herausgefunden, was mit dem Rest der Familie war. Er schrieb einfach: Alle sind tot. Der eine kurze Absatz mit der schlechten Nachricht, wenn man sie so nennen kann, wurde durch zehn Absätze mit guten Nachrichten aufgewogen – über Alfreds herrliches neues Leben in Australien als ehrbarer Bürger mit einem Photoatelier, einem Strand in der Nähe und guten Freunden. Und demnächst wolle er sich einen Wagen kaufen. Anders als die Welteckes und meine Schwester Clemie klagte Alfred nicht über sein Los. Er schien sich über alles zu freuen. Am Schluß stand eine Entschuldigung – »dafür, daß ich den Brief tippe, aber ich kann Euch nicht mit der Hand schreiben, mir zittern die Fingern so, daß ich keinen Stift halten kann«. Er wolle uns so bald wie möglich besuchen kommen, wir seien seine letzten Verwandten. Ich öffnete meine Brieftasche, aber statt den Brief einzustecken, ließ ich den Rosenkranz hineinfallen und behielt den Brief in der Hand.

Es war Zeit für das Aschenkreuz. Ich folgte Carl zum Altar. Wir knieten vor dem Priester. Als sich seine Hand senkte und meine Stirn berührte, war das für mich eine Geste voller Zärtlichkeit und Trost. Ich war dick, meine

Kniescheiben knarrten unter der Last, und der eine Fastentag hatte mich geschwächt. Ich war so dick, weil ich jeden Tag essen konnte. Aber die Rothers würden nie wieder essen. Ob sie gelitten hatten? In Gedanken klammerte ich mich an ein Bild von Else, wie sie bei einer Tagestour ins Sudetenland in eine Bratwurst beißt, wie ihre Zähne durch die Pelle dringen und plötzlich ein Fettspritzer auf ihrem Kinn landet. Keiner von uns hatte den Mut gehabt, es ihr zu sagen, und so hatte sie den braunen Fleck den ganzen Tag mit sich herumgetragen. Dieses Bild von Else machte mir jetzt in der Erinnerung unerträgliche Schmerzen. Der Kirchenübertritt war ihrem Erlöser offenbar einen Dreck wert gewesen.

Der Priester war mit dem Kreuz, das er mir auf die Stirn gezeichnet hatte, nicht zufrieden. Diesmal drückte er fester zu und achtete nicht auf die Wasserfälle, die sich darunter in die Tiefe ergossen. Carl warf mir einen bewundernden Blick zu. Er dachte, das ist wahre Inbrunst. Aber dann merkte er, daß es etwas anderes war, und erschrak. »Was ist denn los, Mops?« flüsterte er. Ich fiel vornüber auf mein Gesicht. Ich lag auf dem Steinfußboden der Kirche und fragte mich noch, warum Kirchen so kalt sind. Hände zerrten an mir. Ich wußte, daß ich im Sterben lag. Und daß ich Alfreds Brief statt Mutters Rosenkranz in den Händen hielt. In diesem Augenblick schien es mir nicht verkehrt zu sein.

Wenn man über fünfzig ist und beim Aufwachen tut einem nichts weh, ist man wahrscheinlich tot. Meine Knie schmerzten. Mein Gesicht kam mir vor, als wäre es grün und blau geschlagen. Ich lebte. Ich hörte Carl in der Nähe. Er machte sich fertig für die Praxis. Als er merkte, daß ich aufgewacht war, kam er herüber und gab mir einen Kuß auf die Stirn. Er roch nach Eau de Cologne. »Was ist denn los?« fragte ich. Er erklärte es mir. Ich war in der Kirche ohnmächtig geworden. Irgendwie hatte er mich zum Wagen geschafft, wo er seine Notfalltasche hatte. So konnte er mir rasch eine Beruhigungsspritze geben. Seine Diagnose lautete: Angstneurose. Er hatte mich nach Hause gefahren und die drei Treppen nach oben getragen. Er war so rücksichtsvoll, mich nicht über die Schulter zu nehmen, sondern hatte mich auf seinen Armen getragen. Der Rücken tue ihm noch weh davon, sagte er lächelnd. Von einem Brief sagte er nichts.

Ich fand ihn im Mülleimer, obenauf, achtlos hineingestopft. Er mußte ihn gelesen haben. Ich fragte nicht nach.

Ich schrieb zurück, heimlich. Ich sorgte dafür, daß der Briefkastenschlüssel ab jetzt an meinem Schlüsselbund hing, und wenn Carl und ich zusammen nach Haus kamen, lief ich mit ihm an den Briefkästen vorbei, ohne einen Blick nach ihnen zu werfen. Wenn er sich dann oben die Hände wusch, huschte ich noch einmal nach unten und sah nach der Post. Ich mußte mich beeilen. Ein gutes Training. Aber ich bekam lange keine Post mehr aus Übersee. Meine Knie wurden kräftiger.

Nach einem Jahr schrieben die Welteckes noch einmal, in der Annahme, ihr erster Brief sei verlorengegangen. Diesmal fügte Helga einen langen Abschnitt über ihre Jungen hinzu, wie arm sie dran seien und was für ein Glück im Vergleich dazu Renate hatte. Am Ende stand die Bitte um ein Care-Paket.

Bald kamen ähnliche Briefe auch von anderen Leuten – zuerst tröpfchenweise, in den Jahren 1947 und 1948 dann ein richtiger Sturzbach. Manchmal quoll der Kasten vor Briefen über. Leute, die wir kaum gekannt hatten, oder gute Bekannte, die uns in unserer Notlage den Rücken zugekehrt oder, wie die Welteckes, zu unserem Unglück sogar beigetragen hatten, und selbst völlig fremde Leute schrieben uns auf irgend jemandes Empfehlung aus Deutschland. Anscheinend ging unsere Adresse dort von Hand zu

Hand. Diese Briefe waren einander merkwürdig ähnlich. Alle waren lang. Und alle hatten den gleichen Anfang – sie gratulierten uns zu unserem Glück, daß es uns gelungen war, Deutschland zu verlassen, bevor die »schlechten Zeiten« angefangen hatten. Den größten Raum in der Mitte nahm jedesmal die Liste von all dem ein, was sie verloren hatten, und zuletzt kam immer die Bitte um ein Care-Paket.

Ich schickte jedem, der fragte, ein Paket – die mittlere Preisklasse, mit Kaffee und Nylonstrümpfen, aber ohne kandierte Nüsse. Jedes kostete mehrere Tagesverdienste. Das war mir egal. Aber ich legte nie einen Brief dazu. Und wenn sie mir dankten und um noch eines baten, schickte ich noch eines. Zwei pro Bettler. Die Welteckes baten um eine Ehrenerklärung für Doktor Weltecke, daß er Doktor Rother geholfen habe. Sie mußte notariell beglaubigt sein. Ich schickte sie ihnen, notariell beglaubigt – einen einzigen Satz. Aber keinen persönlichen Brief. Auch beim Andere-Wange-Hinhalten gibt es Grenzen.

Natürlich schrieben uns nicht alle. Angelika, meine Wahltochter, meldete sich nicht. Sie war nach dem Krieg nach Amerika gegangen und hatte einen jüdischen Arzt geheiratet, aber sie versuchte nicht, uns zu finden. Wir hatten sie zu tief verletzt. Auch Hans, der Renate geliebt hatte, obwohl sie eine J war, schrieb nicht. Nachdem Renate Deutschland verlassen hatte, war er in die Partei eingetreten und hatte dank seines soliden Antisemitismus und seiner Treue zur Partei rasch Karriere gemacht. Was aus ihm wurde, ist mir schnurzegal.

Renate hatte einen Plan, der nicht funktionieren konnte. Sie wollte Medizin an der Columbia University studieren. Aber Hochmut kommt vor dem Fall. Wir sagten ihr, sie solle sich lieber einen Mann suchen, einen Amerikaner aus einer anständigen katholischen Familie, und studieren, egal wo. Doch sie war wild entschlossen, bewarb sich und mußte dann feststellen, daß ihr glänzendes Abitur hier nichts bedeutete und daß die glatten A's aus einem kleinen katholischen College in Pennsylvania niemandem Vertrauen einflößten. Die Columbia University gab ihr nicht mal einen Termin für ein Bewerbungsgespräch. Auch keine andere medizinische Hochschule wollte sie nehmen. Deshalb studierte sie, was in ihren Augen das zweitbeste Fach war – Biochemie, an einer katholischen Universität in Cincinnati, die bereit war, sie aufzunehmen. Biochemie sei mit Medizin eng verwandt. Es gehe darum, das Rätsel der Krankheit und des natürlichen Todes zu lösen, sagte sie uns. Carl und ich fanden es ein bißchen hochgestochen, wie sie das formulierte, aber das sagten wir ihr nicht.

Sie war dünner geworden. Sie trug ihr Haar jetzt kurz, wellte es mit einer Brennschere. Sie trug amerikanische Kleider, Röcke, Jacken. Sie hatte wieder dieses Mariengesicht mit den hohen Wangenknochen, der bleichen Samthaut und den großen, dunklen Augen. Aber ihr Lächeln machte den guten Eindruck zunichte – es war zu breit und zu aufgesetzt. Bewunderer hielt sie nicht mehr für eine Selbstverständlichkeit, wie sie es in Deutschland seltsamerweise getan hatte. Im Umgang mit Menschen war sie in Amerika sogar noch stärker benachteiligt als in Deutschland. Wenn jemand, egal wer, sie beachtete, fühlte sie sich sofort aufgewertet und begann zu hoffen. Einmal ließ sie sich in einem zweiteiligen Badeanzug von einem jungen Mann knipsen. Den Kopf nach hinten geworfen, mit affektiert schüchterner Miene posierte sie am Strand, wie ein Photomodell. Sie glaubte offenbar, das Bild würde mir Spaß machen, denn sie zeigte es mir. Es gefiel mir überhaupt nicht. Aber ich gratulierte ihr dazu, daß man nun endlich ein bißchen Taille bei ihr sah. Mit Vergnügen hörten wir auch, der junge Mann sei katholisch. Aber dann erwähnte sie ihn nicht wieder.

Wir bekamen Telefon.

Eines Tages läutete uns Renate an. Sie war in New York, heimlich aus Cincinatti mit dem Bus gekommen, und wollte uns besuchen.

Sie habe Neuigkeiten.

Sie hatte noch einmal an die Columbia University geschrieben, und der Chef der Abteilung für Biochemie hatte sie zu einem Besuch eingeladen. Hans Thatcher Clark. Aus ihrem Mund klang der Name, als handele es sich um einen Edelstein. Ich war besänftigt, als ich erfuhr, daß er kein Jude war und eine deutsche Mutter hatte. Renate hatte ihn offenbar beeindruckt. Sie sagte, er habe für Flüchtlinge etwas übrig, also auch für sie. Sünde der übertriebenen Bescheidenheit, schon wieder! Er wollte ihr eine Chance geben. Er würde dafür sorgen, daß sie an einem Kurs in einem Fach teilnehmen konnte, das alle Studenten furchtbar anstrengend und langweilig fanden: organische Chemie. Und wenn sie dort ein A bekäme – ein kaum zu bewältigendes Kunststück –, würde er sie als Doktorandin nehmen.

Sie hatte ihre Pläne gemacht, ohne mit uns darüber zu sprechen. Für uns war das ein Schock. Aber nachdem der erste Ärger verflogen war, nach einem Monat des Murrens, freuten wir uns – sie kam zurück nach New York.

Sie war eigensinnig. Sie war undankbar. Sie war egoistisch. Sie kam nicht oft zu Besuch. Ein Sohn wäre freundlicher und anhänglicher gewesen. Sie behauptete immer, sie sei beschäftigt. Womit? Mit Studieren. Sie wohnte in Harlem mit einem anderen Mädchen zusammen und studierte organische Chemie. Sie mochte das Fach nicht. Sie mußte sich zum Lernen zwingen. Sechs Monate vergingen, und sie bekam ein B.

Clark nahm sie trotzdem. Er könne ihre Abneigung gegen den Stoff verstehen, sagte er. Immerhin habe sie bewiesen, daß sie ein Mensch aus Fleisch und Blut sei. Ein seltener Beweis von Stolz – von diesem B erzählte sie niemandem etwas. Schließlich bekam sie, was sie wollte, die Zulassung zur Columbia University. Als ob das nicht genug wäre, begann sie wieder mit Klavierunterricht. Ein einarmiger Pianist, Paul Wittgenstein, der an der Columbia unterrichtete, hatte sie als Schülerin angenommen. Sie studiere mit ihm das Erste Klavierkonzert von Chopin, berichtete sie in einem derart begeisterten Ton, daß uns die Schelte im Hals steckenblieb. Wir brachten nur einen Satz heraus: »Du mußt dich entscheiden, Renate, Musik oder Wissenschaft.« Sie sagte, wir hätten recht, sie würde die Klavierstunden aufgeben, aber das tat sie natürlich nicht.

Wir kauften ein Haus.
Margie war auf eine Gelegenheit gestoßen. Sie hielt die Ohren offen und hörte von einer Siedlung, die in Fort Lee gebaut werden sollte. Ein uralter Wald zog sich dort am felsigen Ufer des Hudson auf der New-Jersey-Seite entlang. Ein Bauunternehmer stellte Häuser in diesen Wald. Eines Tages, so versprach der Bauherr, würde er eine direkte Verbindungsstraße zur nächsten Brücke bauen, dadurch würde die Siedlung zu einem Vorort von Manhattan. Margie meinte, man müsse Mut und Phantasie haben, um dort zu kaufen. Carl sagte, ihm würde es gefallen, wenn gleich vor der Haustür die Natur anfängt, der Wald sei einsam, schwarz und tief. Der Bauunternehmer gab noch Gehwege und eine Asphaltstraße dazu. Jedes Haus hatte drei Schlafzimmer und zwei Badezimmer. Neben der Küche im Erdgeschoß gab es sogar eine Dienstmädchentoilette. Margie faßte sich ein Herz. Sie kaufte ein Haus, und mit ein bißchen Unterstützung von ihr kauften wir das Haus nebenan. So wurden wir Nachbarn. Inzwischen hatte ich mich an sie gewöhnt, auch an den großen Diamantring, der mir die Haut aufritzte, wenn sie auf ihre überschwengliche Art meine Hand ergriff. Ich war mir inzwischen sicher,

daß sie Alkoholikerin war, aber als ich mit Carl darüber sprechen wollte, überließ er sich der Sünde des Zorns und schimpfte, ich solle mich um meinen eigenen Kram kümmern.

Endlich, nach fast zehnjähriger Trennung, waren wir wieder mit all unseren Möbeln vereint.

Das Haus hatte so niedrige Decken, daß ich mir die Bemerkung nicht verkneifen konnte: »Carl, diese Zimmer passen eher für Dackel.« Das Wohnzimmer war kleiner als das Mädchenzimmer in Leobschütz. »Unsere Möbel können wir hier nicht aufstellen«, klagte ich. Carl packte mit an, und zum Schluß paßte dann doch fast alles. Und ich sagte: »Ich liebe die Enge.« Speicher und Keller waren ebenfalls voll möbliert. Ich packte die Kisten aus – die Lodensachen, die weißen Lederhandschuhe, die Hüte, die Dirndlkleider. Ich packte die Hummelfiguren aus, die vielen Teekannen, die Sammeltassen und Sammelteller von Rosenthal. Ich packte die Weingläser aus und kredenzte darin Traubensaft zum Abendessen. Als ich einmal sagte, ich fände es schade, daß wir keinen Wein hätten, nahm Carl das persönlich. »Ich tue für dich, was ich kann«, sagte er. »Aber einen Wein-Import kann ich nicht auch noch aufmachen.« Ich beteuerte, es ginge mir doch nur darum, mich von der kleinen Flasche Himbeergeist abzuhalten, die mir Liesel am Schiff überreicht hatte. Er solle das nicht so ernst nehmen. Wir würden die Flasche für eine besondere Gelegenheit aufheben. An ihr würde ich jeden Tag meine Willenskraft erproben, und dazu solle er mir lieber gratulieren. »Ich gratuliere«, sagte er und blickte mich finster an.

Das Haus war sehr hübsch und aufgeräumt, aber so vollgestopft mit allem möglichen, daß man sich kaum bewegen konnte. Wir packten unsere Bücher aus. Carl brachte seine Briefmarkensammlung im Herrenzimmer unter. Wir packten den Betstuhl aus und hingen in jedes Zimmer ein Kruzifix. Wir kauften ein besseres Radio.

Hinter dem Haus lag ein kleiner Rasen, also sparten wir und kauften einen Rasenmäher, und ich lernte, wie man ihn bediente. Wir sparten, und dann gaben wir das Geld aus. Wir kauften eine schöne zusammenklappbare Gartenliege aus Aluminium, mit dunkelgrünen Gummikissen. Ich stellte eine Haushaltshilfe ein, eine ältere Farbige. Eine weiße Frau wäre mir lieber gewesen, aber die waren zu teuer. Ich konnte nicht beurteilen, wie sauber sie war, aber sie war sehr höflich und respektvoll und versuchte nie, das Kommando zu übernehmen, wie es Liesel getan hatte. Carl warnte mich, ich solle mich nicht mit ihr anfreunden. Aber ich muß zugeben, meine ersten vagen Vorstellungen über das restliche Amerika habe ich dieser weitgereisten und gut informierten Haushälterin zu verdanken – den verstohlenen Gesprächen, die wir in der Küche führten, wenn Carl auf dem Klo war.

Sonntags kam Renate zu Besuch. Sie war nicht gesprächig. Es entging mir nicht, wie glücklich und zerstreut sie wirkte – als sei sie in Gedanken immerzu bei den Einzelheiten von etwas Erfreulichem. Inzwischen weiß ich, was es war. Ein älterer Arzt von den Philippinen. Verheiratet. Die amerikanische Army hatte ihn eingezogen, kurz bevor die Japaner die Philippinen besetzten, und nachher war er verwundet worden. So hatte ihn das Schicksal nach New York verschlagen. Er war jetzt wieder auf dem Damm, wußte aber nicht, was aus seiner Frau und seinen sieben Kindern geworden war. Seit mehr als zwei Jahren hatte er nichts von ihnen gehört. Er glaubte, sie seien tot.

Renate tröstete ihn. Er war klein, ein schmächtiger, gelblicher Kerl, und es schüttelt mich noch heute, wenn ich daran denke, daß sie sich ihm hingegeben hat. Er hatte die Frechheit zu behaupten, er liebe sie. Als der Krieg in Fernost dann zu Ende war, ging er zurück und übernahm einen wichtigen Posten – Gesundheitsminister in der neuen Regierung. Von Renate hatte er sich versprechen lassen, sie werde nachkommen und ihn heiraten, sobald er wieder Fuß gefaßt hatte. Ich hatte keine Ahnung von dem, was sich da zusammenbraute. Doch dann schrieb er ihr, er habe seine Familie gefunden, lebend. Es war das letzte, was sie von ihm hörte.

Ich spürte, daß etwas nicht stimmte, denn plötzlich sah sie weniger glücklich aus, irgendwie geschrumpft, und kam uns auch öfter besuchen, zwei- oder dreimal die Woche. Sie unterhielt uns mit Geschichten über die anderen Wissenschaftler, anscheinend lauter komische Käuze. Sie behauptete, alle seien große Koryphäen, aber ich winkte ab, wenn sie uns erklären wollte, worin sie sich so gut auskannten. Ohne mit der Wimper zu zucken, benutzte sie ellenlange Wörter, die irgendwann mit »-säure« oder »-protein« endeten, aber ich sagte ihr: »Renate, hör auf mit dem Kauderwelsch.« Einmal erlebte sie einen kleinen Triumph, als sich herausstellte, daß Carl von »so was Einfachem wie einem Komplexkohlehydrat« noch nie gehört hatte. Er ärgerte sich, aber sie gab ihm einen Kuß und entschuldigte sich für ihre alberne Bemerkung, und er trug es ihr nicht nach. Nach einiger Zeit hörten ihre Besuche wieder auf. Ich schickte Briefe über den Hudson und ermahnte sie. Jeden Abend kniete ich an meinem Betpult nieder und betete, daß sie einen gutaussehenden amerikanischen Mann finden möge, vielleicht, aber nicht unbedingt, mit ein bißchen Geld, zumindest aus einer wohlhabenden Familie, und daß die Kinder, die sie mit ihm hätte, unsere Anker in der Neuen Welt würden. Gott erhörte meine Gebete nicht.

Es ist ein Rätsel, für das ich selbst jetzt, wo ich soviel Überblick habe, keine Erklärung finde: warum Gott mich dazu auserwählt hat, derart im Judentum zu versinken. Ich meine, jeder vernünftige Mensch würde erwarten, daß ihm katholische Enkelkinder lieber sind und er deshalb ein bißchen dazu beiträgt, daß man ein ihm wohlgefälliges Leben führen kann!

Renate begann ein heimliches Leben mit Dische.

Sie erwähnte ihn bloß einmal. Sie habe einen interessanten Freund, fünfundzwanzig Jahre älter als sie, bloß ein paar Jahre jünger als ich. Ein »interessanter Freund« – das war alles. Ich glaube, sie sagte: »Gestern habe ich *coleslaw* gegessen, kennt ihr das – süßer Krautsalat? Jemand hat es mir empfohlen. Ein interessantes Gericht. Er heißt übrigens Dr. Dische.«

Wir aßen gerade Sandwiches zum Abendessen. Ich setzte mein Sandwich wieder ab, vorsichtig, damit die eingelegten Gürkchen, mit denen es innen ausgelegt war, nicht herausrutschten, wie sie es gern tun – außer man benutzt flachgeschnittene Gurkenscheiben, aber diese Gurkenscheiben gab es nur in koscher –, jedenfalls setzte ich mein Sandwich ab und legte es mit beiden Händen vorsichtig auf den Teller zurück. Ich beugte mich zu Renate vor, die sich gerade wieder voller Begeisterung einen Bissen von ihrem Sandwich einverleibte, und sagte: »Das klingt ja grauenhaft.«

Ich starrte sie eine Zeitlang an, um meinen Worten Nachdruck zu verleihen, ich hungerte mehrere Minuten lang. Dann begann ich wieder zu essen. Sie aß unbekümmert weiter und sagte schließlich: »Ja sicher, er *ist* grauenhaft. Ihr solltet mal seine Tischmanieren sehen.«

Ich sah zu Carl hinüber und er zu mir.

»Hast du denn keine anderen Freunde?« fragte Carl.

»Jede Menge«, sagte sie. »Das Besondere an ihm ist nur, daß er so eigenartig ist. Bloß deshalb habe ich ihn erwähnt.«

»Worin ist er denn noch eigenartig?« fragte ich.

»Er ist genial, aber das sind seine Freunde auch«, sagte Renate. »Er ist berühmt in seinem Fach. Alle sagen, er wird eines Tages den Nobelpreis bekommen, aber den bekommen seine Freunde auch. Er ist bloß noch eigenartiger – also, zum Beispiel, er kann im Sitzen nicht denken. Er hat keinen Stuhl an seinem Schreibtisch stehen. Er rennt den ganzen Tag herum. Läuft in den Fluren auf und ab. Wenn du mit ihm reden willst, mußt du mitlaufen. Aber wenn du aufhörst zu reden und zurückbleibst, dann merkt er es nicht und geht einfach weiter. Und seine Berechnungen macht er ohne Stift und Papier. Er rechnet alles im Kopf aus, und dann geht er an seinem Schreibtisch vorbei, sucht einen Stift und bringt dabei alles durcheinander, und wenn er schließlich einen gefunden hat, dann kritzelt er seine Ergebnisse auf einen Fetzen Papier, und den verliert er dann wieder. Aber die Zahlen merkt er sich, deshalb ist es egal. Rechnen kann er jedenfalls nur, wenn er irgend etwas hinter seinem Rücken zwischen den Fingern dreht. Es muß das richtige Gewicht und die richtige Größe haben, sonst läßt es sich nicht richtig drehen und er kann nicht denken. Meistens nimmt er Löffel oder kleine Zweige.«

»Es wundert mich, daß du dich mit so einem Mann anfreunden kannst – jemand, der immer nur eine Sache im Kopf hat, und obendrein etwas, wovon deine Eltern nichts verstehen«, sagte Carl.

»Oh, nein«, sagte Renate fröhlich. »Er versteht auch viel von Literatur und Geschichte. Er spricht acht Sprachen fließend, und in allen acht führt er Selbstgespräche. Er liest Altgriechisch zum Vergnügen. Auch beim Lesen setzt er sich nicht, da legt er sich hin. Er sitzt nur beim Essen. Aber seine Manieren sind unglaublich. Ich mag gar nicht daran denken, wie das bei dem Galadiner in Stockholm wird, wenn er den Nobelpreis bekommt. Ihr würdet ihn bestimmt abscheulich finden. Diese Sandwiches sind köstlich. Aber ihr solltet mal *coleslaw* probieren. Ich fahre jetzt ins Labor zurück.«

Sie war ständig im Labor oder zum Klavierspielen in einem der Übungsräume. Sie war nicht gern bei sich zu Hause, fuhr nur zum Schlafen dorthin. In ihrem Zimmer gab es kein Bett, nur ein Sofa. Sie sagte, sie habe sich entscheiden müssen zwischen einem Sofa, auf dem sie Freunde empfangen konnte, und einem Bett, auf dem sie keine Freunde empfangen konnte. Deshalb besorgte sie sich ein Sofa und schlief auf dem.

Dische, so war zu hören, besaß auch nur ein Sofa. Das hatten sie gemeinsam. Aber ich wußte es damals noch nicht.

Ich sagte: »Renate, zieh doch wieder zu uns, hier bekommst du ein ordentliches Essen, und du kannst in einem richtigen Bett schlafen.«

Carl sagte: »Du bist eine einzige Enttäuschung. Lebst wie ein Vagabund. Dabei hast du ein Zuhause, wo du wohnen kannst. Mein Leben lang habe ich mich abgerackert, damit du ein Zuhause hast, aber du willst es nicht. Du spuckst mir noch ins Gesicht dafür, oder etwa nicht?« – »Das wollte sie nicht hören. Weil es die Wahrheit ist«, sagte er später zu mir, nachdem sie zur Tür hinaus war – vielleicht in Tränen, wahrscheinlich aber nicht. Ich wußte, wir würden sie eine ganze Weile nicht wiedersehen. Und so war es auch.

Wir mußten zu ihr fahren. Ich schrieb ihr und flehte sie an, vernünftig zu sein. Sie breche ihrem Vater das Herz, sie solle kommen und sich bei ihm entschuldigen. Sie schrieb zurück, sie werde demnächst zu einer wissenschaftlichen Tagung nach Europa fahren. Und die Klavierstunden habe sie aufgegeben, weil sie nicht genug üben könne. Wir fuhren in unserem Buick nach Manhattan und trafen sie in einem Nedick's – offenbar Disches Lieblingsrestaurant. Wir fanden es sehr billig. Wir nahmen Coleslaw. Sie wollte unbedingt bezahlen, was Carl kränkte. Er brachte kaum ein Wort heraus, so wütend war er. Sie achtete einfach nicht darauf. Sie schwebte im siebten Himmel. Sie erzählte, sie sei zu der Tagung eingeladen, die Reise würde ihr bezahlt. Sie verdiene jetzt als Forschungsassistentin selbst etwas und leite außerdem einen Anfängerkurs an der Columbia. Sie könne es sich leisten, uns zum Essen einzuladen. Und ob sie uns aus England etwas mitbringen solle?

Margie kam oft vorbei. Ich hörte es, wenn sie ihre Hintertür zuschlug, und ging ans Fenster, um zu sehen, wie sie die Treppe hinter ihrem Haus herunterkam. Wenn sie langsam ging, wollte sie zu ihrem Wagen in die Garage. Wenn sie tänzelte, wollte sie zu uns. Nach hinten raus gab es zwischen unseren Grundstücken keinen Zaun. Sie preschte in ihren hochhackigen Schuhen über unseren Rasen. Meistens kam sie am Wochenende, wenn Carl zu Hause war. Sie paßte auf, ob der Wagen da war. Eines Sonntags fuhr ich Carl in die Praxis, wo er einigen Papierkram erledigen wollte, und kam allein zurück. Margie hatte wohl den Augenblick verpaßt, als ich aus dem Wagen gestiegen war. Sie sah nur den Buick in der Einfahrt stehen und kam herüber. Als sie mich dann allein im Haus traf, erklärte sie, das sei ja mal eine wunderbare Gelegenheit für ein Gespräch von Frau zu Frau. Sie ließ sich von mir ein Glas Traubensaft einschenken, setzte sich mit großem Getue in einen unserer Biedermeiersessel, und ehe ich mich versah, fing sie an und erteilte mir Ratschläge, wie ich mit Renate umgehen sollte. Ein kluges Mädchen sei sie, und sie würde sich bestimmt den Mann aussuchen, der am besten zu ihr passe. Dann könnten wir endlich den Himbeergeist anbrechen, auf den sie so gespannt sei. Sie, Margie, habe, was Männer anging, eine kluge Wahl getroffen, aber er sei zu jung gestorben, noch bevor sie Kinder hatten haben können. Danach habe sie keinen anderen mehr gewollt, habe ihn nicht hintergehen wollen. Sie fing an zu weinen, und ich gab ihr mein Taschentuch mit den gestickten Initialen der Familie darauf. Aber mein Herz verhärtete sich gegen sie, weil sie mir wegen Renate Ratschläge erteilte, obwohl sie selbst keine Kinder und also auch keine Erfahrung hatte, und vor allem, weil Carl ihr von dem Himbeergeist erzählt und sie damit auf die übelste Weise ins Vertrauen gezogen hatte.

Es waren schwere Zeiten für mich. Renate fuhr in die Ferne, wenn auch nur für einen Monat. Und Carl vertraute sich der Nachbarin an. Ich fragte ihn, wann er sie denn ohne mich gesehen habe. Er sagte, sie sei krank gewesen und zur Untersuchung in seine Praxis gekommen. Sie habe übrigens darauf bestanden, daß er ihr eine richtige Rechnung schreibe. Seine Freizeit zu Hause hatte sie nicht in Anspruch nehmen wollen.

Das mußte ich respektieren. Aber ich beschloß, den Garten auch hinten herum einzuzäunen. Um den Zaun errichten zu können, mußte ich einen Hund kaufen. Ich entschied mich für einen Drahthaardackel, einen kleinen kräftigen Welpen, und nannte ihn Faithful.

Faithful hielt in allem zu mir. Er erwies sich als ein Alphahund, der keine anderen Männchen an mich heranlassen wollte, auch Carl nicht. Nachts lag er auf meiner Seite neben dem Bett und knurrte schon, wenn sich Carl nur zu mir herumdrehte. Im Haus folgte er mir auf Schritt und Tritt und warf bewundernde Blicke in meine Richtung. Carl nannte es Anbetung der Jungfrau. Faithful zitterte, wenn ich ihn streichelte. Aber er hatte auch eine dunkle Seite. Wenn wir ausgingen, verabschiedete sich der Ehrenmann in ihm. Er schlich dann flach am Boden dahin und zerrte mich hinter sich her, bis er eine Stelle auf dem Trottoir gefunden hatte, die ihm unwiderstehlich erschien. Minutenlang leckte er daran herum, feierte den Duft, der dort zurückgeblieben war, und nur ein kräftiger Stoß in die Rippen konnte ihn zum Weitergehen bewegen. Mit zunehmendem Alter wurde es immer schlimmer. Oft kroch er unter dem Zaun durch und blieb stundenlang verschwunden. Wir kauften einen stabileren Zaun. Ich sorgte dafür, daß er auch höher war.

Der erste Zaun hatte bewirkt, daß Margie nicht mehr einfach hinten herum zu uns konnte. Sie mußte ihr Haus nun durch die Vordertür verlassen, vor allen Nachbarn über das Trottoir gehen und dann wie der Postbote an unsere Haustür kommen. Ihre Besuche hatten fast aufgehört. Der zweite Zaun war so hoch, daß sie auch nicht mehr zu uns herübersehen konnte. Ich vermißte sie nicht.

Unterdessen war Renate nach England in See gestochen. Ich ahnte nicht, daß sie mit Dische unterwegs war, daß alle die beiden als Paar ansahen. In seinen Kreisen mußte man nicht unbedingt verheiratet sein, wenn man gemeinsam verreisen wollte. Sie verbrachten einen Monat zusammen, und als sie zurückkamen, wußte Renate so gut wie vorher, daß er nicht der Richtige für sie war. Trotzdem konnte sie ihm nicht widerstehen. Einmal pro Woche besuchte sie ihn in dem Verlies, das ihm als Zuhause diente. Diese Wohnung muß in all ihren scheußlichen Einzelheiten beschrieben werden.

Auch Dische schlief auf einem Sofa, aber sein Sofa stand in der Küche. Er schlief in der Küche. Da wo ein normaler Mensch sein Bett hingestellt hätte, stand bei ihm der Schreibtisch, und es war auch kein richtiger Schreibtisch, sondern ein Campingtisch, aber er setzte sich sowieso nie an diesen Tisch, sondern benutzte ihn als Ablage für seine Papiere. Zum Essen setzte er sich auf die Sofakante oder ging ins Automatenrestaurant, Horn and Hardart. Die Wohnung war mit Büchern und Papieren möbliert. Renate war von seiner Konzentrationskraft beeindruckt. Sie kam zu Besuch, er lag auf dem Sofa und las ein griechisches Theaterstück. Er bat sie um eine Minute Geduld, er wolle nur schnell den Absatz zu Ende lesen, lehnte sich wieder zurück und las geschlagene zwei Stunden weiter, wobei er immer wieder laut lachte. Er hatte vollkommen vergessen, daß sie da war. Eine Zeitlang blieb sie an der Tür stehen und sah ihm zu. Dann suchte sie sich ein Buch in einer Sprache, die sie kannte, setzte sich auf den Boden, streifte den Rock glatt und versuchte sich wenigstens halb so tief in ihre Lektüre zu versenken wie er. Er las sein Buch zu Ende und hatte tatsächlich vergessen, daß sie gekommen war. Er merkte auch nicht, daß sie da auf dem Boden saß. Sie rührte sich nicht und beobachtete ihn. Er zog den Mantel an, setzte den Hut auf und ging hinaus. Sie lief ihm hinterher. Danach ließen sie es sich bei Horn and Hardart schmecken. Sie fand ihn köstlich.

Ich fand ihn selbst dort abstoßend, wo er ähnlich empfand wie ich. Es stellte sich zum Beispiel heraus, daß er züchtiger war als Renate. Aber nur aus Feigheit. Er hatte eine Phobie vor Krankheiten und eine Mordsangst, sich mit Syphilis anzustecken. So eine Frechheit – dieser furchtbare, verschreckte kleine Mann, der ewig leben wollte und sich davor fürchtete, daß meine Tochter ihn berührte. Schon allein die Idee, daß er sich bei ihr Syphilis holen könnte! Gab es da nicht etwas ganz besonders Furchtbares, das sie sich bei ihm holen konnte – und dann schließlich auch bekam?

Als junger Mann hatte er beschlossen, nie zu heiraten. Jahrzehnte nach dieser Entscheidung sprach er noch immer mit unverbrauchter Geringschätzung über Mädchen, die ihn heiraten wollten. Eine andere Eigenart ist in diesem Zusammenhang erwähnenswert – er mochte keine jüdischen Frauen. Dunkelhaarige, schmalgliedrige semitische Frauen fand er abstoßend. Ihm gefielen blonde oder brünette Frauen mit gutem, deutschem Blut. Und besonders gut gefielen ihm gottesfürchtige Christinnen. Gläubige Frauen waren ihm tatsächlich am liebsten. Anscheinend hatte er sich früher mal einem ganzen Schwarm glücklich verheirateter polnischer Katholikinnen gewidmet – lauter Schwestern, alle mit einer Schwäche für Intelligenz – und eine nach der anderen in die Todsünde getrieben.

Deshalb gefiel ihm auch Renate so gut. Er sah in ihr ein katholisches, deutsches Mädel. Endlich ein Mann, der in ihr das sah, was sie wirklich war. Ihm gefielen die breiten Schultern und die roten Wangen und ihre arische Art, sich nie zu beklagen. Er tat mit ihr das Unaussprechliche, und nachher schickte er sie mitten in der Nacht weg, weil er nicht schlafen konnte, wenn jemand neben ihm lag. Außerdem war auf seinem Sofa kein Platz. Und sie beklagte sich selbstverständlich nicht. Sie nahm die U-Bahn nach *uptown* zu ihrem eigenen Sofa. Tagsüber begegneten sie sich im Labor, aber er war nicht romantisch, verschwendete nicht viele Gedanken an eine Frau. Wenn sie mit ihm sprechen wollte, mußte sie ihn in den Fluren, wo er herumlief, finden und neben ihm herlaufen, denn ihretwegen ging er kein bißchen langsamer als vorher. So waren die Gespräche meistens kurz.

»Sollen wir heute abend zusammen essen gehen?«
»Ja.«

Eines Tages aß sie mit einem Kollegen von ihm zu Abend. Er war ein großer, gutaussehender junger Mann. Genau der Richtige für sie. Er war normal, kein blödes Genie. Dische bekam die Sache irgendwie spitz. Vielleicht gab es tief in ihm drin doch so etwas wie Instinkt, oder seine große Nase roch den anderen Mann auf ihrer Haut. Jedenfalls war er erschüttert.

Von da an wollte er sie unbedingt heiraten, um sie ganz für sich zu haben. Sie könnte sogar die Nacht bei ihm auf dem Sofa verbringen und überhaupt.

Sie erklärte sich einverstanden, mit ihm nach England zu fahren.

Er war eingeladen, nicht sie. Er nahm sie mit und gab sie als seine Verlobte aus. Eine Nebenrolle. Er stellte sie vielen bedeutenden Wissenschaftlern vor. Über die schrieb sie lange Briefe nach Hause. Ich prahlte damit vor Margie. Carl sagte, er sei stolz auf seine Tochter.

Als sie zurückkam, wollten wir sie am Hafen in New York abholen, aber sie wich immer aus und konnte nicht genau sagen, welches Schiff sie nehmen würde. Schließlich hieß es, sie würde an einem bestimmten Tag im Juni mit der Queen Mary eintreffen, doch dann kam sie einen Tag früher mit der United States und überraschte uns beim Abendessen. Sie behauptete, es sei ein Irrtum gewesen. Dabei hätte sie uns vom Schiff ein Telegramm schicken können. Uns war klar, daß irgend etwas nicht stimmte. Aber das ganze Ausmaß ihrer Doppelzüngigkeit ahnten wir nicht.

Sie wischte unser Mißtrauen beiseite und verkündete, sie sei überglücklich, wieder in Amerika zu sein. Sie habe nicht das geringste Verlangen verspürt, den Kontinent zu besuchen. Auch das war gelogen. Sie war mit Dische nach Paris gefahren und hatte, obwohl unverheiratet, mit ihm ein Hotelzimmer geteilt (getrennte Betten), weil er zu geizig war, für zwei Zimmer zu zahlen. Sie hatte sich von ihm immer tiefer in den Sumpf der Unzucht und des Lotterlebens herabziehen lassen.

Wir ahnten nur die Hälfte von alledem, waren entsetzt und konnten doch nichts tun. Unsere einzige Tochter belog uns in der Frage, wann ihr Schiff zurückkam. Bestimmt ging es um einen Mann. Wir hatten Dische in Verdacht. Aber es hätte auch jeder andere sein können. Die Welt wimmelte von falschen Ehemännern. Für eine Frau ohne normale Hemmungen mußte es der reinste Spießrutenlauf sein. Oft besprach ich mich mit meiner Mutter. Ich bat sie um Rat. Ich nahm ihren Rosenkranz fest in beide Hände und hoffte auf tatkräftige Hilfe. Aber meine Mutter rührte sich nicht. Wenn es schon nicht gelingt, wie wir ja bereits mehrfach gesehen haben, Gottes Hilfe zu erlangen, wie soll man dann bei Leuten mehr Erfolg haben, die eben erst ins Jenseits eingegangen sind? Sosehr sie einen auf Erden geliebt haben mögen – mit praktischen Fragen wollen sie sich nicht mehr abgeben. In diesem Punkt haben die Buddhisten recht. Ein Toter wird eine Erinnerung. Er wird zu vielen Erinnerungen.

Gerade sehe ich, wie Dr. Thacker an einem winzigen Baby eine Autopsie vorzunehmen versucht. Ein schwieriger Fall – das Kind starb an einer angeborenen Herzkrankheit. Renate war eine Expertin für diese Krankheit. Dr. Thacker ist traurig, und seine Hand zittert. Sein Kollege bemerkt es und rät ihm: »Tu einfach so, als stände Renate hinter dir, besprich deine Befunde mit ihr.« Und Dr. Thacker nickt dankbar, seine Hände werden wieder ruhig, seine Ratgeberin ist bei ihm, er kann wieder arbeiten. Doch wenn seine Hand nun abglitte, würde Renate sie nicht an die richtige Stelle zurückführen. Erinnerungen können sprechen, aber sie können keine Berge versetzen. Jetzt habe ich schon wieder vorgegriffen.

Silvester 1949 erreichten die schrecklichen vierziger Jahre ihren Höhepunkt. Renate hatte den Abend mit uns verbringen wollen. Aber dann rief sie an und sagte, sie sei müde. Außerdem müsse sie dringend ein angefangenes Experiment zu Ende bringen und deshalb an diesem Abend im Labor bleiben. Sie versprach, am nächsten Tag zu kommen. Noch bevor das Jahr zu Ende war, hatte Dische, der Silvester gern im stillen feierte, unserer Tochter sein Gift eingeträufelt.

Sie merkte es bald.

Und sie tat etwas. Aus dem Militärlabor besorgte sie sich Senfschwefel, aus dem man früher Senfgas hergestellt hat. Sie rechnete wie ein Apotheker, soundsoviel Gramm pro Liter, und streute das Pulver in eine Wanne mit heißem Wasser. Sie setzte sich hinein und erwartete, die Wehen würden sofort einsetzen. Versuchter Mord, eine Sünde! So tief war sie gefallen. Der Senf versengte ihr die Haut. Sie fing an zu husten. Sie quälte sich, aber sie jammerte nicht. Sie blieb in der Brühe sitzen, bis sie abgekühlt war und der Senf sich als Schlammschicht am Boden der Wanne abgesetzt hatte. Dann rief sie Dische an und lud ihn zum Abendessen in ihrem Lieblingsrestaurant Horn and Hardart ein. Das Atmen fiel ihr schwer, und ihr war schlecht, aber sie marschierte nach *downtown,* den ganzen Weg von der 168. bis zur 42. Straße. Als sie dort war und immer noch keine Anzeichen von einer Blutung feststellen konnte, fand sie sich damit ab. Er kam zu spät. Er war hungrig. Schon beim Hereinkommen hörte er sie husten und gab ihr deshalb keinen Kuß, weil sie ihn vielleicht hätte anstecken können. Sie beruhigte ihn – sie habe sich im Labor an etwas verätzt. Er fragte nicht nach. Er genoß den Hackbraten. Über schwarzem Kaffee und Napfkuchen wurde er aufmerksamer. Da sagte sie ihm, sie wolle ihn heiraten.

Ein paar Tage später kam sie zu uns. Es war ein eiskalter Februartag, und sie sah müde und elend aus. Carl meinte, sie müsse sich irgend etwas geholt haben. Sie sagte: Nein, sie fühle sich großartig. Aber sie war nicht so lebhaft wie sonst. Es kostete sie sichtlich Mühe, uns von ihrer Arbeit zu erzählen, ihrer Doktorarbeit, ihren Kollegen. Wir aßen zu Mittag. Die Neuigkeit kam ihr seitwärts aus dem Mund.

»Stellt euch vor, dieser komische Forscher, Doktor Dische, will mich heiraten«, sagte sie.

»Er ist jüdisch, nicht wahr?« fragte ich. »Und viel älter als du.«

Sie nickte fröhlich. »Er ist jüdisch, aber er liebt den Katholizismus. Er weiß mehr darüber als ich.«

Wir waren verblüfft, und sie sprach weiter. »Es ist wirklich verlockend. Er ist nie langweilig – und wirklich brillant.« Sie stotterte fast.

Ihr Vater sagte keinen Ton. Ich sagte: »Renate, laß diese Albernheiten, die deinen Vater so kränken. Siehst du denn nicht, was du ihm antust?«

Da holte sie tief Luft und sagte: »Na schön, also, ich habe ihn schon geheiratet. Gestern. Ich bin jetzt Mrs. Dische.«

Carl reagierte zuerst mit einem sehr tiefen Knurren, das langsam an Lautstärke gewann. Schließlich brüllte er: »Du hast alles kaputt gemacht, was ich aufgebaut habe!« Seine große Faust krachte auf den Tisch. »Verschwinde aus meinem Haus, und komm nie, nie zurück. Du bist nicht mehr meine Tochter. Ich will dich nie wieder sehen.«

Sie ging.

Wir sahen sie sehr lange nicht wieder.

Renate war gerade dabei, ein Experiment für Dr. Clark abzuschließen. Ein paar Stunden brauchte sie noch, mußte noch einige Messungen vornehmen. Da begannen die Wehen. Sie waren seit zwei Wochen überfällig. Das Experiment wollte Renate trotzdem beenden. Wenn eine Wehe kam, setzte sie sich auf einen Stuhl. Wenn sie vorüber war, ging sie wieder an die Arbeit. Sie mußte verschiedene Meßwerte prüfen. Als die Wehen alle fünf Minuten kamen und sie mit ihrem Experiment immer noch nicht fertig war, kam ihr eine Idee. Sie packte die drei Handbücher, die sie benötigte, unter den Arm, nahm ihre Handtasche und ging zum Aufzug. Während sie auf den Aufzug wartete, kam Dr. Chargaff vorbei. Er war ein Kavalier der alten Schule, und anders als vielen seiner Kollegen fiel es ihm auf, wenn eine hochschwangere Frau schwere Bücher in der Gegend herumschleppte. Er bot ihr seine Hilfe an, aber sie lehnte dankend ab, sagte, es sei kein Problem, sie wolle lieber zusehen, wie sie allein zurechtkomme. »Aber wohin wollen Sie denn mit diesen Wälzern?« fragte er, und sie antwortete liebenswürdig: »In den Kreißsaal.«

Er nahm ihr die Bücher ab und begleitete sie.

Dann machte er sich auf die Suche nach ihrem Mann, wollte ihm Bescheid sagen. Er mochte diesen Doktor Dische, der auch kein Amerikaner war und auch ein paar Bücher gelesen hatte, die mit Naturwissenschaften nichts zu tun hatten. Dr. Chargaff war ein echter Universalgelehrter, wie fast alle Wissenschaftler aus Wien, während dieser Typus in der Neuen Welt eher selten vorkam. Aber bei aller Sympathie ärgerte sich Dr. Chargaff doch auch ein bißchen über Dr. Dische – denn für sein Gefühl setzte der seine Exzentrizität ziemlich unfair und rücksichtslos in Szene. Tatsächlich hielt niemand Dr. Chargaff für einen Exzentriker, allein schon deshalb nicht, weil er tadellose Manieren hatte. Als er Dr. Disches Labor betrat, hörte er schon dessen rauhe, laute Stimme, wie er Dr. Clark versicherte, Renate werde das Experiment für ihn bald abgeschlossen haben. »Sie wird es nicht abschließen können«, protestierte Dr. Chargaff. »Ihre Frau liegt nämlich in den Wehen. Ich habe sie gerade in den Kreißsaal gebracht.« Der werdende Vater wandte sich wieder Dr. Clark zu. »Keine Sorge«, sagte er. »Sie wird es trotzdem abschließen. Sie werden sehen. Eine Schwangerschaft ist keine Krankheit.«

Und sie schloß es ab. Es war eine langwierige, schwere Geburt. Zwischen den Wehen hatte sie Zeit, noch einmal zurückzugehen und ihre Arbeit zu beenden. Dann machte man ihr einen Kaiserschnitt. Nach der Operation wollte sie kein Schmerzmittel. Sie erschreckte die Krankenschwester fast zu Tode mit ihrem Verhalten. Wenn sie fragten: »Tut es weh?« antwortete sie: »Ach, überhaupt nicht.« Dabei war sie sehr bleich. Man gab ihr ein bißchen Schmerzmittel, zur Sicherheit, ohne sie zu fragen. Da kehrte die Farbe in ihr Gesicht zurück.

Die anderen Biochemiker pilgerten alle nach unten in die Entbindungsstation und sahen sich das Baby hinter der Glasscheibe an. Sie amüsierten sich darüber, daß der alte Dische gerade zum erstenmal Nachwuchs bekommen hatte. Sie beneideten ihn nicht und meinten zu Recht, daß er den Unterschied in seinem Leben wahrscheinlich kaum wahrnehmen werde. Es war Freitag der Dreizehnte. Die Koryphäen und Kapazitäten glaubten nicht an böse Vorzeichen.

Dische rief an und teilte uns mit, wir hätten einen Enkel bekommen. Er sei zwar an einem Dreizehnten geboren, aber das sei kein Grund zur Beunruhigung. Im Gegenteil. Er selbst sei ebenfalls an einem Dreizehnten im New Yorker Hafen angekommen. Und natürlich mußte ich an dieser Stelle einwerfen, daß auch ich an einem Dreizehnten zur Welt gekommen war, wenn auch einem Montag. »Wir machen aus dem Dreizehnten einen Glückstag!« frohlockte Dische. Die erste Person Plural ging ihm leicht über die Lippen. Mit anderen Worten, er hatte überhaupt keine Scheu, mit uns zu reden. Anscheinend hielt er es für das Selbstverständlichste von der Welt, daß wir zuerst wütend waren und dann nicht mehr. Sie hatten das Kind nach Carl benannt. Ein perfider Trick. Natürlich fuhren wir zum Krankenhaus, um Renate und das Neugeborene zu besuchen – aber nicht den frischgebackenen Vater. Der war auch gar nicht da. Ließ sich anscheinend überhaupt selten blicken. Als Geschenk brachte ich mein Silberbesteck aus dem Besitz der Lasaulx mit. Carl hielt Blumen in der Hand. Renate begrüßte uns herzlich. Keinem von uns kamen Tränen. Zu Gefühlsüberschwang bestand auch wenig Anlaß, wenn man sich den kleinen Carl ansah.

Er hatte Carls große schwarze Augen, aber damit hörte die Ähnlichkeit auch schon auf. Ansonsten war er durch und durch ein Dische – klein, semitisch, unmännlich und, wie sich bald herausstellen sollte, ein Kopfmensch. Wie sollte es auch anders sein? Denn:

Im Jahre 1865 zeugten Jakob Dische und Cywie Wittmajer den Simon Izak Dische, und im Jahre 1875 Chaja Rosmarin und Jakob Reich die Serafine Reich. Und im Jahre 1895 zeugten Serafine Reich und Simon Izak Dische den Zacharyas. Und Zacharyas, genannt Dische, aß mit offenem Mund. Er redete mit den Händen und sprach ständig vom Geld. Er war geizig, Geld war für ihn etwas Höheres. Das Schtetl lebte in ihm. Darauf war er stolz. Er prahlte, sein Onkel sei der Gründer und Vorsitzende der Zionistischen Partei im polnischen Sejm gewesen. Carl hätte peinliche Einzelheiten dieser Art für sich behalten. Carl hätte auch nicht ständig davon geschwafelt, wie exzentrisch und genial seine Eltern waren – was die Rothers ja auch nicht waren, sondern sie waren nette Leute. Dische indessen hielt es geradezu für eine Auszeichnung, daß sein Vater Simon auf der Straße mal die eigene Mutter, Serafine, nicht erkannt, sondern nur den Hut gelüftet hatte und weitergegangen war. Er war Bankier. In seinen Adern floß Geld. Dische hielt das für einen Vorzug. Er nannte es eine der guten Seiten seiner Mutter, daß sie keine Zeit für ihre Kinder gehabt hatte, weil sie immer las. Serafine war gar keine richtige Mutter gewesen, sondern ein Bücherwurm. Jetzt waren sie alle tot, so mußten wir uns nicht auch noch mit ihnen anfreunden. Das war das einzige, womit Dische nicht prahlte, was er sogar nie erwähnte – wie sie gestorben waren. Er konnte froh sein über unsere Duldsamkeit und daß wir ihn in die Familie aufnahmen. Er hatte sich unser Bestes genommen – unsere unglaubliche Tochter. Dabei schien er gar nicht zu begreifen, was für ein Prachtstück sie war. Er sprach zwar gern von ihrer Schönheit, aber ihre Talente erwähnte er nie. Er würdigte nicht mal Renates Klavierspiel, weil seine eigene Schwester ein musikalisches Wunderkind gewesen war, womit er sagen wollte, sie sei besser als Renate gewesen, kein Vergleich. Sie habe bei Max Reger studiert und in ganz Europa Konzerte gegeben. Wir hörten einfach nicht hin, wenn er diese Geschichten erzählte. Als ich erfuhr, daß er Renate auch keinen Schmuck geschenkt hatte, wie es sich für einen richtigen Bräutigam gehört, und daß er ihr überhaupt nie etwas schenkte, kam mir eine Idee.

Mir fielen die Wunschzettel ein, die Renate als Kind zu Weihnachten geschrieben hatte. Jedes Jahr stand eine Perlenkette darauf. Ich machte mir nichts aus Perlen. Mir waren sie zu blaß. Gerade deshalb gefielen sie Renate. Um sich von mir abzugrenzen. Ich fuhr also zum Einkaufen in die Stadt. Ich sprach mit Carl. Und der überreichte unserer Tochter dann feierlich zwei herrliche, riesengroße Perlen an einer ansonsten leeren Schnur. Zu Dische sagte ich, von nun an wolle ich jedes Jahr zwei weitere passende Perlen an dieser Schnur sehen. Kaufen könne man sie bei Christie's, und an ihrem zehnten Hochzeitstag könne Renate die Kette dann tragen. Es blieb ihm nichts anderes übrig, als ja zu sagen und sich zu bedanken – für die Idee und die beiden ersten Perlen. Auf die nächsten würde er sparen müssen.

Da wir uns ja nun wieder vertragen, verkündete Carl, steht euch unser Haus auch wieder offen. Aber die Disches waren mit ihren blubbernden Reagenzgläsern beschäftigt. Sie arbeiteten sieben Tage die Woche. Trotzdem kamen sie sonntags zum Cocktail. In einer Beziehung hatte Renate nicht gelogen – Dische hatte wirklich Respekt vor dem Kirchgang. Er fragte nach dem Priester und nach unseren Gebräuchen und gab über seine eigene Religion Auskünfte, um die ihn niemand gebeten hatte. Wir rollten mit den Augen, wenn er auf dieses Thema kam. Er merkte es nicht. Er sagte, er freue sich die ganze Woche auf unsere Sonntagscocktails, und ließ sich den Tom Collins schmecken. Wir boten Crackers dazu an. Er mochte Crackers, auch nachdem er festgestellt hatte, daß sie voll waren mit etwas, das er gesättigte Fettsäuren nannte.

Auf unser Drängen ließ Renate das Baby nun manchmal bei uns. Die Familie war in das nördlichste Viertel von New York gezogen, in jenes jüdische Schtetl, wo wir uns nach unserer Ankunft aus Deutschland hatten einquartieren müssen und aus dem wir bei der ersten sich bietenden Gelegenheit geflohen waren. Sie hatten sich diese

Gegend ausgesucht, weil es dort billig war. Wie nicht anders zu erwarten, ging es in ihrem Haushalt ziemlich seltsam zu. Dische stellte sein Sofa im Eßzimmer auf, weil es in die Küche nicht paßte, und Renate stellte ihr Sofa ins Wohnzimmer. Das Baby schlief im einzigen Schlafzimmer. Renate hatte für Hausangestellte keine Begabung. Nach dem Fiasko mit der Nacktmodellhaushälterin half ich ihr. Ich fuhr nach Germantown und hielt Ausschau nach einem Kindermädchen mit deutschen Wertvorstellungen. Nachdem ich ein paar Minuten herumgefragt hatte, fand ich Gertrude. Sie kam direkt aus der deutschen Armut, hatte keine Manieren und keine ordentlichen Kleider, aber die Leere in ihren Taschen wurde aufgewogen durch die Größe ihrer Träume. Sie kam sofort mit zum Wohnsitz der Disches. Ich sagte ihr nichts über Dische und seine Menage, sondern ermahnte sie, sie solle dankbar für diese Chance sein, daß sie in der Neuen Welt Fuß fassen könne, denn sie sei ja schließlich illegal hier. Drei- oder viermal benutzte ich das Wort »illegal« – damit sie merkte, daß ich Bescheid wußte, dann würde sie sich auch anständig benehmen. Aber sie war nicht Liesel. Sie hielt zwar auf Ordnung, doch sie war rebellisch. Sie bügelte Renates einziges Partykleid ins brandige Vergessen und hängte die verkohlten Überreste wieder in den Kleiderschrank.

Sie konnte das »Zigeunerleben«, wie sie es nannte, nicht ertragen – diesen »Mann, der in der Küche schläft«. Wenn sie von ihm sprach, schüttelte sie sich. Sie kam zu mir und beklagte sich über ihn. Er sei ein typischer Jude. Dagegen ließ sich nicht viel sagen. Dann meinte sie, das Baby der Disches sei ein typisches Judenbalg – schreie die ganze Zeit und ruiniere ihr die Nerven, und eigentlich gehöre es in den Hudson, dann wäre Ruhe. Ich ließ sie den Satz zu Ende reden, dann warf ich sie raus. Wenig später hatte ich das perfekte Kindermädchen gefunden.

Ein halbes Jahr nach Carlchens Geburt kam Liesel auf einem großen Dampfer in die Vereinigten Staaten. Sie war fast fünfzig und verstand kein Wort Englisch. Wir schafften im Haus Platz für sie. Ich überließ ihr mein Zimmer. Wir kauften ein schmales Bett und einen Tisch für ihre Nähmaschine. Sie hatte ihre Kruzifixe mitgebracht, und bevor sie sich in ihrer neuen Bleibe zum erstenmal zur Nachtruhe begab, hängte sie sie auf. Am nächsten Tag ließ sie sich von mir zum Einkaufen fahren, beschwerte sich über meine Ordnung, räumte die Küche auf und kochte – Rinderrouladen mit Rotkohl und Äpfeln, dazu Reibekuchen. Renate kam gleich nach der Arbeit herüber, um sie zu begrüßen und ihr das Baby zu zeigen. Liesel nahm das Kind auf den Arm, und es störte sie nicht im geringsten, daß es so schwächlich war und diese dunkle, ins Olive gehende Haut hatte. Noch nie hatte ich Liesel so lächeln sehen. Fast hätte es ihr die Hasenscharte aufgerissen.

»Sie wird dich tyrannisieren«, warnte mich Carl.

»Von jetzt an werden wir wieder etwas Richtiges zu essen bekommen«, sagte ich. »Aber sie muß Englisch lernen. Ich werde eine Schule für sie suchen.«

»Sie braucht kein Englisch. Außer mit uns muß sie mit niemandem reden.«

Unser Leben veränderte sich. Jeden Tag brachte ich Carl zu seiner Praxis in Weehawken, fuhr dann weiter nach Manhattan, holte das Baby ab und nahm es mit nach Fort Lee. Nach einiger Zeit erschien es uns unsinnig, das Kind jeden Abend nach Manhattan zurückzubringen, in die schäbige Wohnung zu seinen hektischen, immer beschäftigten Eltern. Der Junge blieb jetzt die Woche über bei uns, und nur an den Wochenenden, wenn Liesel ihre Englischstunden hatte, holte Renate ihn nach Hause.

Er wuchs mir ans Herz, der Kleine. Immerhin war er ein Junge. Wenn wir ihn richtig erzogen, überlegte ich, würde er vielleicht aus seiner Veranlagung herauswachsen. Wenn er viel Sport trieb, würde er trotz seiner schwachen Konstitution groß und stark werden. Er könnte Tennis spielen. Und wir würden ihm die Werte mitgeben, die seiner Mutter völlig abgingen. Wir fingen früh damit an. Wir achteten nicht auf die Warnsignale, die mit zehn Monaten einsetzten, als er anfing zu sprechen. Viel zu früh. Das hätten wir erkennen müssen. Als er ein Jahr alt war, baute er Sätze aus zwei Wörtern, und mit achtzehn Monaten lief er auf der Straße herum, dieses winzige Kerlchen, und nannte die Autos bei ihren Markennamen. Die Leute blieben stehen und staunten. Wir fanden das erst komisch, als wir ihm beigebracht hatten, Cadillacs hießen »Nuckelpinne«. Etwas anderes kam um diese Zeit komplizierend hinzu – seine Schwester Irene wurde geboren. Als wir Renate im Krankenhaus besuchten, bedankte sie sich für die Aufmerksamkeit, die wir ihrem ersten Kind angedeihen ließen, mit einem einzigen Satz: »Aber dieses bekommt ihr nicht.«

Renate hatte ihren zweiten Kaiserschnitt auf den achtzehnten Februar gelegt – Disches Geburtstag. Ein Geburtstagsgeschenk von beträchtlichen Ausmaßen, würde ich sagen. Wir hatten ihr vorgeschlagen, lieber den zwölften zu nehmen, Liesels Geburtstag. Aber sie verstand die Ironie nicht und erwiderte nur, diesen Tag habe sie schon geehrt – an einem Zwölften sei sie mit Dische durchgebrannt. Doch aus ihren Plänen wurde nichts. Das Baby, Irene, stellte von vornherein klar, daß es seinen eigenen Willen hatte und selbst bestimmen wollte. Sie kam am Dreizehnten, einem Mittwoch. *Mittwochs Kind ist voller Weh…*

Einige Auffälligkeiten gaben dieser Geburt ihr besonderes Gepräge. Erstens: Der Vater kam sein neues Kind nicht besuchen. Wieder tappte die ganze biochemische Abteilung, außer dem Vater, hinunter in die Entbindungsstation, um das Neugeborene zu besichtigen. In dem Gedränge vor der Glasscheibe, von wo man es begutachten konnte, hörte man wieder die gleiche Bemerkung: »Wie schade – diese Nase.«

Aber die Mutter machte sich nichts daraus – weder aus dem Fernbleiben des Vaters noch aus der Nase. Renate war anders als die meisten Mütter. Sie wollte keinen Sohn, wie ich ihn mir gewünscht hatte. Sie wollte eine Tochter. Sie hatte schon immer eine Tochter gewollt. Jetzt nahm sie das Kind auf den Arm und flüsterte ihm zu: »Hier kommt eine Verbündete.«

Wenige Minuten später fing die Verbündete an zu schreien. Und das war die zweite Besonderheit. Das Baby war hungrig – sogar gefräßig –, und es war nicht willens, auf seine reguläre Flasche zu warten, die alle vier Stunden verabreicht wurde. Es wurde immer wütender, als es nichts bekam. Schließlich lief es blau an, verdrehte die Augen und lag mit zuckenden Armen und Beinen da. Ein Anfall. Eine Schwester kam hereingestürzt und nahm das Kind mit. Sie war alt und erfahren, und als sie nach einer Stunde zurückkam, sagte sie zu der stolzen Mutter: »Sie werden sehen – es wird Ihnen viel Ärger machen.«

Renate sah die Sache anders. Die Verbündete würde ihr helfen, der übrigen Familie Ärger zu machen. Dische ließ sich fünf Tage lang nicht blicken. Er wollte nicht glauben, daß das Kind von ihm sei. Er verdächtigte Renate, sie habe ihn betrogen. Aber das hatte sie nicht getan – noch nicht. Sie hatte bloß etwas dagegen, daß Dische ihr keine Blumen mitbrachte, wie es andere Väter taten – das einzige, was er mitbrachte, waren unfaire Vorwürfe.

Später erklärte Renate, die Geburt ihrer Tochter sei der Augenblick gewesen, in dem sie aufgehört habe, Dische zu lieben.

Das neue Baby war kräftig und blond. Es hatte eine große, teigige Nase, und obwohl es zum Glück blaue Augen hatte, war doch das eine Auge groß und rund, das andere hingegen schmal. Ein Jammer für ein Mädchen. Der zierliche Körperbau des Jungen hätte besser zu dem Mädchen gepaßt und ihre derben Knochen besser zu dem Jungen. In ihrem Charakter waren die beiden ebenfalls vollkommen verschieden. Carl war gefügig, Irene dagegen eine Tyrannin und widerspenstig bis dorthinaus. Seine Intelligenz zeigte sich sehr früh und ihr Mangel an Intelligenz ebenfalls. Ich will nicht übertreiben – dumm war sie nicht. Sie war einfach nur normal, und das war immerhin eine Erleichterung. Nicht noch ein Dische-Monster. Aber vom Wesen her war sie abartig.

Vom ersten Tag an wütete sie gegen alles, was sich ihren Wünschen widersetzte. Im Krankenhaus wurde ihr zuliebe eine unerhörte Ausnahme gemacht. Immer wieder stellte sie, wenn sie nicht gefüttert wurde, das Atmen ein, bis sie blau anlief und Arme und Beine anfingen zu zucken. Sie bekam einen richtigen Anfall. Unter den Schwestern gab es einige junge, die leicht zu beeindrucken waren. Sie erschraken und riefen einen Arzt. Am Abend des ersten Tages und am Morgen des zweiten kam der Notarzt fünfmal, weil dieses Neugeborene sich außerdem auch noch als ungewöhnlich gierig erwies. Von da an wurde die kleine Irene außer der Reihe gefüttert, wann immer sie sich meldete. Sie bekam, was sie wollte. Diese Kapitulation sollte später schlimme Folgen haben. Die älteren Schwestern schnaubten nur. Sie hatten das alles schon erlebt und wußten, daß es sich bloß um einen besonders hartnäckigen Fall von »Luftanhalten« handelte – eine Störung, die bei Kindern normalerweise erst später, ungefähr im sechsten Monat auftritt und auf extremen Eigensinn hindeutet. Alle bemitleideten die Mutter. Aber die ahnte noch nichts und war glücklich.

Renate kam zu dem Schluß, sie bräuchten eine größere Wohnung. Dische fand, ihre jetzige sei genau richtig, weil sie so billig war. Trotz des Ruhms, den er angeblich in seinem Fach genoß, bekam er nur ein bescheidenes Gehalt. Jüdische Genies waren in den dreißiger Jahren günstig zu haben gewesen, und die Columbia hatte zugegriffen. Und das muß man ihm lassen – er war nicht hinter dem Geld her. Mit seinem geringen Gehalt fand er sich einfach ab. Sein Geiz war nicht von der praktischen Art, sondern grundsätzlicher Natur – er geizte mit trocken Brot und mit Hummer. Auch Renate verdiente nicht viel. Sie studierte ja noch, betreute Studienanfänger als Tutorin und bezahlte mit diesem Geld die Kinderbetreuung. Sie fand eine größere Wohnung, die genauso billig, aber dafür noch schäbiger war. Sie hatten jetzt zwei Schlafzimmer. Dische zog ins Eßzimmer, Renate ins Wohnzimmer. Das eine Schlafzimmer bekamen die Kinder, das andere blieb für die Haushaltshilfe.

Renate engagierte wieder ein deutsches Mädchen, gerade frisch und illegal in Amerika angekommen, und weil sie diesmal Glück hatte und das Mädchen nett war, freundete sie sich mit ihr an, plauderte mit ihr und ermunterte sie zu Vertraulichkeiten. Als das Mädchen dann ankündigte, sie wolle heiraten, untersagte Renate ihr das nicht. Sie riet ihr nicht einmal davon ab, sondern gratulierte ihr, als sie, kaum daß sie angefangen hatte, schon wieder davonlief, und kaufte ihr obendrein noch ein teures Hochzeitsgeschenk.

Renates Pläne gingen nicht auf. New York war voll von Deutschen, die frei atmen und etwas verdienen wollten. Das Vaterland lag in Trümmern, und jeder, der ein bißchen Kraft und Initiative besaß, kam nach Amerika und versuchte, sich hier ein besseres Leben aufzubauen. Sie leckten jedem die Stiefel, wenn sie nur halbwegs anständig dafür bezahlt wurden, aber sie hatten Maßstäbe, und in diesem verrückten Haushalt wollte niemand arbeiten. Niemand hielt es dort länger als ein paar Monate aus. Die Kinder waren nicht besonders einnehmend, sie wurden mit der Zeit genauso seltsam wie ihre Eltern. Carlchen fing mit drei Jahren an, zu lesen und zu schreiben – in zwei Sprachen.

Aber wenn ein Fremder ihn nur ansah, brach er in Tränen aus. Seine Eltern glaubten, alle Kinder seien so. Seine Schwester bekam jeden Tag ihre Anfälle. Auf meinen Rat hin achtete ihre Mutter einfach nicht mehr darauf. Sie schob den Kinderwagen durch den Park und sah ruhig zu, wie ihre Tochter das Atmen einstellte, bis sie dunkelblau wurde, mit zuckenden Armen und Beinen dalag und die Augen verdrehte. Die anderen Mütter fingen an zu kreischen. Aber Renate lächelte nur und wartete ab, was ihr Früchtchen als nächstes tun würde. Sie wußte, sobald Irene ohnmächtig war, würde sie wieder normal atmen und der theatralische Anfall wäre ausgestanden.

Carlchens Interessen waren vor allem akademischer Natur. Als er vier war, begann er mit Dische Schach zu spielen. Renate beschloß, ihn in einer Schule anzumelden. Sie hatte von sehr guten Schulen in New York gehört, die allerdings streng auswählten, und war eines Nachmittags im September mit Carlchen bei einer von ihnen vorbeigefahren, um sich zu erkundigen, ob ihr Sohn kommen könne. Die Leute von der Verwaltung waren fassungslos über ihre Unwissenheit. Man mußte sich mindestens ein Jahr im voraus bewerben und konnte dann immer noch beten, daß man auch angenommen würde. Die meisten wurden abgelehnt. Aber da sie das Kind dabeihabe, könne man es sich ja mal ansehen.

Carlchen und Renate mußten in der Schulbibliothek warten. Carlchen fand ein Buch, das ihn interessierte, *Hamlet,* setzt sich hin und fing an zu lesen. Als der Leiter der Zulassungsstelle ihn holen wollte, hatte er sich so sehr in seine Lektüre vertieft, daß er gar nicht reagierte, als er beim Namen gerufen wurde.

Eine Woche später begann er in der ersten Klasse. Er war schmächtig für sein Alter – mit Abstand der Kleinste, Jüngste und Klügste in seiner Klasse. Jeden Tag machte er in die Hose – klein und manchmal auch groß. Bald konnte er allein mit dem Bus von der Schule nach Hause fahren, so daß sich das Kindermädchen nachmittags einen Weg sparen konnte. Er ging einfach ein paar Blocks zur Haltestelle, stieg in den Fünfer und fuhr ungefähr eine Stunde lang *uptown*. Wenn er in der Schule mal nicht in die Hose gemacht hatte, dann tat er es im Bus. Aber er wußte, wo er aussteigen mußte und wie er von dort nach Hause kam. Es war bloß ein paar Blocks weiter, und außerdem wurde er ja auch schon bald fünf. Zu Hause zog ihm sein Kindermädchen die nasse Hose aus. Wir fanden alle, er sei ein bemitleidenswerter kleiner Kerl.

Zu dieser Zeit hatte Renate ihren Doktor in Biochemie gemacht, hatte sich bei der medizinischen Fakultät beworben und war zugelassen worden. Auf einem langen Umweg hatte sie ihr Ziel erreicht. Sie war fest entschlossen, Chirurgin zu werden wie ihr Vater.

Ziemlich warm, notierte ich in mein Tagebuch, und leichter Nieselregen, als der Buick vorsichtig aus unserer Auffahrt auf die Straße einbog. Mußten die Scheibenwischer anstellen. Die Sonne kam heraus, als wir auf dem New England Expressway waren. Um die zwanzig Grad, nicht besonders warm für Juli. Wir fuhren mit offenen Fenstern. Ich schrieb alles auf. Fünfzig Meilen die Stunde. Suchten nach Wagen mit Nummernschildern aus den am weitesten entfernten Staaten. Carl gewann, er sah einen aus Alaska. Nach zwei Stunden Halt an einer Tankstelle, Volltanken. Netter Tankwart. Inzwischen waren es dreißig Grad. Wir schwitzten beide. Ein bißchen Geniesel war hochwillkommen. Aßen unsere Sandwiches, Frischkäse mit Tomaten und Zwiebeln auf Schwarzbrot, tranken Milch, waren am frühen Nachmittag in New Hampshire. Wir fuhren in die Ferien, Carl hatte sie sich verdient, und die ganzen dreihundert Meilen betete ich zu Gott, mich an diesem Abend nicht schnarchen zu lassen. Bitte, lieber Gott, mach, daß es Carl gutgeht und daß er gut schläft.

Gott erhörte meine Gebete nicht. In der ersten Nacht verzog sich Carl auf das Sofa in dem kleinen Wohnzimmer. Als ich morgens aufwachte, war ich allein im Bett. Läßt sich Schnarchen durch Willenskraft bändigen? Mit meinem Willen vielleicht ja. Carl hatte Ringe unter den Augen. Er ging angeln, und ich las in *Reader's Digest*. Er mietete ein Ruderboot und fuhr auf den See hinaus. Und was er dann angelte, waren die Smiths. George und Susie. Das war was! George Smith war Offizier in der Army gewesen. Nicht direkt General, aber fast. Er war älter als Carl, aber gut in Schuß. Sein Sohn hatte in Korea gedient, und sein Enkel Jack war in West Point. Ein Enkel wie aus dem Bilderbuch. Ich erzählte ihnen von Carlchen und daß ich mir wünschte, er würde mehr wie Jack sein. Ich erzählte auch von Dische. Sie lauschten voller Mitgefühl. Dann sagte Susie: »Also, ich muß das jetzt einfach mal loswerden. George und ich, wir finden beide – also, Dr. Rother, Sie sind Harry Truman wie aus dem Gesicht geschnitten!«

Beim Abendessen waren wir schon dicke Freunde. Auch Susie hatte lauter Offiziere in der Familie, und beide waren strenge Protestanten, aber sie wußten trotzdem, wie man das Leben genießt. An diesem Abend rauchten George und Carl auf der Veranda Zigarren, und Susie erzählte mir ihr Leben und ich ihr meines. Carls Vergangenheit und seine Familie ließ ich natürlich weg. In dieser Nacht schnarchte ich nicht. Carl ging jeden Tag mit George angeln, sie mieteten sich zusammen ein Ruderboot. Wir aßen gemeinsam zu Abend. Tagsüber gingen Susie und ich schwimmen. Wir lachten uns darüber kaputt, wie unsere Männer aussahen, wenn sie sich in die Riemen legten. Es stimmt, Carl sah aus wie Harry Truman. Susie war ein paar Jahre älter als ich, aber vollkommen frisch. Sie hatte nie irgendwelche Nöte durchzustehen gehabt, und das gefiel mir. Klagen wollte ich nicht hören. Endlich hatte ich eine amerikanische Freundin. Wie das mein Selbstgefühl steigerte, kann sich niemand vorstellen. Wenn wir nicht zusammen waren, ging mir ständig ihr Name im Kopf herum, Susie Smith, wie eine herrliche Melodie. Und wenn wir zusammen waren, war es nie langweilig. Wir lachten und redeten und tauschten Illustrierte. Als unsere Woche um war und wir uns von ihnen verabschieden mußten, luden uns die Smiths ein, wir sollten sie bald mal in ihrem Haus in Colorado Springs besuchen. Ein großes Haus. Ich sagte: »Carl, die sind wohlhabend.« Nicht besonders fein, von ihrem Geld zu reden, aber er ließ es durchgehen. Ich hatte »wohlhabend« gesagt, weil das ein salonfähiger Ausdruck war, anders als »reich«. Wir versprachen, im nächsten Frühjahr zu kommen, wenn ihr Enkelsohn seinen Abschluß in West Point feierte.

Im Triumph traten wir die Heimfahrt an. Es war sehr heiß. Die Sandwiches, Käse auf Weißbrot, die ich gemacht hatte, zerfielen uns unter den Händen, also warfen wir sie weg und fuhren hungrig. Ich war froh, wieder daheim zu sein. Zu Renate sagte ich, es seien die fabelhaftesten Ferien gewesen, die wir je gehabt hätten. New Hampshire sei die schönste Gegend auf der ganzen Welt.

Es ging bergauf. Wir machten Fortschritte. Unsere neuen Freunde, die Smiths, waren das Gegengewicht zu unseren alten Kümmernissen. Susie und ich schrieben uns ständig. Auch Faithful war ein Freund, der mir viel Freude machte, vor allem nachdem ich ihn hatte kastrieren lassen und er mich nicht mehr ständig mit seiner Pflasterleckerei in Verlegenheit brachte. Unsere größte Sorge war Dische, weil er so einen schlechten Einfluß auf unsere Enkelkinder hatte.

Es ließ sich nicht bestreiten: Während wir anderen alle ziemlich viel Mut hatten, waren die Dische-Kinder ungeheuer ängstlich. Ich sprach darüber mit Carl, und er meinte, Ängstlichkeit sei nicht erblich, sondern anstekkend, wie eine Virusinfektion. Dische konnte den Anblick von Blut nicht ertragen. Er hatte Angst vor Krankheiten, vor Ansteckung, vor Männern auf der Straße, die größer waren als er – fast alle. Er war nicht mannhaft. Kein Wunder, daß seine Kinder sich vor allem fürchteten. Vor allem die eigensinnige Irene wurde furchtbar leicht panisch. Sie strotzte vor Kraft, aber sie furchtete sich vor allem und jedem, außer vor Süßigkeiten, und selbst vor denen hatte sie Angst, wenn fremde Leute sie ihr anboten, denn jemand hatte ihr mal gesagt, es könnte gefährlich sein. Einmal wollte ihr eine Frau auf der Straße ein Pfefferminz schenken, und Irene leckte sich die Lippen vor lauter Gier, aber dann sagte sie: »Nein danke, es könnte vergiftet sein.« Sie hatte Angst vor Steckdosen, vor Dunkelheit, vor Regen, Donner, Blitz, Wind, Wolken und Gespenstern. Sie hatte Albträume, die die Liste ihrer Ängste immer länger machten. Nach einem Traum, in dem ein riesiger Dackel, ein Aufzug und ich vorkamen, bekam sie plötzlich auch vor mir Angst. Ich sah es ihren Augen an. Ich schenkte ihr ein Karamel, und die Angst verschwand aus ihrem Blick.

Mit unerschütterlicher Sturheit nahm Renate das Kind in Schutz. Sie wollte einfach nicht sehen, daß ihre Tochter ein Feigling war. Dabei hatte Irene sogar Angst vor Möhren. Warum? Gute Frage.

An einem Wochenende brachte Renate mal Besuch für die Kinder mit nach Hause – zwei weiße Kaninchen aus dem Labor. Sie nannte sie Onkel und Tante. Die Kaninchen aßen gern Möhren. Sie waren bei den Kindern ein solcher Erfolg, daß Renate sie von nun an jedes Wochenende mitbrachte. Und dann hatte sie sie eines Tages nicht dabei. Die Kinder ließen nicht locker, und so mußte sie zugeben, es sei etwas Schreckliches passiert. Onkel und Tante seien, wie die Kinder ja wußten, Leckermäuler gewesen. Ständig hätten sie Möhren gegessen, egal, ob sie Hunger hatten oder nicht. Da hätten sie sich eines Tages überfressen und ihnen sei der Magen geplatzt. Sie seien gestorben – aber immerhin seien sie zusammen gestorben. Von da an wollte Irene keine Möhren mehr essen, selbst wenn sie in Butter gedünstet waren. Man konnte Möhren nicht mal auf den Tisch stellen, ohne daß sie Theater machte. Schließlich ging uns die Geduld aus und wir erzählten ihr die Wahrheit – es seien Versuchskaninchen gewesen, an ihnen sei ein Mittel gegen Krebs ausprobiert worden, das sich als giftig erwiesen hatte. Sie hätten eine Spritze bekommen, aber sie hätten, zum Donnerwetter noch mal, keine einzige Möhre zuviel gegessen. Da fragte Irene: »Hießen sie wirklich Onkel und Tante, oder habt ihr sie bloß so genannt, weil wir überhaupt keine Tanten und Onkel haben? Alle anderen haben welche.«

Renate fand, sie müsse etwas für das Selbstvertrauen ihrer Tochter tun. Sie nahm das Mädchen beiseite und sagte: »Hör mal, in Wirklichkeit hast du gar keine Angst, vor nichts. Du bist wie ich. Du hast keine Angst.« Das funktionierte nicht.

Sie versuchte, mit gutem Beispiel voranzugehen. Beim Äpfelschälen schnitt sie sich fast einen Finger ab, legte das Messer und den Apfel behutsam auf den Tisch, wickelte ihre Hand fest in ein Küchenhandtuch, wischte das Blut so schnell weg, daß die Kinder nichts mitbekamen, sagte ihnen, sie müßten auf ihre Äpfel »ein paar Minuten« warten, und schlenderte zur Tür hinaus. Sie lief zur Unfallstation, ließ sich den Finger nähen und zeigte den Kindern bei ihrer Rückkehr die Stiche. »Vor so was muß man keine Angst haben«, sagte sie. »Das ist gar nichts.« Es funktionierte nicht. Die Kinder jaulten, wenn sie sich weh getan hatten.

Gelegenheiten, Furchtlosigkeit zu demonstrieren, boten sich Renate mehr als genug, nachdem sie ihren ersten

Wagen gekauft hatte, einen Rambler. Er hatte kaum Extras, nicht mal einen Unterboden. Wenn er durch Pfützen fuhr, wurden die Bremsbeläge naß, und die Bremsen funktionierten ein paar Minuten einfach nicht. Wenn Renate dann auf die Bremse trat und sich nichts tat, rief sie »Hoppla!« und drehte wie wild am Lenkrad. Sie sagte: »Dieses komische Gefühl in der Magengrube, wenn die Bremsen versagen... Das ist die Ewigkeit.« Sie entwickelte großes Geschick beim Fahren ohne Bremsen und hatte nie einen Unfall. Einmal, auf einer vereisten Straße, schoß ihr Wagen auf die Gegenfahrbahn und wäre fast von einem Lastwagen gerammt worden. Mehrere Autos rasten auf sie zu. Die Kinder auf dem Rücksitz fingen an zu schreien. Sie drehte sich um und fuhr sie voller Verachtung an: »Erzählt mir bloß nicht, ihr hättet Angst vor dem Tod! Und jetzt springt raus und stellt euch hinter die Leitplanke.«

»Ich habe überhaupt keine Angst vor dem Tod!« maulte Irene und stieg ganz langsam aus. Weil sie wirklich keine Angst vor dem Tod hatte. Angst hatte sie bloß davor, daß ihr die Haare zu Berge ständen, bevor sie vom Blitz getroffen würde, oder daß sie am Hafen von New York von einer riesigen Flutwelle ins Meer gerissen oder auf dem Broadway von einem tollwütigen Hund zerfleischt würde.

Aber mit einem Mal hatte ich selbst wieder Sorgen. Carl arbeitete nicht besonders viel. Er bat mich, weniger Termine mit Patienten auszumachen, damit ihm nachmittags zwei Stunden blieben, um im Krankenhaus von Englewood Cliffs an einer Fortbildung teilzunehmen. Zuerst dachte ich, der Kursus würde sein Interesse an der Arbeit neu beleben. Aber sein Interesse lag woanders. Eines Tages, ohne auch nur mit einem Wort jene Bemerkung zu erwähnen, die mir seinerzeit prompt einen Rüffel eingetragen hatte, sagte er, die arme Margie habe ein Alkoholproblem. Er müsse ihr helfen. Er habe ihr den Alkohol weggenommen und eine strenge Diät mit Gemüse, Obst und Tee verordnet, und er habe ihr gesagt, wenn sie eine Versuchung spüre, könne sie ihn zu jeder Tages- und Nachtzeit anrufen. Sie rief nicht an. Zuerst kam sie wegen der Vitaminspritzen in die Praxis, und dann ging er auf dem Heimweg, bevor er zu mir kam, bei ihr vorbei und gab ihr die Spritzen dort, um ihr den Weg zu ersparen. Oft wachte ich mitten in der Nacht auf, und er war nicht da, weil er sie, sagte er, auf der Straße herumlaufen gehört und gewußt habe, daß sie wieder eine schlechte Nacht hatte. Es wurde unmöglich, sich mit ihm zu unterhalten. Er interessierte sich überhaupt nicht mehr für mich. Wenn ich mit ihm über unsere Enkelkinder zu sprechen versuchte, gähnte er und sagte: »Hast du eigentlich nichts anderes im Kopf?« Ich merkte, daß ihm mein Aussehen nicht gefiel. Ich ging zum Friseur und ließ mir eine neue Frisur machen. Locken. Er sagte keinen Ton dazu. Wenn er mir aus irgendeinem Grund doch einmal zuhören mußte, machte er ein verächtliches Gesicht. Hundertmal sagte er mir, ich würde von Medizin nichts verstehen, von Hunden nichts verstehen, von Amerika nichts verstehen. Nachts lag er wach, und wenn ich ihn fragte, was los sei, fuhr er mich an, ich sei verrückt und es gehe ihm auf die Nerven. Er wurde grausam. Als Liesel zum erstenmal ihre Milchkaltschale machte, sagte er, ich solle nicht so viel essen. Er sagte, meine Augenbrauen würden grau. Als wäre nichts dabei, verkündete er, er müsse Margie am Wochenende nach Philadelphia begleiten. Sie wolle ihren Bruder besuchen, aber in ihrem Zustand würde er sie nicht gern allein fahren lassen. Als ich Einwände machte, schnitt er mir das Wort ab.

Ich hatte niemanden, mit dem ich reden konnte. Meiner Freundin Susie Smith konnte ich mich nicht anvertrauen, es hätte sie zu sehr entsetzt. Schließlich offenbarte ich mich Renate, aber die nahm es leicht. Sie hatte die Frechheit, mir zu sagen, ihrer Meinung nach würde ein bißchen weibliche Aufmerksamkeit Carls Selbstvertrauen ganz guttun. Er sehe besser aus, sagte sie, habe abgenommen, und sein Gang habe wieder einen gewissen Schwung. Sie hatte recht. Mir fiel auf, wie Carl mit seinen jüngeren Patienten in einem neuen, vertraulichen Tonfall plauderte – als habe er das Gefühl, selbst ihrer Generation anzugehören. Er gab mir zu verstehen, daß ich in der Praxis nicht unbedingt gebraucht würde, und wollte den Schlüssel zurückhaben, um ihn einer jungen Assistentin zu geben. Ich konnte den Schlüssel nicht finden. Eines Sonntags verschwand er einfach, obwohl er versprochen hatte, mit mir einen Ausflug zu machen, und kam erst spät abends zurück. Wo er gewesen war, wollte er nicht sagen und schimpfte, ich würde versuchen, ihn »einzusperren«, und dann legte er sich ohne ein weiteres Wort schlafen.

Mitten in der Nacht stand ich auf. Er schlief fest. Ich schrieb ihm einen Brief, in dem ich die Scheidung verlangte, und dann setzte ich mich in den Wagen und fuhr zur Praxis. Es war drei Uhr morgens, in Weehawken.

Das zu erleben wünsche ich keinem – Weehawken in einer Frühjahrsnacht 1952. Dieser Gassengeruch. Die Verzweiflung, die mich trieb, die Tür aufzuschließen und die Praxis zu betreten. Für mich war sie ein zweites Zuhause gewesen. Aber jetzt gehörte sie mir nicht mehr. Ich legte den Brief auf seinen Schreibtisch und fuhr zurück. Carl rührte sich nicht, als ich mich wieder neben ihn legte und auf den Morgen wartete.

Um Punkt sechs merkte ich, wie er aufwachte. Ich wollte ihm sagen, 1952 werde mein Todesjahr sein. Aber ich wußte, mein Mann würde sich nichts daraus machen. Es würde ihm sogar Tür und Tor öffnen. Er würde frohlocken. Also stöhnte ich nur in meiner Verzweiflung, worauf er mich anfuhr: »Bleib du nur liegen«, und sich in einen neuen, glorreichen Tag stürzte.

Als er schon längst aus dem Haus war, lag ich immer noch im Bett und döste. Das Telefon klingelte. Ein Patient aus der Nachbarschaft erkundigte sich freundlich, ob bei uns alles in Ordnung sei. Der Doktor sei nicht zur Sprechstunde gekommen, sondern habe einen Zettel an die Tür gehängt, er sei bis Mittag verhindert.

Ich rief Renate an und erzählte ihr, was passiert war, aber sie zeigte überhaupt kein Mitgefühl. Sie wollte nicht darüber sprechen.

Als ich gar nicht mehr wußte, was ich machen sollte, vertraute ich mich Liesel an – objektiv gesehen natürlich ein unverzeihlicher Ausrutscher. Aber Liesel sagte: »Der Brief war ein Fehler.«

Sie sagte es mit solcher Entschiedenheit und Gewißheit, daß auch mir Bedenken kamen. Bald würde er in seiner Praxis vorbeisehen. Ich fing an zu schreien. »Fahren Sie hin, Liesel, und holen Sie den Brief zurück, bevor Carl kommt!«

Ich rief noch, der Schlüssel für die Praxis sei in meiner Handtasche und sie solle den Bus nehmen, und schon stürzte sie aus der Tür.

Ihr dürft nicht per Anhalter fahren«, sagte Liesel zu den Enkelkindern. »Fahrt nie per Anhalter.«

Sie fing damit an, als die Kinder gerade zwei beziehungsweise vier Jahre alt waren und gar nicht wußten, was »per Anhalter fahren« bedeutete. Aber es war Liesels ständiger Refrain, wenn sie mit ihnen allein war. Egal, wovon die Rede war, einen Übergang zu ihrer Warnung vor dem Per-Anhalter-Fahren fand sie fast immer, auch wenn sie an einem heißen Sommertag mit den Kindern nur einen Block weit zur Milchbar ging und jedem ein Eis kaufte.

»Geht zu Fuß, aber fahrt nicht per Anhalter. Niemals.«

»Was weißt denn du davon, Liesel? Du bist doch in deinem ganzen Leben noch nie per Anhalter gefahren.«

»Ihr wißt nicht alles von mir.«

»Und wann bist du per Anhalter gefahren?«

»Das geht euch nichts an.«

Aber in einem anderen Zusammenhang erzählte sie es ihnen dann doch. Im Zusammenhang eines Vortrags über die Kraft des Gebets.

»Wenn ihr Hilfe braucht und zu Gott betet, dann wird er euch helfen.«

»Woher weißt du das?«

»Weil er auch mir mal geholfen hat.«

»Und wie?«

»Ich mußte zur Praxis von Dr. Rother. Ich hatte es eilig. Frau Doktor hatte mich geschickt. Ich sollte etwas holen. Ich mußte vor Mittag dort sein. Aber der Bus nach Weehawken kam einfach nicht. Da bin ich schlußendlich per Anhalter gefahren. Ein Mann hat mich mitgenommen. Er sagte, er würde mich nach Weehawken bringen. Aber er hatte etwas anderes vor. Er schob seine Hand unter mein Kleid, auf mein Bein. Hier, auf den Schenkel. Und kniff mich ganz fest. Seine Hand wanderte hoch zu meinem Schoß, und ich betete zu Gott, zu Jesus, zur Jungfrau Maria und allen Aposteln, daß sie mir helfen sollten. Ich faltete die Hände und schloß die Augen, und er fragte mich, was ich da täte. Ich sagte: ›Ich spreche mit Gott über Sie.‹ Da fuhr er an den Straßenrand und sagte, ich solle aussteigen. Ich war gerettet, durch die Kraft des Gebets.«

Liesel schaffte es nicht bis zum Mittag in die Praxis. Dr. Rother fand den Brief und riß ihn in kleine Stücke. Wütend kam er nach Hause. »Das wolltest du sowieso schon immer, nicht wahr? Seit dreißig Jahren wolltest du das. Du hättest in Deutschland bleiben sollen. Und du hast kein Recht, meine Praxis zu betreten, wenn ich nicht dort bin, um dort herumzuschnüffeln.«

Dann rannte er zur Tür hinaus, bestimmt zu Margie.

Liesel polterte im Haus herum, sagte aber nichts. Sie besaß die Autorität einer zornigen Göttin. Mich beeindruckte sie damit, aber auf Carl hatte sie keinen Einfluß. Sechs Tage und sechs Nächte sprach er kein Wort mit mir. Liesel machte das Essen für uns. Während des Abendessens war es so still wie bei einer Totenwache ohne Trauergäste, und nachher ging ich zu Bett, während er aus dem Haus ging. Spät nachts kam er zurück. Aber er kam zurück.

Am siebten Tag sprach er. Er hatte einen Vorschlag. Margie habe sich selbst eine Reise versprochen, wenn sie es schaffte, vom Alkohol loszukommen. Und mit seiner Hilfe hatte sie es geschafft. Nun wolle sie nach Europa. Und uns lade sie ein, mitzukommen. Sie würde alles bezahlen. Erster Klasse auf einem Dampfer. Wir waren nie wieder drüben gewesen, konnten uns die Fahrt nicht leisten. Ihre Großzügigkeit würde es nun möglich machen. Wir würden einen Wagen mieten und nach Lust und Laune in der Gegend herumfahren. Margie sei noch nie in Europa gewesen. Sie wolle, daß wir es ihr zeigten. Er, Carl, sei mein Mann und würde mit mir eine Kabine teilen. Ich hätte seine Moral angezweifelt und ihn damit bis ins Mark getroffen. Margie habe ihm geholfen, als es ihm schlecht ging, und nun habe er sich verpflichtet gefühlt, ihr zu helfen. Das hätte ich zu verhindern versucht. Ich hätte gesündigt. Aber sie habe mir verziehen und schließe auch mich in ihre Einladung ein.

Das Schiff würde nächste Woche abgehen.

Liesel hatte eine gute Idee. Wir ließen ihre Nichte Friedel mit einem Touristenvisum aus Deutschland kommen und brachten sie sofort bei den Disches unter. Sie war achtzehn und hatte braune Locken, rote Backen, ein dichtes Fell auf den Beinen und Ziegenbärte unter den Armen.

Sie war katholisch, eine Kirchgängerin, und anständig erzogen. Natürlich war sie über die Dische-Kinder entsetzt. Aber Liesel wollte keine Klagen hören, deshalb behielt Friedel ihre Ansichten für sich. Sie waren trotzdem leicht zu erraten. Sie fand diese amerikanischen Gören einfach abscheulich. Vollkommen verzogen. Keinen Finger machten sie krumm für das Allgemeinwohl. Von ihnen wurde nichts weiter erwartet, als daß sie zur Schule gingen, nach Haus kamen, zu Abend aßen und ins Bett gingen. Sie mußten keine Kühe melken und auch nicht den ganzen Nachmittag Mist schaufeln, wie sie, Friedel, es getan hatte. Sie trug ihnen so viel Arbeit im Haushalt auf wie möglich, aber viel war es dann doch nicht, weil sie ja selbst morgens in der Wohnung saubermachte und sehr gründlich und fleißig war. Nicht mal beim Spülen und Abtrocknen nach dem Abendessen brauchten die Kinder zu helfen, denn da kam meistens auch Renate nach Hause, wollte eine Weile mit ihnen zusammensein und erwartete, daß Friedel sich um den Abwasch kümmerte. Renate vertraute Friedel, weil sie Liesels Nichte war, und ließ die Kinder stundenlang und später tagelang in ihrer Obhut.

Bald begann Friedel sie zu schlagen. Sie schlug sie mit der flachen Hand ins Gesicht. Die Kinder gewöhnten sich bald an den kurzen Schmerz und machten sich nichts mehr daraus. Da nahm sie eine Fliegenklatsche zu Hilfe, was die Kinder demütigend fanden. Immer hatte Friedel eine Fliegenklatsche bereitliegen. Sie schlug aus der Schulter heraus, mit gestrecktem Arm, so fest sie konnte. Die Kinder gewöhnten sich auch daran. Sie versuchte es mit verschiedenen härteren Gegenständen, die gerade zur Hand waren, mit Kochlöffeln, einem schweren Kochbuch, aber die Kinder gewöhnten sich an alles. Schließlich fiel ihr der enge, mit Kleidern vollgepackte Wandschrank ins Auge, den man von außen abschließen konnte. Wenn man kräftig drückte, paßte noch ein kleines Kind mit hinein. In dem Wandschrank war immer Nacht. Wenn das Kind zu laut schrie, ging Friedel aus dem Haus. Draußen auf der Straße hörte sie nichts mehr. Wenn sie zurückkam, war das Kind dunkelrot im Gesicht und dankbar, aus diesem ausbruchsicheren Gefängnis freizukommen, und außerdem so erschöpft, daß es unweigerlich in einer Ecke einschlief.

Irene jammerte über Friedels Strenge, aber zumindest in einem war ich mir mit Renate einig: Wir glaubten nicht, daß Liesels Nichte die Kinder jemals ohne guten Grund schlagen würde. Der Beweis – nur Irene beklagte sich. Carlchen benahm sich gut und wurde auch selten bestraft. Die Neue Welt brachte mich dahin, in meiner Wachsamkeit gegenüber den unteren Klassen nachzulassen. Ich sagte sogar, endlich sorge mal jemand dafür, daß Irene ein bißchen Disziplin beigebracht bekam. Dische kümmerte sich um gar nichts. Ihm war egal, was die Kinder machten, solange sie ihn nicht störten. Der Junge kam in den Religionsunterricht, und wir überlegten uns, ob er nicht vielleicht Priester werden würde. Wir fragten ihn, wie er es fände, wenn er Papst würde. Er schien begeistert.

Mitte Juni, nach einer Überfahrt in zwei nebeneinanderliegenden Erste-Klasse-Kabinen, kamen wir in Europa an, in Cherbourg. Mir machte die Fahrt kein Vergnügen. Dabei müssen das Essen und die Bedienung ausgezeichnet gewesen sein. Mir ist ein Bild in Erinnerung geblieben – Margie, ein Cocktailglas mit Milch in der entblößten Hand haltend. Den Verlobungsring, das Geschenk ihres Mannes, hatte sie nämlich abgezogen. Offenbar fand sie, auf dieser Tour, die ja mit seinem Geld bezahlt wurde, sei er fehl am Platze.

Wir mieteten einen Mercedes und fuhren nach Monte Carlo. Sie wolle unbedingt die Stadt sehen, die ja wohl nach meinem Mann benannt sein müsse. Der Wagen war so groß, daß er kaum durch die engen Straßen kam. Ich saß hinten und betete. Mir war, als müßte ich an dem Kloß in meinem Hals ersticken. Mein Mann und seine Verehrerin fühlten sich für kurze Zeit schuldig, dann brach sich das Vergnügen, das sie aneinander fanden, wieder seine Bahn. Margie zahlte alles, die Hotels, die Restaurants. Die Handtasche an ihrem Arm war immer voller Bargeld, und ständig sagte sie: »Oh, ich amüsiere mich köstlich.« Wir blieben fast einen Monat in Monte Carlo, weil Margie gern Roulette spielte – in Maßen. Carl tat mit. Ich machte mir nichts aus dem Spiel. Ich zog mich abends meistens früh zurück, las in *Reader's Digest* oder schrieb Briefe an Susie Smith und meine Verwandten in Deutschland, wie wunderbar ich mich amüsieren würde, obwohl ich es schade fände, daß wir wegen unseres engen Zeitplans nicht ins Rheinland kommen könnten. Auch ich fand, wie alle anderen, Willy Brandt sei ein furchtbarer Verräter, weil er gegen sein Vaterland gekämpft hatte, und es sei empörend, daß man ihn in öffentliche Ämter gewählt habe – obwohl es mir, ehrlich gesagt, vollkommen egal war. Mir gingen wichtigere Dinge durch den Kopf. Aus dem Kloß im Hals war ein chronisches Engegefühl geworden, und ich nahm ab. Margie überhäufte mich mit Lobsprüchen deswegen und kaufte mir ein rosa Kleid und einen Strohhut mit breiter Krempe. Carl dankte ihr überschwenglich dafür, und mich sah er nicht an.

Eines Abends war ich allein im Hotel geblieben, während Margie und Carl ins Casino gegangen waren, und dann hatten sie eine heftige Auseinandersetzung. Mit düsterer Miene und tief gekränkt kam Carl zurück. Ich war nett zu ihm und stellte keine Fragen. Beim Frühstück sahen wir Margie nicht. Carl wollte nicht sagen, wo sie steckte. Wir hatten einen ruhigen Morgen.

Zum Mittagessen erschien sie dann, zusammen mit einem großen jungen Gentleman, der sich, ehe sie dazu kam, selbst vorstellte – Graf Lischinski. Er hatte einen polnischen Akzent, ein Monokel und altertümliche Manieren. Ich betete zehn Gegrüßet seist du, Maria, bevor ich den Mund aufmachte und guten Tag sagte.

Der Graf erzählte uns von seinen herrlichen Latifundien an der Ostseeküste, die von den Roten beschlagnahmt worden seien. Er sagte, sobald er sie zurückbekäme, würde er Margie dorthin einladen. Er arbeite so hart daran, sie sich zurückzuholen, daß ihm gar keine Zeit für irgend etwas anderes bleibe. Ein Schloß besitze er und dazu zweitausend Hektar Kirschgärten – gelbe Kirschen, so süß, daß man den Boden unter den Füßen verliere, und rote Kirschen, so sauer, daß es einem die Schuhe ausziehe – und außerdem, auch nicht schlecht, zehntausend Hektar erstklassiges Weideland mit Tausenden Rindern und Schafen und zahllosen Leibeigenen.

Er wollte unbedingt eine sehr gute Flasche Wein bestellen, und als sich Carl entschieden weigerte, sie anzurühren, und ich seinem Beispiel notgedrungen folgte, bestand er darauf, daß Margie mit ihm anstieß, und erlaubte ihr dann, für ihn zu zahlen. Als wir vom Tisch aufstanden, war Margie schon betrunken. Die beiden gingen Roulette spielen.

Kurze Zeit später kehrten wir ohne Margie heim. Die Zugfahrt nach Cherbourg mußten wir selbst bezahlen. Die Schiffsreise zurück war eine der angenehmsten, die ich je erlebt habe. Nun wußte ich, daß Gott meine Gebete manchmal doch erhörte. Aber wie er seine Auswahl traf, blieb ein Rätsel.

Als wir wieder zu Hause waren, kehrten wir zu unserem früheren Leben mit seinem gewohnten Tagesablauf zurück, und ich erklärte Fort Lee zu meinem Tal der Liebe und der Wonne. Ich war entschlossen, Carl glücklich zu machen. Ich verhätschelte ihn und wollte unbedingt, daß auch alle anderen, also Renate, Dische und die Kinder, ihm den Respekt entgegenbrachten, den er verdiente. Wir kauften einen lustigen blauen Wellensittich namens Happy, und nachdem Faithful von einem Lastwagen überfahren worden war, kauften wir einen jungen Langhaardackel, den wir Lucky nannten. Aber nachdem Lucky Happy gefressen und ein paar Stunden später den Postboten gebissen hatte, schläferten wir ihn ein. Schluß mit Hunden. Mit den Enkeln im Haus hatten wir genug zu tun.

Carlchen nahmen wir gern an den Wochenenden. So konnte er von der wohltuenden Atmosphäre bei uns profitieren, von den regelmäßigen Mahlzeiten, den Gebeten, den Gesprächen, die wir uns für ihn zurechtlegten. Oft kamen wir auf den Enkel von George und Susie Smith zu sprechen, der auf den schönen Namen Jack hörte und in West Point studierte. Jack hatte mit seinen Eltern eine Zeitlang in Thailand gelebt, und als kleiner Junge war er dort auf Elefanten geritten. Wäre das nicht auch etwas für dich, Carlchen? Jack spielte außerdem gut Tennis. Dafür hatte sein Großvater gesorgt. Immer wieder brachten wir das Gespräch auf den kleinen Jack, um den kleinen Carl in eine ähnliche Richtung zu lenken.

Carl sah jetzt nicht mehr aus wie ein Äffchen, sondern wie ein lieber, netter Junge, der nie etwas Böses im Schilde führte, sondern immer fröhlich und freundlich und höflich war. Am liebsten war er allein. Wenn der Postbote kam, versteckte er sich, und wenn wir irgend jemandem auf der Straße begegneten und ein bißchen plauderten, wurde er verdrießlich und versteckte sich hinter uns. Zu Hause saß er am liebsten hinter dem Bett, das wir für ihn in Carls Herrenzimmer aufgestellt hatten. Zwischen dem Fußende dieses Bettes und der Wand war wenig Platz, aber er war dünn, und dort saß er immer und las. Wir bemühten uns, einen normalen Jungen aus ihm zu machen. Wir schenkten ihm Süßigkeiten und ein Fahrrad. Er mochte keine Süßigkeiten, und mit dem Fahrrad stürzte er. Wir kauften ihm einen Ball, und ich zeigte ihm, wie man damit spielt, aber er machte ein trauriges Gesicht. Er wollte mich nicht enttäuschen, und um mich zu trösten, sagte er, seine Schwester werde bestimmt gern mit mir spielen. Und es stimmte. Als Irene kam, stürzte sie sich sofort auf den Ball, und ich mußte stundenlang mit ihr Werfen und Fangen spielen, bis ich glaubte, vor Langeweile zu sterben. Dann schnappte sie sich das Fahrrad ihres Bruders und ließ sich von mir zeigen, wie man darauf fuhr. Immerhin lernte ich auf diese Weise die Nachbarschaft kennen. Ständig die heiße Straße rauf und runter und den Sattel festhalten. Da kamen die Nachbarn aus den Häusern und riefen: »*Hi, there*« und lächelten aufmunternd. Einmal schrammte mir das Pedal am Bein entlang. Die Wunde entzündete sich.

Ich mußte ins Krankenhaus. Schluß mit Sport. Ich hatte eine Blutvergiftung. Alles sah danach aus, als ob 1957 mein letztes Jahr werden würde. Carl besuchte mich und überschlug sich fast vor Fürsorglichkeit. Ich wurde wieder gesund, aber mein Bein war für immer entstellt, die Haut schwarz und blau, wie Flecken von ausgelaufener Tinte, die nicht mehr weggingen. Schmerzlich bewußt war mir, daß da niemand kam und sich entschuldigte. Irene hatte die Kausalkette in Gang gesetzt – sie hatte mich genötigt, das Fahrrad zu halten, das mich vergiftet hatte. Aber sogar in diesem Fall war sie wild entschlossen, sich auf keinen Fall für irgendwas schuldig zu fühlen. Noch Jahre später stellte ich sie auf die Probe, um zu sehen, ob sie sich verändert hatte und endlich Schuldgefühle entwickelte. Wenn sie im Zimmer war, streifte ich meinen Strumpf nach unten, streckte das entstellte Bein einen Moment lang aus und sah sie vielsagend an. Sie tat, als würde sie es nicht merken.

Nachdem ich mich erholt hatte, fuhren Carl und ich wieder gemeinsam zur Arbeit, wie in der Zeit vor Margie. Jetzt, wo es wirklich vorbei war, begann sich Carl wieder für mich zu interessieren – für mein Aussehen und meine Ansichten. Es waren vor allem Renate und Irene, die verhinderten, daß wir uns wie eine einzige große, glückliche Familie fühlen konnten – das Mädchen durch ihr sonderbares Wesen und Renate, weil sie dem Kind nie klarmachte, was sich gehörte und was nicht.

Früher hatte Irene alle mit ihrem Luftanhalten tyrannisiert, jetzt tyrannisierte sie uns mit ihrer Phantasie. Sie war immer im Weg, wenn Friedel putzte. Aber sie hatte auch Angst, allein zu Hause zu bleiben, so daß Friedel sie überallhin mitnehmen mußte. Sobald sie dann auf der Straße war, schien alle Angst von ihr abzufallen, obwohl doch gerade dort ein bißchen Vorsicht am Platze gewesen wäre. Friedel hielt sie immer fest an der Hand, damit sie sich nicht losriß und wegrannte, und beklagte sich irgendwann, sie bekäme Krämpfe in der Hand von dem ständigen Festhalten – und Rückenschmerzen, weil sie sich immer nach der Seite beugen müsse. Wir sagten ihr, Kinder hätten dehnbare Arme, und sie sollte sich ruhig gerade halten. Der Arm des Kindes würde sich schon dran gewöhnen.

Friedel hatte ein paar Tricks auf Lager. Sie machte sich die Phantasie des Mädchens zunutze und erzählte ihr Geschichten aus dem Krieg, wie die Sirenen geheult hatten, wie die amerikanischen Bomber gekommen waren und der Teer auf den Straßen geschmolzen war. Die Menschen waren darin steckengeblieben und gekocht worden. Die es schafften, flüchteten in Bunker. Einmal war eine Bombe in einen Bunker gleich nebenan gefallen und hatte eine Hauptwasserleitung getroffen, und Friedel, ihre Mutter und ihre Geschwister hatten die Schreie der Mütter und Kinder gehört, die da drinnen langsam ertranken. Friedel hatte herausgefunden, wenn sie dem Kind solche Geschichten erzählte, war es folgsam, und sie konnte ihre Einkäufe erledigen, ohne daß es Ärger gab. Am späten Vormittag waren sie dann wieder zu Hause – rechtzeitig zur Mittagssirene. Wenn die losging, glaubte Irene, die Bomber kämen. Friedel erklärte ihr nicht einmal oder zweimal, sondern mindestens ein dutzendmal, daß die Sirene nur zwölf Uhr mittags bedeutete, aber das Kind hatte soviel Angst, daß es gar nicht mehr wußte, was Zeit eigentlich war. Da begann Friedel, kurz vor Mittag zu verschwinden – brachte den Müll nach unten oder sah kurz bei der Nachbarin vorbei, und Irene bekam eine kleine Angstdusche. Aber das härtete sie nicht ab. Wenn Friedel nach der Sirene wieder nach oben kam, umarmte und küßte das Kind sie aus lauter Dankbarkeit dafür, daß sie zurückgekommen war, was Friedel gefiel. Sie stellte das Mittagessen auf den Tisch, und dann kam der Mittagsschlaf mit Ruhe und Frieden.

Der Mittagsschlaf dauerte zwei Stunden. Das Rollo wurde herunter-, der Pyjama angezogen. Die Augen mußten zubleiben. Unnötiges Hin- und Herwälzen war verboten und wurde bestraft. Das Kind schlief nicht, es hatte zu tun. Sobald Friedel das Zimmer verlassen hatte, öffnete es die Augen. Von der Nachmittagssonne beschienen, glühte das Rollo wie eine Kinoleinwand. Und Irene stellte fest, daß sie ihre Lieblingsgeschichten darauf sehen konnte. Als Friedel hereingestürmt kam und kontrollieren wollte, ob das Kind auch schlief, lernte es, daß es sich den Film genausogut mit geschlossenen Augen im Kopf vorspielen konnte. Die von Friedel verordnete Langeweile hatte schreckliche Folgen – Irene lernte, daß ihre Phantasie immer angeschaltet war, immer lief und daß sie die ganze Sache selbst steuerte. Manchmal geriet die Phantasie außer Kontrolle und erschreckte sie, aber meistens erwies sie sich als eine unerschöpfliche Quelle der Belustigung. Und so kam es, daß sie sich auch in der Kirche Filme anzusehen begann und die wichtigsten Lehren des Katechismus nicht mitbekam.

Die ganze Zeit zu Hause zu sein langweilte sie natürlich trotzdem. Wenn ihr Bruder kam, stürzte sie sich sofort auf ihn. Ihretwegen war das arme Carlchen einmal sehr ungezogen. Aber Carlchen zog seine Lehre daraus. Carlchen war nämlich imstande, Lehren aus etwas zu ziehen.

Als er fünf war und in die zweite Klasse ging, blieb Carlchen gern für sich und wollte seine Ruhe haben, wenn er aus der Schule kam. Irene hielt das nicht aus. Sie konnte sich nicht allein beschäftigen. Sie ging ihm auf die Nerven. Friedel bügelte im Zimmer nebenan. Sie sagte: »Carlchen, spiel mit deiner Schwester. Ich muß in den Keller, wegen der Wäsche.« Widerwillig ließ Carlchen sein Buch sinken.

»Ich bin stark!« sagte Irene, als er in der Tür erschien. »Ich bin stärker als du.« Sie war vier Jahre alt. Sie schob den Unterkiefer vor und funkelte ihn an. Das blonde Haar stand ihr in dünnen Strähnen vom Kopf ab. Dann hob sie einen Arm und winkelte ihn an. »Kuck mal!« befahl sie. »Meine Muskeln sind größer als deine.«

»Ach, du bist doch bloß ein schrecklicher Angsthase«, erwiderte er ruhig, als handelte es sich um eine altbekannte Tatsache. Er sah sich im Zimmer um und erblickte das Bügeleisen, das hochkant auf dem Bügelbrett stand. »Du bist ja sogar zu feige, das Bügeleisen da anzufassen.«

»Bin ich nicht!« fuhr sie ihn an.

»Doch, bist du«, sagte er in seinem müden, resignierten Tonfall.

»Bin ich nicht!« kreischte sie.

»Dann zeig's«, sagte er und hatte Mühe, seine Erregung zu verbergen.

Sie holte den Schemel, stellte ihn neben das Bügelbrett und stieg hinauf. Nun konnte sie das Bügeleisen leicht erreichen. Sie kam sich groß und gebieterisch vor. »Paß auf!« sagte sie.

Sie drückte ihre Hand flach auf das Eisen. Mit gespreizten Fingern konnte sie fast beide Kanten gleichzeitig erreichen, jedenfalls oben, wo es schmaler wurde. So groß waren ihre Hände schon. Sie bewunderte sich dafür – und spürte nichts. »Siehst du?« rief sie triumphierend. Ehe sie den Schmerz fühlte, roch sie das verbrannte Fleisch.

Sie taumelte vom Schemel herunter, brüllte und jammerte. Carlchen ließ ein Lächeln aufblitzen, lief aus dem Zimmer, warf sich auf sein Bett und fing an zu lesen. Das Kindermädchen kam zurück.

Irene petzte natürlich. Carlchen bekam von Friedel eine Tracht Prügel. Mit dem Kochlöffel ins Gesicht. Irene mußte ins Krankenhaus, wo alle sie mit amüsierter Zuneigung überhäuften und keiner ihr sagte, wie dumm sie sich angestellt hatte. Carlchen immerhin lernte eine wichtige Lektion: Verbrechen zahlt sich nicht aus.

Immer wieder versuchten Carl und ich, der kleinen Familie zu helfen, aber die Kräfte der Sterblichen sind begrenzt. Carl war es leid. »Die Familie ist nicht alles«, sagte er. Er war inzwischen sehr auf unsere Ruhe bedacht. Und als Alfred Rother, der einzige aus Carls Familie, der noch lebte, zu Besuch nach New York kam, war das für Carl der Tropfen, der das Faß zum Überlaufen brachte. Er schimpfte über Alfreds Frechheit, mit uns Kontakt aufzunehmen. »Das hat uns gerade noch gefehlt, daß dieser Dieb wieder in unser Leben tritt.« Kleinlaut wandte ich ein, Alfred sei doch ein erfolgreicher Geschäftsmann in Melbourne. Er sei noch jung, in den Vierzigern, und hätte sich wahrscheinlich sehr verändert. Ich sagte nicht: »Er ist der einzige aus deiner Familie.« Es blieb dann mir überlassen, Alfred in seinem Hotel in Manhattan anzuläuten und ihm zu erklären, Carl habe zuviel zu tun und könne ihn deswegen nicht treffen. Alfred sagte: »Und was ist mit dir, Süße. Willst du mich denn sehen?« Meine Sympathie schmolz dahin. Er hatte keine Manieren, und ich sagte zu ihm: »Nein, Alfred Rother, eigentlich nicht.«

Carl sagte: »Ich habe George Smith. Ich brauche keinen Bruder.«

Das Nachbarhaus stand mehr als ein Jahr leer. Eines Tages brannte wieder Licht. Wir warteten und sprachen nicht darüber. Ein paar Tage vergingen. Im Haus war jemand. Jeden Augenblick rechneten wir damit, Margie zu sehen. Carl war gereizt und mit seinen Gedanken woanders, und ich hatte Angst. Eines Abends klingelte es an der Tür. Mir sank das Herz. Carl wurde ganz blaß. Er stand auf und kommandierte: »Ich gehe, du bleibst hier.«

Ein sehr ansehnlicher, gut gekleideter junger Mann stand vor der Tür. Er sei Margies Neffe. Wir baten ihn herein. Es stellte sich heraus, daß Margie in Rom gestorben war, in einer Klinik, in der ihr zweiter Mann, Graf Lischinski, sie untergebracht und eingesperrt hatte. Irgendwie hatte sie dort wieder Alkohol in die Finger bekommen und in ein paar Minuten zwei Flaschen Wodka geleert. Das hatte sie umgebracht. Der Neffe hatte einen Brief bekommen, in dem der Direktor der Klinik schrieb, er habe den Grafen mehrfach zurechtgewiesen, weil er seiner Patientin während ihres Klinikaufenthalts Alkohol hatte zukommen lassen. Der Direktor hegte offenbar keinen Zweifel darüber, woher die tödlichen Flaschen stammten.

Margie hatte ein Testament hinterlassen und ihren Neffen als Testamentsvollstrecker eingesetzt. Leider sei kein Geld mehr auf ihrem Bankkonto, auf ihrem Streifzug durch Europa habe sie alles ausgegeben. Sie hatte jedoch bestimmt, daß ihr Verlobungsring mit dem Diamanten, der sicher in Fort Lee lag, an Mrs. Carl Rother gehen sollte. Der Ring gehörte mir.

Ich habe ihn natürlich nie getragen. Ich legte ihn in meinen Schmuckkasten, in ein Fach für sich. Als ich die Sammlung einmal Renate zeigte, sagte sie: Oh, dieser Diamant ist der schönste! Es ärgerte mich, wie wenig Sachverstand sie hatte. Und als Irene ohne das geringste Feingefühl anfing, meinen Schmuck zu verkaufen, bekam sie für Margies Ring mehr als für jedes andere Stück. Die Leute sollten ein bißchen mehr darauf achten, was für eine Vorgeschichte die Dinge haben, die sie kaufen.

Inzwischen hatte Renate ihren Doktor in Medizin gemacht. Sie wollte unbedingt Chirurgin werden wie ihr Vater – und natürlich besser sein als er. Aber sie hatte zwei kleine Kinder und konnte keine Stelle als Assistenzärztin finden. Eine halbwegs normale Krankenhausverwaltung hätte sowieso keine Mutter als Chirurgin genommen, und als Assistenzärztin ausbilden wollten sie sie erst recht nicht. Weil sie auf dem Gebiet, auf dem ihr Vater geglänzt hatte, nichts werden konnte, entschied sie sich für das, auf dem er gescheitert war: Pathologie. Sie hatte ja so geschickte Finger. Die Pathologie liefert die Grundlage für die Chirurgie – die Diagnose. Ohne Diagnose kann ein Chirurg nicht operieren. Und wenn er bei seiner Operation patzt, dann ist der Pathologe derjenige, der es ihm sagt. Der Pathologe ist der Todfeind des Chirurgen. Carl war entsetzt. Für ihn war Renates Interesse an der Pathologie wie eine Kampfansage, ein Verrat.

Bald kehrte Renate den ehrwürdigen Hallen der Columbia University den Rücken und stieg in den Hades von New York hinab, die städtische Leichenhalle, die City Morgue. Nach längeren Verhandlungen mit Carl stattete ich ihr dort einen diplomatischen Besuch ab. Es war Herbst. Ich entschied mich für schlichte Kleidung: ich trug die Goldkette unter dem Kragen meines schwarzen Wollkleids, dazu einfache Pumps und einen hellgrauen Mantel. Ich genoß den Besuch. Der Geruch störte mich nicht. Die Leichen betrachtete ich mit Interesse. Eine Frau mit dem Herzen auf dem rechten Fleck, die mit beiden Beinen auf der Erde steht, fürchtet sich nicht vor dem Tod und hat nichts gegen ihn. Es gefiel mir, wie mich Renate ihren vielen Kollegen vorstellte: »Meine Mutter!« – das drückte Stolz und Freude aus.

Zum Lunch gingen wir in die Cafeteria. Einfaches, solides Essen. Alle kannten meine Tochter. Sogar die Leute, die in der Cafeteria arbeiteten, strahlten, als sie sie sahen. Dann kehrten wir in die Morgue zurück. Sie gab mir einen Kittel und ließ mich zusehen, wie sie eine tote Frau mittleren Alters sezierte. Ich versicherte allen, ich fände es faszinierend. Als sie mich zu meinem Buick begleitete, fragte ich: »Renate, warum arbeitest du nicht als richtige Ärztin?«

Ich sehe ihr Gesicht noch vor mir. Sie lächelte genauso wie in Leobschütz, als sie begriffen hatte, daß ihr Konzert abgesagt war. Ihre Augen glänzten. Widerstand.

»Ich will nur das Beste für dich«, sagte ich. »Und für deine Kinder.«

Aber Renate war eigensinnig und tat, was sie wollte. Sie blieb in der Morgue und brachte es bis zum Stellvertretenden Leichenbeschauer der Stadt New York. Abends lagen Carl und ich im Bett, und wir sprachen über unsere Tochter. »Es ist die alte Geschichte«, sagte er. »Ihr Wille zur Macht. Aber es ist ein abscheulicher Beruf. Er widerspricht allem, was wir uns jemals für sie gewünscht haben.«

»Nein, Carl«, sagte ich, um keinen neuen Streit aufkommen zu lassen. »Siehst du denn nicht, wie sie tagtäglich ihren Mut unter Beweis stellt, dem Tod so ins Gesicht zu sehen?« Carl war ein bißchen besänftigt.

Renate arbeitete ständig – rücksichtslos und ohne auszuruhen. Ihre Kinder sahen sie abends beim Essen, und dann erzählte sie ihnen Geschichten aus New York. Sie tat sich keinen Zwang an, sie liebte die Realität. Ah, köstlich – Lammkoteletts! Heute hatten wir eine nicht identifizierte Leiche mit wunderschönen Brüsten. Sehe ich da Spinat? Darf ich? Als wir sie auszogen, stellte sich heraus, die Leiche hatte einen Penis. Der Penis war echt, die Brüste nicht. Sie bestanden aus Gummibällen, die unter die Haut genäht waren. Auf dem Penis war eine Tätowierung. Für die Identifizierung wollte die Polizei wissen, was es war, und wir mußten uns eine Methode ausdenken, wie man den Penis aufpumpen konnte. Gibst du mir bitte mal den Salat rüber? Die Tätowierung war ein Schriftzug – Abraham Lincoln.

Oft mußte sie nach dem Abendessen noch mal aus dem Haus. Mitten in der Nacht rief man sie irgendwohin, wo es Tote gegeben hatte. Ein Streifenwagen holte sie ab. Carlchen schien es nicht zu stören, aber Irene regte sich furchtbar auf. Sie verlangte, ihre Mutter solle zu Hause bleiben wie eine »normale« Mutter. Damit das Wort »normal« wirklich paßte, hätte sich allerdings noch einiges mehr ändern müssen. Aber ich sagte, wenn irgend jemand Renate etwas aufzwingen kann, dann Irene mit ihrem eisernen Willen. Sie schrie in ihrem Bett, wenn es nachts an der Tür läutete. Renate kümmerte sich nicht um sie. Sie stehe im Dienst der Wissenschaft, sagte sie und machte sich auf den Weg. Einmal riß Irene die Wohnungstür auf und rief ihr nach: »Von mir aus kannst du tot sein!«

An diesem Abend war Renate unterwegs nach Harlem. In einer Kommode hatte man ein totes Kind gefunden. Die Eltern behaupteten, sie hätten aus der untersten Schublade ein Bett für das Baby gemacht, weil sie kein besseres hatten, und irrtümlich hätte jemand die Schublade zugeschoben, so daß das Kind erstickt war. Auf dem Rücksitz des Polizeiwagens las Renate den vorläufigen Untersuchungsbericht. Mit zwei Polizeibeamten betrat sie das Mietshaus und stieg die Treppe hinauf. Die beiden Beamten wollten eine Zigarette rauchen und ließen sie vorgehen. Auf dem nächsten Treppenabsatz wartete ein Mann. Er stach nach Renates Gesicht und ihren Händen, aber sie hielt ihren Arztkoffer vor sich.

Als sie in dieser Nacht nach Hause kam, weckte sie Irene und zeigte ihr ihre Wunden. »Sieh mal!« sagte sie. »Beinahe wäre dein Wunsch in Erfüllung gegangen.« Irenes wirklicher Wunsch ging in Erfüllung: Renate quittierte den Nachtdienst. Angst habe sie nicht, sagte sie, aber sie sei auch keine Selbstmörderin. Von nun an brachte sie abends ihr Mikroskop und ihre Gewebeproben mit nach Hause und verwandelte das Wohnzimmer in ein Labor. Wenn die Kinder wollten, daß sie sich um sie kümmerte, ließ sie sie die Proben durch das Mikroskop ansehen oder zeigte ihnen Bilder von Krankheiten in ihrem Pathologiehandbuch. Carlchen ekelte sich schnell, aber Irene fühlte sich dabei so wohl wie ein Fisch im Wasser.

Renate freute sich darüber. Wenn es sich einrichten ließ, nahm sie ihre Tochter mit in die Morgue und teilte sich den Spaß an der Sache mit ihr. Vor Toten fürchtete sich die überängstliche Irene kein bißchen. Renate war stolz, wenn Irene ganz nonchalant am Geruch abschätzte, vor wieviel Wochen eine neu angelieferte Wasserleiche gestorben war. Dische seinerseits versuchte, seinen Sohn für Biochemie zu interessieren, und nahm ihn mit in sein Labor. Aber obwohl Carlchen kein Angsthase war wie seine Schwester, war ihm der Geruch der Chemikalien zuwider. Außerdem verabscheute er die vielen fremden Leute, denen er dort guten Tag sagen mußte und die alle sehen wollten, wie der Sohn des alten Dische aussah, und ihm dumme Fragen stellten, zum Beispiel: »Bist du auch so ein Genie wie dein Vater?«

In einem unbedachten Augenblick hatte ich meinen Enkelkindern einen Trick verraten: Was sie tun sollten, wenn irgendwelche lästigen Leute ein Gespräch anfangen wollen – auf den Boden kucken. Das erstickte meistens alles Gerede. Carlchen probierte es aus und wendet diesen Trick bis heute an. Er gewöhnte sich auch an den scheußlichen Geruch und hatte nichts mehr gegen die Besuche im Labor.

Das Familienleben teilte sich in eine männliche Domäne, die Chemie, und eine weibliche, den Tod.

Aber wo war ich stehengeblieben? Fort Lee. Margies Haus wurde verkauft, und bald hatten wir neue Nachbarn, die Contis. Mrs. Conti war eine fröhliche Dicke und ihr Mann Bauunternehmer. Er fuhr eine Luxuslimousine mit allem Drum und Dran. Unsere Gegend wurde von Italienern mit dicken Autos förmlich überrannt. Sympathisch fand ich sie nicht, sie waren mir zu ordinär, aber einen guten katholischen Arzt wußten sie zu schätzen. Die Contis kamen in Carls Praxis und brachten ihre fünf Kinder mit. Wir kamen gut mit ihnen aus, und als der Zaun hinter dem Haus in einem harten Winter umfiel, stellten wir ihn nicht wieder auf.

Bei uns war es ruhig und blitzsauber. Liesel sorgte für uns. Ich hatte ein Kanapee und einen Teller mit Plätzchen im Wohnzimmer stehen. Bei uns herrschte Ordnung. Carl ließ sich von Renates Karriere nicht mehr ärgern. Seine Praxis in Fort Lee blühte und gedieh. Alle nannten ihn den katholischen Chirurgen. Von den katholischen Krankenhäusern wurde er noch immer boykottiert, aber am staatlichen Krankenhaus hatte er eine Stelle als Frauenchirurg. Er war ein angesehener Mann in unserer Gegend, und ich konnte stolz darauf sein, daß ich seine Frau war. Der Polizist, der den Verkehr vor dem »Palisades«-Vergnügungspark regelte, schenkte uns Freikarten für die verschiedenen Attraktionen im Park. Der Metzger hob uns besonders gute Stücke auf. Der Blumenhändler schickte uns einen großen Strauß, nachdem der Gebärmuttervorfall bei seiner Frau kuriert war.

Wir kauften uns einen Fernseher mit einem weißen Neonrahmen um den Bildschirm. Ich verstand nicht, wie die Antenne funktionierte, und verlor schnell die Geduld damit. Wieder mußte ich Carl die Befehlsgewalt überlassen, der die Antenne einstellte und entschied, welches Programm wir sahen. Ich kaufte einen Studebaker, einen grünen. Wir wurden ein Haushalt mit Zweitwagen. Wir hatten zwei

Enkel, zwei Autos, ein Eigenheim in einem sicheren italienischen Viertel und nicht zuletzt eine Grabstelle auf dem Friedhof unserer Gemeinde. Er lag an einem Hang, auf der einen Seite Wald und auf der anderen das Tal – meilenweit nichts als Felder, bis zum Horizont. Carl hatte einen Platz direkt am Waldrand ausgesucht. Der »Garden-State« schien hier so schön zu sein wie nirgendwo sonst, und wir hatten das Gefühl, unser Leben endlich fest in der Hand zu haben – ein Gefühl, das dem Glück sehr nahe kam.

Hinzu kam die Freude darüber, daß Renate anfing, sich über Dische zu beklagen. Bald konnte sie gar nicht mehr damit aufhören. Außer für seine Arbeit interessiere er sich für gar nichts. Er sei geizig, bezahle zwar die Miete, aber für Friedel und den Religionsunterricht der Kinder lasse er Renate zahlen. Zwar schenke er ihr pflichtschuldig an jedem Hochzeitstag zwei neue Perlen, aber sie sei sich sicher, daß sie nicht echt seien. Darüber beklagte sie sich aber nicht. Es machte ihr weniger aus, als ich für richtig hielt, und anscheinend sagte er ihr auch oft, er freue sich schon auf ihren zehnten Hochzeitstag, damit er endlich sehen könne, wie ihr die komplette Kette stehe. Dieser Wunsch war das höchste an Galanterie, was er je erreichte.

Die Familie machte nie Ferien, weil Dische sie nicht zahlen wollte. Carl sagte: »Ich werde ihnen ein Ferienhaus kaufen, allein schon um Dische zu zeigen, was für ein Geizkragen er ist. Wir opfern unser Geld, damit unsere Enkelkinder im Sommer irgendwohin können.« Wir kauften ein Holzhaus in Chadwick Beach. Es war schlicht, aber schlicht ist schön. Es hatte ein großes Zimmer, in dem auf der einen Seite die Küche lag und auf der anderen vier bequeme Etagenbetten in die Wände eingebaut waren, und draußen ein richtiges Bad, in der gemütlichen Garage. Es stand fünf Häuser vom Strand entfernt an der Küste von New Jersey. Bei seinem ersten widerwilligen Besuch erzählte uns Dische seelenruhig von dem Sommerhaus eines

Kollegen, das direkt am Wasser stand und drei Badezimmer hatte.

Für Dische waren Ferien eine Zeit der Qual fernab von seinem Labor. Was sollte er den ganzen Tag tun? Er konnte nicht schwimmen, und im Grunde glaubte er nicht, daß überhaupt jemand schwimmen konnte. Ich schwamm mit Renate weit, weit hinaus, weiter, als sich sonst jemand traute, während er voller Panik am Strand auf und ab lief und fürchtete, uns werde etwas zustoßen. Wenn wir ihn auslachten, war er beleidigt. Er sagte, seine Angst sei berechtigt, weil wir in eiskaltem Wasser schwämmen, weit außerhalb der Reichweite der Rettungsschwimmer. »Was haben Sie bloß?« fragte ich ihn. »Glauben Sie etwa, Ertrinken sei unangenehm?« Ausnahmsweise erwies er sich mal als schlagfertig. Der Ozean sei sein Todfeind, sagte er, und warte schon seit Jahrzehnten auf eine Gelegenheit, ihn anzusaugen und zu ertränken. Aber dieses Vergnügen werde er ihm nicht machen. Es gefiel mir, wie er dem Ozean die Stirn bot. Ich prahlte sogar damit in einem Brief an meine beste Freundin, Susie Smith, aber die schrieb mir zurück, was mein Schwiegersohn da von sich gebe, klinge doch sonderbar.

Wir schickten die Kinder mit Friedel den ganzen Sommer über an den Strand, und nur einmal in diesen drei Monaten war Dische bereit, sie zu besuchen. Dafür zog er sich Turnschuhe und Shorts an. Seine Beine hatten mehr Krampfadern als meine. Kein schöner Anblick. Carl sagte zu Carlchen, wenn seine Beine mal so häßlich würden wie die von seinem Vater, solle er sie lieber nicht zeigen.

Das Haus am Strand war ja nun denkbar weit vom Labor und von der Morgue entfernt. Aber eine kaputte Vase wird auch dadurch nicht wieder heil, daß man sie auf ein anderes Regal stellt. Es änderte sich nicht viel. Wir taten, was wir konnten, aber alles ging nach hinten los. Wir schenkten den Kindern einen schwarzen Kater, den wir zu hastig in einem Tierheim ausgesucht hatten. Er erwies sich als schwach und furchtsam, und wenn er sich aufregte, gingen ihm die Haare büschelweise aus, was oft der Fall war, weil andere Katzen über ihn herfielen – auch er war keine Zierde für sein Geschlecht.

Carlchen spielte mit den anderen Kindern aus dem Viertel – normalen Kindern, die keine Genies waren und auf Namen wie Billy und Jerry hörten und deren Väter Polizisten und Bauunternehmer waren. Ihre gesunde Verachtung für Schlaumeier machte Carlchen zu schaffen. Eine Zeitlang glaubten wir, er würde auf diese Weise wenigstens lernen, sein Bücherwissen zu verstecken. Irene brauchte auf diesem Gebiet nichts zu lernen und nichts zu verstecken. Statt dessen arbeitete sie mit aller Kraft an der Verwirklichung eines Traums, den sie mit mir gemeinsam hatte: von den Jungs als einer der ihren akzeptiert zu werden. Friedel sorgte für Disziplin – regelmäßige Mahlzeiten, zwei Stunden Mittagsschlaf, früh zu Bett. Die rote Klatschhand. Der Wandschrank. Der Wandschrank im Sommerhaus war kleiner und enger, weil Friedel dort auch Decken und Wäsche verwahrte. Zuerst roch er nach Kiefer und frischer Wäsche, und dann, nachdem Irene eine Zeitlang dort in Gewahrsam gewesen war, roch er nach Urin. Bald roch sie auch selbst ständig nach Urin. Das Höschen war immer naß. Friedel runzelte die Stirn und überlegte, was sie dagegen tun konnte. Carlchen hatten sie es doch auch abgewöhnen können.

Sie ging mit dem Kind ein paar Straßen weiter, wo die Geschäfte lagen. An einer Kreuzung stand ein Polizist und regelte den Verkehr. Friedel sah zu Irene herab, zog ihre Hand mit einem Ruck nach oben und sagte: »Wenn du noch einmal in die Hose machst, sag ich es ihm. Dann nimmt er dich fest, und du wirst nach Deutschland zurückgeschickt.« Es war die schlimmste Strafe, die ihr einfiel.

Irene machte trotzdem wieder in die Hose.

Es war Mittag, und Friedel freute sich auf die zwei Stunden Mittagsschlaf, in denen sie auch selbst Siesta machen konnte. Aber da Irene sich wieder eingenäßt hatte, hätte Friedel ihre Drohung wahr machen müssen. Ihr kam eine Idee. Sie sagte zu Carlchen, seine Schwester müsse wieder die Hose wechseln und er solle es den anderen Kindern sagen – falls sie zukucken wollten.

Carlchen rannte los, den Jungen Bescheid sagen. Sie schleppten vom Nachbargrundstück ein paar Gartenstühle herüber, kletterten hinauf und spähten durch das Schlafzimmerfenster, hinter dem Irene gerade ihre triefende, schmuddelige Unterhose auszog. Ihre Haut war durch die Nässe ganz wund geworden. Sie sah hoch und erblickte am Fenster wie riesige Schmetterlinge, die auf der Scheibe gelandet waren, lauter höhnisch grinsende Jungengesichter.

Abends kam Renate zu einem Überraschungsbesuch aus der Stadt. Sie spürte sofort, daß mit ihrer Tochter irgendwas nicht stimmte. Eine Mutter kennt die Temperatur ihrer Kinder, und dieses Kind fühlte sich heißer an als sonst. Schließlich gestand Irene der Mutter, sie sei jetzt wieder ein Baby. Pinkele in die Hose. Sie schluchzte und erwartete noch mehr Strafe. Ihre Mutter schimpfte nicht, sondern nahm sie mit ins Badezimmer und sagte: »Komm, wir sehen mal nach.« Der Urin des Kindes war mit Blut vermischt. Noch in derselben Nacht nahm Renate sie mit in die Stadt und brachte sie ins Krankenhaus. Es war eine Nierenentzündung. Ich wollte Friedel entlassen. Aber Renate ließ es nicht zu. Friedel sei unwissend, sagte sie, aber sie könne lernen. Sie sagte nicht, Friedel ist Liesels Nichte, deshalb können wir sie nicht entlassen. Sie sagte auch nicht, ich werde keine bessere finden. Ich dachte daran, das Kind zu mir zu nehmen. Aber ich wußte, mein Herz war zu schwach. Ich überlegte, ob ich Liesel ausleihen und Friedel für mich nehmen sollte – aber das war undenkbar. Schwarze Sünde des Egoismus! Als Irene wieder gesund war, kehrte sie unter Friedels grausames Regiment zurück. Damals hatte sich ihr Herz schon gegen alle Autorität verhärtet. In ihren Augen war Autorität, auch wenn sie es noch so gut meinte, schlicht verachtenswert. Die Würfel waren gefallen.

Wir hatten uns immer ausgemalt, nur eine große romantische Liebe zu einem verständigen Mann könne das Aufrührerische in Irenes Herz ausbalancieren. Aber sie wartete nicht, bis ein verständiger Mann auftauchte. Es stellte sich heraus, daß sie genauso veranlagt war wie Renate – maßlose Begeisterung für alles, was Junge hieß. Davon später mehr.

Hier genügt es, wenn ich sage, daß sich solche Vorlieben früh im Leben zeigen. Als sie fünf war, geriet in Chadwick Beach ein blonder, sommersprossiger Junge auf ihren Radarschirm. Kaum hatte sie ihn erblickt, da bekam sie Herzklopfen. Jemand erzählte ihr, er sei sieben – älter als ihr Bruder. Zuerst schenkte er ihr keine Beachtung. Doch eines Tages schlenderte er ganz allein die kleine Straße entlang, die am Haus vorbeiführte. Er sah Irene hinter dem Haus spielen und rief ihr zu: »Weißt du, wie spät es ist?«

Sie verstand sofort, daß es ein Trick war und zugleich ein Riesenkompliment. Ein Siebenjähriger, der von ihr wissen wollte, wie spät es war!

Ihr Herz trommelte. Die Uhr konnte sie noch nicht, aber zu ihm hinüberflitzen, das konnte sie – quer über das sandige Grundstück zur Straße, wo er herumtrödelte. Da schlug Gott mit seiner mächtigen Faust zu. Im Laufen trat sie in einen Nagel, der mit dem Kopf nach oben auf die weiche Stelle an ihrem Fuß gewartet hatte und sich ihr nun mit der Kraft ihres hastigen Schritts tief ins Fleisch bohrte. Sie schrie auf, sie jaulte und warf sich auf die Erde.

Der kleine Junge erschrak und lief weg. Der Nagel war sehr rostig, und die Wunde entzündete sich. Während des letzten Monats in diesem langen, heißen Sommer mußte sie Strümpfe und Schuhe tragen und durfte nicht mehr an den Strand. Ich freute mich, denn ich glaubte, sie habe eine unschätzbare Lektion gelernt – den Jungs nachlaufen zahlt sich nicht aus.

Irene war ihrem Vater wie aus dem Gesicht geschnitten, aber sie sah nicht so jüdisch aus wie Carlchen. Wir sagten ihr, sie sehe aus wie ein richtiges deutsches Mädchen, sogar wie eine Holländerin.

Zu Carlchen sagten wir, wenn jemand ihn danach frage, solle er sagen oder vielleicht besser, um nicht zu lügen, andeuten, seine Familie sei italienisch oder spanisch. Nicht jüdisch. Wir ermahnten ihn, er solle nicht ständig mit den Händen reden wie sein Vater. Wir schärften ihm ein, er solle nicht andauernd vom Geld reden wie sein Vater. Wir behüteten ihn in unserer Zitadelle, in Fort Lee. Er war sehr unsportlich. Wir schlugen ihm vor, Tennisunterricht zu nehmen, davon würde er Muskeln an die Schultern bekommen. Seine Schultern waren schlaff, und Tennis mochte er nicht. Sein Vater war der Meinung, Sport sei für Idioten. Dische stieg jeden Tag die sechs Treppen zu seinem Büro hinauf und behauptete, das sei gesünder als sich die Gelenke mit irgendwelchen Verrenkungen nach einem Ball kaputtzumachen.

Carlchen ging übrigens auch nicht gern in die Kirche, wegen der vielen Leute. Aber der Katechismusunterricht gefiel ihm. In Glaubenslehre und Kirchengeschichte kannte er sich aus. Er las alles, was ihm unter die Finger kam. Vor und nach dem Essen betete er gern mit uns. Seinen Teller aß er immer leer. Er hatte gute Manieren. Er war ganz anders als Dische, wirklich. Außer daß er, wie sein Vater, schwächlich war. Seine Schwester dagegen hatte Muskeln.

Der Kinderarzt sagte, solche Bauchmuskeln habe er bei einem Kind, ob Junge oder Mädchen, noch nie gesehen. Sie war stolz darauf und sagte mir, sie wäre gern ein Mann. Ich erklärte ihr, in unserer Familie wären alle Frauen gern Männer gewesen, aber Gott habe etwas anderes mit uns vorgehabt. Und außerdem – sie solle sich mal umsehen, da würde sie schnell merken, daß die Frauen sowieso das stärkere Geschlecht seien.

Carls größtes Manko verheimlichten wir. Wir hatten beschlossen, den Kindern nichts über sein früheres Leben zu sagen. Schlimm genug, daß man Dische nicht dazu bringen konnte, den Mund zu halten. Er sprach sogar offen und vor den Kindern davon, daß er in die Synagoge ging. Warum bloß? Auch er schwieg sich ja über seine Familie aus, sagte nicht, daß seine Mutter und seine Schwestern umgebracht worden waren. Dieses Detail war ihm peinlich. Er hatte sich rechtzeitig aus Europa verzogen. Auch darüber sprach er nicht. Warum also mußte er von der Synagoge reden? Er konnte doch auch hingehen, ohne es den Kindern zu sagen. Immerhin hielt er sich an unsere strikte Anweisung und erzählte den Kindern nie, daß Carl konvertiert war. Carl war katholisch, und damit hatte es sich. Den Kindern sagten wir, als gute Katholiken seien wir gegen die Nazis gewesen, deshalb hätten wir Deutschland verlassen.

Überall im Haus hingen Porträts von meinen Angehörigen, Gemälde und Photos. Von den Rothers hatten wir nur Carls Mutter – eine Alabasterbüste. Ich hatte sie im Wohnzimmer auf eine Biedermeierkommode gestellt. Die Rothers hatten kein einziges Biedermeiermöbel besessen – das wollte ich irgendwie wettmachen. Wenn man das Wohnzimmer betrat, sah man als erstes Oma Rother. Der Feigling in der Familie, Irene, fürchtete sich vor der Büste, weil sie so weiß war wie ein Gespenst. Mir fiel auf, daß Irene das Wohnzimmer immer durch eine Seitentür betrat und diese Ecke mied.

Einmal ging es nicht anders – ich mußte sie mit ihrem Großvater allein lassen. Ich dachte sogar, es würde ihr guttun. Ich schickte sie ins Wohnzimmer und ließ sie sich auf das Sofa setzen, ganz nah bei Carls Sessel. Als ich mit Liesel aus dem Haus ging, hörten wir die Stimmen der beiden, wie sie sich freundlich miteinander unterhielten. Carl war nicht sehr gesprächig, sie dagegen um so mehr, und als sie mit ihm allein war, fragte sie ihn, ob er ein braver Junge gewesen sei, als er klein war, und er erzählte ihr, wie er von seinem Vater mal eine Tracht Prügel bekommen sollte, weil er ungehorsam gewesen war, und sich die Hose mit einer Zeitung ausgestopft hatte.

Nach dieser Offenbarung, daß auch Carl einmal klein und ungehorsam gewesen war und ihr davon erzählte, fühlte sich Irene ermutigt, ihm noch mehr Vertraulichkeiten zu entlocken. Also fragte sie: »Und wer ist diese häßliche Frau da?« Dabei zeigte sie auf die Alabasterbüste. Die Veränderung in Carl ging langsam vor sich. Er rückte von Irene ab, drückte sich in die Kissen. Er machte sein Wutgesicht. Er sagte nichts mehr. Und sie blieb auf dem Sofa sitzen. Es gab kein Entkommen.

Als Liesel und ich zurückkamen, konnte man den Zorn im Zimmer riechen wie eine alte Leiche. Irene und Carl, immer noch nebeneinandersitzend, hatten sich in ihrem Schweigen eingerichtet. Als ich hereinkam, stand er auf und sagte: »Ich bin froh, daß du wieder da bist.« Auf steifen Beinen verschwand er in seinem Herrenzimmer. Ich sagte mir: Sei fair, du mußt beide Seiten hören. Irene war nicht albern gewesen, und sie weinte nicht. Also setzte ich mich neben sie, legte ihr einen Arm um die Schulter und sagte: »Also, was ist passiert?« Irene wiederholte die Frage, die Anstoß erregt hatte, wobei sie das Wörtchen »häßlich« wegließ, und ich beschloß, ihr zu antworten. Das sei die Büste der geliebten Mutter ihres Großvaters – sie sei tot. Deshalb wolle er nicht über sie sprechen. Er sei traurig, und weil er ein guter, lieber Großvater sei, habe er seine Traurigkeit nicht zeigen und über seine Mutter auch nicht sprechen wollen. Mein freundlicher Ton ermutigte Irene. »Wie ist sie denn gestorben?« wollte sie wissen, und ihre Neugier hatte die Kraft und den Takt einer Lokomotive. Ich sagte ihr, Carls Mutter sei eine gute Katholikin gewesen, die Gott geliebt habe, und sie sei in ihrem Bett an Altersschwäche gestorben, was zusammengenommen schon zwei Lügen ergab. Ich schlug meiner Enkeltochter eine Partie Canasta vor. Ich schummelte so, daß sie es merken mußte – sie schummelte auch, und wir lachten uns halb tot dabei.

Es war Liesel, die dann aus der Rolle fiel. Sie war Carlchens Vertraute. Er hing immer an ihrem Rock. Nachdem Irene mich nach der Büste gefragt hatte, erkundigte Carlchen sich bei Liesel. Ich war ausgegangen, und sie wischte im Wohnzimmer Staub, da deutete auch Carlchen auf die Büste und fragte: »Wer ist die häßliche Frau da?« Liesel fackelte nicht lange. Sie erklärte ihm, die häßliche Frau da sei die Mutter seines Großvaters, sie sei die liebste Frau, die je gelebt habe, und die Deutschen hätten sie eine Grube schaufeln lassen, und dann hätten sie sie totgeschossen und hineingestoßen. Weil die Rothers jüdisch waren.

Carlchen war tief erschüttert. Er setzte sich in Carls Sessel und rührte sich nicht, während Liesel weiterarbeitete und schließlich in die Küche zurückkehrte. Als wir ins Zimmer traten, saß er immer noch in dem Sessel und starrte die Büste an. Ich hatte bald begriffen, was geschehen war. Liesel wies alle Kritik von sich. Sie sei es leid, den Jungen anzulügen. Auf kurzen Beinen könne man nicht gehen. Dagegen waren wir machtlos.

Danach war es schwieriger, Carlchen zu überzeugen, er sei nicht jüdisch – denn er kapierte schnell, daß er es war, sowohl nach dem Recht der katholischen Kirche als auch nach den Nürnberger Gesetzen.

Carlchen hatte ein weiches Herz, und Irene tat ihm leid. »Nie wirst du lesen und schreiben lernen«, sagte er. »Nie. Dein Leben wird ein einziges großes Tohuwabohu sein. Vielleicht kommst du ja klar damit. Verkehrsschilder erkennt man an ihrer Form. Comics ›lesen‹ kannst du auch, das tust du ja schon. Bilderbücher. Du kannst ins Kino gehen. Aber bei anderen Sachen wird es schwer. Denn lesen und schreiben lernst du nie im Leben.«

Sie hatte sich schon damit abgefunden. Trotzdem war sie ehrgeizig: Sie träumte davon, in die Schule zu gehen. Sie erwartete zwar nicht, dort lesen und schreiben zu lernen, aber wenigstens würde sie jeden Morgen aus dem Haus gehen, wie alle anderen auch, außer Friedel und Liesel. Sie ließ die Hoffnung fahren, jene höhere Daseinsform je zu erreichen.

Seit Renate wußte, wie wählerisch die New Yorker Schulen waren und daß sie nur schlaue Kinder nahmen, machte sie sich Sorgen, ob sie für Irene überhaupt irgendwas finden würde. Sie meldete Carlchen bei einer Schule an, und bei der Vorbesprechung hatte sie »zufällig« auch Irene dabei. Carlchen war sechs und hatte gerade Dante für sich entdeckt. Die Schule zögerte nicht. Irene brauchte gar nichts zu tun. Beide Kinder wurden genommen.

So war Irene endlich emanzipiert. Aber sie konnte mit den anderen Kindern nicht Schritt halten. Die konnten alle schon aus dem Kindergarten lesen und schreiben. Nur Irene nicht. Sie war überzeugt, wenn sie es schlau genug anstellte, würde niemand ihre Lücken bemerken. Als sich die Klasse mal im Kreis aufstellte und jedes Kind seinen Namen buchstabieren sollte, wechselte Irene ständig den Platz, so daß sie nie an die Reihe kam. Es klappte: die Lehrerin sagte nichts. Als sie mit Lesen dran kam und etwas aus einem Buch vorlesen sollte, erfand sie den Text und glaubte, keiner würde es merken. Manchmal bekam sie mit, wie die anderen Kinder sie ansahen: Mitleid, Verachtung. Aber in ihrer Klasse waren alle höflich zueinander, und niemand kicherte. Ein paar Monate vergingen, dann schickte die Schule Renate einen Brief. Man sei besorgt.

Renate nahm ihre Tochter beim Abendessen ins Gebet. »Die haben mir da diesen albernen Brief geschrieben«, sagte sie. »Du könntest noch immer nicht lesen und schreiben. Es macht ihnen Kummer. Also fängst du jetzt besser mal an mit Lesen und Schreiben, okay?«

Irene nickte nur, und das Gespräch war beendet.

»Siehst du?« sagte Carlchen nach dem Essen. »Jetzt ist es raus.«

Aber Irene gefiel sich so, wie sie war. Das ist typisch für sie. Großzügig akzeptiert sie die eigenen Fehler, auch wenn alle anderen den Kopf schütteln. Sie ging immer noch gern zur Schule, aber sie versuchte, niemanden mehr zum Narren zu halten. In der Lesestunde saß sie bloß da und wartete auf die Pause, auf das Mittagessen, auf Sport, Kunst, Singen. Eines Tages holte Friedel sie von der Schule ab, und die Lehrerin machte eine mißbilligende Bemerkung. Zu Hause müsse etwas dafür getan werden, damit Irene endlich das Alphabet lerne. Wenn sie erst einmal das Alphabet könne, werde sich alles andere von selbst ergeben. Die Lehrerin drückte Friedel ein Blatt in die Hand, auf dem das Alphabet stand, und sagte, sie solle mit dem Kind üben.

Als sie im Bus nach Hause saßen, hielt Friedel Irene das Blatt hin und sagte: »Wenn du diese Buchstaben bis zum Abendessen nicht gelernt hast, schlage ich dich grün und blau.«

Beim Abendessen konnte Irene ihren Namen buchstabieren. Nach drei Wochen war sie in der Klasse für Kinder, die schnell lesen konnten. Zu Carlchen sagte sie davon nichts, weil sie glaubte, er habe vielleicht trotzdem recht. Sie las ja tatsächlich viel lieber Comics. Kaufen durfte sie keine, aber als sie den anderen Kindern ihr Leid klagte, brachten sie Irene ihre alten Hefte mit. Bald besaß sie eine riesige Sammlung. Carl und ich prophezeiten, auf diese Weise werde sie nie richtig Englisch lernen, weil sich ihr der Slang der Comics ins Hirn einbrennen würde. Wir gaben Renate den Rat, sie solle die Comics konfiszieren, wenn Irene nicht zu Hause war. Aber die bekam Wind davon und versteckte sie. Wir ertappten sie dabei, wie sie eins las. Und dann begann Dische während eines Cocktails bei uns über die Schädlichkeit von Comics zu schwadronieren, so daß ich meine Meinung änderte und von nun an sagte, Lesen sei gar nicht so wichtig, und ganz bestimmt würde man davon kein besserer Mensch.

Dische lachte. Er sagte, selbstverständlich, aber es gehe auch nicht darum, daß man ein besserer Mensch werde, sondern ein Angehöriger der lesenden Klasse, die heute, wo alle Fernsehen hätten, mit jedem Tag schrumpfe. Er sagte, man solle das Fernsehen verbieten, es sei gemeingefährlich. Carl warf mir einen Blick zu. Sofort schaltete ich den Fernseher ein. Dische lachte wieder und meinte, ich solle wenigstens auf die Nachrichten umschalten, aber ich erwiderte: »In unserem Haus wird immer *I Dream of Jeanie* gekuckt« – und da es unser Haus sei, müsse er sich das gefallen lassen. Anscheinend gefiel es ihm ganz gut, denn während der ganzen Sendung hörten wir keinen Mucks mehr von ihm. Aber nachher wollte er nicht zugeben, daß er sich amüsiert hatte. Taktlos, wie er war, schimpfte er auf alles, was uns lieb und teuer war: auf das Fernsehen, den Studebaker und General Eisenhower. Da sagte ich ihm die Meinung. »Wissen Sie, was ich glaube? Sie sind bloß eifersüchtig, weil Sie zu alt sind, um noch ein richtiger Amerikaner zu werden. Ihre Kinder sind richtige Amerikaner. Aber das paßt Ihnen auch nicht.« Danach hielt er den Mund. Renate war wütend. Als sie nach dem Essen gehen wollten und Dische außer Hörweite in der Diele mit den Knöpfen seines Mantels kämpfte, fuhr sie uns an: »Ihr habt kein Recht, so herablassend mit meinem Mann zu reden!«

Carl antwortete ruhig: »Ich wußte schon immer, daß du kein Rückgrat hast. Aber ich hätte nie gedacht, daß du so wenig Rückgrat hast und nicht mal die eigenen Eltern in Schutz nimmst, wenn dein Mann über sie herfällt.« Irene bekam es mit. Sie griff nach der Hand ihrer Mutter und drückte sie – zweimal. Renate sah mit diesem besonderen Blick zu ihr hinunter: Hier kommt ein Verbündeter. Ich sah, wie sie Irenes Hand drückte – auch zweimal. Es war ein Zeichen.

Eine Weile kamen die Disches sonntags nicht mehr zu uns, und dann kamen sie wieder. Für kurze Zeit machten wir uns Hoffnung, mit Irene würde es besser werden. Es stellte sich nämlich heraus, daß sie musikalisch war. Sie hatte angefangen, Geige zu spielen, und war darin gar nicht schlecht. Noch während sie in die Unterstufe ging, wurde sie als erste Geigerin in das Oberstufenorchester berufen. Sie trug noch Zöpfe und hatte ihren Kinderatem. Die anderen Mädchen blickten auf sie herab, weil sie bloß ein kleines Gör war. Bei jeder Schulfeier mußte sie spielen. Leider mußten wir die lange Liste ihrer Ängste bald um eine neue ergänzen – Vor-Publikum-Spielen. Sie wurde dabei so ängstlich, daß sie zitterte, und das gab ihrem Gefiedel ein unwillkürliches Vibrato. Dieses Angstvibrato entzückte die Lehrer wiederum so sehr, daß sie noch öfter vor Publikum spielen mußte. Ich überlegte mir, daß man darin statt Ängstlichkeit vielleicht auch einen Ausdruck von Bescheidenheit sehen könnte, und sagte allen, Irene möge es einfach nicht, wenn man sie anschaut – und das sei doch eine bemerkenswerte Tugend. Etwas, worauf sich bauen lasse.

Jeden Sonntag nach dem Abendessen musizierten Carl und unsere Enkeltochter gemeinsam. Er hatte große Freude an ihrem Spiel. Aber sie wollte nicht so recht. Wie schon Renate war es auch ihr unangenehm, wie Carl am Klavier stöhnte und den Oberkörper wiegte. Sie kränkte ihn mit der Behauptung, das Cembalo sei ein viel schöneres Instrument als das Klavier. »Auf dem Cembalo kann man nicht so klebrig spielen«, sagte sie. »Klebrig?« fragte er. »Was meinst du mit klebrig?« Sie wechselte das Thema. Schließlich überlegte er sich, wie er ihre Freude am Musizieren steigern könnte. Sie sollte eine Arbeit darin sehen, mit der sich Geld verdienen ließ. Jeden Sonntag, wenn sie mit ihm spielte, würde er ihr einen Zehner geben. Für einen Zehner konnte sie sich allerlei kaufen, ein verbotenes *Archy*-Heft oder zehn aromatische *Bazooka*-Kaugummis. Statt dessen dachte sie sich Entschuldigungen aus, damit sie überhaupt nicht mehr zu spielen brauchte. Unter irgendeinem Vorwand blieb sie manchmal sogar zu Hause, bloß um nicht nach Fort Lee kommen und mit ihrem Großvater musizieren zu müssen. Ich rief Renate an und sagte: »Schluß mit den Ausreden. Morgen kommt das Mädchen mit. Und vergiß die Geige nicht.«

Sie kam. Normalerweise spielten die beiden erst nach dem Abendessen. Aber diesmal wollte Carl unbedingt vorher ein bißchen üben. Erwartungsfroh setzte er sich ans Klavier. Aber sie verschwand. Liesel fand sie im Garten, wo sie allein mit einem Ball spielte, obwohl es schon finster war. Sie wurde ans Klavier geholt. »Ich dachte, du wolltest dir ein bißchen Geld verdienen«, sagte Carl. »Einen Zehner, für ein einziges Stück.«

Sie stampfte mit dem Fuß auf und rief: »Ach, der blöde Zehner!«

Carl schickte sie auf die dunkle Veranda, da sollte sie seine Antwort auf diese ungeheuerliche Beleidigung abwarten. So hart hatte er für diesen Zehner gearbeitet. Wir holten sie zum Abendessen wieder herein. Wir sagten ihr, diesen Ausspruch würden wir auf ihren Grabstein setzen. Wir wiederholten ihn immer wieder. Wir sagten: »Fräulein Blöder Zehner, noch etwas Soße gefällig?« Nach dem Essen, als wir darauf warteten, daß Carl seine Zigarre zu Ende rauchte, kam Liesel und rief Irene in die Küche.

»Wenn du mit deinem Großvater nicht spielst, kannst du mir genausogut beim Spülen helfen!« Wir blieben im Eßzimmer zurück und sprachen laut darüber, daß wir es richtig fänden und daß es eine gerechte Strafe sei. Liesel hörte uns und kam zurück. »Ist es etwa eine Strafe, in der Küche zu arbeiten? Wofür werde denn ich bestraft?« Sie war wütend.

»Plustern Sie sich nicht so auf, Liesel«, sagte ich. »Lassen Sie sich von Irene helfen, und verschonen Sie uns mit Ihren Bemerkungen. Sie ist ein Mädchen. Sie soll lernen, wie man die Küche sauberhält. Für ihren Mann muß sie das später auch machen.«

Während wir uns die Köpfe darüber zerbrachen, wie wir die beiden Enkelkinder beeinflussen und vor ihren Erbanlagen bewahren könnten, nahm Friedel den Kampf auf. Wochenlang hatte sie die Kinder im Sommer für sich allein. Sie wollte ihnen die Wasserscheu austreiben, also nahm sie sie zitternd und bibbernd jeden Nachmittag nach dem Mittagsschlaf mit an den Strand, trug sie, eins nach dem anderen, ins Meer, wo es schon tief war, und ließ sie dort ins Wasser plumpsen. Dann rannte sie zum Strand zurück, und die Kinder mußten um ihr Leben schwimmen. Es war die Stunde der Angst. Eines Tages warf sie Carlchen, der immer als erster drankam, weil er der Ältere war, in eine gefährliche Strömung, und besorgte Zuschauer mußten einen Rettungsschwimmer alarmieren, der ihn dann herauszog. Der Rettungsschwimmer erstattete Anzeige.

Der Junge nahm Friedel in Schutz. Er sagte, es sei seine Idee gewesen, ihn ins Meer zu werfen, und das Strampeln und Japsen sei nur gespielt gewesen. Die Anzeige wurde fallengelassen. Aber als wir anderen dann auch nach Chadwick Beach kamen, um Urlaub zu machen, sprach er kaum ein Wort. Er sagte nicht, was passiert war. Irene weigerte sich, an den Strand zu gehen, selbst bei Ebbe, so sehr fürchtete sie sich vor den Wellen, aber auch sie wollte nicht mit der Sprache heraus. Friedel berichtete nur, beide Kinder hätten Angst vor dem Wasser, und schon beim ersten Donnergrummeln in der Ferne würde sich Irene unter ihrem Bett verkriechen. Es sei einfach unmöglich. Sie versuche ja, den Kindern zu helfen. Man müsse etwas unternehmen. Keine Sorge, Friedel, sagte ich. Beim nächsten großen Sturm nehmen wir die Kinder mit an den Strand. Wenn sie ein wirklich schweres Unwetter und eine richtig stürmische See sehen, werden sie ihre Angst vor Wind und Wasser überwinden.

Wir waren im Wohnzimmer und tranken einen Cocktail vor dem Abendessen. Liesel saß auf der Veranda. Wir hatten ihr Ruhe verordnet. Diesmal sollten es Ferien für sie werden. Sie kauerte auf der Kante der Verandabank – hinten anlehnen hätte zuviel Genuß bedeutet – und stopfte Strümpfe, während ihre Nichte Friedel das Essen machte. Carlchen schlich hinaus zu Liesel und erzählte ihr, Friedel habe ihn ins tiefe Wasser geworfen und er sei fast ertrunken. Mit seiner üblichen Klugheit hatte er sich Liesel dafür ausgesucht. Die ließ ihr Stopfzeug sinken und stand sofort auf. Sie marschierte in die Küche und fing an, Friedel zu beschimpfen. »Du taugst nix!« schrie sie. »Geh! Du bist gefeuert!«

Friedel verschwand noch am gleichen Abend. Sie war außerdem auch schwanger. Ihr deutscher Freund hatte schon eine gute Stelle, und als er später eine Greencard bekam, heiratete sie ihn. Kaum hatte Friedel selbst Kinder, da geschah etwas Sensationelles mit ihr – ohne den geringsten Druck von außen, ohne daß ihr jemand ins Gewissen geredet hätte, erkannte sie, daß sie gesündigt hatte. Mit ihrem eigenen Nachwuchs ging sie zärtlich und geduldig um, und bei den Disches versuchte sie sich zu entschuldigen. Viele Jahre lang rief sie in regelmäßigen Abständen bei ihnen an oder kam vorbei und bat um Verzeihung. Sie verziehen ihr nicht, sondern gingen ihr möglichst aus dem Weg. Aber Friedel fand ihre Verurteilung gerecht und sagte es auch. Sie und ihr Mann bekamen bald die amerikanische Staatsbürgerschaft. Sie kauften ein Haus in Chadwick Beach, das schöner und größer war als unseres, und wurden überzeugte Republikaner. Liesel hatte nichts dagegen, daß Friedel sie in Fort Lee besuchte, aber sie mochte sie nicht mehr. Blutsverwandtschaft war nicht alles. Und als Liesel ihre eigene Nichte feuerte, mußten wir es akzeptieren.

Schließlich kam der große Sturm, den wir für Irenes Erziehung brauchten. Ich ließ Liesel bei Carl in Fort Lee zurück und fuhr mit Renate und den Kindern ans Meer. Mitten in der Nacht, ein paar Stunden bevor der Hurrikan Donna da war, begann das Rote Kreuz, die Küste von New Jersey zu evakuieren. Ein Streifenwagen der Polizei fuhr die kleinen Straßen ab, und ein aufgeregter Beamter schrie in sein Megaphon: »Bitte Ruhe bewahren.« Alle mußten die Gegend verlassen. Man konnte auf dem Revier anrufen, wenn man Hilfe brauchte. Später tauchte der Streifenwagen noch einmal auf, diesmal leise, um zu prüfen, daß nirgendwo mehr Licht brannte und alle abgefahren waren. Wir beiden Frauen schalteten das Licht aus und warteten, bis wir wieder allein waren. Im Morgengrauen begann der Wind mit aller Macht zu pusten und drückte die Häuser um. Der Ozean war sein Verbündeter. Bald kamen die Wellen bis an unseren Eingang, klatschten an die Hauswand, fluteten über die Türschwelle. Was haben Renate und ich gelacht! Wir gaben den Kindern ihre Sandeimer und sagten ihnen, sie sollten das Wasser herausschöpfen. Inzwischen war es hell geworden. Renate sagte: »Wir gehen raus!«

Wir zogen unsere gelben Regencapes an und verließen das Haus durch die Hintertür, die ins Trockene führte. Der Ozean hatte sich weit vorgeschoben. Auf der Straße schwappte der Abfall, aber auch brauchbare Dinge waren darunter, Spielzeug zum Beispiel. Der Sand blies uns ins Gesicht, ein schmerzhafter Aufprall. Wir ließen uns auf Hände und Knie nieder. Renate besann sich auf unsere feige Katze. Sie kehrte noch einmal ins Haus zurück, nahm den Kater, drückte ihn an sich, und dann krochen wir auf allen vieren los. Ich hielt mich in der Nähe von Renate, die Kinder blieben etwas zurück, aber nicht, weil sie Angst hatten. Selbst Irene war begeistert. Der Kater riß sich los und wehte davon, wir sahen ihm nach – ein immer kleiner werdender schwarzer Punkt. »Gott sei mit ihm«, betete ich. Dann setzten wir unseren Weg fort. So schafften wir es bis zu einer Stelle, die Renate vorher ausgesucht hatte – einer mit Beton befestigten Düne. Wir kletterten hinauf. Von dort sahen wir, wie die Wellen mit den besseren Häusern in der Umgebung herumkegelten, den stolzen Häusern mit der guten Aussicht. Die Wellen fraßen die Häuser auf. Die Kinder hatten bald die Arme voller Spielsachen. Von diesem Tag an hatten wir von unserem Haus freien Blick auf den Strand. Den Kater fanden wir zusammengekauert hinter der Garage. Irene fürchtete sich nachher noch immer vor kleineren Unwettern, und schwimmen gehen wollte sie auch nicht, aber ein anständiger Hurrikan war ihr lieb. Wir sahen ein, daß ihre Veranlagung stärker war als jede Erziehung. Wir verkauften das Haus. Weil es dem Strand jetzt am nächsten lag, bescherte es uns einen kräftigen Goldregen, der unserem Geldbeutel gut bekam.

Geld macht natürlich nicht glücklich, auf Geld kommt es im Grunde nicht an, es ist nur praktisch. Das Glück kommt und geht. Und am wertvollsten sind Wünsche, solange sie unerfüllt sind. Einmal erfüllt, verlieren sie ihre Bedeutung, und andere Wünsche treten an ihre Stelle. In Deutschland bringt das Christkind die Weihnachtsgeschenke. Als Renate noch nicht lesen und schreiben konnte, half ich ihr bei einem Wunschzettel mit drei Wünschen an das Christkind. Ich klebte den Zettel außen an den Fensterladen ihres Zimmers. Kinder müssen lernen, sich zu gedulden. Die kleine Renate machte sich Sorgen, weil der Zettel drei Tage lang hängen blieb, ehe das Christkind Zeit hatte, ihn zu holen. Auf dem Zettel stand:

1) Ein großes braunes Pferd.
2) Eine Perlenhalskette.
3) Ein Bauernhof.

Die Tür zum Wohnzimmer war verschlossen. Das Christkind war dabei, den Weihnachtsbaum zu schmücken. Es unterhielt sich gern mit dem Mädchen – durch die Tür. Das Christkind hatte eine hohe, schrille Stimme, und es sagte zu Renate, sie dürfe den anderen im Haus nicht verraten, daß es mit ihr sprach, auch Liesel nicht – sonst würde es ihm zuviel und es würde verschwinden. Renate sagte niemandem etwas, auch mir nicht. Statt dessen drückte sie sich vor der Wohnzimmertür herum und plauderte mit dem Christkind über das Leben und über Weihnachten, bis das Christkind genug davon hatte und Sachen sagte wie: »Jetzt sei ein braves Mädchen und geh auf dein Zimmer spielen«. Und wenn das nicht genügte, wurde es deutlicher: »Du sollst hier nicht die ganze Zeit herumlungern, du kleines Würstchen, ich habe zu tun.«

Ich durfte das Wohnzimmer natürlich betreten, und schließlich fragte mich Renate zögernd, ob ich dort allein wäre. Ich gab zu, daß ich nicht allein war. Ihre Augen strahlten. »Und?« Da erklärte ich meiner vorwitzigen Tochter, das Christkind sehe genauso aus wie auf dem Bild in ihrem Gebetbuch.

Am Tag vor Weihnachten war Renate ganz besonders brav und spielte mit einer Holzeisenbahn in ihrem Zimmer. Liesel und ich wollten auf den Markt gehen. »Du bist ja ganz brav!« sagten wir und streichelten ihr über den Kopf.

»Wie ungewöhnlich, und was für ein Glück für uns! Wir sind gleich zurück. Und du bleibst hier auf deinem Zimmer.«

Nach einiger Zeit bekam das Mädchen, das sich so allein im Haus langweilte, Lust auf ein Gespräch. Es war ungehorsam, schlich sich aus dem Zimmer, die Treppe hinunter, an die Wohnzimmertür und sagte: »Hallo, Christkind.«

Das Christkind blieb stumm.

»Christkind, bist du schon weg?« fragte Renate ängstlich. Als sie keine Antwort bekam, verschwand sie wieder auf ihr Zimmer. Wenig später hörte sie uns zurückkommen und wartete, bis ich wieder ins Wohnzimmer gegangen war und die Tür hinter mir geschlossen hatte. Dann stürmte sie noch einmal nach unten und trat an die Tür: »Hallo, Christkind.«

»Hallo, kleines Mädchen«, tönte es von drinnen.

In diesem Augenblick erkannte sie meine Stimme.

Sie wurde rot vor Scham. Sie flüsterte: »Mami, das bist ja bloß du.« Da kam ich lachend heraus und gab ihr einen Kuß.

Sie war nicht enttäuscht. Für sie war es kein Unterschied. In ihren Augen war ich genauso lieb und genauso gut wie das Christkind.

Und ihren Wunschzettel vergaß ich nie. Ich verschob nur die Erfüllung der Wünsche.

Aber das Rad des Schicksals dreht sich, und irgendwann vergeht das Glück. Unsere Nachbarin, Mrs. Conti, war noch dicker als ich. Sie war achtundvierzig, wog dreihundert Pfund, hatte vier Kinder und Schmerzen im Unterleib. Sie hatte eine starke Blutung gehabt, und dann hatte plötzlich ihre Periode ausgesetzt. Carl diagnostizierte Wucherungen in der Gebärmutter und empfahl ihr, die Gebärmutter entfernen zu lassen.

Er besorgte das selbst – eine Routineoperation. Die Patientin erholte sich nachher gut. Aber der Bericht des Pathologen war eine Überraschung. Mrs. Conti war in der achten Woche schwanger gewesen.

Carl sagte es ihr sofort und versicherte ihr, die Operation sei trotzdem das Richtige gewesen. In ihrem Alter und bei ihrem Gewicht wäre eine weitere Schwangerschaft riskant geworden.

Die Patientin verklagte Carl wegen Fahrlässigkeit. Sie verklagte ihn auch dafür, daß sie ihrem Mann nun nicht mehr sexuell gefällig sein könne, weil sie ihr Verlangen verloren habe. Und als Schadensersatz für das Leben ihres ungeborenen Kindes forderte sie soviel, wie dieses in seinem ganzen Leben verdient hätte. Der Fall kam vor Gericht. Der Richter gratulierte Carl dazu, daß er kaum Falten im Gesicht habe, aber der Klägerin gab er recht und sprach ihr eine hohe Abfindung zu. Die Contis zogen in eine Villa mit Blick auf den Hudson.

In Amerika ist der Kunde König. Um die Abfindung zahlen zu können, mußte Carl einen Kredit aufnehmen, der uns kaum noch Luft ließ. Wir waren ruiniert. Carl sagte: Wie bei den Nazis!

Er machte seine Praxis zu. Er wollte keine Patienten mehr sehen. Selbst seine besten Freunde nicht, die Smiths, und wir sagten unseren Sommerbesuch bei ihnen ab. Von nun an widmete er sich nur noch mir, der Natur, wie man sie auf langen Spaziergängen in den Wäldern am Hudson zu sehen bekommt, seinem Klavier und seiner Briefmarkensammlung.

W ir verkauften den Studebaker. Die Auffahrt sah jetzt weniger großartig aus. Aber ein Wagen genügte. Ich bedrängte Carl immer wieder, er solle sich um eine Beihilfe bemühen, um Wiedergutmachung, um das Geld und das Eigentum, das man ihm in Deutschland weggenommen hatte. Er weigerte sich. Er sagte, nur ein Jude würde Geld für seine toten Verwandten nehmen. Er bot an, seine Briefmarkensammlung zu verkaufen. Das wollte ich nicht, und er war erleichtert.

Ich sagte zu Liesel, ich könne mir ihre Dienste nicht mehr leisten. Sie antwortete, es gehe auch so. Sie werde auch ohne Bezahlung bleiben. Sie habe sowieso ihr ganzes Geld für Wohltätigkeitsvereine gespendet. Die müßten nun eben ohne sie auskommen. Aber Liesels Macht wuchs. Wenn sie »Meine Küche« sagte, klang es gebieterisch. Ich ertappte mich dabei, daß ich danke zu ihr sagte.

Ich litt am Herzen. Mein Blutdruck war sehr hoch. Ich wog zweihundertzwanzig Pfund. Ich sagte, 1958 ist mein Todesjahr. Ich hatte es auf sechsundsechzig gebracht. Mehr, als ich je erwartet hatte. Ich bekam grauen Star. Ich weigerte mich, etwas von meinem Schmuck zu verkaufen. Wir mußten den Gürtel sehr eng schnallen. Unzählige Male überließ sich Carl der Sünde des Zorns. Er sagte: »Hätte Renate nicht Dische geheiratet, wäre ich jetzt glücklich, egal, was sonst noch passiert wäre.«

Es gab auch Freuden. Wir stellten fest, daß Carlchen nicht geizig war, im Gegenteil, ihm fehlte alles Verlangen nach Besitztümern. Es war schwierig, ihm überhaupt etwas zu schenken, an dem er Spaß hatte. Seine Schwester war ganz anders. Sie liebte Geschenke über alles. Wir schenkten ihr weniger und Carlchen mehr. Da jammerte sie ein bißchen, und Carlchen überließ ihr auch seine Sachen. Sie war ungezogen und habgierig. Eines Abends im Winter besuchte sie uns und benahm sich daneben. Nach dem Abendessen sagte Liesel, sie solle ihr beim Abtrocknen helfen, aber Irene wollte nur, wenn auch ihr Bruder mitmachte. Liesel sagte, nein, das ist jetzt deine Arbeit. Irene fing an zu kreischen, sie wolle sofort nach Hause und würde nie wieder nach Fort Lee kommen. Ich nahm sie an die Hand und sagte: »Sei jetzt still. Wenn du nicht still bist, bekommst du nichts zu Weihnachten, bloß einen Holzlöffel zum Verhauen.«

Aber sie war nicht still. Sie schrie: »Ich will sowieso nichts zu Weihnachten haben. Ich will nach Hause. Ich trockne nicht ab.«

Eine Woche später war Weihnachten. Wir sagten Renate, was sie zu tun habe, und ausnahmsweise hielt sie sich mal daran. Unter dem Weihnachtsbaum lagen die Geschenke – für Irene war nur eines dabei. Sie packte es hastig aus. Ein nagelneuer Kochlöffel, um sie damit zu versohlen.

Sie zuckte mit den Achseln und warf ihn unter den Baum. Wir sagten ihr, sie solle ihn aufheben und mit sich herumtragen, sonst bekäme sie auch keine Plätzchen. Diesen Kampf hatte sie verloren. Ihr kleines Gesicht war ganz rot und verschwitzt vor lauter Wut. Wir mußten alle lachen.

Carl tat der Rücken weh. Es war ein paar Tage später, an einem normalen Wochentag, morgens. Ich lag im Bett, die Beine erhöht auf einem Kissen, den Rosenkranz meiner Mutter in den Händen. Eben hatte ich hundert Seelen aus dem Fegefeuer befreit und sah trotzdem alles schwarz. Ich hatte gegen meine Enkeltochter gesündigt. Der Holzlöffel war hart genug. Sie auszulachen hatte mir gutgetan, aber es würde sie nur noch widerspenstiger machen. Ihr Wille ließ sich nicht so leicht brechen – das hatten sie und ich gemeinsam. Carl kam ins Schlafzimmer, und ich seufzte tief und sagte, mein Herz könne den Kummer mit den Enkeln und mit Renate nicht mehr ertragen und ich würde es bestimmt nicht mehr lange machen. Er antwortete, ihm tue der Rücken weh. Ich legte den Rosenkranz weg und sah ihn an. Er klagte sonst nie. Er machte ein seltsames Gesicht. Ich fragte ihn, wo er Schmerzen habe und wie schlimm sie seien. Und er antwortete, überall. Sie seien schlimm.

Nach vierzig Jahren war der Krebs, der zuerst in der Hand und dann in den Hoden aufgetreten war, zurückgekehrt und hatte sich in seinen Knochen eingenistet. Carl mußte schon seit langem Schmerzen haben. Als er schließlich davon sprach, waren schon mehrere Knochen in seinem Rücken zerfressen. Nach und nach zerbröckelten sie alle. Es war die reine Folter. Wenn ich bloß zehn Minuten Urlaub von diesen Schmerzen haben könnte, bloß zehn Minuten, es wäre der schönste Urlaub meines Lebens, sagte er. Ich dachte, Gott straft ihn dafür, wie er sich mir gegenüber verhalten hat. Lasset uns beten. Wie üblich ohne Erfolg.

Carl lud die ganze Familie zu einem letzten Sonntagnachmittag ein. Es war einer dieser Herbsttage, die viele New Yorker perfekt nennen – die Bäume flammend in Rot und Gelb, ein Waldbrand ohne Hitze und ohne Rauch am wolkenlosen Himmel. Am nächsten Morgen würden Bauarbeiter anrücken und damit beginnen, sie niederzuwalzen. Der Wald sollte für eine neue Hochhaussiedlung gerodet werden. Carl sagte, er hoffe, daß er das nicht mehr erleben werde. Er freue sich auf einen ruhigen Platz auf unserem Friedhof. Wir schoben seinen Rollstuhl in den Garten hinter dem Haus, und jeder aus der Familie wurde zu einer Privataudienz an seinen Stuhl gerufen – jeder außer Dische. Noch einmal bekam er die kalte Schulter gezeigt, aber er merkte wieder nichts, sah sich die Abendnachrichten im Fernsehen an, allein mit einem Cocktail, und war rundherum zufrieden. Carl hatte für jeden einige letzte Worte, etwas Besonderes, das nur für die Ohren dieses einen bestimmt war. Zu Renate sagte er: »Sorg dafür, daß ich doch noch stolz auf dich sein kann.« Zu Carlchen: »Ich hinterlasse dir das Wertvollste, was ich besitze, meine Briefmarkensammlung. Aber gib sie nicht deiner Schwester.« Und zu Irene: »Wir sind uns sehr ähnlich: Wir lieben beide die Musik.«

An diesem Abend, nachdem Renate mit ihrer Familie abgefahren war, bekam er Atembeschwerden. Ich rief einen Krankenwagen. Ich fuhr hinterher, und eine Zeitlang fuhr ich sogar neben ihm, so daß ich ihn durch das Seitenfenster sehen konnte. Er drehte mir das Gesicht zu, er lächelte, und er hob die Hand und winkte mir zum Abschied, wie aus einem abfahrenden Zug. Dann starb er. 1963. Er war mir zuvorgekommen.

III

Das Trauerjahr begann. Der Eßtisch wurde für einen weniger gedeckt. Amüsement war verboten. Zwei große Katholiken hatten schon das Zeitliche gesegnet, erst Papst Johannes XXIII., dann Dr. Carl Rother. Und wenig später, um diese kurze Kette tragischer Ereignisse zu beschließen, wurde auch noch John F. Kennedy ermordet.

Ich nahm die Uhr vom Fernseher und rückte das Zeitlose an ihre Stelle – mein Lieblingsphoto von Carl, ein Schwarzweißporträt aus der Zeit vor Margie. Auf der glatten Stirn spiegelt sich Licht, die Hand hat er an die Wange gelegt, die Augen blicken aufmerksam in den Raum – Doktor Rother, unser deutscher Arzt. Neben dem Bild hatte ich Kerzen aufgestellt, auf jeder Seite zwei. Abends, nach dem Essen, zündete Liesel die Kerzen an, und statt Jackie Gleason oder *Preston & Preston* zu kucken, knieten wir nieder und beteten. Für die Enkelkinder machten wir keine Ausnahme, und Irene wollte natürlich nicht. Sie sagte klipp und klar, die Besuche bei mir halte sie überhaupt nur aus, weil es hier einen Fernseher gab. Aber bei mir bekam sie ihren Willen nicht. »Kein Fernsehen.« Statt dessen ließ ich sie vor dem Bild ihres Großvaters niederknien und einen Rosenkranz für ihn beten. Sie murmelte, sie würde dafür beten, daß der Fernseher wieder liefe. Ich tat, als hätte ich es nicht gehört. Sie betete voller Inbrunst, und sogar um Liesels Hasenscharte erschien etwas, das aussah wie ein ironisches Lächeln. Ich hatte Irene ein besonderes Geschenk gemacht, einen von Carls Rosenkränzen, aus glitzernden Glasdiamanten. Er kam direkt aus Lourdes, aber in Irenes Tasche hielt er es nicht lange aus. Er erkannte die Feindin und verschwand. Ich schenkte ihr einen anderen, den sie aber nur benutzen durfte, wenn sie bei uns zu Besuch war. Dann starb JFK, und natürlich schaltete ich den Fernseher wieder an, um »die weiteren Ereignisse« zu verfolgen, denn ich lebte ja noch und war also neugierig.

Bald leisteten mir die Kinder Gesellschaft. Denn bis nach dem Begräbnis des Präsidenten fiel die Schule aus, und Irene sah darin, daß sie nun wieder fernsehen konnte, ein wunderbares Beispiel dafür, wie sie ihren Willen eben doch bekam. »Vielleicht glaubst du jetzt endlich an die Kraft des Gebets!« fauchte Liesel und war gar nicht mehr amüsiert. Carlchen beschwerte sich, er finde es komisch, sich vor dem Fernseher zu fläzen, während der arme, tote Großvater von oben auf einen herabblicke. Er hatte grundsolide moralische Überzeugungen. Irene hatte bloß Angst. Hatte sich Opas Miene auf dem Photo nicht eben verändert? Aus wohlwollendem Interesse – zufrieden beobachtet der Besitzer des Zimmers, was darin vor sich geht – war Zorn geworden. Das Mädchen hatte keinerlei Gewissensbisse, sich auch unter derart traurigen Umständen zu amüsieren, aber sie zitterte.

Ich behielt sie ein paar Nächte in Fort Lee, damit ihre geplagte Mutter ungestört ihrer Arbeit nachgehen konnte. Irene konnte in Liesels Bett schlafen, und Liesel wurde auf die Veranda ausquartiert, wo das Gartensofa stand. Die Veranda war nicht geheizt, aber Liesel sagte, das sei ihr egal. Sie deckte sich mit ihrem Wintermantel zu. Irene sagte nicht danke. Sie schlief in Liesels schönem, warmem

Bett und bebte vor lauter Angst, der Geist ihres Großvaters könnte erscheinen, sie anstarren und dabei murmeln: »Ach, der blöde Zehner!«

Einen Tag nachdem Carl gestorben war, übernahm ich seinen Platz am Kopf des Eßtischs und machte mir Gedanken über meine neue Rolle als Familienoberhaupt. Nun, da der Großvater nicht mehr war, hatte Carlchen seinen Steuermann verloren, den einzigen Menschen, der imstande war, ihn auf dem Weg in ein Nicht-Dische-Leben zu leiten. Ich nahm mir vor, alles zu tun, ein guter Stellvertreter für Carl zu werden.

Der Junge brauchte ein sichtbares Zeichen. Ich nahm ihn beiseite und hielt eine kleine Ansprache: »Du bist jetzt der Mann in der Familie. Da sollst du auch das Zimmer deines Großvaters haben. Ab jetzt gehört das Herrenzimmer dir. Außerdem besaß dein Großvater etwas sehr Wertvolles, und er wollte, daß du es bekommst.« Und dann verehrte ich ihm die Briefmarkensammlung seines Großvaters. Carlchen verzog das Gesicht. Er sagte, wenn ich unbedingt wolle, daß er die Briefmarkensammlung bekäme, dann könne er damit auch machen, was er wolle, und er würde sie seiner Schwester schenken. Die würde sie haben wollen. Ich wußte, Irene hatte einen Riecher für Geschäfte und würde sie verkaufen. Aber immerhin hatte auch der Junge mal bewiesen, daß er Willenskraft besaß.

So kamen die Briefmarken auf den Speicher, drei dicke Koffer voll. Jahrzehnte vergingen. Die Sommersonne heizte den Speicher auf fünfzig Grad, und der Winter kühlte ihn auf minus zwanzig ab. Es regnete durch das Dach herein, das Dach wurde geflickt, die Dielen faulten, sie wurden erneuert, ein Teppich wurde gelegt, ein Gästezimmer und eine Toilette eingebaut, es regnete wieder durchs Dach, das Dach wurde wieder geflickt, ein Fenster blieb offen, und es regnete herein, der Boden war klatschnaß, heiß, kalt, heiß, kalt, aber die Briefmarkensammlung in ihrer Vergessenheit überstand alles. Schließlich fand meine Enkelin sie wieder und ließ sie tatsächlich für einen Apfel und ein Ei versteigern. Die Koffer hatten einen gewissen Wert, die Marken nur sehr wenig. Zu dieser Zeit hatte das, was von Carls Geist noch übrig war, das Haus in Fort Lee längst verlassen und hielt sich in der äußeren Stratosphäre auf.

Wo war ich stehengeblieben?

Ich brauchte eine neue Garderobe. Ich hatte noch nie Schwarz getragen. Am ersten Montag nach Carls Tod fuhr ich in die Stadt und kaufte bei Gimbel's zwei schwarze Kleider, eines aus Wolle, das andere aus Gabardine. Dienstags fuhr ich noch einmal hin, wegen des schwarzen Kleides, das ich anprobiert, aber dann doch nicht genommen hatte, weil ich es zu teuer fand. Es war ebenfalls aus Gabardine, eine Anschaffung fürs Leben, wie mir die Verkäuferin gesagt hatte, und dann nahm ich auch noch ein Abendkleid aus Seide mit, in Schwarz – ich brauchte ja was für die Christmette. Als ich wieder zu Hause war, fiel mir ein, daß ich keinen anständigen Mantel hatte, und ich beschloß, noch mal in die Stadt zu fahren. Liesel sagte, sie würde auch gern Schwarz tragen. Deshalb fuhren wir am Mittwoch zusammen, und ich kaufte ihr eine bescheidene kleine Ausstattung in Schwarz, aus Polyester und Wolle, alles paßte wunderbar zusammen, und dazu einen neuen Wintermantel, den hatte sie wirklich nötig. Für mich fand ich genau das Richtige in Kaschmir, aber später wurde mir klar, daß der Kragen unbedingt noch einen Nerzbesatz brauchte, damit ich nicht an den Ohren fror, deshalb mußte ich am Donnerstag noch mal los. Und am Freitag kaufte ich mir einen Sessel mit verstellbarer Rückenlehne, der Carls abgenutzten Wohnzimmersessel ersetzen sollte. Das war eine teure Anschaffung, aber man soll nicht unbequem sitzen, und dieser verstellbare Sessel war erst recht eine Anschaffung fürs Leben. Am Samstag fuhr ich noch mal in die Stadt und kaufte zwei schwarze Hüte, einer von ihnen war eine »Pillbox«, wie unsere trauernde First Lady sie trug. Und am Sonntag ruhte ich.

Über Weihnachten fuhr Renate mit mir und den Kindern zum Skifahren in einen Wintersportort. Dische wollte nicht mitkommen. Natürlich nicht. Er hatte Angst, er müßte bezahlen. Es war das erste Mal, daß ich Weihnachten nicht zu Hause feierte. Abends ging die Hotelbesitzerin von Tisch zu Tisch und begrüßte die Gäste. Sie hieß Margie. Renate mokierte sich darüber, daß ich der freundlichen Dame einen bösen Blick zugeworfen hätte. Auf dem Hang hinter dem Hotel war eine Weihnachtskrippe mit lebensgroßen Figuren aufgebaut, und am Nachmittag des zweiten Weihnachtstages begannen dort, zwischen den Heiligen Drei Königen mit ihren Geschenken, zwei Hunde sich zu paaren, wie im Rausch. Der Hang wurde abgesperrt und der Lift, der darüber hinwegführte, angehalten, während sie ihrer Lust frönten. Es hätte mir eine Warnung vor dem sein sollen, was sich hinter meinem Rücken abspielte.

An Silvester fuhren wir zurück in die Stadt, weil Dische partout auf eine Party mit wichtigen Wissenschaftlern, wie er selbst einer war, gehen wollte, und zwar mit Renate. Zwischen den Jahren schiebt sich die Zeit wie zäher Brei dahin, da kann man sich nicht einfach losreißen und vorlaufen. Die Kinder blieben bei mir in Fort Lee. Wir spielten Canasta. Liesel und ich tranken ein bißchen Sekt. Es gefiel mir, wie ihr kleiner Schnabel an der goldenen Flüssigkeit nippte und wie interessiert sie beim Probieren dreinblickte. Bald war ich so angeheitert, daß ich kindisch wurde. Ich nahm Carls gläsernes Sparschwein, das wir jahrelang mit Pennys gefüllt hatten, um den Kindern zu zeigen, daß Sparen sich lohnt, und stellte es auf den Eßtisch. Ich holte eine braune Tüte und einen Hammer. Während mein kleines Publikum mit großen Augen zusah, schob ich das Schwein in die Tüte, hielt Carlchen den Hammer hin und sagte: »Schlag zu!« Er wollte nicht. Also gab ich Irene den Hammer. Sie konnte ihr Glück kaum fassen und verpaßte dem Schwein einen mächtigen Schlag. Ich riß die Tüte auf. Es war in vier saubere Viertel zerbrochen. Dazwischen ein Berg schimmernder Pennys. »Gold!« rief ich. »Wir sind reich.«

Ohne lange zu zählen, schob ich jedem eine Handvoll Pennys hin. Und dann spielten wir Poker um Geld. Liesel versuchte zu verlieren, was ihr gelang. Ich gab mir alle Mühe, zu gewinnen, aber das Glück war mit Carlchen. Er wurde reich wie Krösus und bekam ein schlechtes Gewissen. Wir spielten bis nach Mitternacht. Ich wurde müde und sagte, es sei Zeit, ins Bett zu gehen. Meine Enkeltochter stürmte auf mich los, warf mir die Arme um den Hals und gab mir einen dicken Kuß. Da ging es mir durch den Kopf, daß wir uns jetzt, wo Carl nicht mehr war, vielleicht näherkommen könnten.

Das Leben hielt unverhoffte Vergnügungen für mich bereit. Jetzt, wo Carl nicht mehr dagegen sein konnte, beantragte ich Wiedergutmachung von Deutschland. Umfangreiche Formulare kamen. Mit vielen Fragen. Ich verteilte sie auf den Eßtisch und füllte sie aus. Es machte mir Spaß, meine runden Buchstaben zwischen die strengen Vordrucklinien zu setzen. Es machte mir Spaß, mich hierfür auf Carls Platz zu setzen. Bald bekam ich Antwort. Eine kleine Rente für Carl. In Deutschland verdiente ein Medizinprofessor offenbar nicht viel. Trotzdem. Erfreulich. Ein Erfolg. Ich beantragte mehr. Für den Tod seiner Eltern und seiner Geschwister, für den Verlust von zwei Villen, dafür daß der Schulabschluß unserer Tochter in Amerika nichts gegolten hatte, und eine Rente für mich, immerhin hatte ich an der Front gearbeitet. Diesmal blieb der Erfolg aus. Unsere Villen lagen in Schlesien, das vom deutschen Staatsgebiet abgetrennt worden war, wie man einem Überlebenden ein Bein absägt. Zu klagen schien mir nicht angebracht. Aber das Formulareausfüllen war ein Vergnügen. Ich machte weiter. Sogar für Liesel beantragte ich eine Rente – mit Erfolg. Schließlich hatte sie jahrzehntelang gearbeitet. Und wieder trug die Haushälterin den Sieg davon. Ihre Rente war höher als meine. Aber ich hatte jetzt ein besseres Gefühl, daß ich ihr keinen Lohn zahlte.

Ich fing wieder an, in den Spiegel zu sehen und mich für das, was ich dort sah, zu interessieren. Es mußte dringend etwas geschehen, man muß an sich arbeiten. Mein Gesicht war sehr rund, das Haar ohne Glanz. Vielleicht sollte ich mir eine Perücke kaufen. In Kastanienbraun. Carl hatte nie erwähnt, wie schlecht mir die Brille mit den schwarzen Rändern stand. Wenn ich sie abnahm, sah ich ein Gesicht ohne das kleinste Fältchen. Sehr erfreulich. Mir fiel ein, wie meine Freundin in Leobschütz, Helga Weltecke, mal einen Spiegel auf den Fußboden gelegt und gesagt hatte, ich solle mich darüber beugen und mir mein Gesicht ansehen. Natürlich hing alles nach unten. Und dann sagte sie: »Jetzt weißt du, wie du in zwanzig Jahren aussiehst.« Aber das stimmt nicht. In Wirklichkeit hatte ich nur wenige Fältchen, von den Lachfalten um die Augen mal abgesehen, die mir ein fröhliches Aussehen gaben, solange ich den Mund nicht verzog. Die Falten am Hals sahen aus wie bei einer zusammengedrückten Ziehharmonika. Mit einem Tuch ließen sie sich verdecken. Ich betrachtete mich in dem hohen Spiegel im Wandschrank neben der Diele. Mein Bild paßte nicht auf diesen Spiegel. Ich hätte einen breiteren kaufen oder weiter zurücktreten müssen. Von weitem paßte das Bild. Aus dieser Entfernung konnte ich aber keine Einzelheiten mehr erkennen. Vielleicht sollte ich was für meine schlanke Linie tun.

Nach und nach entdeckte ich immer neue Vergnügungen. Ich verlängerte das *Reader's Digest*-Abonnement nicht, sondern bestellte mir *Look* und dann *Time,* und eines Abends schaltete ich, bloß um zu sehen, ob er noch funktionierte, den Fernseher an, und zufällig sprach gerade Walter Cronkite. Ich hörte zu. Er sah aus wie ein Priester beim Messelesen, hob und senkte den Kopf. Bald schaltete ich die Nachrichten regelmäßig ein. Auch nachmittags sah ich fern. Ich entdeckte eine Sendung mit dem Titel *As the World Turns.* Als Liesel eine sarkastische Bemerkung über meine neuen Gewohnheiten machte, sagte ich, sie solle sich lieber erst mal ansehen, worum es ging, bevor sie urteilte – nämlich um Lebensfragen und um Moral. Von da an trug sie jeden Nachmittag ihre Trittleiter aus der Küche herein, stellte sie hinten im Wohnzimmer auf, so daß sie einen merklich schlechteren Blick auf den Fernseher hatte als ich, und dann sahen wir uns, wie wir es nannten, »unsere Sendung« an.

Ich genoß das Leben, mehr als die anderen in der Familie. Renate war die ganze Zeit am Arbeiten, und niemand kümmerte sich um die Kinder. Bei Carlchen regte sich jetzt der Widerstand gegen Dische. Er entwickelte eine Leidenschaft für Science-fiction. Beim Sonntagsessen sagte er, er glaube an Außerirdische. Dische war wütend. Carlchen fing an, eine Bibliothek anzulegen mit Büchern über Marsmenschen, außerirdische Phänomene und Killerbakterien. Beide Kinder wurden mit jedem Tag sonderbarer, aber die amerikanischen Schulen waren derart tolerant, daß es niemandem auffiel. Bis dann eines Tages das böse Erwachen kam.

Einmal in der Woche gab es eine Stunde »Show-and-tell«. Reihum brachten die Kinder etwas Interessantes von zu Hause mit und erklärten den anderen, was es ihnen bedeutete. Irene hatte von zu Hause mal ein langes Wort mitgebracht – »Einschlußkörperchenkrankheit«. Es war der Name von etwas, woran Kinder im Mutterleib sterben konnten. Aber es war nicht so gut angekommen, und die Klassenlehrerin hatte gesagt, Irene solle etwas mitbringen, was die anderen Kinder wirklich interessierte. Also brachte sie tote Babys in Flaschen mit. Renate hatte sich über die Idee gefreut und hatte die Flaschen so ausgesucht, daß es möglichst lehrreich war: zuerst ein Embryo, dann ein drei Monate alter Fötus und schließlich einer von sechs Monaten, alle für die Busfahrt gut verpackt in einer Tasche. Irene schloß die Gläser bis zum Beginn des Unterrichts vorsichtshalber in ihr Spind, aber als sie ihre Lehrerin sah, konnte sie es sich nicht verkneifen, damit zu prahlen, daß sie diesmal etwas mitgebracht habe, was bestimmt alle toll finden würden. Sie ließ die Lehrerin in ihr Spind sehen, woraufhin diese sagte, »Show-and-tell« würde diese Woche ausfallen. Irene versicherte ihr, das sei egal, die Babys könnten warten, sie seien in Formaldehyd eingelegt. Sie ließ auch ihre besten Freundinnen in das Spind kucken. Die Kunde verbreitete sich rasch. Bald bildete sich eine Schlange vor der Telefonzelle in der Eingangshalle, lauter Kinder, die ihre Mütter anriefen, um ihnen zu erzählen, eine Klassenkameradin würde tote Babys in ihrem Spind verwahren. Die Mütter riefen sofort bei der Schulleitung an, fragten, was los sei, und drohten, ihre Kinder von der Schule zu nehmen. Kurz vor dem Mittagessen drückte die Klassenlehrerin Irene ihren Mantel in die Hand. Sie solle nach unten gehen. Dort warte ihre Mutter auf sie. Wie herrlich – so früh aus der Schule abgeholt zu werden.

Renate saß in der Eingangshalle, neben sich die eingeweckten Babys. Sie erzählte Irene, die Schulleitung habe sich beschwert und gesagt, so etwas dürfe nie wieder vorkommen. Doch das sei nur ein Zeichen von Feigheit und unwissenschaftlich, aber was solle man auch anderes von solchen Leuten erwarten, und die anderen Eltern seien eben Jammerlappen. Dann fuhren sie zusammen zur Morgue zurück und Renate beendete eine angefangene Autopsie.

Am ersten Jahrestag von Carls Tod kam Renate zu Besuch. Sie sagte, sie wolle sich von Dische trennen. Sie sagte mir auch warum. So endete mein Trauerjahr mit einem Fanfarenstoß.

Dr. Sigmund Wilens war schon über sechzig, und manche nannten ihn ein altes Fräulein. Von einem attraktiven Junggesellen sprach niemand, denn wer wollte diesen Mann schon haben? Er war so furchtbar häßlich. Auf der medizinischen Hochschule hatten ihm seine Kommilitonen den Spitznamen »Elch« gegeben – wegen einer geradezu unheimlichen Ähnlichkeit im Gesicht und im Gang. Dr. Wilens war groß, mit breiten Hüften und schmalen Schultern, und seine Nase war so lang, sie fand gar kein Ende. Von einem Kinn war fast nichts zu sehen. Die Augen waren klein. »Attraktiv« an ihm, wenn einem so etwas gefiel, war allenfalls der boshafte Blick und das volle, stahlgraue Haar, dem das Alter noch nichts hatte anhaben können. Er hatte sich auf ein Gebiet spezialisiert, das die meisten Mediziner verabscheuen – die Pathologie. In jungen Jahren hatte ihn eine Pathologin, die wie er gerade ihre Assistentenzeit absolvierte, kurz nach seiner Blinddarmoperation verführt. Frauen waren ihr eigentlich lieber, aber die Verführung war der Preis, den sie für eine verlorene Wette zahlen mußte, und der Anblick von Elch, wie er da frisch operiert in seinem Krankenhausbett lag, hatte sie immerhin stark genug erregt, ihr Vorhaben auszuführen. Aber noch komischer war natürlich, daß er das tat, was von ihm erwartet wurde. Denn seine Operationswunde war erst einen Tag alt, und er hing am Tropf. Sie setzte sich auf ihn. Als es ihm besser ging, wollte er die Sache wiederholen, und sie stellte fest, daß sie nicht nein sagen konnte. Fast zehn Jahre waren sie ein Paar, dabei waren ihr Frauen wirklich lieber. Sie war ein ungewöhnlicher Mensch, sehr vornehm, sehr protestantisch, bewegte sich in Kreisen, in denen die Leute viele Cocktails tranken und ohne weiteres mit verschiedenen Freunden und Freundinnen ins Bett gingen und Bücher schrieben oder Bilder malten und berühmt waren. Sig wurde in diesen Kreis aufgenommen, und als sie ihn schließlich fallenließ, gehörte er trotzdem weiter dazu. Alle mochten ihn, weil er ungeheuer zynisch sein konnte, was seinen Blick auf das Leben, der geprägt war durch seinen Blick auf den Tod, so erschreckend machte. Oft zog er über Freunde her. Sein Beruf war faszinierend. Und hinzu kam noch die Literatur – er schrieb Bücher, in einem knappen, scharfen Stil. Er schrieb ein Buch über Ärzte. Es machte andere Ärzte so wütend, daß sie ihren Hippokrates vergaßen. Bei Partys zeigte er die Morddrohungen herum, die er bekommen hatte. Die Künstler waren wie vom Donner gerührt vor lauter Bewunderung. Eine solche Wirkung zu erzielen! Jahrzehntelang blieb Sig Junggeselle und wohnte in einer modern eingerichteten Wohnung. Wenn er von der Arbeit nach Hause kam, grillte er sich ein Steak und mixte sich einen Martini, und später traf er sich zu weiteren Drinks mit Freunden oder ging früh zu Bett, weil er noch vor dem Morgengrauen aufstehen und schreiben wollte. Danach ging er zur Arbeit, ein Fachmann für verschiedene Spielarten von Tod durch Gewalteinwirkung, und alle fürchteten sich vor seiner scharfen Zunge.

Eines Nachmittags war er mit Dr. Dische, der Frau von Dr. Dische, verabredet. Sie wollte ihm ein paar Dias von einer strittigen Todesursache zeigen. Dr. Wilens war an diesem Tag nicht weniger zynisch gestimmt als sonst. Als Dr. Dische eintrat, konnte er sich kaum ein Lächeln abringen. Ihr ging es genauso. Aber sie hatte ein seltsames Gefühl, als sie ihn sah. Später sagte sie, irgendwie habe sich ihr das Herz in der Brust verrenkt. Sie war Pathologin und wußte genau, was Herzen können und was sie nicht können. Sie sagte, es habe sich verrenkt. Es war ihr unangenehm, aber leugnen ließ es sich nicht. Komischerweise hatte er genau das gleiche Gefühl. Er fragte sie, ob sie einen Kaffee mit ihm trinken wolle.

Nach dem Kaffee in der Krankenhauscafeteria schlug er ihr einen Spaziergang vor, und sie wanderten auf dem Gelände des Krankenhauses herum und unterhielten sich über interessante Fälle, woraus sich einige autobiographische Andeutungen ergaben. Nach dem Spaziergang aßen sie in einem Steakhaus in der Nähe und unterhielten sich über ihre Familien, was ihr zum ersten Mal Gelegenheit gab, sich bei einem anderen Mann über Dische zu beklagen, und nach dem Abendessen begleitete er sie zu ihrem Wagen in der Tiefgarage, und an ihrem Wagen küßte er sie.

Sig war in allem das Gegenteil von Dische. Er war ausgesprochen großzügig. Für ihn war Schenken das reine Vergnügen. Er war aufmerksam. Er verachtete Forscher und schätzte Kliniker, wie er selbst einer war. Er mochte auch keine Juden, die er einfach *kikes* nannte. Auf seiner Geburtsurkunde war sein Name mit Sigismund Wilensky angegeben. Er war selber ein Kike, der in Yale studiert hatte, ohne an dem gesellschaftlichen Leben teilnehmen zu können, das sich den Nicht-Kikes dort bot. Keine Clubs, keine Verbindungen – trotz seiner brillanten Leistungen. Aber er war im Grunde einverstanden gewesen. Denn Kikes redeten zuviel vom Geld, sie waren geizig und hockten ständig mit anderen Kikes zusammen. Er war ein erzkonservativer Republikaner. Liberale konnte er nicht ausstehen. Aber Dr. Dische hatte es ihm angetan. Er fand sie schön. Sie hatte zwar Juden in der Familie, aber das war verzeihlich, denn in seinen Augen war sie kein bißchen kikisch, sondern weltoffen und hatte Humor, was seiner Erfahrung nach bei Frauen selten vorkam. Die meisten

Frauen waren ernst. Sie fürchteten sich vor ihm. Bei ihr dagegen war es so, als sei sie von vornherein an ihn gewöhnt gewesen. Wenn er schlechte Laune hatte oder bissig war, gab sie nach, ohne es ihm zu verübeln, als wäre sie eine seiner vielen Schwestern, bloß daß sie unendlich viel hübscher war. Jeden Tag nach der Arbeit traf er sich mit ihr in seinem Apartment. Als er erfuhr, daß Dische, den er immer »diesen Kike« nannte, der Meinung war, zuviel rotes Fleisch sei ungesund, fing er an, ihr jeden Abend ein Steak zu grillen. Und als er erfuhr, daß Dische über Holzkohle gegrilltes Fleisch besonders heftig ablehnte, weil es soviel Nitrosamine enthielt, grillte er die Steaks auf Holzkohle, und sie schmeckten Renate noch besser. Er servierte ihr Camparis voll künstlicher Farbstoffe. Er rauchte seine Pfeife auf Lunge. Es duftete himmlisch. Männlich. Und er sagte, Disches Hoffnung, sich das ewige Leben mit einer Diät zu sichern, die alle krebserregenden Stoffe, alle Toxine, alle künstlichen Zutaten und gesättigten Fette ausschloß, sei lachhaft oder, noch schlimmer, einfach feige. Dische sei eben kein richtiger Mann. Bald konnte Renate nicht mehr ohne Sig leben. Aber es war nicht so einfach, den Kindern oder Dische ihre Abwesenheit abends oder am Wochenende plausibel zu machen.

Sie brauchte ein Alibi – oder noch besser: eine Verbündete.

Aber sie hatte ja schon eine.

Sie erklärte ihrer zehnjährigen Tochter, sie sei verliebt. Ihren Vater habe sie »sehr gern«, aber er sei eben doch furchtbar geizig und rede zuviel mit vollem Mund, alles habe seine Grenzen, und Sig sei viel netter. Sie machte Irene mit Sig bekannt, und Sig ließ sie von der verbotenen Substanz kosten, Steak vom Holzkohlegrill. Er gab ihr auch Taschengeld, was Dische immer abgelehnt hatte. Alle Kinder bekamen Taschengeld, aber Dische fand, es sei vollkommen nutzlos, die Kinder würden es ja doch nur für

Junkfood mit künstlichen Farbstoffen und verstecktem Fett ausgeben. Sig war großzügig, und von dem Geld, das er Irene gab, kaufte sie sich Süßigkeiten und Kartoffelchips. Beim Abendessen hatte sie keinen Appetit mehr, außer wenn sie bei Sig war, wo es Steak gab. Nach dem Essen durfte sie fernsehen, auch das eine Sensation, während ihre Mutter und Sig zum Reden in ein anderes Zimmer gingen. Später fuhr sie dann mit ihrer Mutter nach Hause und erzählte Dische, sie seien in der medizinischen Bibliothek gewesen oder hätten in der Morgue einen Fall abgeschlossen oder sonst irgendwas. Zur Belohnung schenkte ihr die Mutter ihr Vertrauen, sagte zu ihr, sie könne sich auf niemanden verlassen außer auf sie. Wozu ist denn eine Verbündete sonst auch da? Irene in ihrer neuen Wichtigkeit blühte auf. Sie gab ihrer Mutter Tips, wie und wann sie sich mit Sig treffen konnte, so daß es ihr Vater nicht mitbekommen würde. Aber ihre Mutter wurde immer verzweifelter, und am Ende wurde sie unvorsichtig.

Eines Tages, als Renate mit Sig allein war und Dische angerufen hatte, um ihm zu sagen, sie würde erst spät kommen, weil sie noch einen Fall abschließen müsse, gerieten die Kinder in einen lauten Streit und störten Disches Abendruhe. Plötzlich hatte Dische das Gefühl, es sei unglaublich unfair, daß er, der seinen Kopf für Höheres brauchte, hier mit den bestialischen Kindern allein gelassen wurde. Also rief er in der Morgue an, um Renate zu sagen, sie solle heimkommen, und erfuhr, daß es überhaupt keinen Fall gab. An diesem Abend kam sie sehr spät nach Hause. Dische war nicht mannhaft, er war hysterisch. Er stellte sie zur Rede. Sie stritt alles ab. Er sagte, er habe genug von ihren Lügen. Sie gab alles zu. Er fing an zu weinen. Er fragte sie, ob sie die Scheidung wolle, und sie sagte ja.

Er saß auf seinem albernen Eßzimmersofa, und Renate saß daneben und war dabei, ihn zu trösten, als die Kinder, von der Schreierei geweckt, ins Eßzimmer lugten und ihn heulen sahen. Wortlos krochen sie in ihre Betten zurück. Am nächsten Morgen machten sie sich an die Mutter heran, im Flüsterton: Warum Daddy denn gestern abend so geweint habe? Und Renate antwortete: »Er hat sich aufgeregt, weil ihr beide euch so schlecht benommen habt.«

Die Kinder haßten ihren Vater dafür, daß er eine solche Heulsuse war. Sie versuchten, das Bild zu vergessen, wie er alt und gebrechlich, das Haar schon schneeweiß, vornübergebeugt auf der Sofakante gesessen hatte, das Gesicht tränenüberströmt. Ein grausames Schicksal hatte ihnen keinen richtigen Vater gegönnt, keinen Vater, der sie in die Luft warf, mit ihnen zum Baseball ging oder mit ihnen, eine Tüte Chips auf dem Schoß, vor dem Fernseher saß. Irene, die Verbündete, war nahe daran, ihrem Bruder von dem tollen Freund ihrer Mutter zu erzählen, aber damit hätte sie ihre Stellung als vertraute Komplizin ihrer Mutter ruiniert, also ließ sie es sein. Sie fühlte sich ihrem Bruder überlegen, weil sie Bescheid wußte und er nicht. Eine Sünde – zuviel wissen.

Die Quittung dafür bekam sie nur zu bald.

W ieder verging ein Jahr. Den Kindern zuliebe beschlossen die Disches, zusammenzubleiben, bis die Scheidung »durch« war, dann wollten sie ihre Verbindung mit einem Schlag abbrechen und neu anfangen. Renate hatte versprochen, mindestens ein Jahr zu warten, ehe sie wieder heiraten würde, und machte den Vorschlag, die Kinder aufzuteilen. Dische könne Carlchen haben, Renate würde ihre Verbündete behalten. Dische erklärte, er könne sich um Carlchen nicht kümmern. Also wurde beschlossen, ihn auf ein Internat zu schicken, wo ein richtiger Mann aus ihm würde. Ich machte mich für eine Militärakademie stark. Ich rief die Smiths an, unsere ersten amerikanischen Freunde, beide aus alten Offiziersfamilien stammend, und bat sie um eine Empfehlung für West Point. Eine militärische Ausbildung würde Carlchen auf Vordermann bringen.

Wie nicht anders zu erwarten, war Dische dagegen. Ich tat, was ich konnte, ihn umzustimmen. Ich versprach sogar, die Schule zu bezahlen. Aber er wurde wütend und schrie mich an. Es war das erste Mal überhaupt, daß ich ihn schreien sah. Über die akustische Seite dieses Vorgangs will ich mich hier gar nicht auslassen. Der Anblick war schon schlimm genug. Sein Speichel spritzte in alle Richtungen. »Widerwärtig! Nein! Nein! Mit dem Militär will ich nichts zu tun haben!« Aufgeregte kleine Männer sollte man unter der Decke halten.

Ich gab auf. Ich erkundigte mich in unserer Gemeinde und fand eine katholische Klosterschule in Rhode Island. Ich nahm die Sache in die Hand, rief dort an, verlor aber kein Wort über den Vater des Jungen. Ich sagte ihnen nur, der Junge sei gut katholisch. Als kleiner Junge sei er immer ein ausgezeichneter Schüler gewesen, doch dann hätten sich seine Noten plötzlich verschlechtert, wegen einer Glaubenskrise, die ihn tief erschüttert habe. Er brauche eine gut katholische Umgebung. Das Kloster war bereit, Carlchen zu nehmen.

Wir fanden, es sei das beste, ihm nicht zu sagen, daß sich seine Eltern scheiden wollten. Bei seinen strengen Maßstäben hätte ihm das ungeheuer zu schaffen gemacht, denn es bedeutete, daß seine Mutter exkommuniziert würde.

Irene war natürlich immer auf dem laufenden, Renate besprach mit ihr jede Einzelheit. Ich fand, Carlchen war zu gutmütig und auch kindlicher als seine Schwester, und sollte geschont werden. Irene dagegen war schon ein richtiges Flittchen, obwohl sie wieder angefangen hatte, mit ihren Stofftieren zu schlafen, wie ein kleines Kind. Wenn Renate abends nach Hause kam – jetzt immer sehr spät, lange nach dem Essen, wenn die Kinder längst im Bett lagen –, hielt ihre Tochter immer drei von ihnen umschlungen. Renate kam zu mir und wollte wissen, was ich davon hielte – eine Zwölfjährige, die noch Schmusetiere mit ins Bett nahm. Wir fanden beide, die Tiere sollten verschwinden. Renate bat ihr neues Hausmädchen, sie in den Müll zu werfen, wenn das Kind in der Schule war. Und wenn sie schon einmal dabei wäre, sollte sie Carlchens Sciencefiction-Sammlung gleich mit wegwerfen. Carlchen nahm diesen Beschluß tapfer hin, ohne Mucks. Seine Schwester dagegen zeterte tagelang herum und bezichtigte das neue Hausmädchen des Diebstahls. Schließlich kündigte das Mädchen. Sie sagte, schon in Deutschland habe man sie vor amerikanischen Kindern gewarnt, wie verdreht und verwöhnt sie seien. Das Silberzeug der Lasaulx nahm sie mit.

Schließlich blieb es mir und Liesel überlassen, Carlchen zu sagen, daß er aufs Internat kommen würde. Liesel hatte ihm sein Lieblingsessen gemacht, Schnittchen – sehr dünne Schwarzbrotscheiben, mit Butter, Tomaten und Schnittlauch oder mit Salami und Butter. Er nahm von jeder Sorte eins und aß sie mit einem Ausdruck glückseliger Versonnenheit. Dazu trank er Traubensaft. Lauter Sachen, die Dische nicht erlaubte, Salami und Butter wegen der gesättigten Fette und Traubensaft wegen der irrsinnigen Kosten.

»Trink nicht so hastig«, ermahnte ich ihn.

»Die Frau Doktor Rother sollte ihn trinken lassen, wie er es braucht, wenn er durstig ist«, mischte sich Liesel ein.

Ich sah sie empört an.

»Ich sage nur meine Meinung«, verteidigte sie sich. »Außerdem sitze ich an diesem Tisch bloß, weil ich muß.«

Carlchen hörte vor Verblüffung auf zu kauen und sah uns an.

»Es ist beschlossen, daß du auf ein Internat kommst«, sagte ich. »Es ist eine wunderbare Schule, mit Priestern und lauter Jungen, und du bekommst da eine tolle Ausbildung. Du streitest dich zuviel mit deiner Schwester. Ihr beide müßt für eine Weile getrennt werden.«

Er stellte sein Glas auf den Tisch und sagte: »Ich will nicht ins Internat.«

Liesel und ich sagten gleichzeitig: »Du mußt aber.«

Liesel erhob sich schwerfällig und holte Plätzchen. Seine Lieblingssorte. Sie stellte sie vor ihn hin und sagte: »Ich schicke dir jede Woche welche.«

Es graute ihm davor, er war ängstlich, aber er ging dann doch, weil wir es ihm sagten. Ich und Renate fuhren ihn nach Rhode Island. Immer wieder beteuerten wir, wie herrlich es dort sei. Etwas davon mußte schließlich hängenbleiben, wenn wir es nur oft genug sagten. Als wir ankamen, lernten wir seinen Zimmerkameraden kennen. Er hatte viele häßliche Sommersprossen, er kam aus einer irischen Familie, und Renate sagte, irische Zimmerkameraden seien die nettesten von allen, sie hätte mal eine irische Zimmerkameradin in Cincinnati gehabt. Ich wußte, das war wieder eine Lüge. Möglicherweise hatte sie dort einen irischen Freund. Ich warf ihr nur einen vielsagenden Blick zu, und sie erwiderte ihn, wobei ihre Augen sagten: Notlüge, Mops, es ist okay.

Wir hatten es eilig, zurückzukommen, denn am nächsten Morgen sollte Renate nach Mexiko fliegen, wo man sich ohne große Probleme scheiden lassen konnte. Sie hatte beschlossen, doch kein Jahr zu warten, bevor sie wieder heiratete. Ich habe einen Punkt vergessen – Sig hatte Lungenkrebs, und er hatte ihr gesagt, sein größter Wunsch sei es, sie zu heiraten, bevor er sterbe. Sie hatte ihre Tochter zu der Scheidungsverhandlung mitnehmen wollen, sie hätten in einem schönen Hotel gewohnt und es sich gutgehen lassen. Aber der Anwalt fand die Idee geschmacklos. Außerdem wollte Sig sie bei ihrer Rückkehr nach New York am Flughafen abholen und dann direkt zum Standesamt und von dort zu einer Flitterwoche ins piekfeine, teure Ritz Carlton, denn Sig war nicht geizig. Am Morgen des achten Tages ihrer Ehe würde er dann ins Krankenhaus gehen, sich den Lungenkrebs rausnehmen lassen und dabei wahrscheinlich sterben. Sig hatte keine Angst vor dem Tod. Aber Renate fürchtete sich vor seinem Tod, mehr, als sie sich jemals vor dem Tod eines anderen Menschen gefürchtet hatte – und sie hatte die Unverfrorenheit, es mir zu sagen.

Ich schluckte diese abgeschmackte Liebeserklärung. Irene würde ein paar Wochen bei mir wohnen. Und ich würde die Gelegenheit nutzen, ihr die Hammelbeine langzuziehen. Ich fand, sie hatte sich sehr verändert. Sie war nicht mehr so ängstlich. Ich dachte, das Sommerlager habe ihr gutgetan. Dann stellte sich heraus, daß sie nicht mehr zur Kirche ging. Ich drängte sie nicht. Das war eine Sache zwischen ihr und Gott. Und ich war mir sicher, sie würde zu ihm zurückfinden. Nach meinem Gefühl war sie mir zu ähnlich, als daß sie ohne ihn auskommen konnte.

Sig wurde die halbe Lunge herausgenommen. Es hieß, er habe Glück gehabt, der Tumor sei restlos entfernt. Er sei allerdings metastatisch gewesen, und der primäre Tumor liege woanders, verhalte sich aber ruhig. Für die nächste Zeit könne er sich seines Lebens freuen.

Er ließ sich ein Liebesnest einrichten – von einem teuren Innenarchitekten (ich wußte gar nicht, daß es diesen Beruf überhaupt gab). An der Park Avenue, mit Portier rund um die Uhr und Fahrstuhlführer. Es gab zwei Schlafzimmer, eins davon für Sigs neue Stieftochter. Zum erstenmal bekam Irene richtige Möbel und nicht irgend etwas Provisorisches. Jeden Tag aß die kleine Familie gemeinsam zu Abend, meistens einen Krabbencocktail und dann ein Steak. Sie hatten einen großen Fernseher. Sig half Irene bei ihren Schulaufsätzen und ihren Kurzgeschichten. Er konnte sehr gut schreiben, und ihre Sätze feilte er im Nu zurecht. In der Schule hielt man sie bald für ein schriftstellerisches Talent.

Aber dankbar für all die Verbesserungen in ihrem Leben war das Mädchen nicht. Ständig nahm sie ihre Mutter in Beschlag, hatte an allem etwas auszusetzen und war überhaupt unausstehlich. Sie sagte, ihr Bruder würde ihr fehlen, und hielt ihrer Mutter Vorträge darüber, warum sie ihm die Wahrheit sagen müsse. Schließlich schrieb Renate ihm tatsächlich einen Brief, sie habe sich von seinem Vater getrennt und einen anderen Mann geheiratet, den er bestimmt sehr gern haben würde, und sein Vater werde viel glücklicher sein, wenn er für sich leben könne. Außerdem würden sie alle zusammen weiter Thanksgiving und Weihnachten und Ostern feiern, genau wie früher. Carlchen schrieb ihr nicht zurück, und als sie ihn anrief, sagte er, er habe den Brief gelesen, wolle aber nicht darüber sprechen.

Am Wochenende fuhr Irene zu ihrem Vater, und wenn sie zurückkam, nörgelte sie an allem herum. Ihr Vater, sagte sie, lebe im Schmutz, was sicher stimmte. Aber, meinte Renate, er wolle es ja nicht anders. Er sei zu geizig, sich eine Haushälterin zu nehmen. Selber schuld! Er sei sogar zu geizig, meinte Irene, ihr ein paar neue Bücher zu kaufen, so daß auf den Regalen in ihrem Zimmer dort jetzt gähnende Leere herrschte. Siehst du? Seine Schuld! Die Bücherregale in seinem eigenen Zimmer sähen auch seltsam aus, denn seit einiger Zeit verstecke er hinter seiner vielsprachigen Spezialliteratur Magazine mit nackten Frauen. Kein Kommentar. Renate wollte darin kein schlechtes Zeichen sehen. Sie sagte zu Irene: Siehst du, er ist gar nicht traurig, daß ich nicht mehr da bin! Und sie sorgte dafür, daß Sig Irene ein bißchen zusätzliches Taschengeld gab, damit sie sich etwas kaufen konnte, das ihr gefiel.

Das alles erfuhr ich von Irene selbst, die es mir in einem erbitterten, selbstgerechten Ton mitteilte. Sie lief jetzt ständig mit gerunzelter Stirn herum, obwohl ich sie vor vorzeitigen Falten warnte. Aber um ihr Äußeres hat sie sich nie genug gekümmert. Sorgen, so schien es, machte sie sich nur um Dische. Als ob dem die Scheidung wirklich etwas ausgemacht hätte, solange er sie nicht bezahlen mußte!

»Wenn ich komme, fängt mein Vater an zu weinen. Er sitzt einfach auf seinem Bett und schluchzt. Er sagt, er ist so einsam«, erzählte Irene ihrer Mutter, wenn Sig mal kurz außer Hörweite war.

»Unsinn«, versicherte ihr Renate. »Er ist nicht einsam. Ich weiß gar nicht, warum er überhaupt weint. Jedenfalls nicht, weil er einsam ist. Er war immer froh, wenn wir aus dem Haus waren. Und jetzt sind wir aus dem Haus.«

»Er ist siebzig Jahre alt«, sagte Irene.

Da wurde Renate plötzlich zornig.

»Zieh doch zu ihm, wenn er dir so leid tut!«

Und Irene stampfte zur Tür hinaus und nahm allein den Bus nach Fort Lee, um sich bei mir über diesen Wortwechsel zu beklagen. Was denn so schlimm oder so besonders daran sei, wenn man siebzig ist, wollte ich wissen. Klingt die Zahl so schrecklich? Ich schickte sie gleich wieder nach Hause und sagte ihr, sie solle sich mehr um ihre Mutter kümmern. Die habe es wirklich nicht leicht, weil sie nach ihrem folgenschweren Entschluß von der Kirche exkommuniziert worden sei.

An Thanksgiving holten Renate und Irene in ihrem neuen Wagen, einem Chevrolet mit allen Extras, zuerst Dische ab und danach mich und Liesel, und dann fuhren wir, praktisch ohne uns zu unterhalten, denn Renate hatte Dische zu einem Vortrag über seine Forschungen ermuntert, die ganze Strecke bis Rhode Island, wo wir in einem schicken Hotel abstiegen, nicht in einem billigen Motel an der Straße. Carlchen sollte sich ein Zimmer mit seinem Vater teilen, Jungs mit Jungs und Mädchen mit Mädchen, und die beiden alten Damen, ich und Liesel, in einem dritten Zimmer. Am nächsten Nachmittag speiste die »Familie« in einem Restaurant. Die Stimmung war angespannt. Renate rannte ständig zum Telefon, sicherlich, um Sig anzurufen, der allein zu Hause saß und sich einsam fühlte, der Ärmste. Die Kinder bekamen zwei Nachtische – zuerst Kuchen und dann zur Feier des Tages noch ein Eis. Dische aß wie ein Scheunendrescher. Alle am Tisch fanden ihn jämmerlich. Abends setzten wir Carlchen wieder bei seiner Schule ab und fuhren zurück nach New York. Irene schmollte die ganze Fahrt über. Als Renate und ihre Tochter über die Türschwelle traten – Sig empfing sie mit offenen Armen –, kotzte Irene ihm auf die Schuhe. Wir dachten, die Fahrerei sei schuld und ihre furchtbare Hysterie. Wir sagten ihr, sie werde ihrem Vater immer ähnlicher, und steckten sie ins Bett. Da klingelte das Telefon. Der Junge war ins Krankenhaus gekommen. Salmonellenvergiftung. Das Eis. »Das kommt davon, wenn man mit einem Kike in ein billiges Restaurant geht«, sagte Sig. Renate sagte nichts. Beide Kinder hatte es schwer getroffen. Ihr Sohn meldete sich nicht, als sie ihn zu erreichen versuchte. Er nahm sein Schicksal gelassen hin. Drei Tage lang, das ganze Feiertagswochende, lag er im Krankenhaus und wollte nicht angerufen werden. Er war schon dünn, und als seine Schwester ihn heimlich anrief – sie war kräftig und schnell wieder auf den Beinen –, da gestand er ihr, er wäre froh, wenn er noch mehr abnähme, weil ihn der Pater Aufseher dann in Ruhe lassen würde. Die dickeren Jungs hätten weniger Glück.

Nach und nach wuchs bei Sig der Ärger über Irene. Zuerst hatte er sich beherrscht. Er brachte ihr sogar aus dem Labor zwei Hamster mit und überließ ihr einen ganzen Raum für sie, das Dienstmädchenzimmer. Dische hätte so was nie zugelassen und ich auch nicht. Aber Sig hatte ein goldenes Herz. Einen Teil seiner Wohnung, an die zehn Quadratmeter, überließ er den Hamstern, und sie durften dort frei herumlaufen, so daß Irene sie wie in freier Wildbahn beobachten konnte. Sie verbrachte nun jeden Abend im Hamsterzimmer und machte dort sogar ihre Hausaufgaben. Bald waren es zehn Hamster und dann vierundzwanzig. Der Gestank war abscheulich, aber Sig sagte nichts. Im Unterschied zu Dische war er sehr ordentlich, und es war bewundernswert, wie gelassen er den Hamsterzoo unter seinem Dach hinnahm. Noch ein Beweis, sagte Renate, wie leicht man mit Sig auskommen könne. Es gab nur eine Regel – kein Wort über Dische.

Sobald seine Stieftochter das herausgefunden hatte, konnte sie gar nicht mehr aufhören, von Dische zu reden, den sie mit Gefühl in der Stimme »meinen Vater« nannte. Wie klug er sei. Und daß er demnächst den Nobelpreis bekommen würde.

Eines Tages bat Sig sie sehr höflich, in seiner Gegenwart nicht mehr über ihren Vater zu sprechen. Sie tat es trotzdem, sogar über einem abendlichen Filet Mignon. Sie sagte, ihr Vater habe ihr eine Reise nach Europa versprochen. Er sei jetzt nicht mehr so geizig wie früher. Außerdem sei er ein Genie, jeder wisse es, jeder sage es: Irgendwann werde er den Nobelpreis bekommen. Plötzlich wurde Sig wütend. Er wolle über diesen Kike keinen Ton mehr hören, sagte er. Irene lächelte, schenkte sich Milch ein und verschüttete einen Teil davon auf den Tisch. Sie stellte den Milchkarton zurück und setzte das Glas an den Mund. Sig erhob sich, packte sie am Arm und sagte, sie solle auf ihr Zimmer verschwinden. Da marschierte Irene aus dem Zimmer, und die Selbstgerechtigkeit wehte in dicken Schwaden hinter ihr her, worauf Sig sich an Renate wandte und sagte: »Ich halte es nicht mehr aus, mit deinem Kike-Balg.«

Eine Stunde später hatte Renate Irenes Sachen gepackt und war über die Brücke nach Fort Lee gefahren, um Irene bei mir abzuliefern. Sie fragte nicht mal, ob ich sie haben wollte. Ich wollte nicht. Aber ich hielt den Mund. Für Renate tat ich alles. Im Gehen drehte sie sich noch einmal zu ihrer Tochter um und sagte: »Jetzt hast du meine Ehe ruiniert.«

Es war im Frühherbst. Die Bäume leuchteten in herrlichen Farben. Carl hätte es gefallen.

Eines Tages hörte Irene auf, Hausaufgaben zu machen. Morgens, wenn die Hefte für die verschiedenen Fächer Bank für Bank eingesammelt wurden, schüttelte sie nur den Kopf, worauf die Lehrerin weiterging, ohne etwas zu sagen. Bei Tests saß sie da, trug keine einzige Antwort ein und ließ das leere Blatt auf ihrem Tisch liegen. Die Lehrer sagten nichts. Einen Monat lang verdiente ein derartiges Betragen offenbar keine besondere Beachtung. Dann bekam Irene einen Zettel, sie solle sich bei der Direktorin melden.

Für die Schüler war eine solche Einladung kein Grund zum Feiern. Die Direktorin war ihnen so fern wie ein Berg am Horizont. Sie trug ihr gefährlich aussehendes graues Haar in einem dicken Knoten nach hinten gesteckt, hatte einen Buckel, und auf dem Flur erkannte man sie schon am Klang ihrer schweren Schritte. Einmal im Monat hielt sie bei den morgendlichen Versammlungen eine Rede vor den Schülern – und wenn sie anfingen, zappelig zu werden, sprach sie einfach über ihre Köpfe hinweg. Niemand konnte sagen, ob sie streng war, weil niemand überhaupt etwas über sie sagen konnte, und deshalb war sie gefürchtet.

Irene war noch nie in ihrem Büro gewesen. Wie sich zeigte, war es bescheiden. Die Direktorin empfing Irene ohne viel Umstände. Hinter ihrem Schreibtisch sah sie kleiner aus als sonst. Irene wußte nicht, daß sie ein paar Stunden vorher mit Renate gesprochen hatte, um sich ein Bild von der »häuslichen Situation« zu machen. Die Direktorin hatte zu dieser Situation offenbar keine Meinung, weil sie fand, das gehe die Schule nichts an. Sie hatte Renate nur gefragt, was für einen Eindruck sie selbst von ihrer Tochter habe, und schien nicht überrascht, als sie erfuhr, daß Irene aufsässig gegen ihren neuen Stiefvater war. Sie hatte zu Renate gesagt: »Wir alle glauben, daß wir eines Tages noch von Irene hören werden. Aber wir wissen nicht, in welcher Eigenschaft.« Renate hatte das als schlechtes Zeichen aufgefaßt, wenn auch mit einem vielsprechenden Lichtblick am Ende. Die Direktorin hatte sie nach ihrer Arbeit in der Morgue gefragt und gemeint, es müsse ihren Kindern doch bestimmt zugute gekommen sein, daß sie eine berufstätige Mutter mit einem so interessanten Beruf hätten. Renate sah darin einen unverhofften Sündenerlaß für die Episode mit den Flaschenföten und war frohen Herzens von dannen gezogen.

Dann rief die Direktorin die auf Abwege geratene Schülerin zu sich. Sie hielt ein Blatt Papier in der Hand, ohne es ihr zu zeigen, und sagte ruhig: »Sieh mich bitte an. Das ist dein Halbjahrszeugnis. Was glaubst du, welche Noten du bekommen hast?«

»Überall durchgerasselt«, antwortete das Kind mit ausdrucksloser Stimme.

»Kannst du mir erklären, warum du überall durchrasseln willst?« fragte die Direktorin in ihrem sachlichen Ton.

»Damit ich von der Schule fliege.«

Die Frau sah das Mädchen an, weder herzlich noch kaltherzig. Wenn sie an dem Kind interessiert war, so zeigte sie es nicht. Sie gab ihr das Zeugnis und sagte: »Sieh es dir bitte genau an.«

Das Mädchen sah auf das Blatt. Sie hatte in jedem Fach ein C bekommen – befriedigend.

»Wir wollen es dir nicht so leicht machen«, sagte die Direktorin.

Irene erzählte es mir. Es schien ihr zu schmeicheln. Ich sagte ihr, es sei kein Kompliment, ein karitativer Fall zu werden, aber ich war beeindruckt. Es war eine gute Schule, Noten zählten nicht allzu viel. Und trotzdem: Ich kannte ihre Sturheit besser als alle anderen. Wenn die Schule sie nicht durchfallen ließe, würde sie eben von sich aus gehen.

Irene saß hinten, schimpfte herum und schäumte vor Wut. Die Veränderungen in der Familie hatten mich und Renate wieder näher zusammengebracht. Wenn Gott ihr so katastrophale, folgenschwere Fehler wie die Ehe mit Dische verzieh, dann konnte ich das auch. Dieses Kind sollte ihr die neue Ehe mit einem viel besseren Mann nicht kaputtmachen. Und mir meine Nerven auch nicht. Wir fuhren, ohne auf sie zu achten, oder vielmehr: wir sprachen über sie, als wäre sie nicht da.

»Weißt du, Mops, ich bin ja so froh über diese Schule. Es soll dort ganz herrlich sein. Wie in einer großen Familie. Und mir hat es im Internat doch immer so gut gefallen! Warum soll es Irene nicht genauso ergehen?«

»Ja, Renate, das war eine blendende Idee. Ich hoffe, sie beruhigt sich und führt sich nicht auf wie ein verrücktes Huhn, wenn wir dort ankommen.«

»Sie wird sich schon beruhigen, wenn sie sieht, wie schön es da ist. Habe ich dir erzählt, daß Sig angeboten hat, das Ganze zu zahlen...«

»Ja. Wirklich sehr großzügig von ihm, das muß ich sagen – anders als Dische.«

»Aber ich habe nein gesagt. Diese Rechnung geht auf mich. Er zahlt ja sonst schon alles.«

»Wirklich schade, daß dein Vater ihn nie kennengelernt hat. Das wäre ein Jude nach seinem Geschmack gewesen.«

Von Zeit zu Zeit wurde das Fauchen im Fond lauter, und einmal gab es ein heftiges Gerüttel an einer der Türen, als wollte Irene sie öffnen und sich hinausstürzen. Aber sie bekam die Tür nicht auf, weil wir mit hundertzwanzig Sachen in Renates schickem Chevy unterwegs waren.

»Sieh mal, wie schön! Hier kommt der Frühling viel früher. Bloß eine Stunde nach Süden, und schon ist alles am Keimen und Knospen. Irene hat ein Glück!«

Die Schule war in einem prachtvollen alten Ziegelbau im Kolonialstil untergebracht. Auf dem Rasen spielten Mädchen Volleyball. Sie trugen dunkelgrüne Uniformen mit Westen, Röcken und Kniestrümpfen. Reizend. Irene wurde den anderen Schülerinnen in ihrem Alter vorgestellt. Lauter protestantische Kinder mit Namen, die nach Mayflower und frühen Siedlern klangen – bis auf ein dunkles Mädchen aus der Bronx, das zwar auch einen Mayflower-Namen hatte, hier aber der Gegenstand allgemeiner Wohltätigkeit war – sie war im Kirchenchor gewesen und, wie ich später erfuhr, Gott viel näher gekommen als die anderen Mädchen, denn sie war mit allen Jungen, die wollten, ins Bett gegangen.

Ich muß zugeben – Sünde der Dummheit –, diese Schule beeindruckte mich. Die Mädchen hatten liebe, freundliche Gesichter, auch das Negermädchen, dessen Gesicht glänzte wie geschmolzene Schokolade. Mir gefiel die Art, wie sie ankamen, uns die Hand gaben und Irene willkommen hießen. Sie waren nett angezogen. Das Negermädchen roch wie angebrannter Toast, aber nicht unangenehm, und alle sahen aus wie kleine Damen.

Irene hörte mit ihren hysterischen Allüren natürlich sofort auf und konnte uns dann gar nicht schnell genug loswerden.

Die Rückfahrt war herrlich, wir hatten gewonnen.

Anruf einer Vertrauensschülerin des Internats, auf der Suche nach einem Erziehungsberechtigten für das neue Mädchen.

»Die Neue – ist das Ihre Tochter? Ach so, Ihre Enkelin – nun gut, also sie steckt in der Patsche. Sie wollte beim Abendessen keine Nylonstrümpfe und keine flachen Schuhe anziehen. Die erste Woche, als sie hier war, sagte sie, sie habe keine flachen Schuhe. Es wurde dafür gesorgt, daß sie sich welche kaufte. In der zweiten Woche sagte sie, sie hätte flache Schuhe, aber keine Nylonstrümpfe. Also wurde dafür gesorgt, daß sie sich auch die kaufte.

In der dritten Woche sagte sie, sie hätte zwar flache Schuhe und Nylonstrümpfe, aber sie würde sie trotzdem nicht anziehen. Sie seien scheußlich. Deshalb ist heute die Schülervertretung zusammengekommen. Um eine Strafe für sie zu überlegen.

Zwei Punkte waren zu berücksichtigen. Sie ist neu hier, deshalb gefällt ihr die Schule vielleicht noch nicht so wie uns anderen. Außerdem ist sie das jüngste Mädchen, das je vor unseren Schülerrat geladen worden ist: In all den Jahren ist das noch nie vorgekommen.

Ach ja, und dann noch ein dritter Punkt: Sie hat sich nicht selbst angezeigt, obwohl ihr erklärt wurde, wie das Selbstanzeigeverfahren bei uns funktioniert. Sie hätte es also tun können, und sie hätte es tun sollen. Einen Zettel ausfüllen und sich selbst anzeigen. Wir hatten diese Woche drei Selbstanzeigen zu besprechen. Sie sind rosa. Bei zweien ging es um Kaugummikauen während des Unterrichts und bei einer um Zuspätkommen. Aber der Verstoß, den sich ihre Enkelin zuschulden hat kommen lassen, ist bei weitem der schlimmste, weil sie sich nicht selbst angezeigt hat. Vielleicht versteht sie die Bedeutung unseres Ehrenkodex nicht richtig! Jedenfalls müssen wir ihr das jetzt klarmachen. Es sind Typen wie sie, die uns die Schule kaputtmachen.«

Mops, sieh dir das mal an.« Ein Brief vom Internat. »Es macht uns große Sorge, daß sich Irene noch immer nicht eingelebt hat...«

Ein Anruf brachte Klarheit. Sie finde keine Freunde.

Die Lehrer waren sich sicher, es lag an ihr, daß sie keine Freunde fand, denn die übrigen Mädchen waren im großen und ganzen ein freundliches Völkchen. Aber am meisten Sorge machte ihnen etwas anderes. Ihnen gefiel nicht, daß Irene im Unterricht so unkooperativ war.

Einmal hatte die Musiklehrerin einem Mädchen, das den Namen Bach falsch ausgesprochen hatte, erklärt, wie es richtig heißt: nicht »Bätch«, sondern »Baak«. Da hatte Irene gekichert und der Lehrerin erklärt, das sei auch falsch, Bach sei nämlich ein deutscher Komponist, und die deutsche Aussprache sei... – hier ließ sie eine Art Grunzen folgen, worauf die Musiklehrerin entgegnete: »Mir scheint, wir sind hier in Amerika, und in Amerika sagen wir Baaaak.«

Die Mathematiklehrerin hatte sich beschwert, Irene lese im Unterricht Comics, aber wenn sie, die Lehrerin, eine Aufgabe an die Tafel schreibe und Irene plötzlich aufrufe, um sie zu überraschen, dann finde sie sich aus reiner Bosheit prompt zurecht und beantworte die Frage richtig, was auf die anderen Schülerinnen, die alle ein A für Fleiß bekämen, entmutigend wirke.

Und die Sexualkundelehrerin, die keine richtige Sexualkundelehrerin war, sondern die Frau des Schularztes, und aus diesem Grund sachkundig zum Thema sprechen konnte, hatte berichtet, dieses Mädchen habe den Unterricht durch leises Lachen gestört, als sie der Klasse erklärt habe, ein Orgasmus sei wie ein Niesen. Das leise Lachen sei ungehörig gewesen, es habe darauf schließen lassen, daß Irene über Erfahrungen auf diesem Gebiet verfüge, und dies habe die anderen Schülerinnen so aus der Fassung gebracht, daß sie mit ihren Eltern darüber gesprochen hätten, die sich ihrerseits über den Sexualkundeunterricht beschwert hätten, der nun vorübergehend eingestellt sei. Alles bloß wegen dem neuen Mädchen.

Die Geschichtslehrerin, die Lateinlehrerin und die Sportlehrerin – alle beklagten sich über Irenes Einstellung. Die Leiterin des Wohnheims beklagte sich über ihre Unordentlichkeit, die anderen Schülerinnen würden sie nicht einbeziehen, und so weiter und so weiter, und am Schluß hieß es dann: der Direktor sei der Meinung, man solle mit Irene mal zu einem tüchtigen Psychiater gehen.

Also, das kam bei mir und Renate ja nun überhaupt nicht gut an. Psychiatrie ist Quacksalberei, schlimmer als Astrologie, etwas für Waschlappen, für verwöhnte New Yorker, für gescheiterte Ärzte, die in der richtigen Medizin nichts geworden sind.

Ich machte mich auf den Weg zu der Schule. Mit Anfang Siebzig sah ich gut aus. Man muß an sich arbeiten. Schick angezogen, ordentlich frisiert, gleichmäßig braunes Haar, blasser Teint, blaue Augen und vor allem: Klasse. Ich erreichte das Gelände der Schule und ließ mich nicht einschüchtern – weder von dem Wachmann am Haupteingang noch von den riesigen, mit der Nagelschere gestutzten Rasenflächen, noch von der luxuriösen, mit Perserteppichen ausgelegten Eingangshalle, und auch nicht vom Büro des Direktors mit seinen nachgemachten französischen Antiquitäten. Als ich eintrat, hatte ich den Gesichtsausdruck auf höchste Selbstherrlichkeit gestellt – Kinn nach vorn, Augen schmal. Ich sah, wie die Hand des Direktors abwärts glitt und seine Hose abtastete. »Mrs. Rother, nehme ich an?«

Das Büro war wie geleckt. Die amerikanische Fahne hinter seinem blankpolierten, leeren Schreibtisch, daneben das Photo des Schulgründers. Der Direktor kam hinter seinem Schreibtisch hervor und gab mir die Hand. Natürlich war er mir nicht sympathisch. Ein dumpfer kleiner

Diktator. Ich erklärte ihm, Irene stamme aus einer sehr vornehmen Familie. Vielleicht sei sie viel begabter als die anderen Schülerinnen, und vielleicht sollte man ihren offenkundigen Talenten etwas mehr Aufmerksamkeit schenken. Ich prahlte mit ihrer Musikalität und ihrer Begabung für Naturwissenschaften – bei ihrem familiären Hintergrund müsse sie die ja haben. Ich trug richtig dick auf, und am Ende war der Direktor beschämt. Irene wurde aus dem Lateinunterricht gerufen, aber sie schien sich nicht zu freuen, als sie mich sah. Sie kam angeschlichen und wollte mir nicht mal die Hand geben, worauf sich der Direktor taktvoll für einen Moment zurückzog, denn er glaubte, es liege an ihm, daß sie sich mir gegenüber so reserviert verhielt. Aber kaum hatte er die Tür hinter sich zugemacht, da zischte mich Irene an: »Du bist schuld, daß ich in diesem Gefängnis hocke. Ich wußte gar nicht, daß ich schlau bin, bis ich hierherkam und begriffen habe, was Doofheit ist.« Und dann fauchte sie: »Die rasieren sich hier die Beine! Und unter den Armen auch! Und wenn man es nicht tut, betrachten sie einen als Untermensch.« Ich fing schon an zu bedauern, daß ich mir überhaupt die Mühe gemacht hatte, sie in Schutz zu nehmen, und wünschte mir, sie wäre mehr wie Renate – die hätte sich bei mir bedankt, und danach hätten wir beide über diese dummen Lehrerinnen gelacht, denn was das anging, war ich mit Irene natürlich vollkommen einer Meinung. Aber aus Irene quoll nur Erbitterung hervor und tropfte ihr vor die Füße, so daß sie ständig darauf ausrutschte und keinen Halt im Leben fand. Ich erwiderte, sie sei für die ganze Familie ein schrecklicher Quälgeist, und ich wäre froh, wenn ich nicht noch mal kommen müßte.

Zu Renate sagte ich, sie solle Irene eine Zeitlang nicht besuchen, das würde ihr guttun. Und Irene fand in ihrer Schule tatsächlich zu einer Art Gleichgewicht, das heißt, im Streit um Strümpfe und Schuhe beim Abendessen gab sie klein bei und freundete sich offenbar auch mit einem anderen Mädchen an, das aus einer guten – protestantischen – Familie kam. Und schließlich kam sogar ein Brief, in dem mir der Direktor gratulierte, mein Vorschlag sei gut gewesen. Er habe dafür gesorgt, daß ihre Talente mehr beachtet und gefördert würden, und nun komme sie sogar in Mathematik gut voran. Zum Schluß schrieb er, Irene sei ganz ohne Zweifel intelligent, aber andere Qualitäten seien eben doch wichtiger – worin ich ihm nur zustimmen konnte.

Vom Regen in die Traufe. Wieder ein heißer amerikanischer Sommer. Die Kinder wurden auf eine Fahrradtour mit »American Youth Hostels« durch die kanadischen Rocky Mountains geschickt. Wie kann man bei so was in Schwierigkeiten kommen? Zehn Mittelschichtkinder, deren Eltern sich die vierhundert Dollar und mehr für die acht Wochen leisten konnten, dazu ein sorgfältig ausgewählter Betreuer, dessen Qualifikation allein darin bestand, daß er bereit war, mitzufahren. Ein Gentleman von sechsundzwanzig Jahren namens Henry Cohen, der Fahrräder reparieren konnte und ein Lehrerexamen gemacht hatte. Die Mittelschichtkinder fand er langweilig, und er schockierte sie damit, daß er es ihnen auch sagte und sich im übrigen, wie ich später, viel später erfuhr, in sehnsüchtigen Erinnerungen an Zuhause und seine tägliche Dosis »Bumsen«, wie er es nannte, erging. Am vierten Tag ihrer Tour, als sie immer noch im Zug saßen, auf dem Weg von New York über Montreal und durch die endlose kanadische Prärie nach Banff, dieser großen Touristenfalle in den Rockys, kam Henry auf die freie Liebe zu sprechen. Die Jungen waren sehr interessiert, die Mädchen eher reserviert. Keiner hatte mit einem solchen pädagogischen Experiment gerechnet, als sie sich zu dieser »mind and body experience for teens« anmeldeten. Bald fingen sie an, das neu erworbene Gedankengut in die Tat umzusetzen. Wie sich herausstellte, war es nicht so einfach. Einige kapierten es einfach nicht, und andere wollten nicht. Henry lachte alle »Lahmärsche« aus. Das Mädchen mit den größten Brüsten schlief während der ganzen Tour in seinem Bett. Sie war seine beste Schülerin, und Henry nannte sie »die coole Linda«. Nachdem er gehört hatte, wie Irene in ihrem deutschen Akzent, dem Dialekt von Washington Heights, mit ihren Eltern telefoniert hatte, und nachdem er herausgefunden hatte, daß sie Bach lieber hörte als die Beatles, verkündete er, sie habe anscheinend noch nicht verstanden, daß sie nicht in Deutschland lebte, und fuhr dann fort, er habe ein Geschenk für sie. »Es heißt Amerika. Ich schenke dir Amerika«, rief er jubilierend und gab ihr den Spitznamen Yankee.

Henry brachte den Kindern noch andere Sachen bei. Er führte sie an eine tiefe Schlucht mit steilen Felswänden, in der ganz unten ein silberner Fluß schimmerte. Und dann verlangte er von ihnen – als Übungsaufgabe –, sie sollten ihr ganzes Taschengeld hinunterwerfen. Ihre innig geliebten Eltern hatten es ihnen anvertraut, nie ohne lange Vorträge darüber, wie schwer es zu verdienen gewesen sei und wie sparsam sie damit umgehen sollten. Drei Wochen waren sie inzwischen unterwegs, und keines der Kinder hatte bisher auch nur einen Penny mehr ausgegeben als unbedingt nötig! Aber jetzt schleuderten sie es von sich. Und dann, Teil zwei derselben Übung, befahl ihnen Henry, bei der nächsten Raststätte an der Straße soviel Geld zusammenzubetteln, daß sie sich davon eine Cola kaufen konnten. Er stellte Fragen. »Warum trägst du Schuhe?« – »Weiß ich nicht.« – »Sind sie dir zu warm?« – »Ja.« – »Dann zieh sie aus!« Als sie sieben Wochen später mit dem Zug nach Hause fuhren und noch eine letzte Nacht in Montreal bleiben wollten, litten alle Kinder außer Carlchen, dessen Moral unerschütterlich war, an einer schweren Bewußtseinsveränderung. Henry, immer demokratisch, ließ abstimmen, und es wurde einhellig, bei ein paar Enthaltungen, beschlossen, mit dem Geld für den letzten Tag statt Essen Drogen zu kaufen. Wer außerdem noch Geld brauchte, könnte ja betteln gehen. Die Kinder warfen ihre Schuhe endgültig weg und machten sich auf den Weg. Bald hatten sie genug Geld, um sich außerdem auch noch Perlen und Glöckchen zu kaufen und was ein richtiger Hippie sonst noch so brauchte. Während der letzten gemeinsamen Stunden lief das Grüppchen kiffend in den Straßen von Montreal herum. Die Eltern, die zur Central Station geeilt waren, um ihre Lieblinge nach ihrem Ausflug in die Natur in Empfang zu nehmen, waren zutiefst erschüttert. Henry verdrückte sich, bevor jemand auf die Idee kam, ihn festzuhalten – zum Beispiel die konservativen Eltern der coolen Linda. Linda selbst hatte Verständnis dafür, daß er so schnell wie möglich ins East Village mußte, wo seine Freundin auf ihn wartete. Nur meine Enkeltochter rannte ihm nach und schaffte es, sich von ihm zu verabschieden. Er warf ihr einen kühlen Blick zu. Zufällig hört ich mit an, was er zu ihr sagte: »Bis die Tage, Yankee.«

Die nun folgenden Episoden aufzuschreiben ist mir schwergefallen. Aber weglassen kann ich sie nicht. Ich habe von alldem zwar kaum etwas direkt miterlebt, aber später habe ich die Einzelheiten erfahren – als ich sie verkraften konnte. Diese Phase in Irenes Leben bescherte mir einige der schlimmsten Augenblicke in meinem eigenen. Nicht nur, weil ich etwas gegen die leichtlebige Art meiner Enkeltochter hatte. Sondern auch, weil ich sie darum beneidete.

Ich habe von meiner Enkelin, die in der Morgue großgeworden ist, gesagt, sie sei eine Realistin – wie alle Frauen in unserer Familie. Aber so ganz trifft dieses Etikett doch auf keine von uns zu. Ich zum Beispiel bin für eine echte

Realistin zu idealistisch. Meine Tochter Renate geht auf andere Menschen mit so großen Erwartungen zu, daß man sie weder als Realistin noch als Idealistin bezeichnen kann. Und was meine Enkeltochter angeht – ihr hat die Wirklichkeit, die sie jahrelang zu Hause durchmachen mußte, den Blick für die Realität gründlich verzerrt.

Sie wußte schon, bevor es allgemein bekannt wurde, von dem Gerücht, ein namhafter Politiker sei in den Armen einer Geliebten gestorben. Sie erfuhr alles über wohlgeformte Frauen, die sich bei der Autopsie als Männer entpuppten. Sie hörte von Familienvätern, die in geheimen Zimmern starben, in denen sie sich eingemietet hatten, nur um sich an einer Maschine Lust zu verschaffen. Die Polizei hatte sie rittlings auf dem Apparat gefunden, der plötzlich verrückt gespielt und ihnen die Eingeweide durchlöchert hatte. Von alldem wußte Irene und wußte doch kaum etwas von Vögeln und Bienen. So kam es, als sie neun war und schon zehnmal so viele Autopsien gesehen hatte, wie sie Jahre zählte, eines Tages auf dem Heimweg von der Schule zu folgendem Gespräch mit Renate.

»Mama, ich weiß, was Vergewaltigung ist.«

Renate war erstaunt. »Und? Was ist Vergewaltigung?«

»Vergewaltigung ist, wenn der Junge seinen Peni in das Mädchen steckt.«

»Welcher Dummkopf hat dir denn das erzählt?«

»Eliza.«

»Und woher weiß es Eliza?«

»Von ihrer Mami.«

»Aber Elizas Mami versteht überhaupt nichts von Medizin. Die ist doch bloß eine Reporterin bei der *New York Times*. Sie hat keine Ahnung. Vergewaltigung ist, wenn du jemandem die Augen auskratzt. Verstanden? Männer stecken ihren Peni nicht in Frauen. Aber erzähl Eliza lieber nicht, daß ich es dir gesagt habe. Sonst stände ihre Mutter ziemlich dumm da. Behalt es für dich, okay?«

Um eine andere unangenehme Wahrheit zu vertuschen, sagten wir den Kindern, sie seien durch den Bauchnabel auf die Welt gekommen. Damit war diese seltsame Stelle wirklich gut erklärt. Ein kleiner Junge konnte zwar fragen, ob er also auch Kinder kriegen könne, aber das ließ sich leicht mit dem Hinweis abtun, daß man nie schwangere Männer sah. Oma war stolz darauf, daß sie annehmen durfte, ihre Tochter und später auch ihre Enkelkinder hätten von der Existenz einer Vagina erst erfahren, als sie unsanft Bekanntschaft mit ihr machten – die Mädels mit fünfzehn, als ihre Blutungen einsetzten, und Carlchen mit sechzehn beim Blättern in einem Schmuddelmagazin.

Um die Zeit, bis zu der diese Erzählung nun vorgedrungen ist, waren meiner Enkeltochter, die nur noch auf den Namen Yankee hörte, diese Einzelheiten über ihr Geschlecht seit genau einem Jahr bekannt, was keine lange Zeit ist. Und meiner Meinung nach lag es daran, daß ihr die fatalsten Folgen ihrer Yankee-Phase erspart blieben.

IV

Yankee war mit sechzehn praktisch ohne jeden Reiz, und sie kehrte es noch hervor. Sie hatte lange zottelige Haare, die sie weder zu Zöpfen flechten noch hochstecken wollte, sondern wie einen zerfledderten Vorhang vor dem Gesicht trug. Die Nase, die bei Yankees Geburt so heftige Beifallsbekundungen bei den jüdischen Wissenschaftlern ausgelöst hatte, hatte sich zu einer einfachen großen »Dische-Nase« entwickelt. Sie hatte den breiten »Dische-Mund« und »Dische-Augen«, zwei unsymmetrisch in ihrem Gesicht sitzende Schlitze. Das einzige Merkmal, das aus ihrer adeligen Herkunft herrührte, waren die Augenbrauen – aber die waren schon bei vielen Adeligen nicht der beste Zug gewesen, so schwach ausgeprägt, daß man sie kaum sehen konnte. Meine Mutter erzählte immer, mehrere Generationen der Lasaulx hätten überhaupt keine Augenbrauen gehabt und hätten es zu nichts gebracht, weil sie ständig damit beschäftigt gewesen seien, ihre Brauen nachzuziehen.

Mir war aufgefallen, daß sie keine schlechte Figur hatte – eine nordische, wie Renate. Sie hatte kräftige Knochen. Aber das hielt ihren Leib noch lange nicht zusammen. Sie hatte schon einen Wackelpo, weil sie sich weigerte, ein Mieder zu tragen. Und die Brüste hüpften auf und ab, weil sie sich weigerte, einen Büstenhalter zu tragen. Dabei wußte sie ganz genau, wenn sie diesen Unfug nicht sein ließ, würde an ihrem Körper bald alles bloß noch herunterhängen, wie bei einer Afrikanerin. Sie wußte, daß es in ein paar Jahrzehnten sowieso passieren würde, egal, wie sie sich anzog. Aber in Afrika, wo sie keine Mieder und keine BHs trugen, passierte es eben schon ein paar Jahrzehnte früher. Yankee wußte auch, wie ein Frauenkörper aussieht, wenn er fast achtzig Jahre alt ist, denn ich hatte es ihr gezeigt. Ich hatte mich ausgezogen, um zu baden, rief sie ins Badezimmer und sagte: »Sieh mal!« Ich lachte von Herzen darüber, was aus meinem Fleisch geworden war. Die Schwerkraft war ein unbesiegbarer Feind. Am besten, man sagte sich: Ja, so geht das nun mal – und amüsierte sich darüber. Die Leute, die den Kampf mit der Schwerkraft aufnahmen, verloren ihn in jedem Fall, und die wenigsten von ihnen waren gute Verlierer. Aber das sind Probleme, die später auftauchen. Yankee glotzte meinen alten Körper an wie eine traurige Sehenswürdigkeit, voller Mitleid und gleichzeitig ohne Anteilnahme. Wir hatten uns nichts zu sagen. Sie war die perfekte Verkörperung des Rätsels »Was geht im Kopf einer Sechzehnjährigen vor?« Vielleicht kennt Gott die Antwort. Vielleicht auch nicht. Aber als er sagte: »Eitel, eitel, alles ist eitel«, wollte er damit bestimmt nicht sagen, daß die Mädchen in Lumpen herumlaufen und sich nicht mehr kämmen sollen.

An dem Nachmittag im September, an dem Yankee in ihr Internat zurückkehren sollte, luden ihre Mutter und ihr Stiefvater die ganze Familie zum Essen in das Apartment an der Park Avenue ein. Ein schönes Abschiedsessen für sie. Die glücklichen New Yorker servierten Krabbencocktail und etwas Neues – gegrillte Lammkoteletts, dazu grünen Salat mit einer süßen rosa Soße und Folienkartoffeln. Aus der Küche der Neuen Welt. Yankee langte ordentlich zu. Nach einiger Zeit wandte sich das Gespräch wie von selbst dem Aussehen des Mädchens zu. Mir als amtierendem Familienoberhaupt schien es an der Zeit, daß wir zu einer Entscheidung kamen. Sollte sie oder sollte sie nicht? Ihre Nase in Ordnung bringen lassen. Es ließ sich machen, soviel stand fest. Es wurde ständig gemacht. Sie konnte eine »Gierlich-Nase« bekommen. Renate war genau wie ich der Meinung, wir Älteren sollten darüber entscheiden, ohne Yankee zu fragen, weil die Sache für das Kind schwer zu beurteilen war. Vielleicht würde sie nein sagen und es dann später bitter bereuen. Yankee sagte nichts. Wir deuteten ihr Schweigen als Einverständnis, und dann kam ich auf eine Sache zu sprechen, die mich schon lange beschäftigt hatte. Konnte man nicht auch an den Augen des Kindes etwas machen – sie vergrößern? Und in ihrem Gesicht zurechtrücken?

Yankee hatte sich geschworen, während des ganzen Essens keinen Ton zu sagen, aber bald hörte sie gar nicht mehr auf zu quasseln. Aussehen sei ganz unwichtig. Ihre Nase könnte auch doppelt so groß sein, egal. Dreimal so groß! Von den Lammkoteletts nahm sie sich dreimal. Was andere sagten, war ihr völlig gleichgültig. Dann sah sie auf die Uhr und sagte: »Oh, ich muß los. Zuggeld, bitte.« Sie steckte ein, was ihre Mutter ihr gab, nahm ihre Tasche, sagte »Bye, bye miteinander!« und rannte weg, ohne sich bei Sig zu bedanken, der das Essen immerhin bezahlt hatte. Einen Moment lang saßen wir schweigend da und genossen die Ruhe ohne sie. Dann sagte Renate: »Seht ihr, es war bloß die Sehnsucht nach der Schule. Es gefällt ihr dort also doch!« Erleichterung breitete sich aus. Alle wurden gesprächiger. Neue Drinks wurden gemixt.

Ich hatte Yankee gebeten, sie solle mich regelmäßig anrufen, und das tat sie. »Als R-Gespräch, dann zahle ich«, hatte ich gesagt. Ich wollte Renate die Aufregung ersparen. Yankee hielt mich auf dem laufenden. Sie genoß es, wie ich zwischen Schauder und Vergnügen angesichts der Berichte von ihren Mißgeschicken hin- und hergerissen war. Gleich als erstes kaufte sie sich an dem Nachmittag, als sie in ihr Internat zurückfuhr, keine Fahrkarte, sondern schloß sich auf der Zugtoilette ein. Dort blieb sie bis Philadelphia. »Ich habe das Geld gespart, Oma«, brüstete sie sich, als sie mich am nächsten Morgen anrief. Im Schutz der Dunkelheit erreichte sie ihr Ziel, einen wohlhabenden Vorort namens Main Line. Sie trug ihre neue Uniform – abgeschnittene Jeans, Perlen und Glöckchen um den Hals und keine Schuhe an den Füßen. Am hellichten Tag hätte sie einen Aufruhr verursacht.

Sie schlich in ihr Zimmer im Wohnheim und traf dort ihre einzige Freundin, die protestantische Conny. Conny war sechzehn und blitzsauber an Leib und Seele. Irene brauchte den Rest der Nacht, um sie zu überzeugen, daß Hippie-Sein die einzig mögliche Lebensform war. Als der Morgen heraufdämmerte, gab es an der Schule schon zwei Hippie-Schülerinnen. Bald würden es mehr werden. Es war nicht schwer, den anderen Internen die frohe Botschaft zu vermitteln – lauter einsame, kleine, von zu Hause verstoßene Mädchen, deren Eltern sich scheiden ließen. Die Externen dagegen mit ihren glücklich verheirateten Eltern blieben unzugänglich und waren angewidert. Die Typen, die ihnen ihre Schule kaputtmachten, vermehrten sich wie Bakterien in stehendem Wasser. Bald sah es so aus, als hätten die meisten Mädchen einen ganz natürlichen Hang zu Drogen.

Yankee wurde eine Rädelsführerin – einfach deshalb, weil es ihr vollkommen schnuppe war, was andere über sie dachten. Sie steckte offenbar dahinter, wenn sich die anderen

Mädchen mit glasigen Augen durch den Unterricht stotterten. Das Klavierzimmer wurde ihr Hauptquartier. Wenn die Lehrer vorübergingen, hörten sie leise Stimmen und lautes Gekicher. Und wenn sie durch die Korridore pirschten, drang bisweilen das Wort »high« an ihr Ohr. Aber irgendwelche Schandtaten beweisen, das konnten sie nicht. Nur Conny, die ein Jahr zuvor so freundlich gewesen war, sich mit Yankee anzufreunden, war jetzt so dumm, auf stärkere, riskantere Drogen umzusteigen, und wurde auf frischer Tat ertappt, als sie bei einem der Wachleute Heroin zu kaufen versuchte.

Yankee aber war eine abgefeimte Betrügerin. Sie tat nur so, als würde sie inhalieren, denn sie hatte Angst vor Lungenkrebs. Noch schlimmer, noch schändlicher: Sie war nicht gern high, nicht im geringsten. Sie fand, es mache ihr den Kopf nicht klarer, sondern dumpfer. Sie spürte, wie ihre Abwehrkräfte nachließen. Kurz, sie hatte Angst vor Drogen.

Und schließlich das tiefste, das niederträchtigste Geheimnis von allen: Yankee mochte keine Rockmusik. Sie gab sich Mühe, sie zu mögen. Sie hörte ständig Platten, sie summte die Stücke, alles zwecklos. An ihre Götter, die die klassische Musik geschrieben hatten, kam das alles nicht heran. Sie ließ nicht locker, sie strengte sich an. Mit Bob Dylan konnte sie etwas anfangen, vielleicht auch mit den Beatles. Aber die Monkeys, die Beach Boys und all die anderen machten ihr Ohrenweh. Sie lernte Akkorde auf der Gitarre spielen, es war so viel einfacher als die Geige. Und so zu tun wie jemand, der die Pop-Musik wirklich liebt, und zu ihrem Geschrammel auf der Klampfe zu singen, das gelang ihr sehr gut. Der Schule war die Musik egal. Aber sie sahen, daß die Mädchen vor die Hunde gingen und daß Yankee die Anführerin war. Der Direktor bestellte sie noch einmal zu sich.

Er war stärker als sie. Die Schule war stärker. Du wirst uns unsere Schule nicht kaputtmachen. Er sah Irene so direkt an, wie man jemanden ansehen kann, der auf den Boden schaut, und verkündete: »Du hast einen Antiautoritätskomplex, weil dein Vater dich zurückgewiesen hat.«

Sie flog und kam zu mir zurück, zu ihrer Oma. Ich schimpfte mit ihr. Aber ich fragte mich auch, was denn so schlimm an einem Antiautoritätskomplex war. Und Zurückweisung durch den Vater? Wenn sie Dische mal erlebt hätten, dann hätten sie sie beglückwünscht dazu.

Im Jahre 1968 trat ich den Weight Watchers bei und wurde noch im gleichen Jahr mit fünfundsiebzig das älteste Mitglied, das je vierzig Pfund in sechs Monaten verloren hatte. Man muß an sich arbeiten. Ich nahm dann noch mal zweiundachtzig Pfund ab, von zweihunderteinundzwanzig auf hundertneununddreißig in bloß neun Monaten. Seit 1919 war ich nicht mehr so schlank gewesen.

Folglich brauchte ich eine komplett neue Garderobe. Diesmal aber nicht in Schwarz, sondern ich suchte mir alle möglichen interessanten, leuchtenden Farben aus. Und endlich konnte ich das anziehen, wovon ich sieben Jahrzehnte sehnsüchtig und neidisch geträumt hatte – Hosen. Heutzutage läßt es die Mode zu, daß Frauen Hosen tragen. Und mit meiner neuen Figur kam ich auch gut hinein. Ich kaufte mir viele, in allen Farben, aus allen möglichen Stoffen. Ich kaufte mir lange Kittelblusen in kräftigen Farben, die ich über den Hosen trug, und neue Pumps. In der Kirche kuckten alle und beglückwünschten mich. Ich lernte, solche Komplimente stolz entgegenzunehmen und »Danke« zu sagen, wie es in Amerika üblich ist. In Deutschland hätte ich sagen müssen: »Ach nein, Sie wollen mir bloß schmeicheln, das glaube ich nicht« – aber es wäre eine dicke Lüge gewesen.

Wenn ich jetzt den Spiegel in der Diele befragte, paßte mein Bild ganz wunderbar hinein. Aber im Gesicht hatte ich viel überflüssige Haut. Ich zeigte es Liesel. »Sehen Sie mal, so sähe ich aus, wenn ich mir das Gesicht liften ließe«, sagte ich und hievte die Haut nach oben. Dann ließ ich wieder los, und sie rutschte nach unten. »Die Frau Doktor Rother hat eine interessante Zukunft vor sich«, meinte Liesel schnippisch.

Mein Blutdruck kam mit dem plötzlichen Verlust an Fleisch, das getränkt werden mußte, nicht zurecht. Er war immer sehr hoch gewesen, und nun sank er mit einem Schlag auf ein normales Niveau. Mir war die ganze Zeit schwindelig. Ich konnte auch nicht mehr gut hören und zögerte nicht, mir ein Hörgerät zu besorgen. Man muß an sich arbeiten. Trotzdem schüttelte mein Arzt sorgenvoll den Kopf.

Es sah danach aus, daß 1968 mein letztes Jahr werden würde. Ich benachrichtigte Renate von ihrem bevorstehenden Verlust und versicherte ihr, wie sehr mich der Gedanke erleichtere, schlank zu sterben, ohne den Seziersaal zu verstopfen. Doch plötzlich erstarb in mir das Vergnügen, mit dem ich meine unmittelbare Umgebung, den eigenen Körper eingeschlossen, wieder unter Kontrolle brachte. Denn jener Teil von meinem eigen Fleisch und Blut, den ich Enkeltochter nannte, ging eines Tages verloren.

In letzter Zeit war sie schwer zu übersehen gewesen, denn sie hatte bei uns in Fort Lee gewohnt. Sie hatte den ganzen Tag untätig herumgegangen, als richtete sich all ihr Sinnen und Trachten nur darauf, ihre Körpertemperatur im normalen Bereich zu halten. Bewegt hatte sie sich nur, wenn sie sich etwas zu essen holte. Dabei strotzte ihr Körper bei aller Faulheit vor Lebenskraft. Ihre Brüste und ihr Hintern waren von eindrucksvoller Majestät, und das Haar wippte in seiner schimmernden Fülle, wenn sie mir auf dem Weg zum Kühlschrank begegnete. Ich hätte merken müssen, daß sie in ihrem Dickschädel irgendwelche Pläne ausbrütete. Eines Morgens war sie weg.

Wo steckte sie?

Ich rief Dische an. Er regte sich furchtbar auf und krächzte mich wütend an, als ob ich schuld wäre, weil ich sie als letzte gesehen hatte. Da platzte mir der Kragen. Ich sagte ihm, die Schule habe gesagt, er sei schuld an ihrem Verhalten, weil er sie »zurückgewiesen« habe. Da blieb ihm die Spucke weg. Schließlich meinte er mit ruhiger Stimme, diese Lehrerinnen hätten von nichts eine Ahnung, ein Haufen dümmlicher Damen, und obwohl ich genau derselben Ansicht war, widersprach ich ihm doch und sagte, sie seien geübt im Umgang mit Teenagern und man dürfe ihre Einschätzung nicht einfach ignorieren. Zumindest könnte er ja vielleicht mal seine berühmte Denkerstirn in Falten legen und sich ein paar Gedanken darüber machen, wo seine Tochter sein könne. Worauf er hoffnungsvoll erwiderte: »In Chicago.«

Und dann ließ er jenes verhaltene Lachen hören – das einzige, was er in seinem Waffenarsenal fand, wenn er spürte, daß er dabei war, sich auf das Minenfeld einer Auseinandersetzung mit mir zu begeben. »Alle Studenten fahren da jetzt hin und demonstrieren gegen den Krieg.«

»Sie ist keine Studentin!« unterbrach ich ihn. »Sie ist sechzehn Jahre alt!« Aber er ließ sich nicht beirren.

»Eine High-School-Studentin. Sie wissen ja, in Chicago findet gerade der Konvent der Demokratischen Partei statt, oder nicht? Diese Regierung ist kriminell. Wer protestieren kann, sollte es tun. Ich bin froh, daß sie hingefahren ist.«

Ich knallte den Hörer auf. Die Telefone damals waren die letzten, mit denen man auf diese Weise einen Akzent setzen konnte. Heutzutage ist diese Art der Mißfallensbekundung aus dem Repertoire gestrichen. Eine plötzliche Unterbrechung der Verbindung kann auch schlechten Empfang bedeuten oder eine falsche Handbewegung. Damals hingegen konnte man den Hörer sogar in verschiedenen Abstufungen aufknallen – von wütend bis zögernd, die Person am anderen Ende der Leitung bekam es in jedem Fall mit. Dische wußte, daß ich wütend war. Aber er rief nicht zurück. Ich konnte mir lebhaft ausmalen, wie er vor seinem Telefon saß und über meine schlechte Laune und meine politische Naivität feixte.

Ich konnte nichts tun, außer mir Sorgen machen. Liesel und ich gingen in die Kirche und baten Gott, er möge alle Gedanken an meine Enkelin aus meinem Kopf vertreiben, damit ich mich wieder entspannen konnte. Liesel betete auch: Diese Gedanken sollen Frau Doktor Rother nicht umbringen. Als wir nach Hause kamen, sorgte sie dafür, daß ich mich in meinen Klubsessel legte. Er hatte drei Einstellungen, aufrecht, zurückgelehnt und Schlaf. Ich stellte ihn auf Schlaf. Und bald hatte ich mich wieder besser im Griff. Eigentlich war es sogar sehr angenehm, daß Irene, nachdem ich sie drei Monate lang hatte ertragen müssen, nicht mehr im Haus war.

Außerdem lag Dische ganz falsch. Irene war im Gefängnis.

Sie hatte das Haus frühmorgens verlassen, um an die Küste von New Jersey zu fahren. Sie hatte einen vagen Plan: sich am Strand anzusiedeln und fortan dort zu leben, glücklich und zufrieden – am Strand! Die Reise begann vielversprechend. Sie marschierte zur nächsten Hauptstraße. Dort wartete an einer Ampel ein Wagen, der in Richtung Norden unterwegs war. Es war sechs Uhr morgens. Sie klopfte an das Fenster und rief: »Fahren Sie zufällig nach Chadwick Beach?«

Der Fahrer kurbelte die Scheibe herunter und starrte sie auf eine Weise an, die wahrscheinlich auch ihr seltsam vorgekommen wäre, wenn sie genauer hingesehen hätte. Sie hatte Pausbacken, eher wie ein Kind als wie ein Teenager.

Sie trug ein weites T-Shirt, das alle weiblichen Attribute verdeckte. Ihre Augen waren blau, und ihr Haar schimmerte golden, nachdem sie sich in Fort Lee wochenlang in der Sonne geaalt hatte. Dem Herrn hinter dem Lenkrad trat vor lauter Freude und Erwartung der Schweiß auf die Stirn. Denn er wußte: Sie war ein Engel, den Jesus ihm gesandt hatte, um seine Opferbereitschaft auf die Probe zu stellen. Den Namen Chadwick Beach hatte er noch nie gehört, aber er würde dorthin fahren, und wenn er dafür die ganze Woche brauchte. »Es liegt in der anderen Richtung«, erklärte der Engel.

Der Fahrer war gerade aus dem Gefängnis entlassen worden, wo er eine Strafe von zwölf Jahren wegen schweren Raubes verbüßt hatte. In dieser Zeit fand er zu Jesus, und das hatte ihm geholfen, sie zu überstehen. Tags zuvor war er freigekommen. Am Montag konnte er eine Stelle antreten, um die sich der Staat gekümmert hatte. Und den Wagen hatte ihm sein Bruder gestiftet. Er war auf dem Weg zur Morgenmesse in New York, um Dank zu sagen. Je früher, desto besser, denn eigentlich schlief er gern lange, aber Jesus stellte ihn auf die Probe. Die früheste Messe, irgendwo in Brooklyn, war noch meilenweit entfernt. Er hatte unbedingt früh dort sein wollen, und nun das. Eine noch strengere Prüfung. Er würde seinen Erlöser nicht enttäuschen.

»Jawohl«, sagte er, ganz schwindelig von soviel Verantwortung. Einen Engel befördern, das ist nicht jedem vergönnt. Sie stieg sofort ein.

Er fuhr weiter, bis er eine legale Wendemöglichkeit fand – sehr vorsichtig, wohl wissend, was für einen Eindruck es machen würde, wenn er einen Unfall hätte. Er fuhr sogar weit unter dem Tempolimit. Aber niemand beschwerte sich. Es waren nur wenige Autos unterwegs. Der Weg war weit. An einer Raststätte schlug er vor, etwas zu essen, und zu seiner Überraschung war sie tatsächlich hungrig. Er hätte nicht gedacht, daß Engel essen müssen. Er hingegen bekam nichts herunter – so aufgeregt, wie er war. Sie bestellte einen Hamburger und eine Cola. Dann fuhren sie weiter. Er erzählte dem Engel von dem Augenblick, als er Jesus gefunden hatte oder Jesus zu ihm gekommen war – nach einem besonders heftigen Streit auf dem Gefängnishof zwischen den verfeindeten Anhängern von zwei Baseballmannschaften, bei dem er einen anderen Gefangenen mit der Klinge seines Taschenmessers leicht gestreift hatte. Gerade als das Messer die Haut des Mannes ritzte, war ein Sonnenstrahl zwischen den dichten Wolken hervorgebrochen und genau auf die Wunde, den Arm, den Mann im Gefängnishof gefallen. Die Wunde blutete nicht. Es war nur ein unscheinbarer Kratzer. Die Streithähne hatten gestaunt. Und genau in diesem Augenblick war ein ganzer Trupp Gefängniswärter aufgetaucht. Aber das Messer war wie vom Erdboden verschwunden. Der Fahrer konnte sich nicht erinnern, daß er es fallen gelassen hatte. Er hatte keinen Ärger bekommen, und später, als er wieder in seiner Zelle saß, war ihm die Antwort eingefallen. Christus hatte ihn an die Hand genommen. Fünf Jahre vergingen. Nie wieder hatte er sich an einer Schlägerei beteiligt. Er war ein paar Tage früher entlassen worden als vorgesehen. Nun war er entschlossen, den Rest seines Lebens dem Herrn zu widmen. Er wisse sehr wohl, gestand er, daß die Anhalterin eine Prüfung für ihn sei. Der Engel hörte zu, ohne sich zu wundern. Einmal bat der Engel den Fahrer, kurz anzuhalten, er müsse mal auf die Toilette.

Als sie die kleinen Orte an der Küste erreicht hatten, fand er eine Kirche, auf deren Parkplatz er anhielt. Sie sprang aus dem Wagen. Er stieg nicht aus, sondern kurbelte nur sein Fenster herunter und strahlte sie an. Als sie sich bei ihm bedanken wollte, legte er einen Finger vor den Mund und schüttelte mit geschlossenen Augen den Kopf. Dann faltete er die Hände zum Gebet. Als er die Augen wieder öffnete, war sie verschwunden. Auf dem Rückweg nach New York fuhr er schneller. Zur Abendmesse konnte er es noch schaffen.

Das Mädchen hatte sich auf den Weg zum Strand gemacht und stapfte durch den Sand. Yankee rechnete fest damit, irgendeinem netten Menschen zu begegnen, der ihr helfen würde, sich zu entscheiden, was als nächstes zu tun sei. Bald bot sich ihr ein vertrauter Anblick: Hippies am Strand. Einer von ihnen klimperte auf einer Gitarre, die anderen sangen dazu. Der Schüchternste von allen erkannte sie wieder. Er hatte sie als kleiner Junge nicht weit von hier mal nach der Uhrzeit gefragt, und sie war auf ihn zugerannt, bis ein rostiger Nagel ihren romantischen Impuls gebremst hatte. Er hieß Jerry.

Sie bemerkte seine angenehme Schlaksigkeit, das schulterlange, blonde Haar, die Hippie-Kette, das intelligente Lächeln. Sie sah in alldem das Gegenteil von uns. Die nächsten Stunden verbrachte sie mit ihren neuen Freunden am Strand – indem sie die anderen Leute dort mit ihrem Gesang ärgerten. Langsam wurde es dunkel, und alle gingen nach Hause. Auch die anderen Hippies hatten irgendwo eine Bleibe. Aber Jerry blieb sitzen, ohne zu sagen warum. Es stellte sich heraus, daß er Feuer machen konnte und braunen Reis und einen Blechtopf dabei hatte, und bald war der Reis perfekt gekocht.

Sie hockten sich zum Essen an das Feuer und kauten jeden Mundvoll Reis hundertmal, wie es die Zen-Makrobiotik vorschrieb. Dieses System ist doppelt so kompliziert wie das der Weight Watchers, aber es läuft auf das gleiche hinaus: Erschöpfung und Gewichtsverlust. Auf die Dauer wurde Yankee das Kauen zu anstrengend. Jerry schlug vor, sie könnte sich doch zu ihm in den Schlafsack legen, da würden sie es beide warm haben. Irene, Fleisch von meinem Fleisch, war einverstanden. Sie schlüpfte hinein, während er noch am Feuer hantierte, und schlief sofort ein.

Später spürte sie, wie er zu ihr in den Schlafsack glitt. Er hatte nichts an. Sie war in voller Montur. Aus irgendeinem Grund lag er plötzlich auf ihr. Sie ließ ihn. Sie wehrte sich nicht. Sie tat, als würde sie nichts merken. Das brachte ihn anscheinend durcheinander. Er machte seltsame Bewegungen mit seinem Körper. Nach einiger Zeit drehte er ihr den Rücken zu. So schliefen sie ein.

Nur wenige Minuten schienen vergangen, da erschütterten schwere Schritte den Boden neben ihren Köpfen und Taschenlampen leuchteten ihnen ins Gesicht. Langsam erwachten sie und erkannten, wer sie da besuchen kam. Drei Polizisten. Sie waren verhaftet. Ihr wurde unentschuldigtes Fernbleiben vom Unterricht und Landstreicherei zur Last gelegt und ihm Sex mit einer Minderjährigen. Ein schweres Verbrechen. Zwei Hippies in einem Schlafsack ohne Geschlechtsverkehr, das wollte ihnen die Polizei nicht glauben. Beide wanderten ins Kittchen. Gemischte Belegung gab es dort allerdings nicht, und Yankee sah ihn nie wieder.

Obwohl sie – nun mit Bedauern in der Stimme – steif und fest behauptete, Jerry habe sie nicht angerührt, bestand die Polizei auf einer gründlichen gynäkologischen Untersuchung, und als sich dabei herausstellte, daß Jerry ohne jeden Zweifel unschuldig war, hielten sie ihn trotzdem noch eine Woche fest, um ganz sicherzugehen. Yankee wurde in eine Zelle mit drei Schlössern gesperrt. Jetzt erst erlangte die heilige Zahl Drei ihre volle Bedeutung.

Hier lief das Leben nun endlich mit einer Regelmäßigkeit ab, die sie akzeptieren mußte. Dreimal am Tag schloß die wechselnde Belegschaft von Wärterinnen die Zellentür auf – eine umständliche Prozedur. Das obere Schloß zuerst, dann das untere und zuletzt das wuchtige in der Mitte. Dreimal am Tag wurde ihr ein Tablett mit einer Mahlzeit hereingereicht oder, wenn die Wärterin gute Laune hatte, auf den kleinen Tisch neben der Toilette gestellt. Es gab jeden Tag das gleiche. Am ersten Tag weigerte sie sich, zu essen, weil sie sich der Makrobiotik verschrieben hatte, am zweiten aß sie ein bißchen und am dritten aß sie mit Genuß – schließlich war es das, wonach sie sich während ihrer ganzen Kindheit gesehnt hatte: anständige Anstaltskost mit reichlich künstlichen Farbstoffen und gesättigten Fetten. Ihre Zelle war geräumig, und die Toilette stand so, daß jeder Vorübergehende, der einen Blick hineinwerfen wollte, sie sofort sah. Aber niemand interessierte sich dafür. Schließlich, nachdem schon einige Tage vergangen waren, fragte sie, ob sie mal telefonieren dürfe. An diesem Nachmittag sollte sie dem Richter vorgeführt werden. Sie rief mich an – ein R-Gespräch.

»Großmama«, sagte sie ohne jede Spur von Verlegenheit oder schlechtem Gewissen, »ich bin im Gefängnis.«

»Hast du jemanden umgebracht?«

»Nein, das nicht.«

Im Auge des Taifuns blieb ich ruhig. Ich ließ mir meine Neugier nicht anmerken – ich hatte noch nie ein Gefängnis von innen gesehen. Ich sagte ihr, die Frage, wem sie das zu verdanken habe, lasse sich schnell klären – sie selbst sei schuld daran und sonst niemand. Also gebe es auch nichts zu besprechen, und sie solle gefälligst zusehen, wie sie zurechtkomme. Ich legte auf und fragte dann Liesel, was sie dazu meinte. Ausnahmsweise war sie mal ganz meiner Meinung.

»Liesel, habe ich nicht recht?«

»Frau Doktor Rother hat vollkommen recht.«

Hart bleiben gegen die Knastschwester und Renate klarmachen, daß ihre Tochter ihr gehört und ihr Problem ist. Ich griff noch einmal zum Hörer und wählte eine sehr lange Nummer. Eine unumgängliche Ausgabe. Renate machte mit ihrem Gemahl Nummer zwei Ferien in Portugal. »Renate«, sagte ich, »eben hatte ich den Schock meines Lebens. Mein

Blutdruck ist auf 210 zu 180..."« – alles teilbar durch die Heilige Dreifaltigkeit – »...deine Tochter sitzt im Gefängnis, und ich hab zu tun, ich liege im Sterben. Bitte kümmer dich selbst um Yankee.«

Es war einer dieser tropischen Tage, an denen man das Gefühl hat, Fort Lee liege am Äquator. Liesel führte mich zurück zu meinem Klubsessel. In aufrechter Position diesmal. Sie stellte alle Ventilatoren, die wir im Haus hatten, um den Sessel auf und servierte ihrer Herrin eisgekühlte Getränke.

Unterdessen stritt sich Renate in einem noblen Hotelzimmer in Lissabon mit Sig. Der tobte vor Zorn auf das Kind, das sie zur vorzeitigen Abreise nötigte. Er schlug vor, ihr Vater solle sich um die Sache kümmern. Also war ich wieder dran. Ich erreichte Dische in seinem Laboratorium, nachdem Renate es ein paarmal versucht hatte. Er lachte, als er erfuhr, was geschehen war. Er sagte, es sei das erste Mal, daß ein Dische im Gefängnis sei. Mein Überlegenheitsgefühl geriet ins Wanken. Sowohl die Gierlichs als auch die Rothers hatten erleben müssen, daß ein Familienmitglied wegen einer einfachen Straftat eingesperrt worden war. Ich kam zu dem Schluß, daß Dische entweder log oder die Wahrheit nicht kannte. Schließlich verstand er, was von ihm verlangt wurde, und erklärte mit rachsüchtigem Triumph in der Stimme, er sei nicht mehr Irenes Erziehungsberechtigter.

Renate leistete sich dann doch noch einen Anruf bei der Polizei in New Jersey und fragte nach, wie lange man ihre Tochter dort festzuhalten gedenke, worauf ihr der Beamte am Telefon erklärte, sie, Dr. Renate Dische, riskiere selbst eine Anzeige wegen Vernachlässigung ihrer Aufsichtspflicht. Ihr blieb keine Wahl. Die Wilens packten ihre edlen Lederkoffer und kehrten nach New York zurück, und ein paar Stunden später setzte sich Renate in ihren Chevy und fuhr nach Süden. Sie tat mir nicht leid. In Wahrheit bedauerte ich es, Renate gerufen zu haben. Ich hätte gern mal so ein Gefängnis gesehen.

Wir alle hatten die irrige Vorstellung, zu glauben, das Kind habe seine Lektion nun endlich gelernt. Aber als Renate sie aus dem Gefängnis abholte – »Es war alles sehr sauber, Mops. Gitterstangen wie Kanonen. Reizender Sheriff!« –, bereute Yankee gar nichts, außer daß sie wieder zu mir zurück sollte. Renate machte kein Geheimnis daraus, wie teuer es sie zu stehen gekommen war, Yankee aus dem Kittchen zu holen – der nicht verrechenbare Rückflug aus Europa –, aber Yankee weigerte sich einfach, anderer Leute Geld ernst zu nehmen. Wie sich herausstellte, hatte man ihr eine psychiatrische Behandlung verordnet. Damit hatte sie nun den Herbst über zu tun. Jeden Morgen fuhr sie mit dem Bus in die Stadt zu einem Nervenarzt, der sich auf gestörte Teenager spezialisiert hatte. Ich sagte mir, wie gestört muß man eigentlich sein, um sie als gestört zu bezeichnen – aber ich hielt den Mund.

Beim allerersten Mal fuhr ich sie mit dem Wagen in die Klinik. Ich mußte draußen warten, während sie mit dem Arzt sprach. Ich lief im Wartezimmer auf und ab. Das ist besser für den Kreislauf. Und dann stellte ich mein Hörgerät an. Was ich da hörte, reichte mir für mein Leben und alles, was danach kam.

»Nimmst du Drogen?«
»Nein.«
»Welche?«
»Ich nehme keine.«
»Hattest du schon Geschlechtsverkehr?«
»Nein.«
»Und was war früher? Hat jemand aus deiner Familie dich schon mal auf eine Weise berührt, die du nicht mochtest?«

»Das ist doch lächerlich. Natürlich nicht!«

Aber diese Antworten bestärkten den Nervenarzt nur in seiner Meinung, er habe es mit einem besonders rätselhaften Fall zu tun.

Man empfahl uns eine Schule speziell für solche Kinder, fernab vom gefährlichen Pflaster der Großstadt. In der Nähe lag eine psychiatrische Klinik, für alle Fälle – und dann die freie Natur und keine Zensuren, um die Schüler nicht zu verstören. Die Lehrer ließen sich von ihnen mit Vornamen anreden und hatten keine Autorität. Liza, die Biologie unterrichtete, verfolgte die gleichen guten Absichten wie ich, kannte sich aber besser aus. Deshalb erklärte sie den Mädchen, was aus anatomischer Sicht dabei herauskommt, wenn man keinen BH trägt. Wie sich der Hautsack, der die Brust vor dem Brustkorb hält, nach und nach auflöst und die Brust ihren Halt verliert, bis sie nur noch wie ein Lappen herunterhängt. Die Mädchen zogen trotzdem keine BHs an. Die Schule war ein Irrenhaus, weil alles erlaubt war und der Mutwille nicht wußte, wohin.

Der Rektor der Schule fand Gefallen an Yankee, wegen des Intelligenztests, den sie absolviert hatte. Er rief mich an. Er wollte, daß ich dabei sei – zumindest telefonisch –, wenn er Yankee aus ihrer Lethargie aufrüttelte, indem er ihr mitteilte, was bei dem Test herausgekommen war. So hörte ich das folgende Gespräch mit an.

»Weißt du, was ich hier habe?«

»Nein.«

»Die Ergebnisse deines Intelligenztests.«

»Cool.«

»Möchtest du sie hören?«

»Nein.«

Nervöses Männerlachen. »Na, ich sag sie dir trotzdem: dein IQ ist hoch.«

»Toll. *High* sein, finde ich gut ... – ach, das war nur Spaß.«

»Und was hast du nun damit vor?«

»Womit?«

»In allen Fächern bist du unter dem Strich – eine ziemliche Leistung an einer Schule, wo es gar keine Noten gibt. Null Beteiligung am Unterricht. Was willst du eigentlich nach der Schule machen?« Und dann hörte ich sie vollkommen gelassen antworten: »Ich will nach Harvard, studieren.« Woraufhin er an die Decke ging und brüllte: »Du hast ein Realitätsproblem!« Plötzlich fiel ihm ein, daß ich am Telefon zuhörte.

»Yankee, geh bitte mal einen Moment hinaus. Warte draußen.«

Ich hörte ihre Schritte, die Tür.

Er nahm den Hörer und sagte: »Gestörte Kinder schreit man nicht an, ich weiß. Aber das hier ist wirklich etwas anderes.« Er atmete schwer. Zögern. Schließlich: »Ich habe mich gerade zu einem harten Vorgehen entschlossen. Es gefällt mir überhaupt nicht, daß wir sie verlieren, aber es muß sein. Ich rufe sie jetzt wieder herein.«

Die Tür ging auf. Schritte. Ich konnte mir vorstellen, wie sie vor ihm stand – ruhig, mit einem leicht spöttischen Lächeln, weil sie ihn mit ihrem durch nichts begründeten Selbstvertrauen derart überrumpelt hatte. Und dann sprach er – nun wieder ruhig.

»Ich werde deinen Eltern schreiben und ihnen empfehlen, daß du einige Monate hier in unserer ausgezeichneten psychiatrischen Klinik verbringst. Um dich müssen sich ein paar wirklich kompetente Psychiater kümmern. Du bist schon siebzehn. Du hast ein Riesenproblem.«

Ich hörte, wie sie in Tränen ausbrach. Mit ihren Nerven war also alles in Ordnung. Ich legte kopfschüttelnd auf.

Ich hatte noch mehr Kummer. Carlchen glaubte, er sei tot. – Er war jetzt auf einem College in New York, aber am Unterricht nahm er nicht teil, sondern lag den ganzen

Tag nur im Bett. Ich besuchte ihn, aber wegen seiner Großmutter drehte er sich nicht mal auf die andere Seite. Das Bett war sein Sarg. Sein Zimmerkamerad versicherte mir, mein Enkelsohn stehe regelmäßig auf, um zu pinkeln, und Tote würden das ja nicht tun. Woraufhin Carlchen sich aus seinem Bett vernehmen ließ: »Ich wohl, und ich bin tot« – in zänkischem Ton.

Ich fuhr zurück nach Fort Lee und war wütend auf Dische, weil ich fand, es sei seine Schuld. Dische ging der Sache nach. Er fuhr sogar nach *downtown* und besuchte seinen Sohn. Nachher berichtete er, Carlchen würde sich nach dem Pinkeln die Hände waschen, und hin und wieder müsse er wohl auch etwas trinken, denn nach einer Woche in diesem Stil lese er immer noch im Bett. Dische berichtete auch, Carlchen lese die ganze Freud-Sammlung seines Zimmerkameraden. Dieser Junge hatte mit Freuds Schriften schwer zu kämpfen. Ich rief ihn oft an und plauderte mit ihm, und er erzählte mir im Flüsterton, Carlchen ackere sich wie ein Bulldozer durch den kompletten Freud. Wenig später stand Carlchen auf und nahm eine Dusche – fast nur noch Haut und Knochen. Von da an sah man ihn wieder regelmäßig in der Cafeteria seiner Uni, wo er reichlich aß, und dann in der Bibliothek, wo er mehrere Tage und Nächte über einem Pult hockte und alles las, was die Abteilung Psychologie zu bieten hatte. Danach war er für seine Verhältnisse wieder »normal« und erklärte seinem Vater und seinem Zimmerkameraden, Adler sei ihm sehr hilfreich gewesen.

Inzwischen hatte der gerichtlich bestellte Psychiater, der meine Enkeltochter »behandelte«, Fortschritte gemacht. Auf die abgedroschene Frage, was sie mit ihrem Leben »anfangen« wolle, hatte sie geantwortet, sie wolle Cembalistin werden. Der Psychiater, der vom Musikbetrieb wenig verstand, hielt das für eine vernünftige Idee. Er riet Yankee, eine Musikhochschule zu besuchen. Sobald sie sich angemeldet habe, werde er dem Gericht mitteilen, eine weitere Therapie sei nicht erforderlich.

Wir waren überrascht, aber froh. Plötzlich wurde sie sehr aktiv und suchte sich eine Lehrerin. Fragte sich nur noch, wer sie bezahlen sollte. Die Lehrerin langweilte sich mit ihren fortgeschrittenen Schülern, und der Name Yankee kam ihr ohne jede Ironie über die Lippen. »Yankee ist eine geborene Cembalistin.« Sie meinte, Yankee müsse Musik studieren, und hatte auch schon eine bestimmte Hochschule im Kopf, in Salzburg. Sehr teuer. Und wer zahlt die? Sig natürlich. Zusammen mit den Bewerbungsunterlagen mußten die Studenten ein Band einreichen. Zum Glück war Yankee bereit, mit ihrer Lehrerin zu arbeiten. Die glaubte an das Kind. Ich sagte zu Renate: »Es ist leicht, an sie zu glauben, wenn man sie nicht vierundzwanzig Stunden am Tag um sich hat.« Zu der Lehrerin sagte ich: »Vielen Dank für Ihre Hilfe. Aber ich habe schon immer gewußt, daß meine Enkelin ein Ausnahmetalent ist.« Die Hochschule nahm sie. Österreich. Gibt es einen sichereren Ort auf dieser Welt? Der Psychiater schrieb dem Gericht, und der Fall war erledigt.

Sie war siebzehn und hatte noch nie einen Fuß ins Gelobte Land gesetzt – Deutschland. Renate und ich brachten sie zum Flughafen. Wir rieten ihr, ihren Paß gut zu verstecken, darin stehe ja noch immer, sie heiße Irene, und das könnte Verwirrung stiften.

Dische hatte gemeint, ob sie nicht zu jung und zu weiblich sei, um allein zu reisen. Wir ließen ihn reden. »Ich hätte eher vor ihr Angst als um sie«, hatte ihm Renate gesagt. Trotzdem fühlte er sich bemüßigt, Yankee Ratschläge zu erteilen. Er erklärte ihr das Wetter. Die Düsterkeit Europas sei verantwortlich für seine hohe Kultur. In Kalifornien sei immer schönes Wetter, so daß niemand lange genug im Haus bleibe, um gründlich nachzudenken. Ich schob ihr ein paar Stücke Seife in den Koffer, weil ich gehört hatte, Seife sei in Deutschland knapp. Sie flog nach Frankfurt und meldete sich von dort, ein R-Gespräch, um zu »reden«, aber hauptsächlich, um darüber zu klagen, wie schlecht ihr sei, unbeschreiblich schlecht. Aber ich merkte, was los war. Ihre alte Ängstlichkeit war wieder da. Sie war in Deutschland, allein. Und sie hatte das Gefühl, es sei der gefährlichste Ort auf der Welt. Ich riet ihr, zu beten, Gott werde ihr beistehen, und sie sagte: »Laß mich mal mit Liesel sprechen.« Liesel stand schon neben mir, und ich gab ihr den Hörer. Sie hörte eine Zeitlang zu und sagte dann verächtlich: »Ach, ach! Tun die Bomben auf dich fallen? Nein! Tut jemand dich verhaften? Nein! Sei nicht so eine dumme Gans! Hier ist deine Großmama!« Und sie gab mir den Hörer zurück. Ich war geduldiger und sagte ihr: »Tu einfach, was man dir sagt: Fahr nach Salzburg zu deiner Hochschule, und ruf wieder an, wenn du dort bist.«

Sie rief nicht wieder an. Nach ein paar Tagen läutete ich die Hochschule an, und es hieß, sie habe ihre Anmeldung rückgängig gemacht und darum gebeten, ihr die Studiengebühren zu erstatten – in bar.

Achthundert Dollar in ihrer schmutzigen kleinen Faust. Einfach vom Himmel gefallen.

Wir berieten uns. Als Dische Interpol einschalten wollte, war die Sache für mich klar: Wir würden uns nicht an die Polizei wenden. Wir beschlossen abzuwarten. Und wirklich, ein paar Tage später bekam ich ein Telegramm. Es lautete: »Fahre nach Osten. Grüße Yankee«. Das Telegramm war in Istanbul aufgegeben.

»Renate«, fragte ich, »bist du jemals in Istanbul gewesen?« Nein. Sie nicht und Sig auch nicht. Selbst Dische war nie so weit nach Osten gekommen.

Ich machte mir natürlich Sorgen. Liesel und ich gingen jeden Tag in die Kirche, und jedesmal zündeten wir eine Kerze für sie an. Nach Osten wollen, wenn man schon in der Türkei ist, das klang beunruhigend.

In Wirklichkeit ging es ihr blendend. Sie kutschierte auf dem Rücksitz eines Motorrads durch den Orient. Was spricht dagegen? Sicher, wenn man keinen Helm aufzieht, verdreckt das Haar ganz furchtbar, habe ich gehört. Ich selbst habe nie auf einem Motorrad gesessen. Dabei mag ich Tempo. Sieben Strafzettel habe ich mit meinem alten Studebaker im Laufe der Zeit deswegen bekommen. Ich kann auch verstehen, daß sie keinen Helm tragen wollte. Ihr Begleiter, der Motorradfahrer, hatte keinen zusätzlichen Helm dabei, und seinen eigenen bot er ihr nicht an. In Salzburg legte sie ihm die Arme um die Hüften, was in Ordnung war, da er ihr ja den Rücken zukehrte, und dann fuhren sie los, bis Istanbul und noch ein Stück weiter. Geduldig saß sie auf dem Rücksitz seines Motorrads und starrte auf seinen großen weißen Helm und die dunkelbraune Lederjacke. Er war einfach ein mittelgroßer junger Amerikaner mit Stoppelhaar. Er erzählte ihr, er habe sich unerlaubt von der Truppe entfernt. Er erzählte ihr, er studiere, und zwar in Harvard, und sei zur Army einberufen worden. Sie hätten ihm das Haar abgeschnitten, und dann sei er weggelaufen. Sie schrieb, er sei ein ganz normaler Typ, aber mit einem interessanten Lebenslauf. Er hieß, wie sie Dische in einem ihrer Aerogramme stolz mitteilte, Ted Edwards – ein Mayflower-Name.

In seiner Gesellschaft verbrachte sie also ihre Tage auf dem Motorrad, während die Landschaft wie eine bewegliche Theaterkulisse an ihnen vorüberzog: Ankara, das Schwarze Meer, der Berg Ararat, Erzurum, Agri. Die Ehre wurde Dische zuteil – er bekam jede Woche ein Aerogramm, das jeweils am Montag aufgegeben worden war. Eine gewisse Regelmäßigkeit war erkennbar. Das ist jetzt mein Leben, schrieb sie ihm. Was tue ich? Ich reise. Dische benutzte die Aerogramme als Vorwand, mich in Fort Lee zu besuchen. Schon an der Tür, bevor er hereingekommen war, hielt er mir den Brief hin, wie eine Eintrittskarte. Ich ließ ihn auf dem Sofa im Wohnzimmer Platz nehmen, gab ihm einen Cocktail und setzte mich in meinen Klubsessel, um den Brief zu lesen. Danach bot ich ihn Liesel an, aber die wollte ihn nicht nehmen. Nachdem sie einmal gesagt hatte: »Ich lese keine Post von anderen Leuten«, wiederholte ich mein Angebot nicht mehr.

Den ganzen Sommer über kamen die Aerogramme, jede Woche eines, und ich konnte ihre Route verfolgen. Renate log, sie behauptete, die Briefe interessierten sie nicht. »Solange es ihr gutgeht – mehr will ich gar nicht wissen«, sagte sie. Später fand ich heraus, daß sie Dische regelmäßig besuchte, um sie ebenfalls zu lesen. Aus diesem Grund schrieb meine Enkeltochter an ihn – es zwang die Familie, nett mit ihm umzugehen.

Sie schilderte die Restaurants an der Straße und wie sie nachts in schmutzigen Hotels unterkamen, wo Ted allen, die es wissen wollten, erklärte, sie sei seine Schwester, so daß sie ein gemeinsames Zimmer mit zwei Einzelbetten bekamen und dazu jede Menge Wanzen. »Er ist bloß ein guter Kamerad«, behauptete Dische. Das hoffte ich auch, hatte aber meine Zweifel. Wie zu erwarten, interessierten Dische die hygienischen Verhältnisse mehr als die moralischen – vor allem, nachdem meine Enkelin sich in trübseligen Einzelheiten über die Hockklos in der Türkei ausgelassen hatte, die so voller Fäkalien waren, daß man sie nur mit nackten Füßen benutzen konnte, denn die bekam man nachher am leichtesten wieder sauber. So was schrieb sie an Dische, der sich angeekelt fragte, warum seine Tochter unbedingt in ein unterentwickeltes Land hatte fahren müssen. Später schrieb sie von den Mohnfeldern in Kurdistan, vom Staub, von Männern, kleinen Jungen und alten

Großmüttern, die am Straßenrand standen, die Fäuste reckten und ihnen Steine nachwarfen, wenn sie vorüberfuhren. Sie warfen sie nachlässig, ohne viel Hoffnung, wirklich zu treffen, denn Ted gab jedesmal Gas, wenn er Leute am Straßenrand sah, und das Motorrad produzierte eine große Staubwolke hinter ihnen. Ihr Haar, so schrieb sie, sehe aus wie eine alte Fußmatte. »Bitte, erzähl es Großmama!«

Mehr über Ted. Sein Vater sei ebenfalls Arzt. Er komme aus einem kleinen Ort in Connecticut. Über sich selbst rede er gar nicht gern, schrieb sie. Ich erkannte, daß sie ihn, obwohl er ihr nur so wenig von sich preisgab, vollkommen akzeptierte, und das gefiel mir nicht.

»Liesel«, sagte ich, »ich hoffe bloß, er nutzt sie nicht aus.«

Wir beteten darum, daß er es nicht täte und sie standhaft bliebe. »Mir gefällt nicht, daß er ihr seinen Helm nicht gibt. Sie glaubt anscheinend, daß sie keinen braucht.«

»Wenn ihr was zustößt, dann ist es egal«, sagte Liesel zornig. »So denkt sie!« Und wir fanden Ted beide unsympathisch und beteten, er möge ihrer überdrüssig werden und sie nach Hause schicken.

Sie überquerten die Grenze zum Iran. Ted hatte ein Visum, sie hatte keines.

»Eine Katastrophe!« rief Dische.

Ted hatte gesagt, dann müsse er eben ohne sie weiterfahren. Sie könne ja mit dem Bus zurückfahren oder sonstwie. Und die Grenzposten hatten sie die ganze Zeit angestarrt. Das Alter in ihrem Paß glaubten sie ihr nicht. Siebzehn. Siebzehn bedeutet Frau. Aber das hier ist ein Kind. So schrieb das Mädchen in einem angeberischen Ton – die Leute meinten, sie sei höchstens dreizehn. Schließlich gaben sie ihr ein Transitvisum für drei Tage. Sie schilderte die ganze Szene, damit Dische etwas zu lesen hatte. Sie fuhren durch Täbris und kamen nach Teheran.

Aus Teheran schrieb sie öfter – daraus schlossen wir, daß sie sich langweilte. Sie schrieb fast jeden Tag und schilderte langweilige Einzelheiten: wie, nachdem ihr Visum abgelaufen war, ein hilfsbereiter Iraner, der im Hotel an der Rezeption arbeitete, die Sache in Ordnung gebracht hatte. Für bloß zehn Dollar. Er nahm ihren Paß, fuhr mit einem Radiergummi über die Zeile, in der stand, ihr Visum sei 03 Tage gültig, Abrakadabra. Das Papier war rauh und die Null schon fast verschwunden. Dann malte er in die Wunde eine Zwei. »So, das wär's«, sagte er. Das wird euch wahrscheinlich langweilen, schrieb sie, und Dische sagte: »Es ist wirklich nicht interessant.«

»Es ist sogar sehr interessant«, rief Liesel, bevor ich ihm widersprechen konnte.

Sie wohnten in einem Hotel, in dem vor allem Reisende aus dem Ausland abstiegen – ein trister Bau an einer tristen Straße. »Lauter Hippies«, vermutete ich.

»Dej ohl juhs drocks«, sagte Liesel zu Dische. Sie sprach englisch, um ihrem Satz Nachdruck zu verleihen. Dische sollte sich Sorgen machen.

»Nein, wir Disches machen uns nichts aus Drogen«, entgegnete er in entschiedenem Ton. »Wir hatten noch nie einen Alkoholiker in der Familie.«

Bevor wir uns noch mehr Sorgen machen konnten, hatte sie schon kehrtgemacht und fuhr zurück in Richtung Europa. Wie sich herausstellte, verhinderte höhere Gewalt die Weiterreise. Gott hatte unsere Gebete erhört. Die Grenze nach Afghanistan war geschlossen, wegen einer Cholera-Epidemie, Tausende von Toten.

An der türkischen Grenze begannen die Posten aufgeregt zu schnattern, als sie das Visum der Reisenden sahen. Es sei eine plumpe Fälschung und längst abgelaufen, und sie habe sich daran zu schaffen gemacht. Sie schrien Ted an, der ihnen versicherte, er habe mit ihr nichts zu tun. Sie machten ungläubige Gesichter, aber sie kam ihm zu Hilfe.

Sie sei nur eine Anhalterin, die er ein Stück mitgenommen habe. Schließlich beruhigten sich die Posten. Um das Land zu verlassen, müsse sie zurück nach Täbris und sich dort im Polizeihauptquartier ihr Visum verlängern lassen. Sie könnten sie auch einsperren, aber wegen der mildernden Umstände, weil sie wie eine Dreizehnjährige aussehe und auch weil die Amerikaner auf dem Weg zum Mond seien und überhaupt Amerika ein Freund des Schahs sei, wollten sie den Polizeichef selbst entscheiden lassen. An Dische schrieb sie, sie habe nicht gewollt, daß Ted sie nach Täbris zurückbringe, aber meine alten Knochen sagten mir, daß dieser Ted keine Lust gehabt hatte, den ganzen Weg zurückzufahren, volle zwei Stunden. Daß sie den Bus nahm, war seine Idee – während er nach Westen weiterfuhr.

»Liesel, sie hat diesem Jungen schon eine Menge Ärger gemacht«, klagte ich.

»Er ist ein Mann. Er sollte sich um sie kümmern«, entgegnete Liesel.

»Dazu braucht sie keinen Mann«, sagte ich. Ich war stolz auf meine Enkeltochter. Ich wußte, Unglück blieb an diesem Mädchen nicht haften. Es perlte einfach ab. Demnächst würde sie es aufregend finden, auf sich selbst gestellt zu sein. Sie würde über ihre Ängstlichkeit hinwegkommen. Eigentlich klang es so, als sei sie schon darüber hinweg.

»Das mit dem Visum ist nicht ihre Schuld«, verteidigte ich sie. »Nicht sie hat das Datum verändert, sondern der Empfangschef. Der Empfangschef ist schuld. Laß uns beten.«

Am nächsten Tag schrieb sie wieder. Sie hatte das Polizeihauptquartier ohne Schwierigkeiten gefunden, weil jeder wußte, wo es lag. Daß sie danach fragte, trug ihr viele respektvolle Blicke ein. Als sie dann dort war, schickte man sie von einem Büro zum anderen, bis sie schließlich beim höchsten Tier landete, dem Polizeipräsidenten von Täbris. Erst Jahre später fand ich heraus, was dort geschehen war, und ich muß zugeben, sie hat alles richtig gemacht. Denn dieser wichtige Mann hatte ihren Paß nur kurz angesehen, dafür aber sie um so länger. Schließlich stand er auf, stieß seinen Sessel nach hinten und kam um seinen Schreibtisch herum nach vorn, wo sie auf einem Stuhl hockte. Seine Leistengegend befand sich auf der Höhe ihrer Augen. Sie wollte aufstehen, aber er sagte: »Sitz, bitte.« Darauf sagte sie nichts, sondern sah aus dem Fenster. Sie sah Dächer, überall Braun. Er dachte an die Hunde, die jungen Hündinnen, in die er und seine Soldaten sich hineingeschoben hatten, wenn sie monatelang in den Dörfern im Osten stationiert waren, ohne andere Belustigungen. Wenn die Hunde Soldaten in Uniform zu Gesicht bekamen, wandten sie den Blick ab und drückten ihr Hinterteil auf den Boden. So schlichen sie davon und hofften, nicht aufzufallen. Das Mädchen konnte nicht wegschleichen, denn er hatte ihr verboten, sich zu bewegen.

Der Polizeichef von Täbris trat einen Schritt zurück. Er hatte noch eine Hoffnung. In flehendem Ton rief er: »Sagen Sie mir, was soll ich hiermit machen?« Als sie aufsah, lächelte er, und als sie zurücklächelte, fragte er: »Willst du mich küssen?«

Sofort sah sie wieder weg, aus dem Fenster, und schüttelte wortlos den Kopf. Er hörte die Schritte seines Sekretärs auf der anderen Seite der Tür und wurde plötzlich verlegen. Er war schließlich kein Soldat mehr. Er hatte einen wichtigen Posten. Er hatte eine Frau, die sich ihm hingab, wann immer er wollte. Er brauchte keine Hündin! Er seufzte und verkündete: »Die Gebühr für eine solche Verlängerung nach einer kriminellen Handlung beträgt zweihundert amerikanische Dollar.« Er rechnete damit, daß sie versuchen würde, ihn herunterzuhandeln. Aber sie gab ihm das Geld ohne Zögern. Seufzend kehrte er hinter seinen Schreibtisch zurück und stempelte ihr ein neues Visum in den Paß.

»*Good bye*«, sagte er, reichte ihr den Paß und stimmte ein Loblied auf seine Großzügigkeit an. Er hätte sie auch ins Gefängnis stecken können. Aber die Episode blieb in seinem Gedächtnis haften, er schämte sich, und sich schämen für das, was man getan hat, ist immer lobenswert, so gut wie beichten. In ihrem Bericht kam diese Episode nicht vor. Sie schrieb nur, sie habe das Visum ohne weiteres bekommen und fahre nun weiter, zurück nach Europa. Zwei Wochen lang hörten wir nichts. Das Schweigen war eine Tortur.

Dann stellte sich heraus, daß sie ihre Mutter angerufen hatte. Renate hatte mir am Telefon nicht sagen wollen, worum es ging. Sie kam extra nach Fort Lee deswegen. Liesel hatte den Kaffeetisch gedeckt. Ich sah meine Tochter mit düsterer Miene an, während Liesel mit zornigem Kopfschütteln ihren Senf dazugab. Wir meinten, Yankee habe sich Renate anvertraut, weil sie wußte, daß Renate nicht mit ihr schimpfen würde.

»Liesel, setzen Sie sich und hören Sie zu«, ordnete ich an, vielleicht aus Angst, in diesem Augenblick ohne Beistand zu sein.

Folgendes hatte sich zugetragen: Ted war schließlich doch nach Täbris zurückgekommen. Ihm war klargeworden, daß er sich in meine Enkeltochter verliebt hatte. Beim Abendessen in einem kleinen Restaurant beugte er sich über den Tisch und berührte eine ihrer Augenbrauen. Er streichelte die Augenbraue, als wäre sie ein kleines, sonderbares Lebewesen auf ihrem Gesicht. Sie sah zu, wie sich seine Hand direkt über ihrem Augapfel hin und her bewegte. Sie ging nicht darauf ein, und schließlich sank die Hand zurück auf den klebrigen Tisch. An diesem Abend, in einem kleinen, schäbigen orientalischen Hotelzimmer, bestand er darauf, daß sie sich eines der Einzelbetten teilten, und nahm sie in die Arme.

»Das reicht, Renate«, sagte ich. »Kein Wort mehr!«

»Kein Wort mehr!« kam das Echo von Liesel.

»Nein, wartet, es ist nicht so schlimm, es ist nichts passiert. Sie lag einfach bloß da und hoffte, er würde bald von sich aus aufhören. Er hörte auf.«

»*Thanks God!*« riefen Liesel und ich im Chor.

Renate genoß die Situation: »Ted sagte ihr: ›Ich werde einfach nicht schlau aus dir.‹«

Ich entspannte mich. Renate und ich schauten uns an, und dann lachten wir. Herzlich. Stolz. Genau: Ein Mann soll auch nicht schlau werden aus einer Frau!

Liesel konnte dem Gespräch nicht mehr folgen und stolzierte kurzerhand aus dem Zimmer. Renate fuhr fort: »Sie schloß die Augen, versuchte ein fröhliches Gesicht zu machen und ihm zu zeigen, daß Einschlafen auch schön ist.«

»Und das hat sie dir alles erzählt? Sag mal, findest du das normal?«

Renate erzählte weiter. Am nächsten Morgen war Ted mürrisch und zerknirscht gewesen. Er hatte sie um Verzeihung gebeten. Er gab zu, er habe sie nicht ernst genommen. Er hatte sie angelogen. Er hieß gar nicht Ted, sondern John, und sein Nachname war Coombs. Er zeigte ihr seinen Paß. Sie war nie auf die Idee gekommen, ihn sich anzusehen. Er gestand auch, sein Vater sei gar kein Arzt, sondern Versicherungsmakler, und er komme aus Poughkeepsie. Nach Harvard und der Geschichte mit der Desertion wagte sie ihn gar nicht zu fragen. Sie beschloß einfach, weiter an diesen Teil seiner Biographie zu glauben. Aber sie wollte weg von ihm.

»Ich mochte ihn gern«, hatte sie ihrer Mutter erklärt, »und dann nicht mehr.«

»So was kommt vor«, versicherte ihr Renate. Das Gespräch aus der Türkei kostete sie fast hundert Dollar. Aber es sei jeden Cent wert gewesen, sagte sie. Sie habe Yankee geraten, sie solle versuchen, Ted möglichst schnell loszuwerden.

Der aber wollte sie nicht ziehen lassen. Er bestand darauf, daß sie auf dem Rücksitz seines Motorrads sitzen blieb, und schaffte sie zurück nach Europa. Und dann wandte sich Yankee um Hilfe an mich: ein R-Gespräch aus Triest. Ich nahm es an. Es war Sonntag, und wir waren gerade aus der Messe zurück. Sie wollte meinen Rat. »Was soll ich machen, Großmama? Er läßt mich nirgendwo mehr allein hingehen.«

Nachdem geklärt war, daß sie aus dem Stadtzentrum anrief, kam mir eine Idee. Wo denn der Bahnhof sei? Gleich hier. Da sagte ich ihr, sie solle in den nächsten Zug steigen, ohne ihm etwas zu sagen.

»Nimm einfach den nächsten Zug!« befahl ich. »Egal wohin!«

Ein paar Meter weiter wartete Ted auf dem Motorrad, während sie zu Hause anrief. Sie schlenderte zurück und sagte ihm, sie müsse mal auf die Toilette. Sie nahm ihren Rucksack mit und kam nicht wieder.

Ach, Enkeltochter! Chapeau! Ein Höhepunkt in unseren Beziehungen, wenn ich so sagen darf. Der Zug nach Venedig setzte sich gerade in Bewegung. Mit einem großen Sprung schaffte sie es noch. Ich malte mir aus, wie es in Triest nun weitergehen würde. Stundenlang würde er auf sie warten und schließlich zur Polizei gehen. Sie würden ihm Fragen stellen und einander belustigte Blicke zuwerfen. Und zuletzt würde einer fragen: Warum hat sie denn ihren Rucksack mit aufs Klo genommen? Der Bahnhofsvorsteher habe ausgesagt, ein Mädchen, zu dem seine Beschreibung passe, habe einen Zug bestiegen. Und welchen Zug? Die Beamten würden einen Augenblick überlegen und dann grinsend antworten: Nach München.

Er würde davonschleichen, nach Norden fahren, nach München, und sein Motorrad dort mit großem Verlust an einen Händler verkaufen, und dann würde er ohne weitere Vorkommnisse in die Vereinigten Staaten zurückkehren. Er würde es verschmerzen. Und später würde er anderen Frauen Yankees Unfreundlichkeit hundertfach heimzahlen.

Bitte schickt Geld für Heimflug. Western Union Venedig. Alles Liebe Irene.«

»Irene« und das Wörtchen »bitte« fielen uns gleich angenehm auf an diesem Telegramm. »Alles Liebe« war eine Steigerung von »bitte« – es bedeutete »bitte, bitte«. Renate war ganz aus dem Häuschen vor Freude. So ist die Mutterliebe – mir geht es genauso. Bevor ich sie aufhalten konnte, war sie schon in die nächste Western-Union-Filiale gerannt und hatte das Geld für ein Studententicket von Mailand oder Rom nach New York telegrafisch angewiesen. Das Geld wurde abgehoben.

Und dann hörten wir mehrere Monate lang nichts mehr. Was in dieser Zeit geschah, sollte erst viel später publik werden.

Damals hatte ich keine Ahnung. Ich ahnte nicht, daß sie, statt nach Hause zu kommen, wieder in die Ferne zog, diesmal Richtung Süden, bis Nordafrika. Sie schlief an Mittelmeerstränden, verlor mit der Zeit alles, was sie besaß, und ließ sich auch ihr Geld stehlen, bis sie auf Erden nichts mehr hatte außer einem weißen Nachthemd, das sie tagsüber trug und im Meer wusch. Sie lebte von Almosen wie ein Mönch, aber nicht aus religiösem Antrieb. Sie lebte, um zu leben. Ihr Dasein bestand darin, daß sie da war. Und sie fürchtete sich vor nichts mehr.

Selbst dreiste Angriffe auf ihre Jungfräulichkeit machten ihr keinen Eindruck. Eines Nachts schlief sie in der Kaserne eines Grenzpostens, mit zwanzig Männern unter einem Dach. An Gastfreundschaft fehlte es nicht. Schalen mit dampfendem Couscous wurden gereicht. Ein freundlicher Oberst zeigte ihr, wo die Dusche war, und bestand darauf, daß sie sich wusch. Wie herrlich, dachte sie. Sie machte es sich auf ihrem Feldbett bequem und hüllte sich zum Schutz vor der kalten Wüstennacht in eine dicke schmutzige Decke. Yankee ruhte in Frieden. Aber Schutzengel gibt es nicht. Man hat nur die eigenen bösen Gedanken, die einen beschützen, indem sie einen mißtrauisch machen gegen andere.

Mitten in der Nacht wurde ihr Schlaf unsanft von einem riesigen, erhitzten Menschen unterbrochen, der auf sie fiel und sie fast erdrückt hätte. Eine Hand hielt ihr den Mund zu. Die andere preßte sie auf das Bett. Sie hatte also einen Verehrer.

Warum erzähle ich das überhaupt? Es ist einfach bloß schrecklich. Und außerdem ihre eigene Schuld – oder Unschuld. Es ging aber nicht so schlimm aus, wie man erwarten sollte. Denn mein Enkelkind, kaum richtig erwacht, beschmutzte sich selbst. Mit einem großen Schwall, dessen Herkunft ihrem Verehrer verborgen blieb. Es war der Oberst, ein frommer, gesetzter Mann, der sich vor schmutzigen Frauen grauste. Er stürzte davon.

Sie wusch sich und schlief sofort wieder ein.

Auf die Einzelheiten des nächsten Tages und des darauffolgenden Abends will ich hier nicht eingehen. Sie sind ziemlich langweilig, und außerdem hat sie selbst darüber geschrieben. Weil sie gerne schreibt, und es wurde sogar veröffentlicht. Ich habe ihren Bericht gelesen und fand ihn nicht selbstkritisch genug. Ich will die Ereignisse hier nur kurz zusammenfassen. Während in Fort Lee der Sommer in aller Ruhe seinen Lauf nahm, war König Idris von Libyen nach Zypern in die Ferien gefahren, und meine Enkeltochter gelangte in sein Reich. Sie kam bis in die Hauptstadt Tripolis. Dort wurde sie von einem Trüppchen zweifelhafter Libyer aufgelesen, die nur eines im Sinn hatten – für ein Steak, das sie ihr zum Abendessen spendierten, wollten sie das Mädchen vergewaltigen. Nachdem sie sich das Steak einverleibt hatte, ließ sie sich von ihnen in die tiefe, dunkle

Wüste fahren, wo ihre drei Gastgeber auch gleich über sie herfielen. Aber selbst in diesem Augenblick wirklich großer Gefahr hatte sie keine Angst. Sorgen machte sie sich erst, als eine Hand ihr Kleid packte und es zerriß. Dazu gehörte allerdings nicht viel. Es war das Nachthemd, das Sonne und Meerwasser längst zerschlissen hatten – aber die Tat als solche erschien ihr äußerst taktlos, ein böses Omen.

Doch höhere Gewalt kam ihr zu Hilfe – ob Gott oder Allah oder einfach bloß Oberst Gaddhafi, darauf kommt es nicht an. Ich selbst glaube nicht, daß Gott so viele Hebel in Bewegung gesetzt hätte, um das, was von ihrer Jungfräulichkeit noch übrig war, zu schützen. Hätte ich etwas geahnt – ich saß zu dieser Stunde gemütlich in meinem Clubsessel in Fort Lee und sah mir eine Wiederholung von *As the World Turns* an –, ich hätte selbstverständlich gebetet. Allerdings hat Gott meine Gebete, wenn überhaupt, nur selten erhört. Aber das hat mich vom Beten nicht abgehalten. Das Beste am Beten ist nämlich die Klarheit, die es einem verschafft. Man braucht nur zu beten, und schon weiß man, was man will. Leute, die nicht beten, leiden unter Unentschlossenheit. Sie können sich nicht entscheiden. Selbst in einem solchen Durcheinander, wenn man von drei häßlichen – schlimmer: ekelhaften, unerträglichen – Männern zu Boden gedrückt wird, die ihre Hosen noch anhaben, aber schon an den Knöpfen ihrer Schlitze herumfingern, selbst dann noch wäre Nicht-Beten meiner Meinung nach ein Zeichen dafür, daß man eigentlich nicht so genau weiß, was man sich wünscht, was als nächstes passieren soll.

Wie auch immer – ich ahnte nicht, in welcher Bedrängnis meine Enkeltochter war. Ich wußte ja nicht mal, wo sie sich aufhielt. Liesel hatte Anisplätzchen gebacken, mit Süßstoff, so daß ich innerhalb meines täglichen Kohlehydrat-Quantums blieb, und der Fernseher lief. Sie saß auf der Trittleiter, die sie für »unsere Sendung« aus der Küche ins Wohnzimmer geschleppt hatte, um anzudeuten, daß ihr Vergnügen nur ein vorübergehendes sein würde. Kurz, ich war abgelenkt.

Jedenfalls genau in dem Augenblick, als Yankee merkte, daß sie in Gefahr schwebte, gab der Oberst das Signal, und die Bewaffneten schlugen los – mit schweren Waffen. Eben hatten die drei Männer das Kleid des Mädchens, das vor kurzem noch ihr Gast gewesen war, zerrissen, da bebte der Nordrand der Sahara und schien zu explodieren. Die Vergewaltiger waren egozentrisch, sie bezogen die Explosionen auf sich. Plötzlich bereuten sie ihre Taten und schämten sich. Sie warfen sich auf die Knie und baten das Mädchen und Allah um Vergebung. Trotz ihrer gutgemeinten Entschuldigungen hörten die Explosionen jedoch nicht auf. Flammenwände loderten in den Himmel. Der Horizont brannte. Sie heulten und jammerten, Allah möge ihnen verzeihen: aber nichts da!

Um ihn vielleicht doch noch umzustimmen, packten sie meine Enkeltochter in ihren Wagen, fuhren sie in das amerikanische Viertel von Tripolis und setzten sie dort einfach ab. Sie klopfte an einer Tür und fand Zuflucht bei dem Manager einer Ölgesellschaft. Es stellte sich heraus, daß eine Revolution im Gange war. Der Öl-Manager hatte keine Wahl. Er bat sie hinein. Er war geschieden und auf Frauen schlecht zu sprechen, er ignorierte sie so gut es ging.

Tage vergingen. In den Vereinigten Staaten bekam kaum jemand mit, daß König Idris aus seinem Zypernurlaub nicht mehr nach Hause zurückkehren konnte. Der Oberst verhängte eine Nachrichtensperre über Libyen. Er schottete sein Land ab. Niemand konnte herein oder heraus, und die Telefonleitungen wurden gekappt. In den Abendnachrichten kam das alles nicht vor. Ich packte meinen Koffer und fuhr zu den Smiths nach Denver. Renate fuhr mit Sig in die Ferien. Dische fuhr zu irgendeiner Tagung. Seit keine Briefe mehr kamen, hatten wir ihn nicht mehr eingeladen.

Auch historische Augenblicke können sich hinziehen und langweilig werden. In Tripolis wurde die Ordnung durch eine strenge Ausgangssperre, Rationierungen und Geschützfeuer aufrechterhalten. Der Öl-Manager hatte ein Boot im Hafen liegen. Er wollte nachsehen, ob es noch da war und ihm noch gehörte. Seit zehn Tagen hatte er sein Haus nicht verlassen. Eines Nachmittags, ohne lange zu überlegen und zu diskutieren, lud er Yankee zu einem Spaziergang ein. Es war ganz einfach. Man öffnete die Tür und ging hinaus. Das Viertel war wie ausgestorben. Der Hafen lag am Ende der Straße, die eigentlich bloß ein Weg durch tiefen Sand war. Der Sand war ungeheuer heiß. Er verbrannte ihnen die nackten Füße, aber sie gingen. Der Hafen war voll von verlassenen Luxusjachten. Sie sprangen ins Wasser und schwammen zu seinem Boot. Sie wurden immer unvorsichtiger, planschten im Wasser herum und lachten. Dann kletterten sie an Bord, und der Manager riß einen Kühlschrank auf, der mit Kaviar und Camembert wohlgefüllt war. Yankee nippte an ihrem ersten eisgekühlten Weißburgunder in Afrika.

Und dann kam die Rechnung.

Ein Getöse an Land. Es kam näher. Sie schoben die Köpfe durch die Luke und sahen nach draußen. Dann ein Knickern und Knacken, gefolgt von einem seltsamen Summen, ganz in ihrer Nähe. Der Öl-Manager stellte sich sofort aufrecht hin und streckte die Arme in die Luft. Yankee machte es ihm nach. Ein Boot hatte sich neben ihres geschoben, ein Soldat hielt sein Gewehr auf sie gerichtet. Ich habe so was nie erlebt, aber ich bin sicher: Mich hätten sie nicht so behandelt. Der Soldat bellte: »Ihr gehen an Land.«

»Ja, aber wie?« schrie der Öl-Manager. Schwach.

»Schwimm!« lautete der Befehl.

Sie sprangen ins Wasser und schwammen. Yankee war furchtlos, keine Angst mehr vor Wasser. Um sie herum summten Kugeln. Am Ufer erwartete sie ein Lastwagen voller Soldaten. Ein zweiter Lastwagen kurvte heran und hielt auf der Straße. Auch er voller Soldaten mit Waffen.

Genau in diesem Augenblick erwachte ich im Gästezimmer der Smiths und sagte meinem Herrgott guten Morgen. Es war ein klarer Tag in Colorado Springs.

Auf die Köpfe meiner Enkeltochter und ihres seltsamen Gefährten waren unzählige Gewehre gerichtet. Sie krabbelten auf den Strand. »Pässe«, verlangte ein Soldat. Yankee hatte ihr triefendes Nachthemd an, der Manager eine Badehose. Wo sind auf diesem Bild die Pässe versteckt? Die Soldaten schrien sich jetzt gegenseitig an. Dann schalteten sie auf Englisch um: »Ausgangssperre.«

Und plötzlich zischte einer: »Gefängnis. Auf den Wagen!«

Eine ziemlich hoffnungslose Situation. Ich grübelte, was ich zum Frühstück nehmen sollte. Ich mag keine Cornflakes. Die Smiths mögen Corn-flakes. Die Soldaten drängten das Paar zu dem Lastwagen.

In diesem Augenblick meldete sich jemand auf dem Walkie-talkie. Tohuwabohu. Der Befehlshaber hatte es plötzlich eilig. Er drehte sich zu dem Manager um und brüllte: »Gib mir Uhr.« Der Manager riß sich die Uhr vom Handgelenk und gab sie ihm. »Ihr laufen!« schrie der andere und zeigte die Straße hinunter. Bei einer Frau hätte man ein solches Verhalten hysterisch genannt. Meine Enkelin und ihr Manager wateten durch den knöcheltiefen, glühendheißen Sand, während ihnen Kugeln nachflogen und den Sand um ihre Beine aufwirbelten.

Und wieder hatte Yankee, der alte Angsthase, keine Angst. Beide tappten in das Haus zurück und kicherten wie kleine Mädchen. Ich nahm doch Corn-flakes. Bald darauf brach ich mit den Smiths auf. Ein Trip in die Berge.

An diesem Abend, dem zehnten Tag der Revolution, wurde Yankee krank. Entzündete Stellen an ihren Beinen öffneten sich und bluteten, als hätten Schrapnells sie getroffen. Sie war erschöpft. Sie lag auf dem Sofa, und ihr Körper war heißer als die Mittagsluft draußen. Mehrere Tage dämmerte sie vor sich hin. Die Zeiten für die Ausgangssperre änderten sich jeden Tag. Sie verstießen nicht noch einmal dagegen. Als die Ausgangssperre einmal für ein paar Stunden aufgehoben wurde, brachte der Manager sie in das amerikanische Militärkrankenhaus am Flughafen und sagte ihr *good bye*. Sie hatte weder seinen Namen noch sein Gesicht behalten. Sie bekam Infusionen, und das Fieber ging runter. Als es ihr wieder so gut ging, daß sie im Bett sitzen konnte, bat sie um Nadel und Faden, und es folgte ein unwahrscheinliches Schauspiel – sie flickte ihr zerrissenes Nachthemd. Als sie schließlich aufstehen konnte, zog sie es an und ließ sich zur amerikanischen Botschaft bringen. Sie erklärte, sie sei minderjährig, und sah ja auch so aus. Sie hatte keine Papiere, keinen Paß, nichts – aber sie behauptete, sie sei Amerikanerin, und ihre Sprache schien dies zu bestätigen. Telegramme gingen an das Außenministerium. Schließlich wurde ihre Identität bestätigt. Ihre Angehörigen seien benachrichtigt und gebeten worden, das Geld für einen Flug nach New York zu schicken. Zwei Flugzeuge durften Tripolis an diesem Abend verlassen, mit denen Alte und Kranke ausgeflogen werden sollten. Yankee bekam provisorische Ausweispapiere. Schuhe hatte sie keine. Die Frau des Konsuls stiftete höchstpersönlich ein Paar Pumps – so daß sie wenigstens Schuhe an den Füßen hatte. Bis zum späten Nachmittag hatte die Familie nicht auf das Telegramm reagiert, geschweige denn Geld geschickt. »Wenn sie nicht antworten«, sagte der Konsul, »wissen wir auch nicht, wie es weitergehen soll.«

Liesel hatte das Telegramm aufgemacht, obwohl es nicht für sie bestimmt war. Sie war allein zu Hause, in ihrem abgetragenen blauen Baumwollkleid aus Leobschütz mit dem schmalen Gürtel und dem runden weißen Kragen, über dem sie jetzt die Stars-and-Stripes-Schürze zuschnürte, die wir ihr zu Weihnachten geschenkt hatten. Das lange weiße Eselshaar trug sie noch immer in einem Knoten nach hinten gesteckt und runzelte die Stirn angesichts von soviel ehrfurchtgebietender Verantwortung. »Ein Te-te-te-telegramm«, hätte sie mir am Telefon gesagt. Aber ich war nicht zu erreichen.

Ich war mit den Smiths unterwegs, und wir machten eine Tour durch die Rockies, die ja nicht so schön sind wie die Alpen – wirklich, kein Vergleich. Die Rockies sind für mein Gefühl einfach zu breit und zu hoch, und es sind zu viele. Deutschland und die Schweiz haben genau die richtige Anzahl Berge – ein paar in jeder Gegend, und diese Gegenden haben Namen, die man sich merken kann. Natürlich widersprach ich den Smiths nicht, als sie die Landschaft in den höchsten Tönen lobten und behaupteten, hier gebe es »die hinreißendsten Aussichten auf der ganzen Welt«. Und seit unserer letzten Tour, als Carl noch mit von der Partie gewesen war, war ich mir meiner Sache auch nicht mehr so sicher. Er hatte seine Zweifel an der Schönheit der Neuen Welt immer dadurch vertuscht, daß er sie filmte. Seine Bemerkungen hatten ihn in Schwierigkeiten gebracht. Die Täler hatte er »vollbusig« genannt, worauf Susie Smith ihm einen befremdeten Blick zuwarf und George Smith unsicher lachte. Aber diese Reaktionen brachten Carl nicht etwa zum Schweigen, sondern ermutigten ihn sogar. Er sagte, er werde noch mehr Bilder von diesen »bezaubernden Revue-Girl-Espen« machen. Da sagte ich ihm auf deutsch, er solle seine Gedanken besser für sich behalten. Er zielte weiter mit seiner Kamera in die Landschaft. Menschen filmte er nie, außer wenn sie sich ins Bild drängten. Inzwischen weiß ich, daß er es aus Taktgefühl nicht tat. Ihm fiel keine andere Methode ein, mich nicht zu filmen, als die, daß er niemanden filmte. Und mich wollte er nicht filmen, weil er mir den Anblick ersparen wollte, wie katastrophal dick ich war. Aber auf dieser Reise, sieben Jahre später, war er leider nicht mehr dabei, und ich war schlank. Mir mußte beim Ein- und Aussteigen keiner helfen, wenn wir mit dem Cadillac der Smiths unterwegs waren. Wieder übernachteten wir in Motels, die ich wieder komfortabel fand, auch wenn sie keine Klasse hatten. Aber Komfort war wichtiger – ein Plus für Amerika. Jetzt, wo mir Carl keine Vorwürfe wegen meiner Habgier mehr machen konnte, sammelte ich die Seife in den Motels.

Renate und Sig machten Ferien in Meereshöhe – auf den schicken Bermudas. Er war wieder krank, der Krebs war zurückgekehrt, und nach dem Urlaub sollte er operiert werden. Er hatte Pech mit seiner Gesundheit. Dische hatte Glück. Er war auch nicht da, sondern auf einer Tagung, hatte etwas von Brügge gesagt und behauptet, das sei die schönste Stadt Europas, als ob sich so eine Frage überhaupt beantworten ließe. Das Telegramm war dringend.

Trotzdem hätte sich Liesel in diese Sache nicht einmischen dürfen – sie hätte warten müssen, bis ich zurück war. »Erbitten dringend Geldanweisung.« Sie hatte kein Recht, solche Entscheidungen zu treffen. Denn ich hätte bestimmt anders entschieden und keinen Cent zusätzlich mehr geschickt. Renate hatte ihr das Geld für ein Flugticket geschickt. Das war Ticket Nummer zwei. Schließlich hatte sie ja schon einen wunderbaren Rückflug von Salzburg. Zwei Flugtickets sind genug, hätte ich gesagt. Soll sie in Libyen bleiben, bis sie schwarz wird.

Aber Liesel hatte das Kommando, und sie versuchte gar nicht erst lange, mich ausfindig zu machen, sondern ging auf ihr Zimmer und griff unter die Matratze, wo sie ihr eigenes Geld verwahrte. Wie sich zeigte, reichte es gerade für Yankees Ticket nach Hause. Und etwas später fuhr Liesel auch nach Idlewild, stellte sich an den Ausgang und sah das Mädchen kommen, in einem weißen Kleid, das aussah wie ein Nachthemd. Nicht mal eine Tasche hatte sie dabei, aber die Hippie-Ketten und die Glöckchen waren auch weg, wie Liesel sofort bemerkte. Ihr Haar habe ausgesehen wie ein zerrupfter Heuschober, die gleiche Farbe und genauso ordentlich, und ihre Haut sei so dunkel gewesen wie bei einem Neger, sagte Liesel und meinte es nicht mal abwertend. Aus der Entfernung sahen ihre Beine schmutzig aus, mit großen lilafarbenen Flecken. Yankee sah Liesel nicht sofort – erst als sie schon ein Stück weit in die Ankunftshalle gegangen war. Da plötzlich entdeckte sie Liesel – mitten in der Halle stehend, reglos, wachsam, die Knopfaugen auf sie gerichtet, als hielte sie immer noch Ausschau nach ihr, das Schreckgespenst ihrer Kindheit, die Frau, die sie immer abtrocknen ließ und schimpfte, schimpfte, schimpfte. Aber nun brach Yankee in Tränen aus, als sie Liesel in ihrem blauen Kleid dort stehen sah, so erleichtert war sie. »Was haben Sie denn? Ist doch keine Weltreise, diese Tour zum Flughafen«, sagte ich der Haushälterin, als sie mir die ganze Sache erzählte und dabei vor lauter Triumphgefühlen nicht mal mehr stotterte.

Liesel brachte sie nach Hause, steckte sie in ihr eigenes Bett und schlief selbst auf dem Verandasofa unter einer leichten Sommerdecke. Sie schmierte die Beine der Kranken mit einer Salbe ein, die sie in Carls Medikamentenschrank fand. Eine Creme gegen Hämorrhoiden. Sie machte ihr zu essen, flickte das Nachthemd richtig und sagte, sie solle wieder in die Schule gehen. Als das Fieber zurückkehrte, brachte Liesel sie in die Notaufnahme der Universitätsklinik, wo beide Dr. Disches lehrten. Die Ärzte nahmen Kontakt zu den Leuten von der Tropenmedizin auf, die sofort herüberkamen, um sich die Patientin anzusehen. Es war eine Krankheit, die man in New York selten zu sehen bekam. Die Erreger waren Sandfliegen. Die Medizinstudenten wurden in Gruppen an ihr Bett geholt. Eine bessere Gelegenheit, solche massiven Schädigungen leibhaftig zu sehen, würden sie so schnell nicht bekommen, und die Professoren erklärten ihnen dazu: »Das ist die Tochter der beiden Disches. Die wissen noch gar nicht, daß sie krank ist.« Und dieser Beweis ihrer Vernachlässigung tat Yankee so gut, daß es ihr bald besserging. Ihr Leben lang würde sie ihren Eltern die blauen Narben vorhalten können.

Es ging auf Ende Oktober zu. Yankee verbrachte eine friedliche Zeit mit Liesel, die sich keine frechen Bemerkungen gefallen ließ und auch nicht gestattete, daß sie den Namen des Herrn vergeblich im Munde führte, Yankees Spezialität. Ihr Mund tat es eigentlich von selbst, und dann kam der Kopf mit einer Entschuldigung hinterher – so würden doch alle reden. Aber Liesel stampfte mit dem Fuß auf und verbot es, und Yankee zähmte ihre Zunge. Doch nachdem sie sich ein paar Tage hatte aufpäppeln lassen und außerdem meine Rückkehr nach Fort Lee immer näher kam, fing sie an zu überlegen, ob sie nicht wieder zur Schule gehen sollte. Sie machte einen Besuch in der High School in unserer Nähe, aber die Vorstellung, wieder in die elfte Klasse zu gehen, wo sie gerade aus einer Revolution kam, gefiel ihr überhaupt nicht. Yankee fand, sie sei sich etwas schuldig. Sie habe einen Ruf zu verteidigen und sei nicht einfach irgendein Mädchen. Außerdem hatte sie eine Entscheidung für ihren weiteren Lebensweg getroffen. Sie würde Abenteurerin werden. Jedes Jahr sollte ihr wenigstens ein neues, gefahrvolles Erlebnis bringen, das toller war als das vorige. So sollte ihr Leben sein, und am Ende würde sie sagen können, sie sei nie länger als ein Jahr an der gleichen Stelle geblieben.

Ich rief sie zweimal am Tag an und schimpfte mit ihr. Ich sagte ihr, ich könne es nicht mit ansehen, wie sie alle Chancen vertat, ihren Rückstand aufzuholen und zu uns aufzuschließen. Von Bewunderung ließ ich mir nichts anmerken. Meine Heimkehr stand bevor, sie drohte. Liesel ermahnte sie, sie müsse sich beeilen. »Deine Oma ist böse auf dich! Und aus gutem Grund!« Zufällig sollte um diese Zeit der Dekan eines kleinen geisteswissenschaftlichen Elite-Colleges an der High School in Fort Lee für interessierte Schüler der oberen Klassen einen Vortrag über seine Anstalt halten. Yankee hatte nicht nur die Einladung gesehen, sondern auch mitbekommen, daß es Schokoladenplätzchen geben würde, und da sie sowieso nichts Besseres vorhatte, ging sie hin. Nachdem Irene sich satt gegessen hatte, ließ sie ihre Aufmerksamkeit wandern und bemerkte den Redner. Sie hörte zu. Er sprach über neue Lernmodelle, und in den Ohren einer faulen Schülerin klang das irgendwie erfrischend. Er hatte nicht auf dem Podium Platz genommen, sondern saß einfach auf einem Schulstuhl vorn im Saal – nachlässig hingelümmelt, die langen Beine verdreht. Er war groß und väterlich, mit einer Brille, auf dem Kopf Reste von grauem Haar, dazu ein kleiner Bauch. Sein College bezeichnete er als Experiment. Nach dem Vortrag stand er auf und wollte gehen. Sie trat auf ihn zu und stellte sich als Professorentochter vor, die eine Zeitlang in Afrika gelebt habe und nun drauf und dran sei, die High School abzubrechen. Er blieb abrupt stehen, schien fasziniert zu sein. Also redete sie weiter. Sie wolle studieren, aber die High School könne sie unmöglich abschließen, das komme einfach nicht in Frage, was er empfehlen würde?

In kritischen Augenblicken ihres Lebens hat Yankee sich eines uralten Tricks bedient: Sie klammerte sich an einen älteren Mann, der ihr aus der Patsche helfen konnte. Solange ein Mädchen ganz jung ist, funktioniert der Trick.

Eine ältere Frau jedoch beißt mit Hilflosigkeit auf Granit. Später geht es immer schief. Sobald sie verheiratet sind, verliert sich bei den meisten Männern der Antrieb, einer ins Unglück geratenen Maid Hilfe angedeihen zu lassen. Aber ein niedliches junges Ding kann diesen Instinkt mit einigem Geschick wieder hervorkitzeln. Der Dekan sagte, er heiße Ben. Er lud sie ein, sich sein College anzusehen. Er bot ihr an, fürs erste bei ihm, bei seiner Familie zu wohnen. Zum Abschied gab er ihr die Hand und seine Telefonnummer. »Komm rauf zu uns nach Maine. Laß mich sehen, ob ich dir helfen kann.«

Sie packte ihren Rucksack, überredete Liesel, das Geld für den Bus nach Maine aus ihrem Matratzenfonds freizugeben, und verschwand. So wurde sie eine High-School-Abbrecherin und blieb es ihr Leben lang.

Jetzt kamen wieder ihre Briefe und die R-Gespräche. Siegesmeldungen. Ich konnte mich nicht beschweren. Der Dekan hatte sie mit seiner Frau Jane bekannt gemacht. Sein Haus in Maine entsprach ihrem Traum vom komfortablen Leben – weit und breit keine europäischen Antiquitäten, aber auch nicht so billig wie Disches Geschmack. Der Dekan und seine Frau engagierten sich leidenschaftlich für höhere Bildung und gegen den Krieg in Vietnam. Sie sprachen von nichts anderem. Ihre beiden Töchter waren auf dem College, so daß Yankee gern bis Weihnachten bleiben konnte. Ben sprach mit einigen Professoren, die sich bereit erklärten, ihr ohne Schulgeld den kompletten Stoff zu vermitteln, und wenn sie ihre Sache gut machte, so wurde beschlossen, dann würde sie im nächsten Jahr ihr Studium anfangen können. Es war eine große Chance – und fast schon Familientradition: So war auch Renate zu ihrem Studienplatz gekommen. Auch Yankee war fleißig und gab sich Mühe. Sie machte sich Notizen. Aber sie verstand einfach nicht, wie jemand sich für Wissen begeistern konnte. Und dann rief sie mich an, der erste Anruf nach einer Woche des Schweigens: »Oma...«, begann sie mit brüchiger Stimme. Eines Abends, als Jane zum Einkaufen gegangen war, habe Ben sie auf dem Flur angehalten und ihr gesagt, wie froh er sei, daß sich alles so gut anlasse, wie stolz er sei, das kleine Wagnis mit ihr eingegangen zu sein, und daß es sich bestimmt auszahlen werde – und wozu denn so ein intelligentes Mädchen wie sie überhaupt einen High-School-Abschluß brauche... Und dann habe er plötzlich nach ihrer Schulter gegriffen und ihr einen Altherrenkuß gegeben, mitten auf den Mund.

»Einen Altherrenkuß?« fragte ich. »Kennst du dich mit Küssen so gut aus?«

»Nein«, sagte sie, »ich stelle es mir bloß vor. Aber ich wollte seinen Mund nirgendwo in meiner Nähe haben, schon gar nicht auf meinem Mund. Verstehst du mich?«

»Besser als jeder andere«, antwortete ich.

Ekel kämpfte mit Höflichkeit und hatte ihre Hände schon auf Bens Brust gelegt, um ihn wegzustoßen. Doch Höflichkeit hielt die Hände zurück. Ekel schubste, Höflichkeit zügelte. Bei diesem Kampf gaben ihre Beine nach.

»Der Kuß eines verheirateten Mannes, der Kuß eines Vaters, wie abscheulich!« rief ich.

»Labbrig, naß und alt, mit Mundgeruch!«

»Und das hast du dir gefallen lassen?!«

»Ich muß ihm doch dankbar sein! Aber dann kam er, glaube ich, außer Atem. Ich drehte den Kopf weg, und er warf mir so einen bohrend romantischen Blick zu...«

Danach war sie in »ihr« Zimmer gestürzt und hatte wieder ihren Rucksack gepackt. Als Jane mit ihren Einkäufen nach Hause kam, war dort ein Mund weniger zu verköstigen und heimlich zu küssen. Jane wird sich über den Mangel an Menschenkenntnis ihres Mannes beklagt haben – ein verrücktes Mädchen ins Haus zu lassen, das nicht mal soviel Anstand besaß, Dankeschön auf einen Zettel zu schreiben, ehe es verschwand.

Als ich sie anläutete, um ihr den Marsch zu blasen, nahm sie den Hörer ab und rief: »Ihre Enkeltochter verließ uns ohne ein Wort des Dankes ... nach allem, was wir für sie getan haben.« Ich entschuldigte mich für Yankee und legte auf.

Yankee zog zu einigen Studentinnen, die sie auf dem College kennengelernt hatte. Aber die verlangten Miete, und natürlich mußte sie sich nun auch selbst versorgen. Anfangs war sie zu stolz, uns um Geld zu bitten. Und daß ihre Collegekarriere schon zu Ende war, bevor sie richtig begonnen hatte, konnte sie ihren Eltern natürlich auch nicht sagen. Und ich behielt es für mich.

Also wurde sie Arbeiterin.

Nichts ist empörender als Müßiggang in der Arbeiterklasse, und für Yankee gab es keine Ausrede. Sie tat mir nicht leid. Amerika hatte mich gelehrt, daß niedrige Arbeit nicht unbedingt über den Platz entscheidet, den man in der Gesellschaft einnimmt. Renate schrubbte als Studentin Fußböden, aber an ihrer Verwandtschaft mit Görres änderte das nichts. Ich muß allerdings sagen, daß niedrige Arbeit für Renate eine Gefahr bedeutete, gegen die Yankee gefeit war. Von Standesbewußtsein war bei Renate nämlich wenig zu spüren. Wenn Renate mit einer Sekretärin oder einer Haushälterin zusammengluckte, dann glaubte sie, sie sei eine von ihnen. Du lieber Himmel, sie versuchte sich bei diesen Leuten einzuschmeicheln! Sie aß mit ihnen zu Mittag, sie zog sie ins Vertrauen! Wenn ich Psychiater wäre, würde ich sagen, es war bestimmt mein Fehler. Ich hatte es geduldet, daß sich Renate so sehr an Liesel hängte und auch an die Familie ihres Vaters. Was das angeht, kann ich Yankee endlich mal ein Kompliment machen: Diesen

Fehler hatte sie nicht! Sie hat sich mit Kindermädchen und Haushälterinnen nie vertragen. Sie hat sie alle gehaßt, und umgekehrt war es genauso: die haben sie gehaßt. Schon mit vier Jahren betrachtete sie die gesamte Arbeiterklasse als eine feindliche Macht. Das hatte allerdings, wie sich zeigte, auch seine Nachteile. Yankee wollte sich partout nicht anstrengen, bei gar nichts, sie sah nicht ein, wozu, und sie war es nicht gewohnt. Deshalb dachte ich, weil nicht die Gefahr bestand, daß sie sich mit Proleten verbrüderte, würde ein richtiger Proletenjob sie vielleicht auf Vordermann bringen, so wie Carlchen das Militär gutgetan hätte.

Sie wurde Zimmermädchen in einem Hotel, mit richtiger Dienstkleidung, übrigens Größe 14, denn sie war ziemlich kräftig. Aber die Muskeln nutzten ihr wenig, denn der Grips kam ihr in die Quere. In einer Acht-Stunden-Schicht brachte sie siebzehn Zimmer in Ordnung, machte die Betten, saugte die Böden und putzte die Toiletten. Die anderen Zimmermädchen waren erfahren, das heißt, die schwere Arbeit hatte sie längst flachgehämmert. Sie sahen aus wie alte Nägel, die noch halb aus den Dielenbrettern hervorstanden. Sie sprachen ein knatterndes Spanisch oder Chinesisch. Nach drei Tagen im Hotel meldete sich Yankee per R-Gespräch bei ihrem Vater und berichtete ihm von ihrer Arbeit als Zimmermädchen. Sie hatte sich die Sache mathematisch zurechtgelegt, weil er Zahlen liebte. Pro Zimmer habe sie achtundzwanzig Minuten, ohne Pause. Sie könne zwar eine Pause machen, aber die Pause würde nicht bezahlt, also zähle sie nicht. Sie bekomme zwei Dollar die Stunde. Dische unterbrach sie, bevor sie ihm noch mehr Zahlen auftischen konnte, und fing an, auf seine typische Art zu schimpfen – laut, ohne darauf zu achten, was für einen Eindruck er machte. »Zimmermädchen? Ein Zimmermädchen? Ich hatte noch nie ein Zimmermädchen in der Verwandtschaft! Komm lieber nach Hause!« Und bevor sie Einspruch erheben und sagen konnte, sie habe kein Geld für die Rückfahrt, knallte er den Hörer auf. Sie traute sich nicht, ihn noch einmal anzurufen. Statt dessen rief sie ihre Mutter an. »Mom, ich bin immer noch in Maine, aber ich habe jetzt einen Job. Ich arbeite als Zimmermädchen und...« Renate unterbrach sie: »Wunderbar! Dann hast du ja jetzt dein eigenes Geld! Da bin ich aber froh!«

Auch bei ihr brachte es Yankee nicht fertig, nach Geld zu fragen.

Also rief sie mich an, aber da ich tief versunken in meinem Clubsessel saß, griff Liesel zum Hörer und sagte: »Hier bei Doktor Rother.«

»Hi, Liesel«, sagte Yankee. »Du wirst es nicht glauben, ich arbeite jetzt als Putzfrau.« Worauf Liesel in gackerndes Gelächter ausbrach und mich an den Apparat rief. Ich hatte kein Verständnis für Yankee – und auch kein Geld.

Tags darauf wurde sie gefeuert. Sie sei nicht schnell genug, nicht gewissenhaft genug. Nicht gut genug!

Sie fand einen Job als Tellerwäscherin, zwei Dollar fünfzig die Stunde, und wurde nach einer Schicht hinausgeworfen. Sie fand einen Telefonjob – Krankenversicherungen verkaufen, die nur gültig waren, wenn man nicht krank war. Der Chef machte gleich einen Annäherungsversuch. So ist das, wenn man siebzehn ist und ein bißchen unbedarft, kein Make-up und keine Idee, wie man sich anziehen soll, aber doch ganz nett aussieht, nicht zu aufregend, nicht zu abschreckend – dann haben Männer in einem gewissen Alter keine Hemmungen, es einfach mal zu probieren. Sie denken: mit so einer schlafen ist keine Sünde. Es passiert, aber eigentlich passiert gar nichts. So ein Mädchen zählt nicht. Das ist wie ein alberner Traum. Diese alten Männer sind nie schüchtern, sie grabschen nach allem, was in Reichweite kommt, und sie ärgern sich, wenn ihr Traum nicht so ausgeht, wie sie es wollen. In Yankees Fall schlug der Chef vor, sie solle eine Nacht mit ihm im Hotel verbringen, und dann legte sich seine Hand auf ihren Hintern wie die Hand eines Leichenwäschers. Yankee entzog sich ihr und plapperte dabei vor sich hin, sagte zu ihrem Chef, es gefalle ihr nicht, Kunden in die Mangel zu nehmen, bis sie eine Krankenversicherung kauften, die sich, wenn man sie wirklich brauchte, wegen irgendwas Kleingedrucktem als wertlos erwies. Ermutigt durch die väterliche Pose, die er nach der Zurückweisung seiner Hand eingenommen hatte, fragte sie ihn: »Ist das nicht gelogen?«

Er sah sie scharf an, und dann schüttelte er traurig den Kopf. Wortlos ging er hinaus und berief eine Versammlung aller Angestellten ein. Auf billigen Plastikstühlen saßen sie im »Konferenzraum«, blaß, fett, ältlich, lauter Arme und Beladene, und der Chef sagte: »Die Eigenschaft, auf die es mir bei einem Mitarbeiter am meisten ankommt, ist Loyalität. Unter uns sitzt heute eine Mitarbeiterin, die sich für etwas Besseres hält, als ihr seid, sogar für etwas Besseres, als ich bin. Sie stellt meine Aufrichtigkeit und die Aufrichtigkeit dieses Unternehmens in Frage. Ich möchte euch auf sie aufmerksam machen.« Seine Hand hob sich und kreiste über den Köpfen der Versammelten, bis sie das Mädchen, das dösend in der letzten Reihe saß, gefunden hatte und auf sie deutete, während er schrie: »Dort hinten sitzt ein Mädchen, das glaubt, es sei besser als ihr – moralisch und gesellschaftlich. Aber wahrlich, ich sage euch, sie ist nicht besser, sie steht tief unter euch! Tief unter den Niedrigsten! Würdest du bitte mal aufstehen, Yankee!«

Sie stand auf und verstand nichts.

»Und nun geh! Geh weg, bevor wir alle hier aufstehen und dich gemeinsam hinauswerfen.«

Sie ging, so langsam sie konnte, an allen Gliedern schlotternd. Draußen brauchte sie einen Augenblick, bis sie erkannte, wo sie war – auf einem Autobahnzubringer, an dem die Tankstellen und die Läden wie faule Trauben an einem alten Weinstock klumpten. Du sollst keine Heulsuse sein. Sie setzte einen Fuß vor den anderen und konnte das Schluchzen nicht unterdrücken. Ihr war, als würde die heiße Luft über dem Highway sie im nächsten Augenblick von den Füßen reißen. Sie kam zu einer Telefonzelle. R-Gespräch mit ihrer Mutter. »Ich bin gerade aus meinem dritten Job geflogen!« jammerte sie.

»Dann such dir einen vierten. Von mir bekommst du keinen Cent«, erwiderte die Mutter und legte auf. Mit tränennasser Hand wählte sie eine andere Nummer. R-Gespräch mit dem Vater.

»Job?« rief Dische. »Was für ein Job?« Er hatte schon vergessen, was sie ihm eine Woche vorher erzählt hatte. Sie faßte ihre Not in allgemeine Worte, ohne auf Einzelheiten einzugehen, und er fing wieder an zu schimpfen. Aber diesmal legte er erst auf, nachdem er versprochen hatte, ihr zwanzig Dollar zu schicken. Es reichte, um zu mir zurückzukommen – per Anhalter.

Kaum war sie wieder in Fort Lee, unsere Hilfe immer noch als eine Selbstverständlichkeit betrachtend, immer noch abhängig von unseren Almosen, immer noch unfähig, ihr Bett selbst zu machen, da kam ihr eine großartigere, viel bessere Idee. Ihre Eltern waren bloß nach Amerika gegangen – ach, wie langweilig, dachte sie, und verlor auch den letzten Rest von Ehrfurcht vor unserer Einwanderung. Sie würde noch viel weiter fahren – und mit noch weniger Geld.

Meine Ehrlichkeit hatte mich zu einem Fehler verleitet. Ich hatte ihr gesagt, der Großvater habe ihr Geld für ihre Ausbildung hinterlassen. Er hatte jahrelang gespart und jeden Zehner um- und umgedreht, weil jeder Zehner zählte. Renate hatte denselben Fehler gemacht wie ich und das Geld für ihre Ausbildung ebenfalls erwähnt und sie gedrängt, sie solle es nutzen und studieren. Und für den Fall, daß sie schwerhörig sein sollte, nahmen wir alle sie abwechselnd immer wieder auf die Seite und sprachen mit ihr über das Geld, das der Großvater in ihre *Ausbildung* gesteckt hatte. Aber beeindruckt war sie nicht. Und eines Tages verkündete sie, bilden könne man sich nicht nur an der Universität und das Geld ließe sich auch in ihrem Projekt sehr sinnvoll anlegen. Wieder versetzte sie die ganze Familie in Aufruhr. Dische meinte, und er erhob die Stimme dabei, Bildung sei nur an der Universität zu haben. Als Renate ihm zustimmte und zum Feind überlief, obwohl sie ihn aus guten Gründen haßte, sah ich mich gezwungen, eine Gegenposition zu beziehen. Ich sagte, eigentlich müßte Carl die Sache entscheiden, deshalb hätte ich mich in ihn hineinversetzt und lange nachgedacht und sei zu dem Schluß gekommen, daß er in diesem Fall Yankee recht geben würde. Ich würde ihr also erlauben, das Geld, das Carl für ihre Ausbildung zurückgelegt hatte, zu nehmen und für ihre Ausbildung so zu verwenden, wie sie es für richtig hielt. Statt aufs College wollte sie nach Afrika. Ziemlich vage ließ sie sich in Botswana einen Job versprechen, bei dem sie für ein bißchen Mitarbeit an irgendeinem Forschungsprojekt ein Taschengeld verdienen konnte. Sie mußte nur noch hinkommen. Sie hatte an einen billigen Flug gedacht. Aber dann stellte sich heraus, daß es bildender und auch billiger war, auf Umwegen und über Land zu reisen. Wann sie zurückkommen würde, wußte sie nicht.

Es war noch keine Woche her, seit sie sich aus Maine nach Hause geschleppt hatte – da war sie schon wieder weg. Sie nahm den erstbesten Flug nach Europa, für den sie ein Stand-by-Ticket bekommen konnte – egal wohin, und fuhr dann per Anhalter und, nach ihren Aerogrammen zu urteilen, ohne nennenswerte Zwischenfälle Richtung Süden, bis Athen. Ihre Bildung war in vollem Gange. Aus Athen schrieb sie mir einen langen Brief. Mir. Er sollte mich neidisch machen, und das tat er auch. Sie hatte einen jungen Mann kennengelernt, einen Pianisten aus dem Mittleren Westen. Er wollte, zumindest zeitweise, von seinem Ehrgeiz loskommen. Er verlangte vom Schicksal, es solle ihn groß und bedeutend machen, aber er wollte auch »leben«, wie er es nannte, und im Augenblick lagen diese beiden Interessen seiner Meinung nach im Streit miteinander. Er erzählte ihr von seinem Konflikt zwischen Laufbahn und Leben. Sie verstand es noch nicht, aber sie akzeptierte es, und er akzeptierte, daß sie mit seinen beiden Träumen nicht viel anfangen konnte, und so beschlossen sie, einen Abend lang zusammen Pferde zu stehlen. Um Mitternacht kletterten sie über den Zaun um die Akropolis, breiteten im Tempel der Athene ihre Schlafsäcke aus und spielten im Mondlicht Poker. Ihr war bewußt, wie originell die Situation war. Ihr war auch bewußt, daß sie mich wieder einmal ausstach und das größere, das tollere Abenteuer erlebte. Und dann, um dem ganzen die Krone aufzusetzen und sogar meine Besuche bei der Gestapo zu übertrumpfen, tauchten auch noch Wächter mit Pistolen und Handschellen auf. Aber ihr Begleiter bewies Geistesgegenwart. Er hatte jene sanft-gelassene amerikanische Art, die auf ein gut gefülltes Bankkonto schließen ließ, an dessen Fülle er, je nachdem wie sich die Dinge entwickelten, auch andere teilhaben lassen konnte. Er bot den Männern Zigaretten an. So fiel die Verhaftung eher flüchtig und der Besuch auf dem Polizeirevier ziemlich kurz aus. Nachher waren sie zu müde, um außer Abschiednehmen noch etwas anderes zu tun. Der Junge reiste weiter in die Türkei, wo er dann übrigens starb – so jung, wie er war, nach einem brutalen Überfall durch einen Busfahrer. Armer Kerl. Aber seine Seele kam in den Himmel, das kann ich bezeugen.

Von Athen nahm sie ein Schiff nach Alexandria, und an Hand ihrer Aerogramme konnten wir ihr bis nach Kairo folgen. Nicht zu wissen, was sie in Afrika eigentlich vorhatte, war hilfreich. Etliche weiße Flecken füllte ich mit meiner Phantasie. Erst viel später sollte mir klarwerden, wie wenig ich sie in einer bestimmten Hinsicht verstand – genauso wenig, wie ich Renate verstanden hatte. Und wenn ich Bescheid gewußt hätte, hätte ich sie um ihre romantischen Abenteuer nicht beneidet. Sie waren abscheulich.

In Kairo gelang es ihr, sich zu verlieben – etwas, das in ihrem Lebenslauf bisher noch fehlte. Zum Gegenstand ihrer einigermaßen zerstreuten Zuneigung wählte sie sich einen Palästinenser, einen Arzt aus dem Libanon – weil er dunkles Haar und dunkle Augen hatte und, was das beste war, weil er sie nicht allzu sehr mochte. Gerade deswegen hatte sie ihn besonders gern. Zuerst ließ er sich ihre Gesellschaft nur gefallen und führte sie in der Stadt herum, weil er nichts Besseres zu tun hatte, und sie war ganz verrückt nach ihm. Aber dann gewöhnte er sich an sie und wollte, daß sie bei ihm blieb, und schon hatte sie ihn ein bißchen weniger gern. Er wollte unbedingt, daß sie mit ihm nach Jordanien kam, in das palästinensische Flüchtlingslager, wo er seinem Volk helfen wollte. Und sie spielte wirklich mit diesem Gedanken. Er nahm sie mit in ein anderes Flüchtlingslager, zeigte ihr die verschlampte Armut unter den meilenweit sich hinziehenden Blechdächern, und zum ersten Mal sah sie vor sich einen Ort, an dem sie ganz bestimmt nicht für immer zu Hause sein wollte. Dann nahm er sie mit zu einem Besuch im Kairoer Büro der Al Fatah. Ausgerechnet dort ritt sie der Teufel, und statt einfach den Mund zu halten, behauptete sie, daß ihre Familie jüdisch sei. Zu ihrer Überraschung erregte dieses Geständnis nur Freundlichkeit, und ihr wurde die ganze Situation zu kompliziert und undurchschaubar. Sie erlebte einen Augenblick der Weitsicht und Bescheidenheit wie in den Jahren danach nie wieder – als sie ständig Meinungen über politische Konflikte kundtat, die doch, genau wie Ehestreitigkeiten, nur eine höhere Macht wirklich verstehen kann.

Bald darauf verließ der palästinensische Arzt Kairo und trat seinen Posten in Jordanien an. Das Herz brach ihm nicht dabei. Er hatte tausend Augen für schöne Mädchen, und soviel will ich noch verraten: Am Ende ging er mit einem Stipendium nach Amerika, suchte, fand und heiratete dort ein reiches protestantisches Mädchen, ließ sich als Facharzt für Sportverletzungen in einem Ferienort nieder und verdiente bald so viel Geld, daß er sich eine Yacht und ein prächtiges Begräbnis leisten konnte – nämlich bei seinem eigenen Tod, der ihn mit sechzig bei einem kuriosen Unfall ereilte, als sein Glatzkopf beim Bücken nach einem im Gras schimmernden Glückspfennig unglücklicherweise in die Flugbahn eines Golfballs geriet.

Aber so weit dachte Yankee ohnehin nicht voraus. Leichten Herzens sagte sie dem gutaussehenden jungen Doktor Lebewohl. Sie hatte schon vierzehn Tage mit Warten auf ihr Visum für den Sudan in Kairo verbracht und dabei volle zehn Dollar ausgegeben. Sie hatte sich an den Durchfall gewöhnt und fand ihn als Lebensform gar nicht mal unangenehm. Sie hatte sich an die Männer gewöhnt, die ihr im Vorbeigehen in den Hintern kniffen, weil sie es für ihre Pflicht hielten, ein derart schutzloses Stück Frauenkörper mit der Hand zu bedecken. Ihr Po war schwarz und blau davon. Sie hatte sich an das Warten auf ein Visum gewöhnt. Auch das war eine Lebensform geworden. Die Ruhe gefiel ihr. Man konnte nichts tun, um die Angelegenheit zu beschleunigen. Ein Paradies für Faule. Sobald sie ihr Visum hatte, würden die Strapazen wieder losgehen. Im Sudan war Bürgerkrieg. Diesen Leuten ist jeder Vorwand recht, wenn sie bloß kämpfen können. Auch in Äthiopien war Bürgerkrieg. Die Botschaft stellte aber trotzdem Visa aus. Nachdem zwei Wochen mit Warten vergangen waren, gab sie ihren brennenden Wunsch auf, später einmal sagen zu können, sie sei im Sudan gewesen, und flog nach Eritrea.

Jetzt war sie endlich in Schwarzafrika, wovon ich immer geträumt hatte und wo ich doch nie gewesen war. Sie stieg aus dem Flugzeug, sah in den Himmel und dachte: Ich hab's geschafft, und Oma nicht.

Aber Asmara war eine Enttäuschung. Keine Buschtrommeln, keine nackten Eingeborenen auf der Pirsch nach Löwen. Statt dessen Hochkultur in sonderbarer Umgebung. Kirchen und Museen, gepflasterte Straßen, italienische Kaffeehäuser. Und überall Juden, gutaussehende, mit wohlgeformten, winzigen Nasen, die über Kultur und über Israel sprachen. Über Geld sprachen sie nicht, weil sie keins hatten. Sie sprachen darüber, daß sie von Salomon abstammten, und über die Bibel. Yankee kam sich vor wie in Washington Heights.

Und dann blieben die Aerogramme aus.

Damals hatte ich die Achtzig fast erreicht. Wir anderen waren zu dem Schluß gekommen, es sei am besten, gar nicht an Yankee zu denken. Sie dachte ja auch nicht an uns. Nachdem wir eine Zeitlang überhaupt nichts von ihr gehört hatten, versuchten wir das Thema zu vermeiden, und wenn wir doch einmal auf sie zu sprechen kamen, zuckten wir die Achseln, und Renate sagte jedesmal: »Sie beißt zuerst zu.« Mir gefiel das als Beschreibung von ihr, und ich fragte mich, ob ich jemals Anlaß dazu geboten hatte, daß jemand dasselbe über mich sagte.

Wie ich später herausfand, suchte der Tod meine Enkeltochter auf einer einzigen kurzen Busfahrt durch Äthiopien dreimal heim. Zum ersten Mal, als ein Aufständischer aus Eritrea mit geladener Pistole den Bus der staatlichen Gesellschaft stürmte und anfing zu schießen. Der Tod tanzte schon vor Freude. Doch der Aufständische erwies sich als gutmütiger Pädagoge. Er schoß, während die Tür noch offenstand, erst mal nur in die Decke, um klarzumachen, was er meinte, und ließ sich dann von einem wütenden Passagier rückwärts aus der Tür stoßen, so daß der Tod doch nicht leer ausging. Dann ein zweites Mal, als der Busfahrer mit einem Passagier in einen wilden Streit über die Frage geriet, welche Reifen für unbefestigte Straßen am besten geeignet seien, und sich gerade in dem Augenblick nach seinem Kontrahenten umsah, als die Straße zu einer Haarnadelkurve ansetzte, so daß sein Bus direkt auf den Abgrund losfuhr und nur durch einen Teenager gerettet wurde, der dem Fahrer beherzt ins Steuer griff. Und noch ein letztes Mal, als Yankee schließlich nach Addis kam und sich von einem der Passagiere zum Essen einladen ließ – zwanzig Gänge, darunter einer mit rohem, bakterienverseuchtem Fleisch, aber sie ahnte es und schützte als geübte Lügnerin Magenschmerzen vor, die die anderen Gäste dann bald bekamen, nur schlimmer.

Als sie Nairobi erreichte, war sie seit zwei Monaten unterwegs. Das Geld ging ihr aus und die Geduld ebenfalls. Ich möchte darauf hinweisen, daß kein Schutzengel, sondern die reine Chuzpe sie dazu brachte, im Nationalmuseum von Nairobi einfach in das Büro des Direktors zu marschieren und nach einem Job zu fragen. Zuerst schenkte er ihr keine Beachtung. Seine Sekretärin wimmelte sie ab. Nein, kein Job. Die Sekretärin funkelte das achtzehnjährige Mädchen in seinem bügelfreien Polyesterkleid, das den goldenen Brustansatz gut sehen ließ, wütend an. Verrückte Typen tauchten in diesem Museum jeden Tag auf. Kenia lockte sie an. Dieses Mädchen war zwar ungewöhnlich jung, aber es gab sie in allen Sorten. Das Mädchen ließ sich nicht einfach abwimmeln. Sie fragte noch mal und wollte unbedingt, daß man ihr eine Chance gab, und diesmal hörte der Direktor ihre Stimme und rief durch die Tür, die einen Spaltbreit offenstand: »Moment mal! Ich brauche doch wirklich jemanden!« Widerwillig ließ die Sekretärin sie zu ihrem Chef. Er war weltberühmt, eigentlich der letzte lebende Forschungsreisende. Die Sekretärin versuchte ihn vor anderen, weniger bedeutenden Forschungsreisenden wie diesem Flittchen abzuschirmen, aber er machte es ihr nicht leicht.

Er saß hinter seinem Schreibtisch und sah sehr englisch aus – bleiches Gesicht, listige blaue Augen, weißer Haarschopf. »Welche Qualifikationen bringen Sie mit?« wollte er wissen.

Und sie erwiderte: »Ich bin eine High-School-Abbrecherin.«

»Phantastisch«, sagte er und meinte es offenbar ernst. Er schien geradezu erstaunt über sein Glück. »Und wer sind Sie, wenn ich fragen darf?« Da ließ sie ihre Referenzen vom Stapel – eine New Yorker Kindheit, die eine Art Vorkurs in Naturwissenschaften war, beide Eltern Professoren, und trotzdem kein höherer Schulabschluß. Er schien zufrieden. »Ich habe einen Job für Sie.«

Tags darauf trat sie ihren Dienst in einem Zentrum für Primatenforschung im gemäßigten Klima des kenianischen Berglands an. Es war seit langem das erste, was wir von ihr hörten – sie schickte mir ein Telegramm: »Job bei Louis Leakey in Kenia.«

Liesel! Irene lebt! Und sie hat Arbeit!«
»Na, endlich!«
»Bei einem berühmten Wissenschaftler.«
»Berühmt ... egal.« Und dann fügte Liesel auf englisch hinzu: »*It only matter that she working.*«

Jetzt kamen wieder Aerogramme, alle an mich adressiert, weil sie wußte, wie ich sie verschlingen würde. Die Primaten lebten in großen Freigehegen, in denen es alles gab, was zu ihrem Alltag gehörte: Bäume, fließendes und stehendes Wasser, Büsche, Insekten. Nur eins fehlte – Feinde. Deshalb wurden sie mürrisch und langweilten sich. Sie waren nach Familien auf die Gehege verteilt gewesen, ein

Alpha-Tier, dazu die untergeordneten und die halbwüchsigen Männchen und sämtliche Damen. Bei den großen Kapuzinermännchen verschlechterte sich die Stimmung am schnellsten. Sie fingen an, ihre Frauen zu schlagen. Zuerst mußte einer von ihnen getrennt untergebracht werden, dann kam ein zweiter hinzu, dem noch das Blut von den Schneidezähnen tropfte, und bald ein dritter. Nun verbrachten sie ihre Tage damit, sich gegenseitig hereinzulegen, und so machte das Leben wieder Spaß. Sie suchten einander nach Flöhen ab, verprügelten und notzüchtigten sich gegenseitig, und zwischendurch stolzierten sie in der Gegend herum und waren mit Abstand die bestaussehenden Affen weit und breit. Die Wissenschaftler führten ausgiebig Buch über das Verhalten der Affen. Es gab Formulare, in denen alle erdenklichen Aktivitäten, von Gähnen bis lustlose Blicke um sich werfen, für jeden einzelnen Affen aufgeführt wurden, und junge Aushilfskräfte wurden acht Stunden am Tag losgeschickt, die den Namen von jedem Affen ankreuzten und dann genau aufschrieben, was er wann tat. Zumindest eine dieser Aushilfskräfte fand schon bald, es mache eigentlich doch mehr Spaß, in einem amerikanischen Motel die Zimmer zu putzen.

Eines Morgens kam eine Primatenforscherin aus den USA zu Besuch. Sie hatte sich offenbar extra feingemacht, schickes Kostüm, hohe Absätze – gerade in Afrika angekommen, voll sentimentaler Begeisterung für Affen. Sie ging auf die drei Kapuzinermännchen zu und machte sich mit ihnen bekannt. Sie hingen in ihrer prächtigen schwarzweißen Kluft an den Gitterstäben, ihre Männlichkeit der Wissenschaftlerin zugewandt. Die unterhielt sich ganz ernsthaft mit ihnen über ihr Leben und wollte wissen, was sie täten und wie sie sich fühlten. In ihren Gesichtern las sie, daß die Affen, die da hoch oben an den Stäben hingen und auf sie herabblickten, ihr Interesse erwiderten. »An ihrer Stelle würde ich ein bißchen zurücktreten«, dachte unsere Heldin im stillen, sagte aber nichts, denn die Besucherin hatte bereits zu erkennen gegeben, daß sie sich auf ihre erhöhte Position im Leben – die Tinte ihrer Doktorarbeit war soeben getrocknet – etwas zuviel einbildete. Die Kapuziner hörten sich ihr Geplapper eine Zeitlang an, und dann zeigten sie, was sie von ihr hielten: indem sie wie ein Affe auf sie urinierten.

Schreiend lief die Primatenforscherin davon.

Yankee ging wieder an ihre gewohnte Arbeit und dachte bekümmert, daß es an ihrem Arbeitsplatz wahrscheinlich nie wieder so lustig zugehen werde.

An diesem Nachmittag, während sie noch unter dem Eindruck ihres Abenteuers stand, tauchte der Chef auf, um zu sehen, wie seine Leute zurechtkamen. Er fragte auch Yankee beiläufig, wie ihr der Job gefalle, und sie antwortete: »Also eigentlich sehe ich keinen Sinn darin.«

Er fuhr sie nicht an, sondern fragte ganz ernsthaft: »Und warum nicht, Miss Dische?«

»Ich finde diese Verhaltenskategorien uninteressant. Ich würde sie lieber in der freien Wildbahn beobachten und sie dort kennenlernen. Momentan sind die Wissenschaftler hier interessanter als die Affen – und das ist doch nicht der Sinn der Sache.«

Sie hatte die richtige Antwort gegeben.

Er sagte, sie solle ihre Sachen packen, er werde sie mit nach Nairobi nehmen. Er habe ein größeres und besseres Projekt für sie. »Und nennen Sie mich nicht länger Dr. Leakey. Sag einfach Louis zu mir. Und du – hast du auch einen richtigen Namen? Yankee kann es doch nicht sein. Irene? Das klingt schon besser.«

Und dann fügte er hinzu: »Du wirst Kikuyu lernen müssen – eine wichtige Sprache.«

So endete die Yankee-Phase. Den nächsten Brief an uns unterschrieb sie mit »Irene«.

V

Liesel«, sagte ich. »Ich glaube, dieser Mr. Leakey hat ein wunderbares Haus.«

Liesel und ich hatten es uns angewöhnt, nach unserer Sendung sitzen zu bleiben und über wichtige Familienangelegenheiten zu sprechen.

»Ein einfaches Haus, es steht am Rand eines Wildparks. Er lebt dort mit den wilden Tieren und hat eine Menge Hausangestellte.«

Meine Enkelin hatte mir das Personal genau beschrieben. Sie wußte, wie sehr ich mich dafür interessierte. Es waren lauter Kikuyu, Leute aus seinem Stamm. In diesem Punkt war er Patriot.

Sein Vater war als protestantischer Missionar nach Afrika gekommen und hatte die Leute zu seinem Glauben bekehren wollen. Aber ehe er sich versah, sprach der eigene Sohn schon fließend Kikuyu und trieb sich lieber mit den afrikanischen als mit den englischen Jungs herum. Der Vater verbot es ihm, ohne Erfolg. Der Sohn war ein Dickschädel. Mit zwölf Jahren bat er um Aufnahme in den Stamm. Bei der Initiationszeremonie mußte er seinen Mannesmut unter Beweis stellen. Er setzte sich eine Zeitlang in einen kalten Bach und erklärte dann, er sei bereit. Er hockte sich hin, auf jeden Oberschenkel wurde ihm ein Kieselstein gelegt, und dann wurde er mit einem Panga-Schwert beschnitten. Wären die Steine auf seinen Beinen verrutscht, hätte man die Initiation abgebrochen. Und es gab nur diesen einen Versuch. Louis wurde in den Stamm aufgenommen.

Sein Vater schickte ihn nach England, aber dort kam er sich vor wie ein Fremder, und sobald er volljährig war, kehrte er zurück. Als sein Vater während des Mau-Mau-Aufstandes einem Ritualmord zum Opfer fiel – er wurde kopfüber aufgehängt, so daß der Kopf in ein Loch im Boden hing, und dann wurde das Loch aufgefüllt –, da verurteilte Louis sein Volk nicht, sondern erklärte, sein Vater habe bekommen, was er verdiente. Die Kikuyu betrachteten Louis offenbar nicht als Außenseiter. Der Präsident besuchte ihn in seinem Haus, um zu plaudern und politische Fragen zu erörtern. Aber nirgendwo fühlte sich Louis mehr zu Hause als in der freien Wildbahn.

Mir gefiel das alles sehr gut. Endlich ein Mann, der nicht schwach war. Er war genauso mutig wie ich. Ich fand, Irenes Verehrung galt ausnahmsweise einmal dem Richtigen.

Ihre Briefe gingen in die Einzelheiten. Er hatte eine Frau und Söhne, die anscheinend irgend etwas an ihm auszusetzen hatten, aber Irene konnte sich nicht vorstellen, was. Einmal hatte er sie schüchtern gefragt, ob sie ihn nicht nachts wärmen wolle, so wie alte Kikuyu-Krieger von Kindern gewärmt werden, und sie hatte gesagt: Nein, ich möchte nicht, tut mir leid. Worauf er erwidert hatte: Schon gut, es war nur eine Frage. Dabei schien er nicht im geringsten verärgert. Als sie mal ein paar Schädel aus dem Nationalmuseum abholte, bemerkte sie den vielsagenden Blick, den ihr die Sekretärin zuwarf, und ahnte, was er bedeuten sollte: Louis sei ein alter Lüstling. Aber sie war sich sicher, daß es nicht stimmte. Sie war so allergisch gegen alte Lüstlinge, daß sie es gemerkt hätte. Er behandelte sie wie die Tochter, die er nie gehabt hatte, und war für sie wie der Vater, den sie nie gehabt hatte – männlich, fürsorglich, ein Gentleman. Er interessierte sich für alles, was ihr durch den Kopf ging, und er kümmerte sich um sie. Er kochte für sie. Er brachte ihr bei, was er wußte. Und sie revanchierte sich mit grenzenloser Neugier auf alles, was er dachte und unternahm, und ließ sich seine Pflege gefallen.

Mehrere Monate lang, die ihr wie Jahre vorkamen, richteten sie sich in jenem wunderbaren Etwas ein, das man einen geregelten Alltag nennt. Jeden Morgen standen sie früh auf und gingen in den Wildpark. Er brachte ihr bei, wie man dort überleben konnte, denn bald würde sie solches Wissen brauchen. Er führte sie in das Gebiet der Fäkalienlehre ein. Sie lernte, den Boden im Auge zu behalten und keinen Haufen zu übersehen. Welches Tier hatte ihn hinterlassen, welches Geschlecht, vor wieviel Minuten oder Stunden? Dann gab es die Horizontlehre. Louis deutete auf die Bäume und fragte: »Was siehst du da?« Zuerst sah sie trotz ihrer guten Augen nichts. Er brachte ihr bei, genauer hinzusehen – das leichte Schwanken eines bestimmten Astes, das konnten unruhig gewordene Affen sein, ein Indiz dafür, daß ein natürlicher Feind in der Nähe war. Die Geier als winzige Punkte am Himmel deuteten auf eine Stelle hin, wo ein Löwe vor kurzem ein Wild geschlagen hatte. Er hielt große Stücke auf ihr Talent, das Verhalten von Menschen und Tieren zu beobachten, obwohl ihre Fähigkeiten längst nicht an seine heranreichten. Und dann machte er ihr eine Mitteilung. Er sehe eine glanzvolle Zukunft für sie voraus. Sie werde in die Fußstapfen seines ersten Schützlings treten, Jane Goodall. Er suche seit langem jemanden. Jemanden, der mit Zwergschimpansen so leben konnte, wie Jane mit Schimpansen gelebt hatte. Seit langem warte er darauf, daß ihm die richtige Person über den Weg laufe – jemand, der Jane ähnelte. Er schätzte Aufsässigkeit bei Mädchen. Daher seine Auf-

regung, als er sie kennengelernt hatte. Sie war ihm in den Schoß gefallen, genau wie Jane. Er drückte ihr eine Abhandlung über die Zwergschimpansen in die Hand. Sie waren selten. Sie paarten sich in der Missionarsstellung.
»Gut, ich mach es. Ich mach es gern.«

Er schrieb an den *National Geographic,* er habe genau die richtige Person für sein Projekt gefunden und sei ganz hingerissen. Er beschrieb ihre Talente. Er brauche Geld.

Der *National Geographic* antwortete – ein hochnäsiger Brief. Gewisse Qualifikationen seien ja doch erforderlich. Sie erfülle nicht mal die minimalsten Voraussetzungen.

»Du mußt an die Uni«, sagte er, als er ihr von dem Brief erzählte. »In den Ferien kommst du her, und wir arbeiten zusammen. Wo willst du studieren?«

»In Harvard«, antwortete sie.

Er lachte nicht und machte auch keine Grimasse. Er sagte einfach: »Dann gehst du eben nach Harvard.«

Sie bewarb sich. Dem College blieb keine andere Wahl, als der legendäre Anthropologe ihnen die Tür einrannte und darauf bestand, daß sie ihm diesen Gefallen täten: Sie wollten es mit ihr versuchen und nahmen sie an. Man stelle sich vor, wie stolz Renate war! Sie hatte ja schon an der Columbia studiert, und nun überflügelte ihre Tochter sie noch. Ich sagte: »Renate, was soll das? Harvard! Was bedeutet das schon, auf lange Sicht?«

Liesel sagte, Harvard sei gut. »Ich weiß nicht, warum. Aber es ist gut. Weil sie da arbeiten muß. Mädchen sollen was arbeiten. Renate arbeitet auch hart.«

Liesel fuhr mit dem Bus zu Carlchen, um seine Wäsche zu holen, schleppte sie nach Fort Lee und brachte sie gebügelt wieder zurück und dazu Plätzchen für einen ganzen Monat. Er war nicht besonders fleißig, ihr Junge. So nannte sie ihn – »mein Junge«. Aber bei ihm duldete sie es. Ihr ging es vor allem um einen guten Charakter, und den hatte Carlchen. Das wußte sie. Irene hatte ihn nicht, und deshalb mußte sie in etwas anderem gut sein. Sie mußte hart arbeiten, zum Ausgleich für ihre Fehler.

Im Herbst sollte sie in Harvard anfangen. Bis dahin wollte sie in Afrika bleiben, und ich brüstete mich gegenüber den Smiths. »Meine Enkeltochter lebt auf einer Insel im Viktoria-See.« Ich stellte sie mir in Entdeckerkluft vor, wie sie sich mit Eingeborenen traf, mit Missionaren verkehrte, auf einem Elefanten ritt, genau wie Jack, der Enkel der Smiths. Jack Smith führte inzwischen ein vorzeigbar langweiliges Leben, und Susie sagte mir, ich täte ihr leid wegen der Sorgen, die mir dieses Afrika machte und die ziemlich groß sein müßten. Irenes Afrika war wirklich nicht ganz das, was ich mir darunter vorstellte.

Die Wahrheit war, Irene langweilte sich. Sie half bei der Ausgrabung von Tieren aus der Vorzeit. Aber es machte ihr keinen Spaß, die Überreste einer eine Million Jahre alten Maus mit einer Zahnarztnadel aus dem Boden zu kratzen. Um sich die Zeit zu vertreiben, besorgte sie sich eine Luo-Grammatik und begann diese Sprache zu lernen. Die Grammatik war für Missionare verfaßt, mit nützlichen Übungssätzen für das praktische Leben wie zum Beispiel »Boy! Da ist ein Haar in meiner Suppe!« Als sie genug konnte, freundete sie sich mit den Leuten aus der Gegend an.

»So hätte ich es auch gemacht!« sagte ich zu Liesel. »Siehst du, sie schwimmt jetzt nackt, weil die afrikanischen Frauen es so machen. Sie hat ihre amerikanische Prüderie überwunden.«

»Ich weiß nicht.« Liesel schüttelte sich. Sie war sehr prüde, und ich habe sie in all den Jahren kein einziges Mal nackt gesehen. Sie war nicht meiner Meinung, daß Nacktheit etwas Natürliches sei. Sie sagte: »Gott hat uns Kleider gegeben.«

»Liesel, was für ein Unsinn. Gott hat uns geschaffen, nicht bekleidet. Die Afrikaner sind näher bei Gott als wir!«

Das glaubte ich zwar selbst nicht, aber irgendwie mußte ich meine Position absichern. Rasch wechselte ich das Thema. »Endlich haben wir jemand in der Familie, der eine Sprache spricht, die Dische nicht versteht.«

Von nun an kümmerte sich Irene vor allem um die Verständigung mit den afrikanischen Hilfsarbeitern. Die Wissenschaftler hatten keinen Schimmer, wie sie mit ihnen umgehen sollten, und waren heilfroh, daß sie sich nicht mehr darum kümmern mußten. Dafür brauchte Irene nicht mehr mit ihrem Zahnarztbesteck auf dem Boden herumzukriechen, sondern leitete jetzt die Expeditionen aufs Festland zur Akquirierung von Vorräten auf dem Markt und amüsierte sich köstlich dabei.

Aber diesmal gefiel Leakey ihre Aufsässigkeit ganz und gar nicht. Sie hatte ihm nach Nairobi geschrieben und mit ihren Heldentaten als Luo geprahlt, worauf er ziemlich verschnupft geantwortet hatte. Als vollwertiges Stammesmitglied der Kikuyu verabscheute er die Luo aus tiefstem Herzen und hielt es für reine Zeitverschwendung, Dholuo zu lernen statt Kikuyu. Sie schrieb zurück und wollte mit ihm eine Debatte darüber anfangen, welcher Stamm der bessere sei. Da wurde er wütend und schrieb überhaupt nicht mehr. Von anderen erfuhr sie, daß er Nairobi verlassen hatte und jetzt anderswo arbeitete. Sie wurde krank.

Sie war dem Tod nah. Damals wäre sie mir fast zuvorgekommen. Sie halluzinierte und phantasierte und konnte nicht mehr aufstehen. Der Stolz darauf, daß sie mich nun auch mit ihrer schweren Krankheit übertraf, ging in ihrem Elend gleich wieder unter. Sie wurde wie ein Paket nach Nairobi transportiert. Als sie merkte, was mit ihr geschah, war sie vollkommen ruhig. Sie rief mich an. Ihre Stimme war schwach. Sie sagte: »*Good bye*« und legte wieder auf.

Ich wußte nicht, wo sie war. Auf der Insel gab es kein Telefon. Sie mußte in einer Stadt sein. Renate war in Europa. Dische war auch irgendwo unterwegs. Ich betete zusammen mit Liesel. Ob unsere Gebete halfen? Sie wußte, sie würde sterben, und sie freute sich darauf. Sie war in einem Haus. Sie wußte nicht, wem es gehörte. Sie wartete auf den Tod. Aber der ließ sich furchtbar viel Zeit. Er strapazierte ihre Geduld bis zum äußersten. Stirb, kommandierte sie. Manchmal glaubte sie, sie sei schon tot.

Dann wurde sie euphorisch. Sie wankte nach draußen, in einen dieser anglo-afrikanischen Gärten, die an einem klaren Nachmittag keine schlechte Vorstellung davon vermitteln, wie es im Paradies ist. Sie stierte in den dunkelblauen Himmel und wunderte sich, als er plötzlich dunkelgrün wurde. Es dauerte eine Zeit, bis sie begriff, daß sie mit dem Gesicht nach unten auf einem makellosen Crocket-Rasen lag. Die Hausangestellten fanden sie, schleppten sie in ihr Zimmer zurück. Fremde rüttelten an ihr, verabreichten ihr etwas, ließen sie wieder in Ruhe. Nach drei Tagen war sie immer noch nicht tot. Eine große Gestalt in einem weißen Leinenanzug stand neben ihr. Leakey. Er hatte von ihrer Krankheit gehört und war gekommen.

Als er sie in seinem Gästezimmer untergebracht hatte, rief er mich an und sagte es mir. Sobald sie reisen könne, würde er sie zu mir nach Hause schicken. Ich sagte: »Bitte nicht. Meiner Haushälterin wird das zuviel. Schicken Sie sie zu ihrer Mutter.« Liesel hatte gehört, was ich gesagt hatte. Wütend stampfte sie durchs Haus. Ich sagte:»Liesel, es gibt Grenzen. Ich bin vollkommen erledigt. Ich kann nicht mehr.«

Leakey kümmerte sich selbst um sie und verzieh ihr die Sünde, die Luo zu bevorzugen. Da kapitulierte sie und bat ihn um eine Kikuyu-Grammatik, und als sie wieder aufstehen konnte, setzte er sie in ein Flugzeug nach Zürich, wo Renate an einem Kongreß teilnahm. Das Herbstsemester in Harvard würde sowieso in einem Monat anfangen. Im Januar, während der Winterferien, erwarte er sie wieder in Nairobi, sagte Louis. Aber sie sollte ihn nicht wiedersehen.

Sig war mit in die Schweiz gekommen. Nach dem Kongreß wollte er mit Renate eine kleine Tour durch die Alpen machen. Renate rief mich an und erzählte, Irene sei wirklich sehr schwach auf den Beinen. Sig war nicht erbaut von der Vorstellung, eine Invalide im Auto zu haben. Aber was sollte er machen? Seine Stieftochter war so hinfällig, daß man fürchten mußte, das kleinste Lüftchen könnte sie umpusten. »Ich hoffe bloß, das Mädchen benimmt sich anständig«, sagte ich zu Liesel. »Sig ist so empfindlich.« Liesel schüttelte den Kopf – nein, nein –, um zu zeigen, daß sie dieses Arrangement bedenklicher fand als das in Afrika. Jetzt werde es wirklich gefährlich. Und ich sei schuld, weil ich sie nicht gleich zu uns kommen lassen wollte.

Sig und Renate packten Irene auf den Rücksitz ihres Mietwagens und fuhren los. Nach zwei Tagen hatte sie sich noch kein bißchen erholt. Dabei hätte man von einer Neunzehnjährigen erwarten sollen, daß sie schnell wieder auf die Beine kam. Aber sie konnte nichts essen. Sig war es bald leid, wie sie über dem guten Essen in den teuren Restaurants, die er nach dem Reiseführer ausgesucht hatte, die Nase rümpfte. Eines Morgens beim Frühstück, als sie sich wieder weigerte, all die guten Sachen anzurühren, schnauzte er sie an, sie verderbe ihm seine Ferien. Da stand sie auf, ging in aller Ruhe hinaus zum Wagen, legte sich auf den Rücksitz und zwang sich zu schlafen. Weglaufen konnte sie nicht, dazu fehlte ihr die Kraft.

Als sie nach längerer Fahrt durch trübseliges österreichisches Alpenland wieder auf den Parkplatz eines empfohlenen Restaurants einbogen, schlug Sig vor, Irene sollte während des Mittagessens einfach im Wagen bleiben, dann würde sie ihm den Appetit nicht verderben. Renate wollte sich nicht mit ihm anlegen. Sie sagte, er könne ja schon mal vorgehen und nach einem Tisch für zwei Personen fragen, während sie es ihrer Tochter auf dem Rücksitz bequem machte und sie mit ihrer Sommerjacke zudeckte. »Darling«, fragte sie ängstlich, »fändest du es sehr schlimm, einfach im Wagen zu bleiben, wo du doch sowieso nichts ißt?«

Als sie zurückkamen, wurde die Patientin von heftigem Fieber geschüttelt. An Weiterfahren, wie sie es geplant hatten, war nicht zu denken. Sie nahmen zwei Zimmer in einer Pension im Ort. Der Inhaber war ein alter Bauer. Vor Krankheit hatte er keine Angst, und ihm gefiel nicht, wie der Tourist, den er für den Vater des Mädchens hielt, auf Abstand bedacht war. Er trug das Mädchen auf seinen Armen nach oben, legte es in ein großes, weißes Bauernbett und deckte es mit einem großen, weißen Federkissen zu. Sie bekam immerhin soviel mit, daß sie sich ungeheuer freute: Sie sah die Panik in den Augen ihrer Mutter. Sie selbst wußte, was sie hatte. Die beiden Ärzte wußten es nicht. Malaria. Ein klarer Fall. Nichts Ernstes. In einer österreichischen Pension mit Blick auf die Berge bloß ein bißchen fehl am Platz. »Ich möchte ein Eis.« Als ich später erfuhr, daß meine Enkeltochter nach Eis verlangt hatte, kamen mir fast die Tränen vor Stolz. Meine Enkeltochter! Das Gesuch wurde abgelehnt. Sie sagte: »In Afrika bekommen Leute mit Malaria immer Eis.« Das Eis wurde gebracht.

An diesem Abend hörte sie Sig im Zimmer nebenan. Er weinte. Sie lauschte eine Zeitlang, ohne zu verstehen. Dann stürmte er in ihr Zimmer, im Bademantel, die Pfeife in der Hand. Sein Gesicht war ganz naß und die Augen rot. Seine Frau folgte ihm, hielt sich im Hintergrund. Er wandte sich an Irene. »Ich möchte mich bei dir entschuldigen. Ich habe mich gräßlich benommen.«

Aber er wollte dann doch, daß sie so bald wie möglich nach New York zurückflog. Liesel und ich holten sie am Flughafen ab.

Dische kam zum Abendessen. Er sah Irene ins Gesicht und verkündete vor versammelter Mannschaft: »Die Mädchenblüte ist schon ab.« Sie lächelte ihm liebevoll zu. Ich hielt es für angezeigt, ihn zu korrigieren.

»Ganz im Gegenteil«, sagte ich. »Ihr Gesicht ist noch gar nicht wirklich interessant. Ein Gesicht ohne Fältchen ist uninteressant. Ein leeres Blatt Papier. In ein paar Jahren wird sie schön sein. Vielleicht.« Den heiklen Punkt ihrer Nase brachte ich nicht noch einmal zur Sprache. Ich hatte ihn schlicht und einfach vergessen.

Sie ging nach Boston, begann ihr Studium und fand es wieder nicht interessant. Die geborene Studentin war sie wirklich nicht. Sie fand die akademische Anthropologie furchtbar langweilig. Und eigentlich wollte sie sich bloß amüsieren. Ihr kam die Idee, an Leakey Verrat zu üben. Wenn sie ihren Abschluß in Anthropologie gemacht hatte, würde sie zur Medizin wechseln und Ärztin werden. Krankheiten, dachte sie, würden mehr Spaß machen. In ein paar Wochen war ihr erstes Semester zu Ende. Die Winterferien würden beginnen und sie könnte wieder nach Kenia fliegen.

Doch im Oktober erlitt dieser wunderbare Mann einen ganz gewöhnlichen Herzinfarkt und starb. Seine Angehörigen benachrichtigten sie nicht. Vielleicht hatte Louis früher ja tatsächlich einen ganzen Stall junger goldbusiger Mädels gehabt, und die Familie dachte, Irene sei bloß eine von ihnen. Sie erfuhr von seinem Tod aus der Zeitung.

Gleich am nächsten Morgen wechselte sie das Hauptfach – von der Anthropologie zur Literatur. Nicht, daß ihr an Literatur besonders viel gelegen hätte, aber sie war auch nicht völlig dagegen. Der Zufall, nichts Höheres, hatte ihr ein paar Freunde zugeschoben, die ihr Studium ernst nahmen, die davon träumten, große Schriftsteller zu werden, und sie spielte einfach mit, gab sich interessiert, obwohl sie in Wirklichkeit auch die Literatur öde fand. Sie war wie eine alte Frau, die fröhlich von einem Augenblick zum nächsten lebt und sich um die unerforschliche Zukunft nicht schert. Doch dann geschah etwas, das ihrer Kindheit ein Ende machte.

Eines Morgens, kurz vor Weihnachten, rief Renate bei Irene an und bat sie, ganz schnell nach New York zu kommen. Renate brauchte ihre Verbündete. Sig, der Unverwüstliche, der böse Titan, lag danieder, in einem Krankenhausbett, und brüllte seinen Haß in die Welt. Furchtlos trat Irene in sein Zimmer – seine Hände waren ans Bett gefesselt. Man hatte ihm den ganzen Darm herausgenommen, und er war zu dem Schluß gekommen, daß er nicht mehr leben wollte. Aber er wurde das Leben nicht los. Er rief eine Schwester und befahl ihr, ein Fenster zu öffnen, damit er hinausspringen könnte. Er verlangte, daß ihm die Kanülen und Schläuche abgenommen würden. Er hatte selbst versuchte, sie abzureißen, und hatte ein großes Durcheinander angerichtet. Da hatten sie seine Hände angebunden. Aber mit Wörtern wütete er weiter. Seine Flüche drangen durch alle Türen, hallten den Flur hinauf und hinunter und riefen Bestürzung hervor. Aber er ließ sich nicht zum Schweigen bringen. Renate wagte sich an sein Bett. Er zischte sie an. Sie hätten doch eine Abmachung getroffen – wenn er sterben wollte, würde sie ihn nicht daran hindern. Aber sie entgegnete ihm ruhig und entschieden, die Abmachung gelte nicht mehr, sie wolle, daß er lebe. Worauf er sie mit der vollen Lautstärke seiner Megaphonstimme anbrüllte, sie sei eine Hure, ein Miststück. Irene flüchtete, Renate folgte ihr. Sie ließen ihn allein. Wenig später verblutete er – es war ein blutendes Geschwür, das sich rasend schnell entwickelte. Er war erst Mitte Sechzig. Sig starb an Wut.

Ihr jungen Leute! Freut euch eurer Jugend nicht zu früh, denn vor euch liegt ein langer Weg voller Tücken, bis ihr die Herrlichkeit des Lebens zuletzt erreicht. Die ersten Jahrzehnte des Lebens sind ein einziger langer, zermürbender, erniedrigender Kampf, wenigstens für einen Augenblick mal den Schalthebel in die Hand zu bekommen. Jeden Tag aufs neue fallen die eigenen Wünsche über einen her. Wenn man sich endlich beruhigt und mit seinem Los abgefunden hat, ist man im mittleren Alter und dem Glück schon ein gutes Stück näher, aber noch hat man ein paar anstrengende Jahre des Sehnens und Bereuens vor sich. Und der Geschlechterkampf tritt im mittleren Alter in seine wahrhaft heiße Phase. Männer und Frauen mittleren Alters haben Angst voreinander. Die Frauen entdecken an ihren Männern und die Männer an ihren Frauen den Verfall, den sie an sich selbst nicht wahrhaben wollen. Die Folgen davon sind allgemeine Wut und Autounfälle. Wenn mittelalte Männer eine mittelalte Frau sehen, dann geben sie Gas, versuchen, sie zu schneiden, überholen sie – alles bloß, um ihrer Wut Ausdruck zu geben. In Läden stoßen sie die mittelalte Frau beiseite. Bei Partys wollen sie nicht neben ihr sitzen. Sie tun so, als sei sie nicht da. Aber wie das Fegefeuer ist auch das mittlere Alter von begrenzter Dauer. Marschiert nur weiter, eurem Ziel entgegen! Dem magischen Alter ab Siebzig. Da wird das Leben selbst zur Kostbarkeit.

Glaubt nicht dem Gejammer über schmerzende Knochen. Es stimmt zwar, daß die Anzahl der Schmerzen pro Stunde und Quadratzentimeter der eigenen Körperoberfläche mit zunehmendem Alter ebenfalls ständig zunimmt, aber umgekehrt nimmt die Schmerzempfindlichkeit im gleichen Maße ab. Man gewöhnt sich an den Schmerz, oder er wird einem im großen und ganzen gleichgültig. Gewiß, würde man eine Zwanzigjährige in den Körper einer Siebzigjährigen stecken, dann hörte sie mit Schreien gar nicht mehr auf. Viele Alte spüren überhaupt keinen Schmerz mehr, aber sie tun noch so – es ist eine Form von höflicher Konversation mit anderen Alten. Mit Seufzern und Klagen bekräftigen sie ihre fröhliche Verbundenheit.

Nach Siebzig bricht der Kampf zwischen den Geschlechtern plötzlich ab. Friedenszeit. Männer und Frauen werden einander immer ähnlicher, alle verlieren nun ihre Haare, und selbst die Brüste des Mannes baumeln nun schlaff herunter, während der Hintern der Frau so flach wird wie ein Pfannkuchen. Näher kommt man auf Erden dem Paradies nicht. Männer und Frauen hören auf, voneinander das Unmögliche zu verlangen. Die Beziehungen werden liebenswürdiger. Die Karriere bietet keine Nebenwege mehr. Es gibt nur noch die Freude am anderen. Und wenn es keinen anderen mehr gibt, dann gibt es immer noch die heftigste Freude von allen, die Freude an sich selbst – der Mund voll leckerem Essen, der wolkenlose Himmel. Jahrzehnte müßt ihr warten, ihr Jungen, bis euch diese einfachen, profanen Dinge mit wahrem Entzücken erfüllen.

Ich war an diesem Punkt meiner Erzählung einundachtzig, also in der Blüte meiner Jahre. Ich hatte ein paar Gebrechen, aber mit denen kam ich gut zurecht. Mit vierzig hatten mir meine Augen zu schaffen gemacht, weil ich nicht mehr ohne Brille lesen konnte und die Brille immer verlegte. Mit fünfzig hatte ich Angst, blind zu werden. Mit sechzig wurde ich fast blind. Aber mit siebzig waren die Augen genau so, wie ich sie brauchte. Ich fuhr weiter Auto, obwohl ich nicht mehr sehen konnte. Liesel lieh mir ihre Augen, wenn ich hinter dem Lenkrad saß. Wir fuhren jeden Tag zur Messe. Zuerst mußte ich aus der Einfahrt auf die Straße zurücksetzen. Kein Problem. Liesel kniete sich auf den Beifahrersitz, mit dem Gesicht nach hinten, und sang »Go, go, go« – in diesem Fall zog sie Englisch vor, weil sie damit genauer steuern konnte. Währenddessen hielt ich das Lenkrad vollkommen still und beschleunigte im Rückwärtsgang, bis sie – diesmal das Deutsche vorziehend – rief: »Links, links, links« oder »Rechts, rechts, rechts« und ich das Lenkrad in die von ihr angesagte Richtung drehte, bis sie ihren Singsang einstellte. Wenn sie – in einer sprachlichen Mischform – »Schtopp!« rief, rammte ich den Fuß auf die Bremse. Aber wenn sie es sang – »Schtopp, schtopp, schtopp« –, dann entspannte ich nur meinen Fuß und nahm das Gas langsam zurück.

Renate sagte, »unsere« Fahrerei sei eine Katastrophe, wir gefährdeten unschuldige Passanten, und mein Herrgott werde mir nicht beistehen, wenn ich den Buick für den Bruchteil einer Sekunde mal in die falsche Richtung lenkte, und jedes Mal stimmte ich ihr zu und sagte, ich würde noch am selben Tag mit dem Autofahren aufhören und von nun an nur noch Taxis nehmen, aber dann taten wir es natürlich doch nicht. Wir fuhren weiter jeden Tag zur Kirche, und Gott brauchte uns überhaupt nicht beizustehen, denn unser System war ein wunderbar funktionierendes System.

Natürlich war ich mir bewußt, daß ich bei diesen Fahrten der Haushälterin aufs Wort gehorchte und genau das tat, was sie von mir wollte. Von Zeit zu Zeit sagte ich ihr deshalb: »Bilden Sie sich bloß nicht ein, ich würde Ihnen auch sonst gehorchen« – und sie gab zurück: »Nein, natürlich nicht« – und dann lachten wir beide herzlich.

Eines Morgens – ich hatte mich gerade für die Kirche fertig gemacht – kam ich die Treppe herunter, als das Glockenspiel an der Haustür erklang. Draußen standen Renate und Irene. Liesel öffnete ihnen und erfuhr es vor mir. Ich war noch auf der Treppe, als mir Renate zurief: »Sig ist tot« –

nüchtern, wie es ihre Art war. Plötzlich war die Schwerkraft stärker als ich. Ich setzte mich auf eine Stufe, mitten auf der Treppe. Ich schlug die Hände vor den Mund und sah einfach bloß meine beiden Mädchen an. Sie waren sehr ruhig. Ich fand es grotesk, daß 1972 das Todesjahr meines Schwiegersohns sein sollte. Vor meinem. Ein Schock.

Renate litt natürlich. Sie konnte den Verlust nicht verkraften. Sie konnte nicht schlafen. Aber sie zeigte es nicht. So eisern bewahrte sie Haltung, daß die Leute anfingen zu reden. Plötzlich hatte sie unzählige Feinde. Der Leiter der Fakultät, Doktor King, war zu einem Staatsbesuch ans Sterbebett gekommen. Renate stand neben dem Toten und gluckste. Er warf ihr einen Blick zu. Was ist denn das? Sie macht ja einen glücklichen Eindruck. Und plötzlich war alles klar: Der arme Doktor Wilens! Bei der Beerdigung hielt Doktor King eine ergreifende Ansprache – was für ein wunderbar freundlicher Mensch Sig gewesen sei. Renate hatte ihn nicht wegen seiner Freundlichkeit geliebt, sondern wegen seinem Witz und seinem Realismus, der ihn oft grausam machte. Ihr und Irene kamen fast die Tränen, während sie ihr Kichern zu unterdrücken versuchten. In der Kapelle bekamen es alle mit. Und dann folgten die Erklärungen. Einer folgerte, mit Renate stimme irgendwas nicht. Sigs Schwestern ließen durchblicken, sie habe ihn wegen seinem Geld geheiratet.

Aber das hatte sie nicht. Ich wäre die erste, die ihr das vorgeworfen hätte, doch so war es einfach nicht. Um die Wahrheit zu sagen, ihn wegen des Geldes zu heiraten lohnte sich nicht – er hatte nicht genug. Aber das, was er ihr hinterlassen hatte, wollte sie auch nicht einfach weggeben. Ihr gefiel die Sicherheit, die ihr dieser Notgroschen verschaffte. Die Schwestern wurden wütend. Mit funkelnden Blicken kreisten sie durch die Wohnung, sahen sich alles genau an und suchten sich alle mögliche aus, lauter Nippes, der ihnen angeblich viel bedeutete. Sie nahmen seine Armbanduhr, die Gemälde, Photos, die ihn als jungen Mann zeigten. »Nehmt, nehmt nur«, rief Renate. »Bitte sehr! Er hätte gewollt, daß ihr es bekommt.«

Aber sie wurden nur noch zorniger. Weil Renate ihnen das Geld nicht gab. Hatte sie ihn nicht geheiratet, als sein Todesurteil schon feststand? War die ganze Heirat nicht eine Schande, ein Schwindel?

Sie nahm ihre plötzliche Ablehnung hin. Ich kann es nicht mit ansehen, wie jemand leidet – egal, aus welchem Grund, egal, ob jemand es verdient hat oder nicht. Sie hat mehr gelitten als ich bei Carls Tod. Bei mir mischte sich in den Jammer eine gewisse Verlegenheit. Er läßt mich allein, und daran bin ich nicht gewöhnt. Ich fühle mich nicht wohl, wie peinlich. Also nahm ich mir vor, allen zu zeigen, daß ich damit zurechtkam. Bei all den anderen Todesfällen waren die Verluste bloß unerträgliche Tatsachen, die ich ertragen mußte. Aber Renate war, wie man so sagt, am Boden zerstört. Diese Art Kummer erlebt man, wie wahre Liebe, höchstens einmal im Leben – oder zweimal, wenn Jahrzehnte dazwischen liegen. Beide Gefühle haben praktisch die gleiche Wirkung: totale Beschlagnahmung der Aufmerksamkeit. Jede Minute, die verging, war jetzt eine Minute ohne Sig. Ihn hatte sie verloren, aber nicht ihren Stolz. Sie weigerte sich, vor anderen Leuten zu weinen, weigerte sich, zu klagen, weigerte sich, das ganze Ausmaß ihrer Trübsal zu zeigen. Ihr Kummer blähte sich auf, wenn sie allein war. Er wich nie von ihrer Bettkante, wenn sie zu schlafen versuchte, und wenn sie etwas essen wollte, schnürte er ihr die Kehle zu, und sie konnte nicht schlucken. Sie nahm zwanzig Pfund ab. Ihre Figur gewann dadurch einige bemerkenswerte Konturen. Eine Verbesserung. Selbst ich mußte zugeben, daß Unglück ihr stand.

Das Krematorium wollte wissen, wann die Asche geliefert werden sollte. Renate hatte die billigste Urne bestellt, die zu haben war. Sie hielt nichts davon, Geld für etwas zu verschwenden, das in der Erde verschwinden würde. Sie sagte: Bringen Sie die Asche bitte Samstagabend. Dann lud sie jede Menge Gäste ein und veranstaltete ein Weihnachtsessen. Sie kaufte einen Weihnachtsbaum und brachte ein paar Lichter an. Sie kochte selbst. Die Gäste kamen, weil sie glaubten, Renate brauche in dieser schweren Zeit moralische Unterstützung, aber sie sah aus, als mache ihr der Abend einen Riesenspaß. Niemand merkte, daß sie keinen Bissen aß. Pünktlich um sieben, wie bestellt, während des zweiten Gangs, klingelte es an der Tür. »Einen Moment«, rief sie, ging an die Tür, quittierte den Empfang und legte das Paket unter den Weihnachtsbaum, als wäre es ein Geschenk. Dann kam sie zurück an den Tisch.

Irene war da, und die unbekümmerte Art ihrer Mutter jagte ihr einen furchtbaren Schreck ein. Nachdem die Gäste gegangen waren, wurde Renate bleich. Sie wollte sich nicht ins Bett legen. Ihre Tochter erklärte ihr, sie habe sich in Betten doch noch nie wohl gefühlt, sie solle lieber auf dem Sofa schlafen, wie früher, bevor Sig aufgetaucht war. Das Sofa war teuer, mit Daunen gefüllt. Sie sank darauf nieder, schick zurechtgemacht, als würde sie Gäste empfangen. Und in dieser Haltung, angezogen und aufrecht auf dem Sofa sitzend, konnte sie dann ein bißchen schlafen.

Es war eine Sekretärin in ihrem Institut, der auffiel, daß Frau Doktor Dische leidend war. Sie empfahl ihr, sich in eine psychologische Trauerberatung zu begeben, nannte ihr auch einen Namen und eine Telefonnummer. Renate rief dort an und erkundigte sich, was es kosten und wie lange es dauern würde. Die durchschnittliche Trauerzeit liege bei einem Jahr, sagte der Psychiater, den die Frage ärgerte. Renate rechnete nach. Sie ließ die Therapie bleiben und gab das Geld für neue Kleider aus. Sie sah von Tag zu Tag besser aus – selbst für den Blick des erfahrenen Arztes. Vom Schlummern auf der Couch erholt, schlank, picobello angezogen und mit einem Glanz in den Augen, der von ihrem Kummer kam. Noch vor Neujahr hatte einer ihrer Kollegen etwas gemerkt.

Schließlich doch noch ein richtiger, christlicher Schwarm. Ein Schwan von einem Mann. Sein Kopf saß am Ende eines Halses, der sich krümmte, wenn er nach unten blickte. Er hieß Dr. Swann. Ein Mediziner in Amt und Würden. Sein Spezialgebiet waren die Grundlagen der Anatomie. Er tat das Unsägliche mit ihr in seinem Büro. Es munterte sie ungeheuer auf. Gerüchte über ihr Verhalten machten die Runde. Niemand wollte zugeben, daß sie genau das Richtige tat. Zuletzt gab ich meinen eisernen Widerstand gegen ihre Art, mit Männern umzugehen, auf. Meine Willenskraft war zermürbt. Nachlässigkeit, eine Sünde ... nein, eigentlich nicht. Ich hatte wieder angefangen, das *Time Magazine* zu lesen, und hatte begriffen: Sex war natürlich.

Eines Tages dämmerte es mir: Ich hatte mich an Carl versündigt, hatte ihn zu unnatürlicher Enthaltsamkeit gezwungen.

Vater, ich habe gesündigt. Aber jetzt kann ich nichts mehr daran ändern.

Sigs Schwestern tauchten wieder auf, unter dem Vorwand, der Witwe ihres innig geliebten Bruders einen Besuch abzustatten. In Wirklichkeit wollten sie herausfinden, wie sie das Geld ausgab. Sie sahen die teuren Kleider, und die Empörung loderte in ihren kalten, weißen Gesichtern wie ein Feuer im Schnee.

Sie verlangten, Sig solle bei ihnen beerdigt werden, in ihrer Grabstelle auf dem jüdischen Friedhof von Hartford. Die Familie wolle zusammenbleiben, sagten sie. Aber der jüdische Friedhof wollte ihn nicht, weil er eine Goj geheiratet hatte. Besudelung. Zur Abwechslung galt Renate nun mal als Goj. Sigs Schwestern plusterten sich auf und keiften herum und richteten doch nichts aus. Also fragte

Renate bei unserer Gemeinde, ob sie Sig auf den katholischen Friedhof legen könne. Selbstverständlich nicht. Einen Juden. Niemals. Besudelung. Sig blieb in seinem Behälter. Renate hob ihn in ihrem Wandschrank auf, zusammen mit all den neuen Kleidern.

»Renate«, sagte ich, »ein Geist findet keine Ruhe, solange seine sterblichen Überreste nicht begraben sind.«

Inzwischen lag der Friedhof unserer Gemeinde nicht mehr an einem Waldrand, sondern grenzte an eine Wohnsiedlung. Eines Abends, nach Mitternacht, zogen wir alle Jeans an – außer Liesel, die keine Männersachen tragen wollte und sich in ihren Sonntagsstaat warf. Renate kletterte über den Zaun und öffnete uns das Tor. Wir hatten eine Schaufel, eine Taschenlampe und Sig dabei. Renate grub, bis sie mit der Schaufel an Carls Sarg stieß. Liesel schüttete ihn hinein. Ich vergoß eine Träne. Renate sagte: »Hör auf, Mops, bitte! Du glaubst doch nicht im Ernst, daß das seine Asche ist?! Außerdem war es deine Idee. Ich hätte ihn im Schrank behalten.«

Es war in meinem Todesjahr, 1974. Ich hatte rasende Kopfschmerzen. Renate kam mich oft besuchen. Sie überlegte, ob sie zu mir ziehen sollte, aber ich war dagegen. Ich fürchtete mich vor den Folgen. Sie würde regieren. Und ich würde unter ihrer Herrschaft leiden. Ich wurde krank. Ich mußte Kortison nehmen. Dieses abscheuliche Mittel ruinierte mein Aussehen. Meine Arme wurden dünn, eigentlich so, wie ich sie mir immer gewünscht hatte. Aber mein Gesicht wurde rund, auf dem Schädel ging mir das Haar ganz aus, statt dessen wuchs es auf der Oberlippe. Was für eine schreckliche Zeit, um sich von der Welt zu verabschieden. Ich war doch noch so neugierig. Eines Morgens wachte ich wirklich nicht mehr auf. Ich lag im Koma. Renate war im Nu da und rief den Krankenwagen.

»Wie war's?« fragte Liesel, als sie schließlich auch im Krankenhaus ankam.

»Unvorstellbar. Herrlich!« antwortete Renate. »Der Verkehr teilte sich vor uns. Ich kam mir vor wie Moses bei der Durchquerung des Roten Meeres!«

Ich hatte nichts von der Fahrt, ich war ohnmächtig. Ich bekam die Letzte Ölung – auch davon hatte ich nichts. Nur für einen Augenblick sah ich klarer, als mir jemand einen Finger in den Bauch drückte. Ich hörte mich stöhnen, und dann erkannte ich Irenes Stimme, die auf jemanden einredete, sie sollten mich sterben lassen. Ich war ihr sehr dankbar dafür, war ganz ihrer Meinung und versuchte es auch zu sagen, aber niemand hörte mein Flüstern.

Und so geschah es, daß ich eines Tages aufwachte und gar nicht im Himmel war, sondern in einem Krankenhauszimmer, zusammen mit einer farbigen Frau, die noch älter war als ich. Zwei Wochen mußte ich mit ihr zusammenbleiben. Sie stammte aus Jamaica, eine Putzfrau, die mir erzählte, sie habe soviel geraucht, wie sie sich leisten konnte, und soviel getrunken, wie sie stehlen konnte – bei Alkohol war sie wählerisch. Sie ging auf die Hundert zu, und ihre Augen waren besser als meine, ihr Appetit auch. Sie sagte, es liege daran, daß sie nie geheiratet habe, und ich dachte: Vielleicht hat sie recht. Wir verbrachten eine schöne Zeit zusammen, während wir uns von unseren Krankheiten erholten. Wir sahen fern, aßen unser Essen und unterhielten uns über das Leben. Aber als ich dann nach Hause konnte, fragte ich sie nicht nach ihrer Telefonnummer und wußte, ich würde sie nie wiedersehen. Manche Freundschaften haben ihre Grenzen.

Zu Hause kam ich bald wieder zu Kräften. Ich konnte wieder in die Kirche gehen. Das Haar wuchs, sogar üppig, in einem hübschen Dunkelbraun. »Siehst du«, sagte ich zu Renate, »noch nie habe ich es färben müssen.« Ihr Angebot, mir eine neue Garderobe zu besorgen, nahm ich an.

Drüben in New York verwandelte sich Sigs Apartment nach und nach in Renates Zuhause. Sie brachte keine Steaks auf den Tisch, kümmerte sich nicht mal um regelmäßige Mahlzeiten, und sie schlief immer auf dem Sofa, wie früher, als sie noch mit Dische zusammenwohnte. Sie verfiel wieder in ihre alte Lotterwirtschaft. Ihr Schwan ging mit ihr in Hotels. Sie besuchte mich oft. Wieder fing sie davon an, sie wolle zu mir ziehen. Ich wollte nicht. Sie würde mir auf die Nerven gehen. Sie würde meinen ganzen Tagesablauf durcheinanderbringen. Mal sehen, dachte ich, wie es mit ihrem Schwanendoktor weitergeht. Und dann schwamm er plötzlich davon.

Es war nicht bloß Kummer, es war schlimmer – verletzter Stolz. Plötzlich saß sie mit ihren Gefühlen auf dem Trockenen. Sie fackelte nicht lange. Sie sorgte dafür, daß sich in Kollegenkreisen herumsprach, sie sei auf der Suche nach einer neuen Stelle. Ich war stolz auf sie: Sie bekam viele Angebote und hatte die freie Auswahl. Sie wollte es mit Kanada probieren. In Nullkommanichts hatte sie die Koffer gepackt und zog nach Toronto, wo sie ihr frisch geerbtes Geld in ein hübsches Haus steckte. Keine Rede mehr davon, bei mir einzuziehen. Ich sah sie jetzt kaum noch.

Ich blieb allein in New York zurück – mit Dische.

Dische verschwand nie von der Bildfläche, immer bereit, zu Renate zurückzukehren. Eine Zeitlang hatte er eine Freundin, eine Chemikerin, aus Norddeutschland gebürtig, früher BDM-Führerin, blond und laut, auf die Fünfzig zugehend, mit blauen Augen, die aussahen wie Löcher in einem ausgehöhlten Kürbiskopf, aus denen der Ehrgeiz in seiner verbissensten Form hervorstrahlte – der Altersehrgeiz. In jungen Jahren hatte sie sich mit einer Karriere auf niedrigem Niveau zufriedengegeben. Aber ab einem bestimmten Punkt wollte sie partout besser sein als andere. Nun ging es bei allem, was sie tat, um Überlegenheit. Zog sie sich beim Kochen eine Schürze an? Dann waren

Schürzenträger denen, die keine trugen, ästhetisch überlegen. Hatte sie eine Vorliebe für herumstreunende Katzen? Dann war Liebe zu herumstreunenden Katzen ein Zeichen moralischer Überlegenheit. Ihr Name paßte zu ihrem Temperament: Gudrun. Mir ist in meinem ganzen Leben keine bescheidene, gutherzige Gudrun begegnet. Sie wollte mehr sein als eine mittelmäßige Chemikerin im mittleren Alter. Der Ehrgeiz trieb sie in das Bündnis mit dem alten Dische, weil er ihr so viele Gelegenheiten verschaffte, weil er sie mit wichtigen Leuten bekannt machte. Sie war geschieden, und die Männer standen nicht gerade Schlange, um ihrer Gunst teilhaftig zu werden, aber Dische betete sie an, sprach ganz selbstverständlich von ihrer großen Schönheit, als handele es sich um eine unumstrittene Tatsache. Aber von ihrer Begabung sprach er nie. Statt dessen schwärmte er Gudrun etwas von seiner Ex-Frau vor – von ihrer kultivierten Art, ihrem Klavierspiel, und dann das Schlimmste: immer nannte er sie Doktor Dische. Außerdem war da noch die andere Dische, seine Tochter, die Eigentumsrechte an ihrem Vater geltend machte, auch wenn er umgekehrt auf solchen Rechten nicht bestand. Gudrun konnte Irene nicht ausstehen, weil sie ihrem Vater zu sehr ähnelte. Sie sah aus wie er, hatte seine sonderbar ungleichen Augen und sein langes Gesicht. Sie war auch genauso schlampig wie er. Aber nicht so intelligent. Zur Biochemikerin taugte sie nicht. Als Scheinehemann war Dische in Gudruns Augen eine Blamage. Seine Tischmanieren, sein Geiz. Sie gingen zusammen einkaufen, und da weigerte er sich doch tatsächlich vor der Kassiererin und allen Leuten, sein Portemonnaie herauszuholen, und ließ sie zahlen. Ein alter Mann ohne Geld ist wirklich nicht attraktiv. Sie kümmerte sich um ihn, solange sich der Aufwand in Grenzen hielt – kochen, ein bißchen putzen, wie bei einem normalen Ehemann – und solange er sich mit gesellschaftlichem Ansehen revanchieren konnte. Als er wirklich krank wurde, ließ sie ihn fallen. Sie dachte, Dische zu Dische – sollen sich die anderen schrecklichen Disches um ihn kümmern.

Ständig träumte er davon, nach Fort Lee zu kommen. Er rief mich an und beschwatzte mich so lange, bis ich ihn zum Essen einlud. Er kam mit dem Bus von Manhattan, als wäre ich immer noch seine Schwiegermutter, setzte sich an den Tisch, lauschte dem Tischgebet mit gesenktem Kopf, um seinen Respekt zu bezeugen, und dann langte er zu. Er sprach über seine Forschungsarbeit, über Politik, und ich achtete auf die Ränder und Anschlüsse von dem, was er sagte, damit ich wenigstens mitbekam, wovon die Rede war. Im übrigen sagte ich mir: Das hat dir Gott auferlegt – Dische eine Stunde von deiner Zeit opfern. Aber dann wies mich Liesel auf ihre schelmische Art zurecht: »Mir machen die fünf Stunden, die ich für ihn koche und saubermache, gar nichts aus.« Sie wollte damit sagen, daß sie mehr tue als ich. Aber das tat sie nicht – sie brauchte sich schließlich nicht mit ihm zu unterhalten.

Im übrigen muß ich zugeben, daß ich eine Stunde, die ich mit irgendwas zubrachte, kaum noch wahrnahm. Die Zeit hatte ihre Röcke gerafft und jagte einfach weiter. Die Jahre rasten jetzt in einem solchen Tempo vorbei, daß mir der Fahrtwind das Gesicht auseinanderblies. Bald war ich über die Neunzig hinaus. Carlchen wohnte bei mir, und Irene kam gelegentlich vorbei. Sie hatte einen Freund, ein Muskelprotz, aber intelligent, der wahrscheinlich Sex von ihr wollte. Einmal fragte ich sie danach, aber sie sagte nichts. Da schüttelte ich mich und sagte: »Brrrr – ich finde Sex abscheulich.« Aber sie sagte immer noch nichts, deshalb wußte ich nicht, ob sie auch meiner Meinung war oder nicht. Ich dachte immer, sie sei mir in dieser Hinsicht ähnlicher als Renate. Aber damals war es nur eine Vermutung. Damals ließ sie sich auf Vertraulichkeiten nicht ein. Sie hatte viele Freunde, über die sie mir nichts sagte. Aber ich akzeptierte sie. Einmal tauchte sie mit einem sehr großen Herrn auf, einem Freund vom College. Sofort deckte ich den Tisch für die beiden, mit Kaffee und Liesels allerbesten Plätzchen. Wir plauderten. Es war sehr nett. Als sie mich danach fragten, erzählte ich dem Besucher ein paar von meinen Kriegsgeschichten, die ihn anscheinend sehr interessierten. Irgendwie kamen wir von da auf Kriminalität zu sprechen, und ich sagte ihnen, daß meiner Meinung nach die Puertoricaner für den größten Teil der kriminellen Gewalttaten in New York verantwortlich sind. Ich kam beim Reden ein bißchen in Fahrt, und plötzlich fiel mir ein, daß Irenes Freund womöglich selbst Puertoricaner war. Das ist der Nachteil, wenn man schlecht sieht – man kann die Hautfarbe nicht so gut erkennen. Ich starrte ihn an und war mir nicht sicher. Schließlich fragte ich ihn einfach: »Sie sind doch nicht selbst Puertoricaner, oder?« Zu meiner Erleichterung lachte er fröhlich und sagte: »Nein, Ma'am.« An der Art, wie er es sagte, erkannte ich, daß er ein Neger war.

Irene und ich vertrugen uns damals gut. Sie war stolz auf mich, und bei der nächsten Gelegenheit nahm sie mich beiseite und versicherte mir, ihr Freund habe mich ganz entzückend gefunden, dabei sei er in Harvard der stellvertretende Vorsitzende von einem Verein namens Black Panthers. Danach brachte sie ihre Freunde oft mit, und ich deckte immer den Tisch und sorgte dafür, daß sie sich wie zu Hause fühlten. Irene ermunterte mich, von früher zu erzählen. Sie sagte, ich sei eine geborene Geschichtenerzählerin, und meinte, ich solle unbedingt alles aufschreiben. Aber ich hatte viel zuviel zu tun.

In dieser Zeit kam Renate aus Kanada zurück und zog nun doch zu mir. Liesel wohnte natürlich auch im Haus und versuchte ständig, das Heft in die Hand zu bekommen. Renate bestand darauf, daß wir ihr ein neues Bett kauften, obwohl Liesel keines wollte und ihre harte, knubbelige Matratze, die einem Nagelbrett ziemlich nahe kam, viel lieber hatte. Renate räumte meinen praktischen, alten Speicher aus und ließ sich dort ein Zimmer mit Bad einbauen. Sie hatte manchmal solche Anfälle von plötzlichem Tatendrang.

Nachher war es dann wie früher – Renate wohnte wieder unter meinem Dach, bloß daß sie jetzt auf die Siebzig zuging. Sie hatte noch einiges vor sich – mit all den Demütigungen, die auch dazugehörten. Aber sie war jetzt Professorin an der Columbia University, verdiente einen Haufen Geld und kümmerte sich um mich. Wir waren wie zwei gute alte Freundinnen. Ich fand wieder Gefallen an meinem Aussehen. Ich war schlank, und die Gefahr, daß ich wieder zunahm, war gering, denn Essen machte mir längst nicht mehr so viel Spaß wie früher. Statt dessen kaufte ich mir Kleider. Renate war einverstanden. Sie wurde mit jedem Augenblick einsichtiger. Sie sagte: »In den ersten fünfundzwanzig Jahren sieht man ohne Kleider besser aus. Dann sieht man zehn Jahre lang mit oder ohne Kleider gut aus. Und für den Rest des Lebens sieht man dann mit Kleidern besser aus.«

»Trotzdem ist es keine Schande, wenn man sich auszieht«, sagte ich. »Ich schäme mich für meinen Körper nicht so wie du, Renate.«

Als mein neunzigster Geburtstag bevorstand, sagte Renate: »Mops, was soll ich dir schenken?« Und ich antwortete ohne Zögern: »Einen neuen Hut.«

Sie führte mich in das feinste Hutgeschäft von Manhattan und sagte: »Such dir einen aus.« Dem Verkäufer sagte sie: »Meine Mutter braucht einen Hut, der ihr steht.«

Der Verkäufer war jüdisch. Er sagte: »Ich habe genau den richtigen Hut für Ihre Gesichtsform, Madam.« Behutsam, als enthielte sie die Juwelen der Königin, stellte er eine

Hutschachtel vor mich hin. Darin lag ein Hut aus Kaschmir und Nerz, mit einer breiten Krempe, das dunkle Braun, das mir immer so gut stand. Er kostete achthundert Dollar. Renate schluckte. Ich sagte: »Renate, im Unterschied zu dir werde ich auf diesen Hut gut aufpassen. Ich werde ihn noch viele, viele Jahre tragen.«

Ich machte nur Spaß. Ich lehnte den Hut natürlich ab, und sie bestand natürlich darauf, daß ich ihn nahm. Es ist immer noch ein hübscher Hut. Irene hat ihn noch nicht gesichtet. Sie hat ihn noch nicht verkauft, noch nicht verschlissen, noch nicht verloren, noch nicht in den Dreck fallen lassen. Er liegt, während ich dies schreibe, noch immer in meinem Hutfach in Fort Lee und bringt mit seiner stillen Pracht den ganzen Schrank zum Glänzen.

Plötzlich jedoch wurde mir langweilig. Es war ein komisches Gefühl. Ich hatte so etwas noch nie erlebt. Es geschah an einem dieser phantastischen Tage im späten Frühjahr, die es in Amerika gibt. Im Garten war ein Wirbel wie auf einem Karussell, so schnell wuchs alles. Das Sonnenlicht strömte herunter, Vögel schossen durch die Luft, im Haus summten Insekten – alles war in Bewegung, bloß ich nicht. Ich wollte nicht essen, ich wollte nicht *As the World Turns* sehen, ich wollte auch nicht, daß sich jemand für mich einen Film ansah und mir erzählte, was darin vorkam. Ich war es satt – alles, den Garten, das Haus, meinen Körper. Mein Leben selbst war ich satt, und eigentlich war es mir auch egal, ob Renate da war oder nicht. Ich fand alles einfach nur langweilig, und ich sagte es Renate.

Sie war eine begabte Ärztin. Sie hätte sich mit dem ganzen anderen Kram gar nicht abgeben sollen – Biochemie, Spezialisierung auf tote Kinder und Herzkrankheiten. Sie verstand, daß ich nicht einfach sagte, ich würde mich langweilen, sondern daß ich Abschied nahm. Sie küßte mich.

»Ich küsse dich nicht oft, Mops, nicht wahr? Aber jetzt ist mir danach. Ich hoffe, du hast nichts dagegen.« Sünde der Bescheidenheit, schon wieder. Ich sagte es ihr nicht. Ich sagte nur: »Ich habe es gern, wenn du mich küßt.«

In dieser Nacht dachte ich lange und angestrengt über mein Leben nach. Mit anderen Worten, ich rief mir meine Sünden ins Gedächtnis. Sie waren zahlreich, und wie bei den meisten Leuten waren es meistens Wiederholungen, immer wieder die gleichen Sünden, nichts Hervorstechendes. Meine Seele bot keinen besonders schönen Anblick, aber sie war auch nicht ganz schlecht. Sie war eine gewöhnliche Seele. Bis mir ein winziger Vorfall einfiel, den ich vollkommen vergessen hatte.

Als ich acht war, ging ich zum erstenmal zur Beichte.

Ich trug ein weißes Kleid und hatte eine große weiße Schleife in mein dichtes kastanienbraunes Haar gebunden. Vorher hatte ich gebadet, ich war noch nie so sauber gewesen – und noch nie so verschreckt. Ich kniete im Beichtstuhl. Der Priester war freundlich. Er war kein Schimpfer. Er hörte zu und verstrahlte Gottes guten Willen. Segne mich, Vater. Ich habe gesündigt in Gedanken, Worten und Werken. Ich sagte ihm, ich sei zornig und neidisch gewesen und hätte das schöne Spielzeug meiner Schwester begehrt. Ich frisierte meine Rede und verfälschte sie. Und das Wichtigste ließ ich weg, wie ich mir kaum eine Stunde vorher in der Badewanne die Unterhose ausgezogen und den verbotenen Bezirk meines Körpers mit dem Finger berührt hatte, und daß er mich auf eine ganz besondere Art darum gebeten hatte, ihn zu berühren und nicht damit aufzuhören, und daß ich dieser Bitte, diesem Verlangen ohne weiteres nachgegeben hatte und daß erst die näherkommenden Schritte des Kindermädchens meinem Spiel ein Ende gemacht hatten. Als sie hereinkam, log ich ganz unverfroren, ich hätte meine Unterhose im Wasser »verloren« – und diese Sünde beichtete ich, die Sünde der

Lüge, aber der Priester hatte nicht nach der Art der Lüge gefragt, und so lastete die schwarze Sünde, die Todsünde, weiter auf meinem Gewissen. Und dann hatte ich eine zweite Todsünde begangen, indem ich trotz allem zur ersten heiligen Kommunion ging, nach einer unvollkommenen, unvollständigen Beichte, und auch das, daß ich mit einer schmutzigen Seele zur Kommunion gegangen war, hatte ich nie gebeichtet, achtundachtzig Jahre lang nicht, so daß ich eigentlich mein ganzes katholisches Leben im Abgrund der Todsünde verlebt hatte und der Verdammnis anheimfallen würde.

Aber selbst das ließ es mir nicht geboten erscheinen, einen Priester zu rufen und zu beichten. Nichts. Ich war es leid. Zu Renate sagte ich noch einmal lachend: »Komisch, aber mich interessiert einfach alles nicht mehr.« Sie setzte sich zu mir aufs Bett, auf Carls Seite, und sagte, sie würde ein bißchen lesen, einfach um bei mir zu sein. Zwischen uns lag das Kopfkissen mit dem Rosenkranz meiner Mutter darauf, und später nahm ich den Rosenkranz und spürte an ihm auch die Finger meiner Mutter.

Kurz danach wurde ich bewußtlos. Renate war ganz nah neben mir. Sie sah mich an, und dann seufzte sie und stand auf und sagte Liesel Bescheid. Sie brachte mich nicht ins Krankenhaus auf die Intensivstation zu den lebenserhaltenden Maschinen. Sie ging in den Keller und holte die Flasche Himbeergeist, die ich für einen besonderen Anlaß aufgehoben hatte. Sie bekam die Wachsversiegelung nicht auf, mußte sie am Ende mit meinem elektrischen Dosenöffner absprengen. Dann nahm sie mich mit Liesels Hilfe in den Arm und fütterte mich mit einem Löffel. Ich spürte die berauschende Süße und das köstliche Brennen im Mund, als ich schluckte. Zuletzt war ich wie ein Priester, durfte teilhaben am heiligen Blut. Wie es Renate erwartet hatte, brachte der Geist der Himbeeren mein gelangweiltes altes Herz zum Stillstand. Renate – voll der Tugend, Mut und Freundlichkeit. Mein Körper lag in ihren Armen, und meine Seele ging davon. So zeigte sich nach dem vielen Herumraten, daß 1987, als ich sechsundneunzig war, tatsächlich mein letztes Jahr gewesen sein sollte.

Nachher ging das Leben natürlich weiter. Ich will keine Pause machen, wo keine hingehört, keine Schweigestelle, keine schwarze Seite, keine leere Zeile. Als Erinnerung besaß ich viel Kraft. Renate blieb in meinem Haus wohnen. Carlchen zog zu ihr. Er war sehr still, redete nicht gern. Irene war nach Deutschland zurückgegangen – darauf und all die schauderhaften Einzelheiten komme ich noch. Dische kam zu meiner Beerdigung auf Krücken, mit verwirrtem Blick. Er mochte keine Toten ansehen. Aber wenig später war er selber einer. Er hatte einen unordentlichen Tod, passend zu seinem Leben. Ein großes Durcheinander. Er quälte alle mit seinem Hirn, weil es jetzt anfing zu verfaulen. Er verbrachte seine Tage damit, herauszufinden, wo er war, als sei das ein kompliziertes wissenschaftliches Rätsel – was es in Wirklichkeit ja auch ist. Es war eine Erlösung für alle Beteiligten, als er aufhörte, zu essen und zu trinken.

Seine Asche wurde als Warensendung nach Fort Lee geschickt, wo Liesel mit der Zunge schnalzte und sie dann auf die Veranda stellte, zwischen ein paar Topfpflanzen und ein paar Bücher, die keiner lesen wollte – außer ihm vielleicht, wenn er noch gekonnt hätte, altgriechische Stücke. So trug er schließlich doch noch einen Sieg davon, denn er blieb jahrelang dort, als Päckchen auf der Veranda. Und es war Liesel, die dann die Veranda mit ihm teilte, als sie sich zehn Jahre später, und ebenfalls sechsundneunzig Jahre alt, dort zur Ruhe legte. Sie wollte unbedingt dort liegen. Sie war zermürbt, war das Leben satt und bat Gott, er möge sie holen, und war wütend auf ihn, weil sie nicht mehr arbeiten konnte. Renate bezahlte eine Betreuung rund um die Uhr für sie, und Liesel meckerte in einem fort an den Pflegerinnen herum. Und dann konnte sie irgendwann auch nicht mehr meckern. Es stellte sich heraus, daß sie im Krieg, als wir schon in Amerika waren und sie noch bei ihrem Priester in Breslau arbeitete, einiges riskiert hatte. Sie hatte ein älteres jüdisches Ehepaar im Keller des Priesters versteckt, hatte den beiden ihre Fleischzuteilung überlassen und alles mögliche für sie aus der Speisekammer geklaut. Der Priester hatte es nie herausgefunden, und das Ehepaar hatte überlebt und die Geschichte erzählt. Aus Israel kam ein Journalist, um Liesel zu interviewen. Sie war winzig und grimmig wie immer. Sie saß aufrecht auf einem Stuhl, und der junge Mann setzte ihr zu mit seinen sachkundigen Fragen über die Zeit damals, aber sie antwortete immer nur: »Ich weiß nicht mehr« – und schließlich rief sie: »Was spielt das denn für eine Rolle, was ich getan habe?!« Sie schickte ihn weg. Sein Hemd habe so eine häßliche Farbe gehabt, sagte sie, gelb – scheußlich. Dann konnte sie nicht mehr aufrecht sitzen. Fünf Tage lang lag sie im Bett und sang Kirchenlieder aus ihren Kindertagen, und schließlich hatte Gott mit ihr Erbarmen, oder er konnte den Singsang nicht mehr ertragen. Er setzte jedenfalls ein Zeichen und ließ den zweiundzwanzigsten November auch ihren letzten Tag sein, wie bei John F. Kennedy. Ihre Beerdigung war so bombastisch wie meine, auf dem katholischen Friedhof von Fort Lee, und man legte sie direkt auf mich. Da liegen wir nun gestapelt. Die schöne Aussicht ist verschwunden. Der Garden State hat direkt hinter dem Friedhof noch eine Autobahn gebaut. Die Gemeinde mußte den großen Rasen vor der Friedhofskapelle für eine neue Zufahrt zum Parkplatz verkleinern, so daß jetzt eine Betonstraße zehn Zentimeter neben meiner letzten Ruhestätte vorbeiführt.

Aber wo war ich stehengeblieben?

Ich muß die Sache mit Renate erklären. Ich behielt sie im Auge, als ich nicht mehr auf Erden war. Nachdem ich meinen letzten Atemzug getan hatte, nahm sie mir die Goldkette, die schon meine Mutter getragen hatte, vom Hals und legte sie um ihren eigenen. Das gab ihr einen gewissen Schutz – keinen vollständigen, aber immerhin. Es dauerte einige Zeit, bis sie sich daran gewöhnt hatte, daß ich nicht mehr da war und herumkommandierte. Aber schließlich war es soweit, und es machte ihr Spaß, das Zepter zu übernehmen. Sie trug meine Kleider und führte meinen Haushalt. Um Liesel kümmerte sie sich, als wäre sie nicht die Haushälterin, sondern ihre zweite Mutter. Als herauskam, daß Liesel sich heimlich mit einem Anwalt beraten hatte, weil sie ein Testament schreiben und alle ihre Ersparnisse – mehr als meine – Carlchen vermachen wollte, fing Renate Streit mit ihr an, sie solle es ihrem eigenen Fleisch und Blut, ihrer Nichte Friedel, vermachen, aber Liesel sagte: »Nein!« Sie wurde Carlchens reiche Tante. Im Grunde hatte Liesel in der Familie still und heimlich schon seit Jahren die Zügel der Macht in der Hand gehabt. Jetzt sehe ich das ganz deutlich. Und Renate übernahm sie von ihr und hielt sie fest. Ihrer Tochter wollte sie sie nicht überlassen. Als Liesel nicht mehr da war und mit dem Schutz, den ihr mein Schmuck bot, wurde Renate der Superman der Familie. Alle waren von ihrer Unterstützung abhängig, finanziell und emotional. Selbst die jungen Pathologen taten anscheinend keinen Schritt, weder beruflich noch privat, ohne sie um Rat zu fragen. In solcher Herrlichkeit erreichte sie schließlich das Alter von siebzig Jahren. Irene sorgte für Enkelkinder. Renate wurde Oma. Jeder verehrt eine Oma. Verbiesterte, mittelalte Männer nicht ausgeschlossen. Kurz, sie amüsierte sich köstlich.

Eines Tages rief sie Irene an, die nach wie vor ihre Vertraute war, und sagte: »Ich habe einen Mann kennengelernt.« Irene seufzte. Viele Männer waren in ihrer Nähe herumgestiefelt, alle unpassend. Renate fuhr fort: »Aber er will nur das Eine. Deshalb bin ich nicht interessiert. Ich wollte es dir nur sagen.«

Mehrere Wochen blieb Renates täglicher Anruf aus. Schließlich rief Irene bei ihr an, sehr besorgt. Aber Renate klang munter und fröhlich. »Erinnerst du dich noch an den Kerl, von dem ich dir erzählte?«

»Ja, der nur das Eine wollte.«
»Ja.«
»Und?«
»Na ja, vielleicht will ich auch nur das Eine.«

Es war mein Werk. Manchmal kann selbst eine Erinnerung Berge versetzen. Ich hatte mich mit ihrem unersättlichen Appetit auf jüdische Männer und ihrer Bereitschaft, ihren Körper anderen zu überlassen, abgefunden. Ich hatte die zufällige Begegnung im Laborsaal arrangiert. Ich schickte ihr einen Abraham.

Abraham war der Sohn von Simon, einem dicken, aus Brooklyn gebürtigen koscheren Metzger, und von Sarah, die aus Krasnystaw stammte und Englisch sprach, als hätte sie den Mund voll kochend heißem, duftendem Bigosch. Sie kniff dabei die Augen zusammen und ließ die Wörter nur einzeln über die Lippen, während ihr vor lauter Anstrengung der Schweiß auf die Stirn trat. Sie war schüchtern und wollte sich niemandem aufdrängen. Nie hat jemand sie das Wörtchen »ich« benutzen hören. Wenn man sie dazu drängte, sagte sie manchmal ein paar Worte über das Essen, sofern sie es nicht selbst gekocht hatte, oder über das Wetter, über die Gesundheit ihres Mannes, über die Leistungen ihrer Kinder. Aber eines Tages, während eines Pessach-Essens, bei dem eigentlich niemand reden sollte, sagte sie laut und vernehmlich: »Mir fehlt so die Heimat.« Alle sagten, sie sei meschugge, aber sie meinten es nett. Simon war normal, und er liebte Sarah, weil sie so schüchtern war und so klein. Sie war die kleinste Frau, die ihm je begegnet war, sie reichte ihm bis zur Schulter, und er war nur einsfünfundsechzig. Ihre vier Kinder wuchsen zu normaler Größe heran. Als sie noch in die Grundschule gingen, überragten die beiden Jungen ihre Eltern, aber sie duckten sich vor ihnen. Sie lebten unter der Knute der Religion. Sarah disziplinierte sie mit Tränen, Simon mit der Bibel. Abraham war der Älteste und sollte entweder Rabbi werden oder die Metzgerei übernehmen. Er sah nett aus, mit schwarzen Locken, ein angenehmes Gesicht mit freundlichen Augen. Er war ein glänzender Schüler in der High School, aber er rebellierte und wollte keinen der beiden ihm vorbestimmten Berufe ergreifen. Seine Eltern ließen sich auch auf das Drittbeste ein – er wollte Arzt werden.

Obwohl er seine Sache am Gemeinde-College gutmachte und nachmittags noch im Laden aushalf, wollte ihn keine medizinische Hochschule nehmen. Also wurde beschlossen, er solle nach Deutschland gehen. 1933 fing er in Berlin mit dem Medizinstudium an. Das ging nicht lange gut. 1934 übersiedelte er von Berlin nach Basel, zusammen mit einem Mädchen aus Berlin. Beide machten sie 1936 ihr Examen, und er nahm sie mit zurück nach New York. Sie stammte aus einer bürgerlichen jüdischen Familie in Deutschland, und man kann sich vorstellen, was für ein Schock es war, als sie all diesen Schtetl-Leuten begegnete. Die beiden hatten es nicht eilig, die Angehörigen des Mädchens mit all den Brüdern und Schwestern nach New York einzuladen (und die Überfahrt zu bezahlen). Und eines Tages waren sie alle tot. Seine Frau gab Abraham die Schuld am Tod ihrer Verwandtschaft und nicht den Nazis. Sie wollte ihm nicht die Ehre antun, Kinder von ihm zu bekommen. Sie verbitterte immer mehr und spezialisierte sich auf die Psychiatrie.

Als Simon, Abrahams Vater, starb, stellte sich heraus, daß er nicht nur Fleisch in Würfel geschnitten, sondern auch ein bißchen mit Immobilien spekuliert hatte. Seiner Frau Sarah hinterließ er ein beträchtliches Vermögen, doch die hatte nichts davon, denn sie starb aus lauter Kummer kurz nach ihm. So wurde Abraham schon als junger Mann sehr reich. Er sah in dem Geld einen Beweis für seine Überlegenheit, aber seinen Respekt vor Hippokrates und seiner Berufung verlor er nicht. Er war ein tüchtiger Kardiologe. Seine Frau verlor alle Freude an der Medizin. Der menschliche Körper interessierte sie nicht mehr, und besonders widerwärtig war ihr derjenige ihres Mannes. Seine Locken hatten sich weit zurückgezogen und eine schmale, sogar eckige Stirn freigelegt, die sie um keinen Preis sehen wollte. Ihr eigenes Haar blieb schwarz und prachtvoll, eine Perücke. Sein Fleisch sackte. Das ihre stützte sie ab und haßte ihn, weil er vor ihren Augen alt wurde. Der Tod ist um ihn, dachte sie – auch ihren Eltern hatte er ja den Tod gebracht. Sie zogen in ein *brownstone* bei den Rockefellers schräg gegenüber. Dort »bewirtete« sie, wie sich Abraham ausdrückte, ihre Patienten, und sie führten ein Leben in eisiger Herzlichkeit. Vergeblich versuchte sie ihm ein schlechtes Gewissen wegen seines Reichtums zu machen, aber es gelang ihr, ihn in eine Anspruchslosigkeit zu zwängen, die ihm nach zwanzig Jahren zur Gewohnheit wurde. Sie besaß einen einzigen Mantel, einen leichten Frühjahrsmantel. Im Winter zog sie darunter einen Bademantel an. Als Hut trug sie ihren Teewärmer. Seine Sachen waren fadenscheinig, aber er ging sorgfältig mit ihnen um und hatte eine gute Figur, so daß sie trotzdem gut aussahen. Sie starb, kurz nachdem sich der Krebs in ihrer Bauchspeicheldrüse eingenistet hatte, und er vermißte sie.

Er war einsam, er hatte das jahrelange Training überwunden und sich neu eingekleidet, und er fühlte sich in Gegenwart einer jüngeren Frau nicht jünger, sondern, im

Gegenteil, älter, und fand deshalb eine Frau aus seiner eigenen Altersgruppe nicht abstoßend – lauter Eigenschaften, die ihn zu einer guten Partie machten. Seinen Reichtum hielt er weiterhin streng geheim, fühlte sich durch ihn immer noch überlegen, wie gesalbt. Aber teilen wollte er ihn mit niemandem. Er protzte nicht mit dem Etikett in seinem teuren Kaschmirmantel. Die Frauen, mit denen er sich verabredete, führte er in die billigsten, ordinärsten Lokale der Stadt. Sie rochen den Braten – ein kinderloser Kardiologe, du lieber Himmel, der mußte im Geld schwimmen. Aber keine wäre auch nur im Traum auf die Millionen des Metzgers gekommen. Alle Frauen, die er einlud, bestellten sich entweder das Roastbeef oder die Hühnerbrust in Marsala, die einzigen teuren Gerichte auf der Speisekarte, und dann lud er sie nicht noch mal ein, sondern sah sich weiter um. Schließlich begegnete ihm Renate, und die bestellte sich ein Sandwich – Speck, Salat, Tomate auf getoastetem Weißbrot mit viel Mayonnaise zum Sonderpreis von zwei Dollar neunundneunzig mit Coleslaw als Beilage. Das aß sie mit großem Genuß. Ihm gefiel, daß sie deutsch war. Ihm gefiel auch die große Nase, die glücklichen Augen, ihre Beweglichkeit, ihre Leidenschaft für die Medizin. Ehe er begriffen hatte, daß sie gar nicht richtig jüdisch war, hatte er sich bis über beide Ohren in sie verliebt.

Ich habe es erwähnt, jenseits der Siebzig, wenn man keinen schweren Unglücksschlag erlitten hat, wird das Leben so lustig wie mit zwanzig, sogar noch lustiger. Abraham war einer von vielen alleinstehenden Männern, die sich in dieser Zeit für Renate interessierten, und er war romantisch und sah gut aus. Außerdem war er gesund und sprach nicht ständig von seinen Malaisen – er hatte nicht mal welche. Er ging gern in die Oper, er las die *New York Times*. Von Anfang an wollte er, daß Renate zu ihm in sein luxuriöses Brownstone zog. Und sie war schon bereit, ihn zu heiraten, als er sie noch längst nicht gefragt hatte. Als er sie dann auch später nicht fragte, sondern nur einlud, bei ihm zu wohnen, wollte sie die Beziehung beenden. Er bettelte. Sie weigerte sich, zu ihm zu ziehen, solange sie nicht verheiratet waren. Sie sagte, ihre Kinder würden es mißbilligen – eine Mutter, die in der Sünde lebte. Er sträubte sich, weil sie eine Schickse war.

Zuletzt gab er klein bei, aber nur unter der Bedingung, daß sie sich vorher schriftlich verpflichtete, nie auch nur einen Penny aus seinem Vermögen zu beanspruchen, das statt dessen an einige entferntere Verwandte gehen sollte. Renate war gekränkt, aber sie unterschrieb. Ein Hochzeitsdatum gab es noch immer nicht. Auch nachdem sie diesen Beweis ihrer echten Zuneigung erbracht hatte, prüfte er sie jeden Tag von neuem. Er weigerte sich, ihr Geschenke zu machen. Ihm fiel ein, sie könnte auf die Idee kommen, ihre Kinder in sein Haus zu holen, denn es war groß genug, und ergriff eine Vorsichtsmaßnahme. Obwohl die Zeit dafür ganz ungünstig war, verkaufte er das Haus mit großem Verlust und zog in eine Wohnung ohne Gästezimmer. Er sagte ihr, er würde für die Miete aufkommen und die Rechnungen bezahlen, aber das sei alles.

Er stellte sie seiner Familie vor. Renate gefielen die Leute sehr, und sie gefiel ihnen. Großzügige, einfache Menschen, die sie an Carls Verwandtschaft in Leobschütz erinnerten. Renates Herkunft, rassisch unrein, war ihnen egal, und sie fand nichts dabei, daß sie ungebildet waren. Sie liebte ihre Wärme, und ihnen gefiel Renates Herzlichkeit, und der brummige Onkel Abe lächelte die ganze Zeit in ihrer Gegenwart, und so drängten sie ihn, sie schnell zu heiraten. Er war verliebt in sie, aber schenken wollte er ihr nichts.

Sie wünschte sich noch immer eine Perlenkette. Ihr Leben lang hatte sie von einer dicken Perlenschnur um ihren Hals geträumt. Im Laufe der Jahre hatte Dische ihr eine geschenkt, aber sie war sich sicher, daß die Perlen falsch waren. Ihren Sig hatte sie nie um eine gebeten, weil er sie so sehr liebte, daß sie keinen Beweis brauchte. Sie hatte es lieber gesehen, wenn er das Geld für sich ausgab. Aber hier war nun endlich ein Mann, der sich diese Perlenkette ohne weiteres leisten konnte. Und der sagte nein. Kein Schmuck. Nicht mal ein Hochzeitsring. Sie bohrte, bis er schließlich nachgab und ihr einen silbernen Ring für zwanzig Dollar kaufte. Sie war zweiundsiebzig, als sie ihren Ehemann Nummer drei heiratete.

Nun begann wieder ein geordnetes Leben mit einem großen Doppelbett, regelmäßigen Mahlzeiten und politischen Vorstellungen, die man als realistisch bezeichnen könnte, daß nämlich farbige Leute kleinere Gehirne haben und daß es in diesem Punkt nichts zu diskutieren gibt, weil es eine feststehende, bewiesene Tatsache ist. Renate identifizierte sich mit den Farbigen, weil sie unterdrückt waren, so ähnlich wie es ihr selbst wegen ihrem rassischen Hintergrund ergangen war – vergib mir, Herr, daß ich nach unten geheiratet habe –, und es war ihr egal, daß ihre Gehirne kleiner waren, sie vergaß es genauso schnell, wie wenn man ihr gesagt hätte, die Deutschen hätten größere Lebern.

Und so führten sie und Abraham eine gute Ehe. Zwar redeten sie sich andauernd mit falschen Namen an, aber sie gingen respektvoll miteinander um. Renate freundete sich mit seinen Verwandten an, und er versuchte, sich mit ihren anzufreunden. Aber mit den Jahren wurde immer klarer, daß er es nicht schaffte. Seiner Meinung nach hing Renate zu sehr an Irene. Und das Mädchen war sonderbar. Sie hielt sich für etwas Besseres, trieb sich bei schicken Leuten herum, obwohl sie kein Geld hatte. Und sie schrieb Bücher, die er abartig nannte. Ich war nicht ganz einverstanden mit ihm, nicht in allen Punkten, darauf komme ich noch. Seine erste Frau war von ihrer toten Verwandtschaft besessen gewesen. Diese neue Frau nun hatte eine lebende

Verwandtschaft, und wie sich herausstellte, war das genauso schlimm. Er versuchte, Renate davon abzubringen, sich mit Irene zu treffen. Und dann verbot er es ihr. Renate war in technischen Dingen auf Draht. Sie besorgte sich einen Computer mit Internet-Anschluß, und ihr E-Mail-Paßwort war Siggy. Sie korrespondierte mit ihrer Tochter. Abraham ahnte es. Er bekam Wutanfälle. Wieder stand Renate vor der Wahl, die zur Grundmelodie ihres Lebens gehörte – Mann oder Tochter. Diesmal entschied sie sich für die Tochter. Sie verließ Abraham.

Sie kehrte in mein Haus zurück, zu Carlchen. Sie war entschlossen, es sich nicht zu Herzen zu nehmen, wenn sie nun noch einen Mann verlor. Aber Abraham drehte durch, sobald er allein war. Er entschuldigte sich. Er bettelte. Er bot Kompromisse an. Er sagte, sie könne ihre Tochter in kleinen Portionen sehen. Aber kein Schmuck. Sie solle ihn nicht noch einmal um diese Perlen bitten. Sie gab nach. Sie sagte, sie sei zu müde, um mit einem Mann zu kämpfen. Sie wolle Ruhe und Frieden. Also packte sie noch einmal die Koffer und zog wieder zu ihm. Er war ungeheuer dankbar, und von diesem Tag an war er ganz vernarrt in sie, und sie waren wie ein junges Paar. Bald mußte er aus einem anderen Grund fürchten, sie zu verlieren.

Renate hatte in letzter Zeit das Gefühl gehabt, nicht mehr richtig Luft holen zu können. Freunden und Verwandten hatte sie gelegentlich davon erzählt, aber wenn die ihr rieten, sie solle zum Arzt gehen, zuckte sie nur mit den Achseln und sagte: »Ich bin selber Arzt und sehe mich jeden Tag.« Eines Morgens hielt sie eine Vorlesung, und die Studenten hörten durch das Mikrophon, wie ihre Lunge rasselte. Nachher sagte einer dieser Besserwisser zu ihr: »Sie haben Flüssigkeit in der Lunge, wir haben es alle gehört. Sie sollten das mal nachsehen lassen.« Die junge Generation war dabei, die Macht zu übernehmen. Renate fügte sich. Brav ließ sie sich von dem Studenten in die Abteilung für Lungenheilkunde führen, wo sich ein Kollege sofort bereit erklärte, nachzusehen. Die Studenten hatten recht gehabt, in ihrer Lunge sammelte sich Flüssigkeit. Der Kollege saugte sie mit einer Spritze ab und gab ihr eine Probe mit. Renate bedankte sich höflich bei allen und trug sie hinüber in die Pathologie. Die Diagnose wollte sie keinem anderen überlassen. Sie selbst betrachtete die Probe unter dem Mikroskop. »Das wimmelt von Adenokarzinomen«, sagte sie. Sie selbst hatte ihr Todesurteil verkündet.

Doch dann meldete sich ihr Verlangen, die Kontrolle und das Sagen zu behalten. Sie erklärte, sie wolle nicht aufgeben, sondern versuchen, dem Krebs und seinem Chef, dem Tod, ein Schnippchen zu schlagen. Ihr Leben lang hatte sie den Tod und seine Taktiken studiert. Sie glaubte, ihn gut genug zu kennen, um ihm zu entwischen. Und bestimmt hatte sie kein bißchen Angst.

Die Zeit der Ungewißheit begann. Sie sah in ihrem Körper nicht ihren schlimmsten Feind, der unter Kontrolle gebracht werden mußte. Sie wollte ihn einfach nur reinigen und ließ sich operieren. Das Valium, das man den Patienten vor der Operation normalerweise gab, lehnte sie ab. Das brauche sie nicht. Sie sagte: »Ich freue mich darauf.« Ein Priester kam. Sie schickte ihn weg. Als der Chirurg sie aufschnitt und man ihr Herz und die Lunge sah, wurden im Operationssaal Wetten darauf abgeschlossen, daß sie in ihrer Jugend Berufssportlerin gewesen sei. Eine Krankenschwester wurde losgeschickt, die sich bei den Angehörigen erkundigen sollte. Geld wechselte den Besitzer. Der Tod war bestürzt. Seine Beute war sechsundsiebzig, und da gab es Leute, die ihren Körper bewunderten.

Sie überlebte die Operation und begann eine Therapie. An das Gift hatte sie nicht gedacht; ihre Kräfte ließen nach. Abraham war gerührt. Er wollte ihr ein Geschenk machen, ein Zeichen seiner Wertschätzung – wo sie doch jeden Augenblick sterben konnte –, und er fand genau das richtige.

Sig änderte sein Testament zu ihren Gunsten und sagte es ihr. Ich hinterlasse dir mein Geld, Liebling. Zwei Wochen später versetzte ihm Gott einen Schlag auf das Hirn. Das Blut drang in das Zentrum, wo die Motorik kontrolliert wird. Es dauerte einige Zeit, bis er starb. Seine letzten Worte waren: »Jetzt kannst du dir die Perlen selber kaufen.« Es klang nicht freundlich. Er kam sich betrogen vor, als er starb.

Das Geld erfüllte seinen Zweck. Der Wille, sich daran zu erfreuen, war stärker als der Tod. Sie erholte sich. Aber sie hatte es nicht eilig, sich irgend etwas zu kaufen, nicht mal die Kette. Statt dessen nahm sie die Perlen, die Dische ihr gekauft hatte, und die beiden schönen Perlen, die wir ihr für den Anfang geschenkt hatten, und trug sie zu einem Juwelier, um sie aufreihen zu lassen. Der Juwelier konnte ihr einige interessante Dinge erzählen. Zweiundzwanzig Perlen waren schön, wirklich außergewöhnlich. Aber die beiden ersten, die großen hier, waren falsch. Da verstand sie, daß wir Dische mit einem Trick zur Großzügigkeit anzustiften versucht hatten und daß er längst nicht so geizig gewesen war, wie sie immer geglaubt hatte. Sie fand es komisch, ersetzte die beiden falschen Perlen nicht durch echte und freute sich an dem Gedanken, daß sie schon die ganze Zeit eine schöne Perlenhalskette besessen hatte. Sie war schlank und lebhaft. Das Haar war ihr während der Behandlung ausgefallen, aber es wuchs wieder nach, in einem schönen, dunklen Braun. Sie benutzte kein Make-up, und sie war immer noch gut zu Fuß. Ein reicher Kollege lud sie zum Abendessen ein. Es sah so aus, als könnte sie noch einmal heiraten. Aber sie schickte den Mann wieder weg. »Dreimal ist genug«, sagte sie.

Sie war mit einer zweiten Operation einverstanden, bei der alle eventuell noch vorhandenen Reste entfernt werden sollten. Sie ging zu Fuß zum Krankenhaus, um das Taxigeld zu sparen. Und ihr Verhalten nach der Operation war geeignet, die anderen Patienten zu entmutigen. Im Aufwachraum zogen die Schwestern rasch die Vorhänge um ihr Bett zu. In einem Wirrwarr aus Tröpfen und Kanülen saß sie aufrecht in ihrem Bett, aß ein Sandwich mit Truthahn auf Roggenbrot und trank dazu einen großen schwarzen Kaffee. Das war wahre Kraft.

Ihr neuer Reichtum machte ihr Spaß, und sie wünschte sich, daß wir davon erführen. Sie sagte oft: »Wenn doch meine Eltern dieses Bankkonto sehen könnten.« Aber ausgeben konnte sie das Geld nicht. Sie wußte nicht, wie. Sie war eben keine Dame. Sie weigerte sich, Taxis zu nehmen, kaufte Textilien nur im Ausverkauf, war immer auf der Suche nach Sonderangeboten, trug die einfachsten Kleider und nahm im Restaurant immer das billigste Gericht auf der Speisekarte. Die Idee, ihren Kindern Geld zu geben, behagte ihr auch nicht. Doch dann fiel sie einem Juwelier namens Ira in die Hände, dem die Tränen kamen, wenn er mit ihr sprach, weil sie ihn an seine in der Ferne, auf Long Island lebende Mutter, Gott segne sie, erinnerte und ganz sehnsüchtig machte. Er riet Renate, Geld in Schmuck anzulegen. Sie ging nun oft in den Diamantendistrikt von Manhattan, bloß um den gutmütigen Ira zu besuchen. Sie kaufte einen Ring mit einem wertlosen Saphir, der einen Sprung hatte, für 10 000 Dollar. Mein Antisemitismus wäre hochgekocht, wenn Ira nicht selbst Antisemit gewesen wäre.

Er war ein weißhaariger Herr, der sich darauf spezialisiert hatte, alte Damen auszunehmen. Sein richtiger Name war Grant, er war englisch-iranischer Herkunft und hatte eine Begabung für regionale Dialekte. Wenn er eine Schmuckwarenmesse in Colorado besuchte, trat er als alter Mexikaner auf und drehte den Leuten aus dem Norden minderwertige Türkise an. Aber am wohlsten fühlte er sich im Dschungel von New York, und immer ernährte er sich auf die gleiche Weise. Renate war für ihn eine fette Beute. Eine gute Menschenkennerin ist sie nie gewesen, das habe ich schon gesagt. Sie brachte ihm einige von meinen Lieblingsstücken und *tauschte* sie gegen schlechtere! Bald hatte sie eine ganze Sammlung von fehlerhaften Steinen an verschiedenen Ringen und Ohranhängern, die sie abwechselnd trug. Sie machten ihr viel Freude.

Zuerst war Irene mein Racheengel. Sie mißtraute Ira und fand bald heraus, daß er Renate betrogen hatte. Sie wollte sich damit nicht abfinden. Sie wußte, was dieser Schmuck für mich bedeutet hatte. Sie machte Ira einen Besuch, ohne daß Renate es mitbekam, und als er dann seine Arie anstimmte und die Sehnsucht nach seiner Mutter besang, schob sie ihm ganz ruhig die fehlerhaften Steine hin und sagte, er könne sie zurückkaufen. Er war einverstanden – in monatlichen Raten. Er zahlte Jahre und Jahre. Und zahlte noch weiter, als er jeden Penny, den er Renate abgenommen hatte, längst zurückerstattet hatte – in einem letzten, verzweifelten Versuch, sein Gewissen zu reinigen. Denn Ira besaß eines. Und das rettete ihn, wie ich zufällig weiß.

Doch dann geschah etwas viel Schlimmeres. Irene hatte inzwischen selbst Gefallen daran gefunden, meinen Schmuck abzustoßen. Sie fing an, ihn mit vollen Händen zu verschenken. Was sie nicht verschenkte, das verkaufte sie, und bald war nichts mehr davon übrig. So sehr ich mich auch im Grab herumzuwälzen versuchte und schrie, ich konnte sie nicht daran hindern. Aber wie soll man sich auch in einem Grab umdrehen, das man mit so vielen anderen teilt? Schon Liesel konnte nur dazukommen, nachdem die Gemeinde eine kleine Spende bekommen und wegen der Überfüllung ein Auge zugedrückt hatte, denn eigentlich war unsere Grabstelle nur für zwei Leute gedacht. Aber nach und nach könnten es noch mehr werden.

Was mich daran erinnert, daß Irene doch ein paar Schmuckstücke aufgehoben und ihrer eigenen Tochter geschenkt hat – einem Gör namens Emily. Wenigstens einer in der Familie, der Schmuck so schätzt, wie ich es getan habe. Dieses Mädchen kannte bald jeden Ring und jede Kette, als wären es gute Freunde, und versprach hoch und heilig, sie würde sie nie verlieren oder weggeben. Ach, das hat mir gut gefallen. Es stellte sich auch heraus, daß Emily, wie alle Frauen in der Familie, wirklich stark war. Und vor allem hatte sie eine kleine Nase, so klein wie meine, vielleicht noch kleiner. Irene hatte mir diesen besonderen Gefallen getan und einen Mann wegen seiner kleinen Nase geheiratet. Als dann Emily auf die Welt kam, hat meine Enkeltochter – das Wichtigste zuerst – sofort nachgesehen, ob es der Vater geschafft hatte, sein Nasen-Gen weiterzugeben, und als sie sah, daß es ihm gelungen war, rief sie mich an und sagte: »Oma, so ein schönes Geschenk hast du von mir noch nie bekommen!« Emily entwickelte sich sehr gut, mit einem kleinen Mund, genau wie meiner, und dichtem Haar, genau wie meins. Leider hatte sie Sommersprossen. Aber das läßt sich leicht ändern. Mittlerweile gibt es ganz einfache, sehr wirksame Verfahren, die dafür sorgen, daß die Leute nicht wie Iren aussehen.

Wo war ich stehengeblieben? Renate. Krank und wieder genesen. Sie war reich. Sie besaß viel mehr Geld, als Margie je gehabt hatte. Sie war stolz auf den Betrag. Und wie zu mir in mein Grab, kamen auch zu ihr von überallher Leute, die ihr Gesellschaft leisteten.

Ich hatte Carls Bruder Alfred nie aus den Augen verloren. Er war jetzt neunzig und der einzige Beweis dafür, daß auch die Rothers ein Talent für Langlebigkeit hatten. Er hatte es nicht allzu krummgenommen, als sich Carl in Fort Lee nicht mit ihm treffen wollte. Er war inzwischen daran gewöhnt, Freunde zu haben, statt Verwandte, und wohnte jetzt in einem Altenheim an einem australischen Strand. Eines Tages rief er aus heiterem Himmel bei Renate an und fragte sie, ob sie nicht Lust habe, ihren alten Onkel auf einer letzten Reise nach Leobschütz zu begleiten – »alte Erinnerungen auffrischen«.

Renate ließ alles stehen und liegen. Die beiden feierten ein großes Wiedersehen in Berlin und fuhren von dort nach Oberschlesien, das jetzt in Polen liegt. Alfred sah so vornehm aus wie ein Professor für Chirurgie – ein stattlicher alter Herr in einem teuren Anzug, schwarze Augen, zerfurchtes Gesicht, erstklassiges Toupet, und hielt sich kerzengerade. Er war stolz auf seine Vergangenheit, prahlte damit, daß er in gewissen Melbourner Kreisen eine Legende sei. Auf dem Höhepunkt seiner Karriere hatte er mal vierzehn Tonnen Rinderfilet gestohlen – unter Einsatz von ebenfalls gestohlenen Kränen, gestohlenen Kühltransportern und einem eigens angemieteten Lagerhaus. Dann hatte er sich zur Ruhe gesetzt und eine Witwen- und Waisenversicherung für Kollegen organisiert. Jetzt lachte er darüber, wie geringschätzig Carl über Diebe gesprochen hatte und wie alle Rothers außer mir ihn geschnitten hatten. Über mich sprach er gut, über das Essen, das ich ihm heimlich hingestellt hatte, und daß ich die schönste Frau sei, die er in seinem ganzen Leben gesehen habe. Er erinnerte sich daran, wie er auf dem Platz mitten in Leobschütz von mir Abschied genommen hatte, angeblich, um nach Berlin zu fahren. In Wirklichkeit war er mit der Eisenbahn und dem Schiff nach Osten gefahren, immer weiter, bis er das Gefühl hatte, in Sicherheit zu sein, und das war im Südpazifik. Niemand hatte ihm dorthin folgen wollen, selbst seine Briefe hatten sie nicht beantwortet.

»Australien war für sie auf einem anderen Stern, Onkel«, tröstete ihn Renate.

»Nicht mal deine Mutter hat mir zurückgeschrieben«, erwiderte er.

Schließlich kamen sie nach Leobschütz. Als sie auf den Platz fuhren, eine staubige, polnisch trostlose Version von dem, woran sie sich erinnerten, brach Alfred plötzlich in lautes Schluchzen aus. Renate bekam es mit der Angst. Sie starrte ihren Onkel erschrocken an. Im nächsten Augenblick hatte er sich wieder unter Kontrolle. »Können wir irgendwo was essen?« fragte er.

Sie kehrten im erstbesten Restaurant ein, wo sie sich mit polnischen Würsten und Sauerkraut vollstopften. »Ich weiß gar nicht, was da über mich gekommen ist, vorhin«, sagte Alfred. »Wahrscheinlich hattest du einfach Hunger«, meinte Renate.

Sie hatten einen Spaziergang durch den Ort machen und nach den Häusern sehen wollen, in denen sie gewohnt hatten. »Vielleicht lassen wir das lieber bleiben«, sagte Renate. »Stell dir vor, wir würden von einem Auto überfahren – nach diesem Essen, was das für einen Fettfleck gäbe!« Sie ließen Leobschütz hinter sich und fuhren in der besten Laune wieder nach Berlin.

Alfred kehrte nach Melbourne zurück, Renate nach New Jersey, und beide lebten glücklich und zufrieden bis an ihr Ende. Nur einmal hörte sie noch von ihm – als er ihr per Wertbrief einen ungewöhnlichen Platinring schickte, mit einem Kreis winziger Diamanten und nichts in der Mitte. Dieser Ring, schrieb er, habe mal mir gehört. Und das stimmte. Es war der Ring, den mir Carl zur Verlobung geschenkt hatte. Nachdem ich ein Jahr verheiratet war, waren meine Finger so dick geworden, daß ich ihn nicht mehr tragen konnte. Deshalb hatte ich ihn weggelegt.

Ich besaß damals soviel Schmuck, daß mir sein Fehlen gar nicht aufgefallen war. Renate dankte ihm überschwenglich und trug den Ring oft. Sie nannte ihn »Alfreds Ring«. Es war, als könnte ihr nichts mehr Kummer machen, nicht mal ihre Vergangenheit. Fünf Jahre lang freute sich meine Tochter ohne jede Einschränkung ihres Lebens. Sie hatte mit niemandem Streit. Sie lebte glücklich und zufrieden in meinem Haus in Fort Lee und machte daraus ein verlottertes Irrenhaus, überall Bücher und Schallplatten und in der Küche Gläser mit eingelegten Föten. Liesels Ordnung konnte einfach nicht überdauern. Carlchen wohnte auch dort. Seit die Großeltern nicht mehr da waren und ihn nicht mehr lenkten, war er dem Lockruf seines Blutes gefolgt und hatte angefangen, sich für Geld zu interessieren. Im Grunde war es ein akademisches Interesse. Mit Aktienspekulationen wurde er sehr reich und verlor nicht, als andere ihr Geld verloren. Er gab sein Geld auch nicht aus, wie andere es tun, denn er blieb unverheiratet und hat nie gelernt, sich für irdischen Besitz zu interessieren. Infolgedessen war er ein glücklicher Mann. Mit der Zeit wurde er immer stattlicher und blieb schlank, mit dichtem, schwarzem Haar – die Augen nicht von Ehekummer umwölkt. Er verbrachte seine Tage mit Lesen und Nachdenken, und nie redete er über sich. In seltenen Augenblicken der Bescheidenheit fand seine Schwester noch immer, daß er in jeder Hinsicht das Gegenteil von ihr, ihr also weit überlegen sei. Vielleicht nimmt sie diese Einsicht als Wegweiser durch die Jahre, die wie hungrige Krokodile noch vor ihr liegen, bis sie die herrliche Zeit erreicht.

Auch Renate hatte eine Art von lächerlicher Bescheidenheit an sich, die ihr zu meiner Überraschung aber nicht schadete – im Gegenteil, sie verdankte ihr ihre allgemeine Beliebtheit. Sie wollte einfach nichts und niemanden mißbilligen. Sie weigerte sich, Stellung zu beziehen. Einmal rief eine Kollegin aus ihren Ferien in den Tropen bei Renate in New York an und wollte unbedingt einen Rat von ihr. »Ich habe mich in den Tischnachbarn verliebt.«

Da frage ich mich doch: Warum fragt jemand die Frau Dr. Renate Dische in einer solchen Angelegenheit um Rat? Was geht hier vor? Was habe ich da nicht mitbekommen? Wie auch immer, hier hatte sie jedenfalls mal die Chance – die Pflicht! – nein zu sagen. Nein. Reiß dich zusammen! Ich hielt den Atem an, bildlich gesprochen, und wartete auf die Antwort.

Statt dessen sagte sie: »Glückwunsch! Großartig! Ach, laß es einfach zu und laß es dir gutgehen, Liebchen. Aber sorg dafür, daß dein Mann nichts erfährt.« Und Sie können sich darauf verlassen, so hat diese Kollegin es gemacht. Bald wurde mir klar, daß Renate bei ihren Kolleginnen als Lieferantin von Vorwänden aller Art im besten Ruf stand. Wenn eine von ihnen abends mal weggehen wollte und der Mann nicht erfahren sollte, wohin, bot Professor Dische ganz unbekümmert ihre Unterstützung an. Sie stellte nicht mal Fragen, sondern sagte einfach: »Ja, natürlich, du bist zu einem kleinen Abendessen bei mir, und falls dein Mann anruft, sage ich ihm einfach, du seist mal kurz raus, um etwas zu besorgen, das wir brauchen. Mach dir nur keine Sorgen.«

Renate hielt das für Altruismus, sie wollte sich nützlich machen, wollte etwas für die Menschheit tun. Aber Urteile fällte sie nicht, weder über sich noch über andere. Früher war ich immer dagegen gewesen, aber ich habe festgestellt, daß man es hier für eine Tugend hält. Sie hat natürlich noch andere Tugenden. Auch die sind mir nicht entgangen. Ihr nie nachlassender Fleiß – wenn es eben ging, hat sie keinen Tag im Seziersaal ausfallen lassen, auch wenn sie sehr krank war. Und schließlich erfüllte sie sich auch die letzten beiden Wünsche auf dem Wunschzettel, den ich an den Fensterladen vor ihrem Zimmer geheftet hatte, als sie noch ganz klein war. Sie kaufte sich einen Bauernhof außerhalb der Stadt, mit mehr Land, als sie in Deutschland je bekommen hätte, und mit Pferden. Auch ein Klavier hatte sie dort, und sie fing wieder an zu spielen. Sie spielte die großen, sentimentalen Werke kühl. Die Gierlich-Frauen waren immer unsentimental und warmherzig.

Sie und Irene waren in dieser Zeit viel zusammen, und jede hatte ihren Spaß an der moralischen Laxheit der anderen. Die beiden wurden eine Art Duo Infernale, kicherten ständig über ernste Dinge und hatten nie etwas aneinander auszusetzen. Kurz, sie wurden Verbündete, wie man sie sich zuverlässiger gar nicht vorstellen kann. Irgendwelche Meinungsverschiedenheiten, die früher mal dagewesen waren, hatten sie längst vergessen – wirklich vergessen, das heißt: sie huldigten nicht der verbreiteten Vorstellung, daß man über alles reden müsse, was übrigens im Grunde auch ganz unchristlich ist. Entweder man verzeiht oder man verzeiht nicht, beziehungsweise: entweder man vergißt oder man vergißt nicht. Die beiden sprachen so oft von mir, daß ich gar nicht anders konnte – ich mußte mich im Geiste zu ihnen gesellen. Zu dritt hatten wir eine gute Zeit. Eigentlich zu viert, denn Liesel kam immer hinterhergetappt und meckerte und mahnte.

Ich möchte Carl kein Unrecht tun. Auch er war keine schwache Erscheinung. Eines Morgens, als Renate mit einer Gruppe von Assistenten das große schlabbrige Herz einer gescheiterten Transplantation sezierte, fragte sie: »Will jemand wissen, warum das Herz für mich Liebe bedeutet?« Es gibt keine Regeln, worüber man bei einer Autopsie reden kann und worüber nicht, aber soviel drohende Vertraulichkeit verblüffte doch alle. Renate arbeitete weiter, und während ihre Finger das arme, verstümmelte Organ auseinandernahmen, schilderte sie, wie sie als Fünfjährige mit ihren Eltern in Deutschland an die Ostsee gefahren war und wie sie gesehen hatte, daß die anderen Väter ihren Kindern Strandburgen bauten, während sich ihr eigener

Vater erschöpft neben seiner Frau im Sand ausgestreckt hatte. Aber Carl bemerkte Renates Enttäuschung. Er stand wieder auf und tat seine väterliche Pflicht. Er baute ihr ein riesiges Sandherz, bei dem alle Gefäße und Kammern genau nachgebildet waren, so daß die Wellen wie durch ein richtiges Herz liefen. »Ich glaube, er war kein gewöhnlicher Sterblicher«, sagte Renate am Schluß und blitzte ihre Assistenten mit jenem breiten, falschen Lächeln an, mit dem sie starke Gefühle überspielte.

Die Wellen wurden höher. Als sie das Herz schließlich wegspülten und das Mädchen zu jammern anfing, sagte der Vater zu ihm: »Du mußt nicht weinen! So geht das nun mal.«

Ihre Krankheit ist zurückgekommen, und diesmal kann ihr Lebenswille, so stark er auch ist, nicht siegen. Wenn sie Schmerzen hat, fragt sie nicht nach ihrer Verbündeten, sondern nach Liesel. Sie bittet Liesel, Flädelsuppe für sie zu kochen, Rahmspinat, Klöße mit Soße. Statt dessen türmen ihre Kinder mit ungeschickten Fingern Sandwiches für sie auf – Schinken, Tomate, Salat – und reden sich und ihr ein, daß sie ihr schmecken. Sie ist auf ihrem Bauernhof. Sie ist einverstanden, nicht auf ihrem Sofa liegenzubleiben, und ein Bett wird ins Wohnzimmer geholt. Sie sieht aus dem Fenster, aber sie sieht nicht die wogenden Berge draußen, sie sieht den Garten in Leobschütz, die Himbeersträucher, und wieder fragt sie nach Liesel.

Es ist Nacht. Nach Mitternacht. Es schneit. Der Boden ist mit Schnee bedeckt, und es schneit weiter. Es ist bitter kalt und dunkel draußen, aber im Haus ist es warm, und Renates Gesicht auf dem Kissen wird von einer gelben Lampe beschienen. Sie phantasiert. Sie ist außer sich. Sie sagt: »Die Nazis ... die Nazis ...« Sie bekommt den Satz nicht heraus, er ist zu schrecklich.

Renate hat furchtbare Angst.

»Die Nazis ... sind in mir drin. Ich kann nicht weg. Sie verbrennen mich. Hilfe.« Noch nie hat sie um Hilfe gebeten. Mit einem Löffelende zerdrückt Carlchen Morphiumtabletten zu einem Brei. Irene schmiert ihn sich auf die Finger und reibt ihn auf Renates Zunge. Mehr, mehr. Die Hunde fühlen sich elend. Sie winseln neben ihrem Bett. Die Nazis erweisen sich als unbesiegbar, sie schnappen sich die letzten Minuten, die sie bei Bewußtsein ist. Verzeiht mir, was ich nicht vergessen kann. Der Schnee draußen wird immer tiefer. Eine Woge von Schnee schwappt über das Haus. Die Leute vom Beerdigungsinstitut kämpfen sich in einem zerbeulten Kombi durch den Schneesturm, denn bei dieser Dunkelheit sieht man ja nichts. Sie stapfen ins Haus, auf dem Gesicht eine Maske aus Mitgefühl und in der Hand die Rechnung für den Transport in einem Luxusleichenwagen, denn das Leben geht weiter. Sie schieben Renate in einen schwarzen Gummisack und ziehen den Reißverschluß zu. Die Hunde knurren und knirschen mit den Zähnen. Jetzt kommt sie zu mir.

Ich bin außer mir vor Freude. Solche Freude wie hier ist nirgendwo sonst. Denn wie sich herausstellt, sind wir beide, trotz all der Unterschiede zwischen uns, am gleichen Ort gelandet – genau wie mein Nazibruder Otto und Renates schrecklicher Nazifreund Hans und Carl und Renates sämtliche jüdischen Ehemänner, und dort, zur Rechten Gottes, viel näher bei ihm als irgend jemand, den ich sonst hier kenne, sitzt Liesel. Aber auf die alle kommt es mir jetzt gar nicht mehr so an. Und was aus Carlchen wird und aus Irene und aus ihrer Tochter Emily und aus ihrem Sohn Leon, der mehr nach einem Dische aussieht, als mir lieb ist – also eigentlich ist es mir auch egal. Außerdem habe ich das Ganze sowieso an manchen Stellen ein bißchen abgekürzt. Selbst bei der guten Sicht hier habe ich keine Lust, noch tiefer in der Vergangenheit herumzustochern und mich auf alles zu besinnen. Manchmal hat mich meine Erinnerung wohl auch getäuscht, und gelegentlich habe ich die Dinge zum Spaß ein bißchen geändert. Sünde der Lüge. Aber ich habe das alles ja nur zu meinem eigenen Vergnügen getan, und eigentlich wollte ich mir diese Stellen noch mal vornehmen und sie ändern. Aber jetzt ist es mir zu mühsam. Sünde der Trägheit. Sollen andere urteilen, ich will nicht mehr. Denn jetzt habe ich Maria Renate bei mir und kann mich entspannen und aufhören mit dieser Grübelei. Ein Wimpernschlag, und dann wird sich auch Irene zu uns gesellen. Aber im Augenblick habe ich dieses Mädchen ganz für mich. Wirklich, es geht nichts über eine Tochter.